现代校对实训教程

尤建忠 编著

浙江工商大学出版社
ZHEJIANG GONGSHANG UNIVERSITY PRESS

图书在版编目（CIP）数据

现代校对实训教程 / 尤建忠编著 . —杭州：浙江
工商大学出版社，2016.3（2023.1 重印）

ISBN 978-7-5178-1511-2

Ⅰ . ①现… Ⅱ . ①尤… Ⅲ . ①校对－教材 Ⅳ .
① G232.2

中国版本图书馆 CIP 数据核字（2016）第 012905 号

现代校对实训教程

尤建忠　编著

责任编辑	何小玲	
封面设计	林朦朦	
责任印制	包建辉	
出版发行	浙江工商大学出版社	
	（杭州市教工路 198 号　邮政编码 310012）	
	（E-mail: zjgsupress@163.com）	
	（网址: http: //www.zjgsupress.com）	
	电话: 0571-88904980，88831806（传真）	
排　版	杭州紫金图文设计公司	
印　刷	浙江全能工艺美术印刷有限公司	
开　本	787mm×1092mm　1/16	
印　张	20.5	
字　数	474 千	
版 印 次	2016 年 3 月第 1 版　2023 年 1 月第 6 次印刷	
书　号	ISBN 978-7-5178-1511-2	
定　价	48.00 元	

前　言 | *Foreword*

　　图书编校质量不合格，就是相应的编校工作没有做好。要想提高图书编校质量，必须在思想上加强编校人员的责任意识，在业务上提高编校人员的校对能力。思想教育是图书出版单位和相关管理部门的工作强项，这里仅讨论如何提高校对业务能力。

　　众所周知，校对工作的特点是上手容易熟练难。即便工作了十几年，大多数校对员还是无法成为校对高手。当然，期望校对员都成为高手是不现实的，毕竟现实中像前辈白以坦这样的校对高手，在出版业绝对是凤毛麟角。白以坦先生长期从事我党重要文献编选校对工作，经他校对过的许多图书，至今都未发现有一字、一点的成品错误，真正在校对工作中做到了"百万无一失、万万无一失"，人称"校对王"。只是，图书编校质量要想符合要求，校对员的业务能力就必须达到熟练的程度。不然，图书编校质量就无法保证。

　　校对员的校对能力提高十分艰难，原因有两个方面：其一，校对员的业务知识需求不是单方面的，而是多方面的，甚至是全面的。校对工作要求校对员博闻强识，这既体现在知识必须渊博，又体现在知识必须熟记于心，前者显示的是一个人知识认知的范围，后者显示的是一个人对知识认知的熟练程度，而人对知识认知的熟练程度决定了其工作效率。

　　我们知道，很多岗位的要求是专而精。校对工作对校对员的专业知识要求竟然是博而精！自古以来，专而精是治学的精神所在。《后汉书·马融传》曰："贾君精而不博，郑君博而不精。既精既博，吾何加焉！"既精既博当然是人所追求，可人的能力总是有限的，专而精已是治学的大成了。南怀瑾说过，专心一致，系心一缘，制心一处，无事不办。这充分说明了，要想办成事，必须专而精。专而精，与韩愈在《师说》中所说的"术业有专攻"类似。好比千里马跑得再快，捉兔子还是比不过狗，连《史记》也只说"狡兔死，走狗烹"，根本没有说到千里马。

　　校对员不仅要广而博，还要博而精，这确实是一个严峻的考验。小说中有这样能耐的人，如金庸笔下的慕容复，凭"以彼之道还施彼身"称霸江湖，但终究因学得太广而无法成为顶尖高手。好在校对员没有技能必须名列天下第一的要求，最多是要求校对员熟悉各方面的专业知识，虽然这已经非常难了。

　　其二，校对工作的业务规范是校对员必须铭记的，但又是说变就变的。这些规范的变化影响到知识的方方面面，一不小心就会像你中学时习得的 tg 和 ctg 一样，都成了今天书稿中的量和单位使用错误。连你自以为学得很好，从来不会写错的"林荫道"，都是一会儿变成"林阴道"，一会儿又变回"林荫道"。有时，博闻强识也会出错，过分相信熟记于心的知识经常会害人。子曰："学而时习之，不亦说乎？"（《论语·学而》）从事校对工作，如果学习后就只吃老本，校对质量就会下降，因为如果只用习得的老知识来指导实践，而不更新知识，就会经常出错。校对工作讲究学习—实践—学习的不断循环，只是校对员的学习具有许多不确定性，毕竟谁也不知道自己习得的知识哪些需要及时更新。

即便提高校对能力如此之难，校对员还是需要努力学习，提高自身的校对能力。不然，校对员就无法胜任校对工作。那么，我们又如何来提高自身的校对能力呢？这自然离不开业务学习。传统的校对学习方法，受限于资料匮乏，或是侧重于自我的业务知识系统学习，或是侧重于"头痛医头，脚痛医脚"，一遇他人检查出自己的差错就去补习相应的知识。这两种方法都有一定的缺陷：前者强调素质学习，学习与实践不免脱节，因为学习的都是正确的使用方法，遇到的都是错误的使用方法，正确与错误难以对应；后者强调校对经验积累，经验是以出错为代价的，错误还是白纸黑字印出来了。

现代的校对学习方法，就是利用网上丰富的信息资源，收集他人出现的文字错误，对照相关的校对规范进行系统学习，既有专业知识，又有处理技能，更有差错防范经验。这种学习基于素质、技能和经验，属于职业训练的实训范畴，可以不断提高自己识别差错的能力，做到防患于未然，从而真正避免差错出现在出版物上。

本着这种通过实训来切实提高校对员的校对能力的思路，又为了提高实训的效率，我们收集了校对工作中经常会涉及的方方面面知识，把相关知识点进行合理的归类，整合无数学者、出版人士的处理经验，再配上用现实文稿中经常遇到的错误编制而成的知识点专题训练题，编写出这本实训教程，用以系统地训练校对员。

全书分三个部分：第一部分共三章，分别介绍校对的一些基本情况、校对符号和校对方法；第二部分共九章，分别介绍政治性要求、文字规范、词语规范、语法规范、标点符号使用规范、数字用法规范、量和单位的使用规范、文献注释规范、编排设计规范，每章围绕书中的知识点配备了大量的专题训练题；第三部分共一章，提供了五份校对综合测试卷，以及全书所有专题训练的答案。

需要说明的是，编著者在本书的撰写过程中，参阅了众多专著、教材、论文和网页，并引用了其中的部分论点和校对案例。本书末虽然列出了大量相关的文献，仍恐有所遗漏。在此，谨向所有相关文献的作者致以诚挚的感谢。另外，在本书的出版过程中，获得了责任编辑何小玲的极大帮助，她以其丰富的校对经验为本书的撰写提出了许多建设性的意见。还有，编著者所教学的历届编辑出版专业学生，在使用相关教学材料时，也提供了宝贵的意见。在此，一并表示感谢。

限于编著者的学识水平，加之编写时间仓促，书中难免有疏漏和不足之处，敬请学界专家、出版业人士批评指正。

尤建忠
2016 年元月于杭州

目　录 | *Contents*

第一章

绪　论

出版工作中的校对有双重意思，一是指修改文字内容的工作，二是指做这种文字工作的人。

在日常生活和工作中，我们总会需要做一些文字工作，比如写份总结，写个申请书，或者写个工作报告，甚至写篇文章，写部小说。这些工作最后又总是需要进行文字处理，比如看看有没有错别字、有没有语法错误等，这就需要有人来校对一下。这里，校对是一种工作。

另一种情况是，我们找工作时会发现，除了出版社会招聘校对，报社、期刊社、网站，甚至一些单位或企业的宣传部门也会招聘校对。这里，校对是指从事校对工作的人。

在我们的工作和生活中，有许多关于文字校对的故事和笑话，我们不妨选择一些来说说。

先说古代的文字校对故事。唐代诗人贾岛，有一天骑着驴子无意中闯了官道。当时，他正琢磨着自己新写的诗中的一个字。全诗如下：

闲居少邻并，草径入荒园。

鸟宿池边树，僧推月下门。

过桥分野色，移石动云根。

暂去还来此，幽期不负言。

他拿不定主意的字，就是颔联"鸟宿池边树，僧推月下门"中的"推"。他在想用"推"好呢，还是用"敲"好。据说，那天贾岛闯的是韩愈的道。韩愈问他为什么闯道，他就说了"推"与"敲"的事。韩愈认为，"敲"比"推"好：一是半夜敲起来声大，朗读起来也响亮；二是"敲"比"推"有礼貌。当然，这里不是讨论诗歌用字问题，我们想说的是，这种文字不断修改的过程，其实就是校对，在校对学里有个专业名称，叫"自校"。

说了文学上的校对故事，我们再来说说报纸上文字未经仔细校对的事例。某日有家报纸刊登了一篇名为《乱棍之痛》的评论，讲的是一名十岁的男孩子，因为偷了邻居家一个撮箕卖钱，被其父痛打致死。文章希望人们从这一事件中吸取教训。令人惊奇的是，文中这样写道："父亲的过错在于……以致玉石俱焚。"查"玉石俱焚"，意思是美玉和石头一齐烧坏，比喻好坏不分，同归于尽。这一事件，说的是父亲因自己的无知失手打死了儿子，不但毁了儿子，而且毁了自己。虽然两者都毁了，但谈不上谁是玉谁是石，父子之间并不是正反力量的较量，所以"玉石俱焚"用得不是地方，可改为"家破人亡"。这里，显然文章没有校对好。

又有某日，某报刊出一篇名为《温州老板　赚钱脑袋忙"充电"》的报道，其中有句话是这样的："攻读 EMBA 的温州老板前仆后继。"成语"前仆后继"意为"前面的倒下了，后面的紧跟上去"，主要用于形容斗争者的英勇壮烈。如果攻读 EMBA 是要死人的，那些温州老板还会那么积极吗？这里，也是文章没有校对好。

再来说说在我们日常生活中需要文字校对的事例。某洗车店贴出了一则服务项目告示——"洗车打醋"。不知道该洗车店是洗车送醋，还是本来就有两项服务——洗车和卖醋？某城市在街道上挂出一条横幅"热烈庆祝三八国际劳动节"，不知道这条横幅到了劳动节还要不要换？有家水果店在做优惠促销，牌子上写着"草毒 8 元"，你敢买吗？某小饭店的菜单上写着"一晕两素 4 元，两晕一素 5 元"，你会晕吗？有家餐饮店，开出来的小票是"花圈 2 个、稀饭 2 碗"，你还要吗？有人在一堵墙上写下了禁止小便的标语"在此小便发款 50 元"，你会如何想？有辆公交车，车门边的扶手上挂着一块牌子，上面写着"禁止做人，后果自负"，难道现在"做人"也不允许了吗？

这样的文字差错，在我们的生活和工作中不胜枚举。

到了信息时代，我们看着数字电视，连着宽带，用着 4G 手机，每天面对着海量的网上信息。这些信息中同样时不时会出现一些文字错误，影响我们的阅读和理解，有时也会成为我们的笑点。

有段淘宝的经典对话是这样的：

买家：有大妈吗？（大码）

店家：亲，客服最大的 27 岁。

买家：你能活到付款吗？（货到付款）

店家：亲，我尽量。

买家：你们有尸体店吗？（实体店）

店家：亲，淘宝不让卖那个……

买家：你什么时候发火啊？（发货）

店家：给差评的时候！

买家：一口气买了五件，能幽会吗？（优惠）

店家：亲，吃个饭应该还是可以的。

买家：马子不合适咋办？（码子）

店家：呃，亲，小的只卖衣服，不谈感情。

买家：亲，给我保佑吧！（包邮）

店家：啊！我不是菩萨。

买家：你们能发神童吗？（申通）

店家：亲，我们做正经生意，不贩卖儿童。

第一节 中文校对的重要意义

中文校对的重要意义，在于用中文写出来的内容出错的概率非常大，错误的类别又是五花八门，因此中文文字内容正式发表前必须有人仔细地校对。相对来说，外语文字内容出错概率要小许多，差错的形式也比较单调。

曾经有外国的资深编辑询问中国的编辑，为什么中国的编辑要在作者的原稿上改动那么多。在国外，使用母语撰写的文字作品，只要按照出版社公布的 *Writers' Guide* 写作，出版社的编辑一般都不需要做太大的改动。

中外文字差错间的差异虽然有很多，但我们认为，主要不同在于引经据典的风气、语言文字的改革、文字规范的多变、网络语言的风行和文字质量监管的要求等方面。从这些方面展开讨论，或许能让人更清楚地了解为什么中文文字内容差错那么多，为什么中文校对很重要。

一、引经据典的风气

有人做过调查，我们中国人写的著作，以及报刊上发表的评论，100% 有引经据典的现象。相对来说，国外的著作和报刊评论，很少引经据典。

显然，从引经据典这一文化侧面可以看出中外思维的差异。中国人重经验、重积累、重权威，对自己的典籍历来持尊重的态度，视祖宗的典籍为不可挑战的权威，甚至总是喜欢在典籍中为自己的思想和行为寻求支持；外国人则重现实、重调查、重数据，尽量用身边的人、身边的事来讲道理，给人以真实可信感。

在中国人看来，善于引经据典说明文学功底深厚、知识渊博，也就是文化水平高的体现。给擅长引经据典的作文打高分，优先发表擅长引经据典的论文，又助长了中国人说话引经据典的风气。

两种思维方式，没有好坏之分。引经据典，从整体上把握事物，是一种思维方式；就事论事，重视分析，又是一种思维方式：两种思维方式各有所长。

只是，中国人的引经据典，面对的是几千年的文化，这对于作者和编辑来说，都是一个沉重的学习负担，普通人根本无法达到熟练应用的程度。显然，没有很好掌握经典著作中的语句或故事，错误地引经据典，就会造成严重的文字差错。相对来说，外国人写作就没有那么多的学习负担，在这方面出的错自然也就少些。

二、语言文字的改革

世界上没有固定不变的事物，语言也是一样。它会随着一定社会的发展而产生和演变。语言的改革，是语言在自然演变过程中一种人为的规范手段，总是和特定的社会发展相关。

语言改革常用的方法是简化和净化，两者都通过某些规范手段来达到特定目的。语言简化要求语言变得更简单易用，语言净化则要求语言变得更纯粹。

任何语言都在经历改革，或者净化了，或者简化了。只是不同的语言，其改革的步子有大有小。步子小的，对语言使用者的影响就小；步子大的，对语言使用者的影响就大。相对来说，汉语言的改革步子是非常大的。

就近现代而言，汉语言经历了两次大改革：其一，是发生于 20 世纪初的一场具有重大影响力的文学革命——白话文运动，自此，白话文取代文言文成为新的标准书面语言。其二，是新中国成立后的简化字改革。

汉语言改革所产生的影响，就在于当今的语言使用者不仅要对繁体字、简体字（甚至是"二简字"）有所了解，也就是识繁书简（认识繁体字，书写简体字），而且要对文言文和白话文都有所了解。这是其他语言改革所不曾有过的情况。

从语言改革的好处来看，我们一边在享受用简体字和白话文写作交流的便利，一边又在欣赏繁体字和文言文表达的精练工整。

有篇网文，名叫《中文之美，再次被震撼！》，作者无从查考。说的是有一首英文诗，用中文翻译，可以有多种版本。当然英语原诗绝对不是沙翁的，但这不是重点。我们举这个例子，主要是来欣赏中文翻译的文采。原文是这样的：

You say that you love rain,
　　but you open your umbrella when it rains.
You say that you love the sun,
　　but you find a shadow spot when the sun shines.
You say that you love the wind,
　　but you close your windows when wind blows.
This is why I am afraid,
　　you say that you love me too.

英文原诗用了排比句，其实是网上 I am afraid 版的写作。中文翻译有多个版本，我们这里不介绍方言版。

普通版
　　你说你爱雨，但当细雨飘洒时你却撑开了伞；
　　你说你爱太阳，但当它当空时你却看见了阳光下的暗影；
　　你说你爱风，但当它轻拂时你却紧紧地关上了自己的窗子；
　　你说你也爱我，而我却为此烦忧。

文艺版
　　你说烟雨微茫，兰亭远望；后来轻揽婆娑，深遮霓裳。
　　你说春光烂漫，绿袖红香；后来内掩西楼，静立卿旁。
　　你说软风轻拂，醉卧思量；后来紧掩门窗，漫帐成殇。
　　你说情丝柔肠，如何相忘；我却眼波微转，兀自成霜。

诗经版
　　子言慕雨，启伞避之。子言好阳，寻荫拒之。子言喜风，阖户离之。子言偕老，吾所畏之。

离骚版

  君乐雨兮启伞枝，君乐昼兮林蔽日，君乐风兮栏帐起，君乐吾兮吾心噬。

五言诗版

  恋雨偏打伞，爱阳却遮凉。风来掩窗扉，叶公惊龙王。

  片言只语短，相思缱绻长。郎君说爱我，不敢细思量。

七言绝句版

  恋雨却怕绣衣湿，喜日偏向树下倚。欲风总把绮窗关，叫奴如何心付伊。

七律压轴版

  江南三月雨微茫，罗伞叠烟湿幽香。夏日微醺正可人，却傍佳木趁荫凉。

  霜风清和更初霁，轻嚬蛾眉锁朱窗。怜卿一片相思意，犹恐流年拆鸳鸯。

  不考虑翻译后的诗词是否押韵，也不考虑文字有无差错，单就表达原诗的意思，译文文风就有多种，让人深感汉语言文化的博大精深。

  只是，汉语言改革也有负面的影响。我们改革了汉语言，推行了简体字和白话文，但我们根本无法舍弃几千年的汉语言文化，也就意味着我们还需要繁体字和文言文。因为我们的很多文化和思想都是与古代文化息息相关的。

  不讨论汉语言改革对文学发展的影响，乃至对整个文化，甚至对整个社会的影响，单就语言改革要求文字使用者必须同时学习新老语言内容而言，这显然是汉语言使用者额外的学习负担。我们不能期望作者和编辑既熟悉日常使用的简体字和白话文，又通晓平时根本不用的繁体字和文言文，还能在白话文中用好、用对各种源于文言文的典故，或者把一些有着繁体字根源的词语用对语言场合。

三、文字规范的多变

  我国近现代两次语言改革，都有其独特的文化背景和政治因素。就语言发展本身来说，我国的语言改革是符合语言发展规律的，因为语言总是为了满足人类表达省力、经济的需求，不断朝着简化的方向发展。

  只是语言如何简化，如何改革，许多地方值得商榷。现在就有一些学者开始从多种角度反思我国的两次语言改革。这里，就事论事，单就繁体字改简体字来说，改革步子太大，许多繁体字在简化时考虑不周，语言规范的制定有些仓促，以致文字使用者至今无所适从。这么多年了，有些字的使用即使经过反复研究，几经修改规范，还是有许多令人不满意之处。举例来说，即便是在被国人视为权威辞书的《现代汉语词典》中，许多释义也还在不断变更。

  单单作为语言文字学术研究的成果，《现代汉语词典》经常修订其释义无可厚非。但作为语言规范的国内权威工具书，其释义具有指导编校工作的权威性，朝令夕改无疑加剧了文字工作的混乱。

  比较明显的是"作"和"做"，第3版中两个字使用比较混乱，有"当做"（本词条）、

"当作"("作"的释义)、"叫做"(本词条)、"看做"(本词条)、"看作"("视死如归"条)、"做出贡献"、"做出决定"等。第 5 版中对一些用法做了统一，如"当做""叫做""看做"等，但"做出""作出"还是很混乱，有"作出了贡献""做出决定"，甚至还有"作报告"的释义用例（"作"的释义）。在第 5 版前言中，竟然还有"作适当处理""作了一些调整""再作改动""已作具体说明"等"作"字的用法。第 6 版又将第 5 版的一些"作"和"做"用法推翻，改用"做出贡献""做适当处理""做了一些调整""再做改动""已做具体说明""当作""叫作""看作"等。显然，"作"和"做"的用法不断变更，已经严重困扰了文字使用者。

"支"和"枝"，第 3 版中，作为量词的要用"枝"，如一枝枪、三枝笔、一枝蜡烛。第 5 版中，作为量词的要用"支"，如一支枪、三支笔、一支蜡烛；"枝"只保留描述带枝子的花朵，如一枝梅花。

类似的还有"唯"和"惟"，"座"和"坐"，"像"和"象"，"荫"和"阴"，等等。显然，《现代汉语词典》的每次修订，都会让文字工作者疲于适应，特别是在重印图书时需要编校人员改来改去。

文字使用规范无法固化，极不利于全民的文字学习和掌握，更不利于整个社会的语言文字规范。毕竟，对于文字使用规范的不断变动，第一个需要做出反应的是中小学教材。我们今天遇到的文字编校最大难题，就是作者告诉编校人员，他小时候读书时受到的教育一直都是要他必须这样使用的！

四、网络语言的风行

网络语言是从网络中产生并应用于网络交流的一种语言，包括字母、标点、符号、拼音、图标（图片）和文字等多种组合。这种组合，往往在特定的网络媒介传播中表达特殊的意义。这种语言现象是全球性的，是共性的。仅有的明显区别，在于各国网络语言的发展深度有所不同。

网络语言的诞生，开始是为了输入快捷，到后来情况发展为使用者有种共识，那就是使用网络语言能体现时尚，不会使用网络语言无疑是不与时俱进。这时，即使输入网络语言并没有比输入正确的语言更便捷，大家还是乐于使用网络语言。

网络语言对文字规范冲击的严重性，在于传统文字出现差错大多数情况下是不知道规范用法而无意为之，网络语言出现文字差错是知道规范用法却有意为之，如用"酱紫"来表示"这样子"。至于"粉丝"，传统意义下是指各种淀粉制作的丝状食品，网络意义是从 fans 音译过来的，现在第 6 版《现代汉语词典》收录了，意指迷恋、崇拜某个名人的人。只是网络语言中的"粉"字的动词用法还没有收录进词典，因此"互粉"还没有"合法"。

五、文字质量监管的要求

任何商品质检时，只要要求严格，合格率就会下降；要求宽松，合格率就会上升：这就说明质量检查要求的宽松与严格，直接决定了合格率的升降。文字质量监管，也有类似的规律。

相对于其他国家，我国现行文字质量监管的要求是非常严的。国家除了颁发《图书质量保障体系》外，还经常组织各级图书编校质量检查。这样的国家层面文字质量监管声势，是其他国家靠出版社自我监督不能相比的。

文字质量监管要求严是一件好事，至少能使读者阅读到更多高质量的文字内容。关键在于文字质量主要是由文字规范来控制的，文字质量要求严，势必文字规范也要严格。

目前我国的文字规范就是规定大家要使用普通话和规范汉字，这就意味着我们不能再使用异体字和繁体字。对于出版工作者来说，更严格的要求在于文字必须使用《现代汉语词典》里的推荐用词（也叫首选词）。

显然，要求任何人无论用什么字或词都符合这些规范是不现实的，现实中作者写的文字很多就不符合要求，这就需要我们编校人员去认真校对。不然，文字差错就会到处都是。

第二节 校对的名称与定义

校对自古就有，其名称几经改变，意义也各不相同。至于校对的定义，随着时代的变迁，也在发生变化。

一、校对的古今中外叫法

现今我们所说的"校对"，其实是由古代的"校雠"或"校勘"演化而来的。校对一词，也并非现代才有，据考证，明代已经普遍使用。那个时候，"校对"的概念与"校雠""校勘"等相同。

校（读 jiào），基本字义是"订正，校对""比较"。雠（读 chóu），基本字义是"校对文字"，但其繁体字形"讎"又是"仇"的繁体字，具有"仇敌"的意思。"校雠"合起来理解，就是带有敌情观念的校对，这也显示了古代文字校对的正确质量意识。勘（读 kān），基本字义是"校订，核对""查看，探测"。

西汉刘向在其所著《别录》中云："一人读书，校其上下，得谬误，为校；一人持本，一人读书，若冤家相对，为雠。"意思是一个人自行查对文字差错，叫作校；两人分工，一人读，一人比对，叫作雠。

除了"校雠"和"校勘"，历史上与现代校对意义有关的名词还有"校书""校理"和"校缀"。

校书，指校勘、订正书籍，类似现今的"校订"。《三国志·卷四十一 蜀书十一·霍王向张杨费传第十一》中记载向朗"年逾八十，犹手自校书，刊定谬误……"。

校理，指校勘整理。《汉书·卷三十六 楚元王传第六》记载："孝成皇帝闵学残文缺，稍离其真，乃陈发秘臧，校理旧文……"

校缀，指对失逸的书籍予以校对，并且将它连缀起来。

校对，在英语中叫作 proofread，它是由 read（阅读）和 proof（校样）组成的，突出了阅读校样的意思。校对员则是 proofreader。

二、校对的定义

如前所述，校对可以指一项工作，也可以指做这项工作的人。那么，什么是工作意义上的校对呢？

在古代，"校雠"或"校勘"是出版编辑过程中的一道必需工序，主要工作是按照原稿去审查、订正排印或缮写的错误。现今，按《现代汉语词典》（第6版）的释义，校对是指"按原稿核对抄件或付印样张，看有没有错误"；按出版业的定义，校对是指根据原稿或定本核对校样，订正差错，提出疑问，以保证出版物质量的工作。

这里，校对离不开原稿或定本，我们称这样的校对为"校异同"。"校异同"的要点在于"异同"，是指将校样跟原稿逐字逐句比照，同则通过，异则以原稿为准，对校样进行订正。"校异同"只是传统意义的校对，因为经过排版，打印出来的校样与原稿（或定本）会有差别，这里的差别是由排版中的人工错误造成的。

显然，基于校异同的校对定义不适合现代意义的校对。因为在现代写作中，原稿已经排版好。换句话说，校样和原稿是一模一样的。此时，用原稿或定本核对校样是检查不出错误的。

因此，现代意义的校对，应是指"凭借校对者自身储备的知识或其他权威资料来判断原稿中的是非，订正差错，提出质疑"。这里，校对已经没有原稿或定本一说，完全是按知识或资料判断是非，这样的校对我们称作"校是非"。"校是非"的要点在于"是非"，是指通过对原稿内在矛盾的是非判断，发现并改正原稿可能存在的错漏。确认其"是"就通过，确认其"非"就提出疑问。

校对分校异同和校是非，这是符合校对本身的特点的。事实上，"校对"是个集合概念，包含着"校"（校是非）和"对"（校异同）的双重含义。有关校异同和校是非，清朝学者段玉裁有过权威论述。他在《经韵楼集·与诸同志书论校书之难》中写道："照本改字，不讹不漏，谓之校异同；信其是处则从之，信其非处则改之，谓之校是非。"他还说："不先正底本，则多诬古人；而不断是非，则多误今人。"段玉裁认为，不校异同，则不能保证作者的劳动成果准确而完整地转换；不校是非，则不能发现和弥补作者创作和编辑加工的疏漏。偏废校异同或者偏废校是非，后果是一样的，都会造成谬误流传，损害作者，贻误读者。

对于校对的定义，以及校异同和校是非，需要做几点说明：其一，校对的定义是随校对工作的具体情况变化的。对于传统书稿，校对就是"根据原稿或定本核对校样，订正差错，提出质疑"；对于现代电子书稿，校对就是"凭借校对者自身储备的知识或其他权威资料来判断原稿中的是非，订正差错，提出质疑"。其二，这里的校对定义，没有特指出版物意义上的校对，因此适用于所有文字内容的校对。其三，校是非同时适用于传统意义的校对和现代意义的校对，而校异同只适用于传统意义的校对。

第三节　校对的起源

校对属于文字工作，其发展自然与文字的历史相关。

传说黄帝时期造字史官仓颉是汉字的创造者，后人尊其为中华文字始祖。不过据《说文解字》记载，他仅仅是把流传于先民中的文字加以搜集、整理和使用。现今人们普遍认为，汉字由仓颉一人创造只是传说，不过他可能是汉字的整理者。

相对来说，甲骨文是中国已发现的古代文字中时代最早、体系较为完整的文字，距今3600多年。甲骨文又称"殷墟文字""殷契"，是殷商时代刻在龟甲兽骨上的文字，用于记录和反映商朝的政治和经济情况。

理论上，有了文字，就会有记载，也就会有校对（古时的校对是以"校雠"和"校勘"名称存在的）。但是，真正要确定何时开始有校对，必须有史料做证。我国最早出现的校对活动，目前能用史料加以考证的，当数西周时期孔子的七世祖正考父校《商颂》。《国语·鲁语下》载闵马父的话："昔正考父校商之名颂十二篇于周太师，以《那》为首。"颂是要配以乐谱、伴以舞蹈来表演的，所以正考父请求"乐官之长"周太师来校正。如果以正考父校《商颂》作为我国校对事业的起始，那正好是春秋时期，距今已有约2800年了，离使用甲骨文的时期也不是很远。

我国历代的校对事业发展，不同学者有不同的划分法。这里，我们采用的是四个时期划分法，即萌芽期、奠基期、发展期和高峰期。

一、校对的萌芽期

这一时期，史料甚少，校对活动只有春秋时期正考父校商之名颂十二篇。《商颂》共十二篇，以《那》为首，今传本《诗经》中只收录有五篇，其他七篇何时散佚，不可知。有人说是孔子编《诗经》时删了七篇，也有人说在孔子之前就已经散佚，但都缺乏史实证据。

就连《商颂》十二篇之来源，历代史学家也争论不休。有的说《商颂》本来就是商朝作品，正考父让周太师校正而已；有的说《商颂》是正考父为了赞美宋襄公而作，所谓《商颂》，实即《宋颂》。

不管《商颂》是何来源，正考父校商之名颂十二篇，的确是我国史料记载中最早的校对活动。

二、校对的奠基期

这一时期，始于春秋时期孔子和子夏师生，结束于西汉刘向和刘歆父子。

史说，孔子修六书（又名六经，即《诗》《书》《礼》《乐》《易》《春秋》）。其实，孔子对六书用功深浅不等，作用不一。史学界认定，孔子删订《诗》《书》，修起《礼》《乐》，赞《易》，修《春秋》。由此可见，孔子对六书做了大量的整理和编校工作。故后人称孔子为编辑之始，也是校对之始。

孔子对校对的最大贡献，就是最早使用了以严肃性见长的"死校法"。死校法，就是用同一书的各种版本对校时，挑选一种较好的本子做底本，再以其他本子参校，把不同之处注于其旁，而不修改正文。孔子修《春秋》时，明知原文"伯于阳"为"公子阳生"之误，却故意保留原文错误不改。他的用意是借此启示后人，校书切不可对文献和原著妄加臆断和轻易改动。还有，他明知《春秋》原文中"夏五"之下脱"月"字，也故意保留原文不补，他认为"文或不尽于此"。也就是说，此处可能不止脱了一个"月"字。如果只补上一个"月"字，使文从字顺，后人不再生疑，便可能把存在的更多错漏给掩盖上。

子夏长于文学，曾为《诗经》作序，为《易经》作文字解说。他的校对活动见于成语"三豕涉河"。《吕氏春秋·察传》记载："子夏之晋，过卫，有读史记者曰：'晋师三豕涉河。'子夏曰：'非也，是己亥也。夫己与三相近，豕与亥相似。'至于晋而问之，则曰：'晋师己亥涉河。'"由此，子夏首次使用了以灵活性见长的"活校法"。活校法，就是在无祖本或他本可据，或数本互不相同而无所适从时，以道理定是非的校勘法。

刘向奉朝廷之命，专职领校经传、诸子、诗赋等宫中藏书。这次整理文献，史称"校书"。刘向在这次校书的基础上写成《别录》。刘向对校对的贡献，在于把死校法和活校法结合起来，最早提出了"校"和"雠"两种校书方法。这里，校，就是使用活校法（后来的校是非）；雠，就是使用死校法（后来的校异同）。刘向在解释"校"和"雠"时又明确了校对的主体和客体："校"是一个主体，一个客体（一个人与一本书）；"雠"是两个主体，两个客体（两个人和一种书的两个版本）。当然，刘向领校经书时，还首次使用了专业分工，这是我国校对史上的一大进步。史载，汉成帝河平三年（公元前26年）秋八月，始诏光禄大夫刘向校经传、诸子、诗赋，步兵校尉任宏校兵书，太史令尹咸校数术，侍医李柱国校方技。

刘向死后，其子刘歆继续领校群书，并在校书的基础上写成了《七略》。虽然刘歆在校对技术方面没有太大的贡献，但他毕竟子承父业，对其父亲的校对理论进行了大量的实践。只是，刘歆的贡献主要在校理群书上。

三、校对的发展期

这一时期，大致是从东汉蔡伦发明造纸术开始，到宋朝结束。

纸张的出现，一来方便了校对，二来增加了读者对图书的需求。显然，这是校对进入全面发展阶段的物质条件。

到了南北朝，由于纸张投入使用，图书大量出现，版本出现混乱。此时，校对的范围有所扩大，不单单限于文字校对，而是扩大到版本、目录等的校对，因此有了广义校雠和狭义校雠之分，后者仅仅是文字校雠，而前者还包括版本、目录等校雠。

隋朝出现了雕版印刷术，大大提高了印刷力。因此，隋唐时代官方投入大量人力财力翻译佛经。在誊抄过程中，实行"初校、再校、三校"，最后由"主持"详阅。这是中国校雠史上最早的"三校一读"记载。到了宋朝，宋太宗下令重校"三史"，明确规定"三复校正"，最后由他"御览"，也是"三校一读"。

总体而言，宋朝非常重视校书，还发展出精校和粗校。宋朝对校书人的要求也提高了，必须达到一定素质才可，因此宋版书质量较高。此时，编校有分工，校对理论很丰富。宋代校雠名人辈出，经宋人校勘、句读、注释等整理后的书籍一般书名中都加有"考""考异""纠谬""辨正""勘误"等字样。特别是南宋馆阁述颁发了《校雠式》，即官方对校书有了具体规定，这也是校对的一大进步。

四、校对的高峰期

元朝，统治时间较短，政局相对稳定性差，文化事业不是政府的发展重点，图书出版相对较少，校对相应也有所退步。

到了明朝，雕版印刷发展到巅峰，特别是弘治、正德、嘉靖年间，随着铜活字的大规模制作和流行，图书印刷有了较大突破。虽然官府也出版了《永乐大典》这一文化精品，但民间书坊空前发展，图书销售竞争激烈，影响了图书质量。为了追求利润，一些民间书坊校书人总是随性乱改，连官府也大为恼怒，下令书版要"精校"。后人对明朝的图书出版，有"明人刻书而古书亡"的评价。近代图书评论家叶德辉在《书林清话》卷七中说："明人刻书有一种恶习，往往刻一书而改头换面，节删易名。如唐刘肃《大唐新语》，冯梦桢刻本改为《唐世说新语》。"

清朝，图书出版业达到顶峰时期，《古今图书汇编》和《四库全书》成为图书出版的标志性作品。同时，清朝的校对理论研究也达到了很高的水平，出现了一大批卓有成效的校对理论学家和校对学论著，如段玉裁与《经韵楼集·与诸同志书论校书之难》，章学诚与《校雠通义》等。特别是段玉裁把多年的校雠经验，概括地总结为"校异同""校是非"六个字，成为校对理论发展史上的一大里程碑。清朝在校对理论研究方面的丰硕成果，促进了当时校对事业的蓬勃发展，从而使得图书出版业出版了一大批高质量的精品图书。

近代，随着铅活字印刷机器和印刷技术的引进，编纂（校勘）和校对，编辑和校对，彻底分离。图书出版业的生产力获得大幅提高，图书出版数量激增。校对机构和专职校对人员也进入出版业。同时，校对理论研究也进一步开展。近代学者陈垣，更是总结出校法四例：对校法、本校法、他校法和理校法。其中，对校法实际上就是校异同，而后三者则是校是非的具体化。

第四节 校对的主客体

主体与客体，出自马克思主义的实践论。在实践论中，实践被认为是由主体、客体、中介三者构成的。主体是指从事实践活动的人，客体是指主体活动对象的总和，中介是指把主体和客体联系起来的各种形式的工具、手段或方法。

一、校对的主体

显然，在校对工作中，校对的主体分著作人（或翻译人）、编辑和专职校对三种，由此对应了三种不同的校对。

著作人（或翻译人）校对（自校）：校正原稿中的疏漏或失误，属于创作完成性质，目的是在付印前提高质量，这是在原稿上做的校对工作。很明显，前面所给的例子中，贾岛诗作的用字推敲，就属于自校。

编辑校对（半自校）：在原稿上，对作品的文字和内容进行核查和错误更正，这也是在原稿上做的校对工作。

专职校对（他校）：根据原稿，对校样进行文字和内容的核查和错误更正，这是在校样上做的校对工作。

所谓他校，有别于在原稿上做的校对工作，也就是有别于自校。在传统意义的校对中，他校和自校的区分是非常容易的。但在现代意义的校对中，他校和自校的界限是模糊的，不容易区分。原因在于，现今的许多校样和原稿是一样的，作者、编辑和专职校对都是在打印纸上做的校对。

至于传统铅排印刷中的毛校，是印刷厂为了提高排版质量增加的一次校对，不属于作者、编辑和专职校对三者的校对活动。另外，现代印刷中，已基本没有印刷厂的毛校这一道工序了。

二、校对的客体

校对的客体，指的是校对工作这一实践的活动对象。校对工作中最直观的活动对象，显然就是原稿和校样。有的学者把校对工作看作一个系统工程，那么校对的客体可分为校对人员的操作对象、服务对象和协作对象。

所谓操作对象，古代指原本或对照本，现代指原稿和校样，或计算机、校对软件、存储设备、复印样、蓝样及软片，甚至印刷大样（封面校对）。信息时代，操作对象又有音频、网页、视频等。所谓服务对象，指的是读者。所谓协作对象，古代指的是抄书者、雕版者，现代指的是文字排版者、电脑录入员等。

当然，严格按主体、客体和中介来区分，校对的客体就是原稿和校样。至于校对工作中使用到的计算机、校对软件、存储设备等，只能是校对的中介。而作为服务对象的读者，不属于校对活动中的主体、客体和中介的任何一方。

第五节 校对的任务

校对的任务，简单地说，就是要消灭文字差错。针对校对的校异同和校是非两类不同性质的工作，校对任务也有所区别。

一、校异同时的校对任务

校异同只适用于传统意义的校对，其任务就是消除校样上不符合原稿的每个差错。那些差错，都是在排字拼版过程中造成的错漏。因此，校异同时校对的任务就是要保证排版样与原稿完全一致。

二、校是非时的校对任务

校是非同时适用于传统意义的校对和现代意义的校对，其任务要比校异同复杂，需要校对者凭借自身储备的知识或其他权威资料来判断原稿中的是非，尽可能识别各种差错，然后消灭差错。这就有个找错改错的过程，先要尽可能找出错误，再要尽可能改正错误。找出错误，有时是非常困难的；改正错误，就更困难了。

找错，重点在于了解和熟悉各种差错类型。目前，文字的常见差错类型有：字差错，词语差错，语法错误，数字使用差错，标点符号使用差错，量和单位使用差错，版面格式差错，事实性差错，知识性差错，政治性差错等。

三、校对最基本的任务

在校对工作中，校对人员有最基本的任务，那就是出版业总结的"两底线"：第一，不出政治性差错；第二，尽量减少一般性差错。

（一）不出政治性差错

不出政治性差错，就是即便性质不严重的政治性错误也不允许漏网，这是零容忍，没有任何商量余地。

（二）尽量减少一般性差错

尽量减少一般性差错，这是科学对待校对工作。常言道"无错不成书"，虽然这是读者对图书编校质量低下的嘲笑，但真正要求校对完全消灭差错，既不科学也不现实。这不是为校对工作无法消灭所有差错寻找借口。

当然，为了尽量减少一般性差错，校对人员需要认真校对，只是认真校对不等于在校样上改得多，改动过多既改变了原作的写作风格和内容思想，也侵犯了著作权。这就需要校对人员遵守"三不改"原则：其一，不是错不改；其二，可改可不改的不改；其三，自己无依据的不改。

第六节 校对术语

校对术语是行业用语，又称校对行话或校对行语，用于著译者、编辑、出版人员、校对人员、排印人员、装订人员间的交流。熟悉和准确使用校对术语，有利于校对工作的有效开展，因此，有必要正确掌握相关校对术语。校对术语非常多，有些随着印刷工艺的改变逐渐被淘汰，有些在实际应用中已经很少使用。

这里，仅介绍部分校对术语。

一、校对工艺类

校次：校对的次序和遍数，一般分一校、二校、三校、通读等，俗称"三校一读"。

毛校：工厂在把校样送给出版社之前，由工厂的校对人员进行的一次校对。一般用于需要打字录入排版时或者传统的铅排中。

一校：也称初校，指出版社第一遍校对书稿。

二校：第二遍校对书稿。

三校：也称终校，指第三遍校对书稿，是通读前的最后一次校对。

通读：又称四校，一般为全稿阅读。

核红：将退厂校样与工厂按要求改好的校样进行核对，校正其未改或错改之处。一般校样上的改动都用红笔，所以这一核对主要是看版面红色处，故得名。

过红：送作者、编辑、校对人员分头校对时，把作者和编辑校对的结果都誊录到校对人员那份校样上。

誊样：稿子打多份校样，送多人校对后，以某份校样为主，将其他校样的校对结果都汇总到那份校样上，这个工作就是誊样。

技术整理：文字技术整理，简称技术整理或整理，指责任校对从体例、格式方面检查和整理全书校样。

付印：有两种理解，一种是编辑加工完毕，交排版单位排版；另一种是校对完毕，要上印刷机印刷。在校对工作中，付印指上印刷机印刷。

包校：由同一人负责一种书刊校样的一次校对。

分校：按原稿将整份校样分成几个部分，由几个人同时校对。

调校：相互交换校对。

轮校：数人循环轮流校对。

接校：前一校次在校完若干页后，交给另一个人同时进行后一校次，逐次交接，直至完成。

点校：把原稿放在左边，校样放在右边，先读原稿，后看校样，左手指着原稿上要校对的文字，右手执笔，顺着校样徐徐移动，逐字逐句校对。

平行点校：把原稿折叠起来，覆在校样需校对的文字或图表上，使原稿与校样平行，然后逐字逐句进行点校。

折校：将校样放在桌上，原稿夹在两手的拇指、食指和中指之间，逐行折纸，使校样的行和原稿的行贴着进行校对。

读校：又称唱校，是一个人朗读原稿文字和标点符号，另一个人看着校样进行核对改正。

电脑校对：利用电脑软件，代替人工对数字版的文字内容进行文字校对。

二、稿件类

原稿：作者、编译者所定的书稿统称为原稿。按不同载体分，有传统的纸质原稿和现代的电子原稿。

校样：排版单位根据原稿制成字版后印出供校对的样张。

正样：送校对人员进行文字修改和内容审订的样张。

副样：送作者、编译者进行文字修改和内容审订的样张。

付印样：校对后经编辑部门最后审签，交工厂改正付印的校样。

清样：付印样改正后印出的最后一次校样（作为印订的工作样）。

改样：又称改版，排版单位依照校样（包括副样）上的改动，在活字版或计算机上进行改正。

印样：又称打样，把排好或改样后的版面通过打印机打出印样，供校对用。

蓝样：电脑排版中由软片通过光晒到涂有感光液层的特殊纸张上，再通过氨气的作用形成的校样。因显影是蓝色的，故称蓝样。

折手：又称折样，是根据印张折叠成书帖时与出版物页面顺序相符的版式，一般送核对的折手比正式出版物小，同扑克牌大小。

三、版式类

另页：又称另页起，指另页起排的前言、目录、正文的篇或编等，而且要从单页码开始。

另面：又称另面起，指下一章不接连上一章，需另起页码排，占单双页码均可。有的书，节也要另面排。

另行：一段文字排完，下一段另行（前空两字）起排。

接排：分两种情况，第一种表示一段文字应紧跟前一节排，中间不空行。第二种是一行文字接上一行文字末尾排，不另行。

顶格：也称顶头，表示齐版心的排法。

齐脚：竖排时表示齐版心下，横排时表示齐版心右。

回行：又称转行，是在本行的下一行起排。

间空：又称字距、字空，是字与字之间的空隙。

行距：指两行文字之间的空白。

缩面：将本面上的文字或图版移至上一面，缩去本面。一般本面如只有三四行文字，版式规范要求缩面。

缩行：缩去本行文字，移至上一行，空出版面。

串行：校样上增加或删去文字，导致本面几行文字发生变动，但不影响后续版面。

串文：又称卧文、盘文，指图旁排有正文文字。

分栏：指版面划分为若干栏。

通栏：指版面不分栏。

捅版：指校样上增加或删减文字过多，导致后续版面发生变化。

背题：标题接排在本面最后一行，而下无正文。这是版式规范中不允许的。

占行：标题为了排得醒目、美观，和上下正文之间留有的空距，按行数计算。比如占三行，表明此标题占用标准三行的版面空间。

居中：分标题和文字两种。标题居中，指上下和左右居中；文字居中，指左右居中。

前空：前空指段首距左边版口的空距，如每一段的首行距版口两个字起排，即前空两字。

后空：后空即行后与右边版口的空距，如文末的写作时间距版口三字，即后空三字。

页码：指表示书刊排列次序的数码字。

暗码：指在书刊中占有页码位置，但不排出数字的页码。

注文：又称注解、注释，即对文章中字、词、内容所加的说明。其名称因位置而异，正文中间的称夹注，在分段后的称段注，本面末尾的称脚注，全篇末尾的称篇后注，全书末尾的称书后注。

注线：用以间隔正文与注文的线条，一般用细线。

注码：指注文的号码字，分阴码、阳码，中文、西文。

重点：在文字中的一些主要语句或名称底下加着重号，以引起读者的注意。

出血版：图版有一边或多边超出原定的开本大小，经裁切之后要求不留白边，这种图版称为出血版。

锌版：全称照相锌版，一般用于制作线条画及文字印版。锌版用于铅排，现已淘汰。

铜版：全称照相铜版，一般用于制作照相图片及有文字的印版。铜版用于铅排，现已淘汰。

字体：印刷用字的形体种类，常用中文字体有宋体、仿宋体、黑体、楷体等，英文字体有正体、斜体等。

字号：印刷用字字身大小的规格，如书刊中正文经常使用的字号是五号，表格中使用的字号是小五号。

字级：表示印刷字规格大小的单位，1 级为 0.25 毫米。

四、版面类

版面：书刊一面的幅面，包括文字、图表和四周的白边。

版心：每面所印字、行占的面积，不包括四周的白边，又称版口。

通版：指把报纸一张纸的同一面上两个相对的版打通而形成的版。

报头：指报纸刊登报名的地方，一般都在第一版的上端，横排报纸大多在上端偏左，竖排报纸大多在上端偏右，也有把报头放在上端正中的。

中缝：指报纸一张纸的同一面上两个相对版面的中间部分。

报线：指报纸版心的边线。上端的边线叫天线，又叫眉线；下端的边线叫地线。

报眉：指报纸眉线上方的文字，一般包括报名、版次、出版日期、版面内容标识等。

报眼：又称报耳，指横排报纸报头旁边的版面。

天头：版心上面的空白叫天头。

地脚：版心下面的空白叫地脚。

订口：装订的一边叫订口。订口的大小是指装订一边的字边到装订书边的距离。

切口：相对订口的另一边叫切口。切口的大小指图书所切一边的边缘到字边的距离。

书眉：为了便于翻检，有的书将书名、篇名排在该篇文章的天头或切口处。横排书排在天头，叫书眉。竖排书排在切口处，叫中缝。一般在单页码上排篇名，双页码上排书名。

封面：图书的正外表面，除载有完整的书名、著译者和出版者的名称外，还有提示图书内容的各种元素，包括艺术图案。

封底：又称封四、底封。图书在封底的右下方印书号和定价，期刊在封底印版权页，或印目录及其他非正文部分的文字、图片。

勒口：又称飘口、折口，指书籍封皮的延长内折部分，用于编排作者或译者简介，同类书目或与本书有关的图片以及封面说明文字，也有空白勒口。

环衬：封面后、封底前的空白页。连接到封面的叫前环衬，连接到封底的叫后环衬，是封面到扉页和正文到封底的过渡。

扉页：又称内封，标准用词叫主书名页，是图书的主要识别标志，上印有完整的书名、著译者和出版者的名称。

版权页：一般安排在扉页的反面，或者正文后面的空白页反面，指图书中载有版权说明、图书在版编目（CIP）数据、版本记录等的书页。

目录页：图书正文前用于安排目录内容的页面。

五、文字内容类

正文：书稿主要部分（编、篇、章、节）。

辅文：除正文部分外，其余如内封、版权、前言、序、目录、后记等，也称附件或零件。

标题：指书稿章节的题目，分一级标题、二级标题、三级标题等。

副标题：在标题未完全表达意思时设立的标题说明，一般在标题后，字体较标题小，用字亦有别于正文。

第七节 如何提高校对能力

决定一个人校对能力高低的因素，普遍认为有这么几个：其一，语言知识，不仅仅是母语的，还有外语的；其二，百科知识，校对人员需要掌握的知识要杂，要广博；其三，专业知识，特别是专业词汇；其四，校对技术，包括各种校对方法；其五，心理素质；其六，实践经验。

一、语言知识

校对人员常年与语言文字打交道，这样就有必要熟悉语言文字、了解语言文字、掌握语言文字、摸透语言文字。对于我们校对人员来说，语言文字包括汉语言文字和外国语言文字，只是以汉语言文字为主。

汉字的数量并没有准确数字，大约有 10 万个，日常所使用的汉字却只有几千个。据统计，1000 个常用字能覆盖 92% 的书面资料，2000 字可覆盖 98% 以上，3000 字时覆盖率已到 99%。简体与繁体的统计结果相差不大。汉字在日常使用中按出现的频率，可以分为最常用、常用和次常用。调查的结果虽然各不相同，但数字相差无几。其中一个，是出版管理部门的统计，结果显示最常用字有 560 个，常用字有 807 个，次常用字有 1033 个，合计 2400 个。掌握这 2400 个汉字，一个人日常使用文字就没有问题了。当然，校对人员仅仅熟悉 2400 个汉字是不够的。关键不在于认识多少，而是会用多少。校对人员总有不认识的汉字，但这是可以借助字典解决的。

一方面，我们做校对遇到的困难，很多是汉字的特殊情况造成的。其一，我们的汉字经历了从繁体字向简体字的改革，不说改革的正确性，就改革的准备充分性和成熟性而言，都值得商榷，结果是简体字的使用总是存在这样那样的问题，反映到校对上就是各种情况的不确定性，孰对孰错连连学者也多有争议。何况，我们需要识繁书简，本身需要下的功夫比仅仅使用繁体字的情况大许多。其二，简体字又分别推出过第一批简化字和第二批简化字（第二批简化字后因社会反对声太多而被取消）。第三批简化字虽然没有正式公布，但在社会上也产生了一定的影响。不同批次的简化字，毕竟影响过一个时代的人。其三，汉字的改革一直未断，最有影响力的证据，就是在校对业被当作汉字规范的《现代汉语词典》，每次修订都有一些大动作，造成图书用字的前后规范不延续，这就要求编辑和校对人员的语言知识必须时时更新。

另一方面，我们面对的作者来自各阶层、各年龄段，他们受到的教育各不相同。最重要的是，我国文字自新中国成立以来经历了多次变革，也走过许多弯路，这都会在来稿中有所反映。有习惯使用繁体字的，习惯使用二简字的，甚至是习惯使用三简字的，也有熟悉《现代汉语词典》某个版本的，文字使用情况千差万别。因此，校对人员必须熟悉语言，了解文字的这些变化，这对于理解作者的意思非常重要。不然，要做好校对工作是非常困难的。

在实际编校工作中，很多文字错误，是由于使用了不正确的异体字，或者繁体字转简体字不当而出现的。

至于外语，虽说现在大学英语四、六级考试已经很普遍了，可报纸文章中只要有外语，出错的概率就很大。特别是有些排版软件，会自动过滤外语中的空格，比如把 Riding the Bullet 排成 RidingtheBullet，校对人员还以为原文就是这样的。所以，懂点外语是非常重要的。

二、百科知识

要做好校对工作，必须要有广博的知识，因为校对人员面对的文字涉及各学科内容，知识贫乏就难以理解，自然也就会影响校对质量。

关键是如何使自己知识广博。这可以通过几种方法来实现：一是多读书、多看报，通过阅读各种文章增加自己的知识。所谓平时用心读书，见多识广，到了需要时方能厚积薄发。二是勤记笔记，摘录词汇，建设自己的词汇系统。在这方面，有些老校对人员很有经验，他们在自己工作场所的墙上贴着许多有用的资料，一般都是自己常出错又记不住的词组或字，期望通过多看能记住相关知识。毕竟，好记性不如烂笔头！三是要养成勤翻工具书的良好习惯，特别是名人的生卒年月，有时各种资料不一样，这就需要多处考证。四是要勤上网搜索，多方论证。

三、专业知识

在积累百科知识的同时，我们又要学有所长，术有专攻。校对不可能像医生那样有全科医生，通吃各学科内容。先进的校对技术追求专业分工，西汉时代刘向就已经认识到这点。

各专业都有其专门的词汇，不同于大众理解的意思。要做好专业出版物的校对，必须多掌握一些相关专业的词汇。事实上，大众出版物也有涉及专业词汇的情形，出错的概率是很高的。我们平时说某人赠送礼物给谁，用的都是"赠予"（首选词），但在法律上用的是"赠与"，比如"赠与人""赠与合同"。我们时常用"超音速"来形容飞机速度很快，其实规范的用词是"超声速"。平时我们说的"万维网"和"英特网"，出版规范词是"因特网"。当然，与大众相关而又最容易搞错的专业词汇，是医学方面的词。且不说"症""征""证"三个字的正确使用已经非常困难了，我们平时在说的"中风""脑梗塞""脑溢血""红血球""剖腹产术"都是非规范的术语。

专业知识要做到像百科知识那样广泛积累，一是不太可能，二是没有必要。有人形象地说，小学和中学习得的知识就像是同一圆心的知识半径在不断增大；到了大学本科，不仅半径又有增大，还在某一块有些鼓出；到了研究生，特别是博士研究生，知识不是半径再增大了，而是在某点的半径方向更鼓出去了。研究得越深，鼓出去的块越细长。这也说明，专业知识无穷尽，任何人都不可能广泛积累。事实上，专业知识真的学得那么深，大多数已经不是在做校对，而是在做专业研究了，古籍出版除外。

那么，专业知识难以深入学习，而校对工作又需要一定的专业知识去理解所校对的内容，这又该如何解决呢？

比较可行的办法，就是在开始专业内容校对前做些必要的准备，比如找到该专业的工具书，在网上搜索一下该专业的术语，以及文字使用经常出错的例子。在真正进行校对时，还要勤于上网检索，核对相关信息。

四、校对技术

校对技术，2000多年前就开始有人研究了，因为科学技术不仅仅是生产力，还是第一生产力。传统的校对技术，不仅仅是一个人自行查对文字差错的"校"，一人读和一人比对的"雠"，还有死校法和活校法，更有点校、平行点校、折校、读校等。最终，各种方法又可归纳为校异同和校是非两大类。

进入计算机时代，校对工作最大的变化就是许多稿件的校对没有办法校异同了，也就是点校、平行点校、折校、读校都用不上了。因为，校样就是原稿。一时，大量校对都必须校是非，校对人员有些不适应。显然，新的校对方法有待探索。

本书主要就两种新的校对方法进行介绍：一是专项扫描法，针对纸质稿的校是非。严格意义上，有无原稿，此方法均适用。二是网上搜索法，适用于有数字版原稿，又必须核对原文的情况。

五、心理素质

校对工作需要校对人员平心静气地校读，专心致志地比照，聚精会神地纠错。但校对工作又很难让人静下心来，这主要是由于校对岗位责任重大且待遇低下，文字工作艰辛，出版无名无利，平时奖少罚多。

因此，校对工作除了需要一定的思想觉悟，还需要较高的心理素质，这主要体现在以下几个方面：

（一）注意力的集中和分配

平心静气，专心致志，聚精会神，都是注意力集中的表现。很多时候，这种忘我的状态，会使校对人员不知现在是上午还是下午，外面是晴天还是雨天。这种专心，心理学上叫作注意，就是心理意识对一定对象的选择性（指向性）和集中性。在高度注意的情况下，校对人员会沉浸于注意的对象，表现出强烈的抗干扰性，从而提高校对工作的效率。

网上有一些校对人员的修养测试，其实是注意力的测试。这里结合校对中遇到的实际问题做些增删修改，供大家测试。

第一题：入门

请在下面字母中找出 C。

OOOOOOOOOOOOOOOOOOOOOOOOOOOOOOOOOOOOOOOOOOOOOOOOOOOOOOOOO
OOOOOOOOOOOOOOOOOOOOOOOOOOOOOOOOOOOOOOOOOOOOOOOOOOOOOOOOO
OOOOOOOOOOOOOOOOOOOOOOOOOOOOOOOOOOOOOOOOOOOOOOOOOOOOOOOOO
OOOOOOOOOOOOOOOOOOOOOOOOOOOOOOOOOOOOOOOOOOOOOOOOOOOOOOOOO
OOOOOOOOOOOOOOOOOOOOOOOOOOOCOOOOOOOOOOOOOOOOOOOOOOOOOOOOO
OOOOOOOOOOOOOOOOOOOOOOOOOOOOOOOOOOOOOOOOOOOOOOOOOOOOOOOOO
OOOOOOOOOOOOOOOOOOOOOOOOOOOOOOOOOOOOOOOOOOOOOOOOOOOOOOOOO

第二题：进阶

请在下面字母中找出 V。

WWWWWWWWWWWWWWWWWWWWWWWWWWWWWWWWWWWWWWWWWWWWWWWWWWWWWWWWW
WWWWWWWWWWWWWWWWWWWWWWWWWWWWWWWWWWWWWWWWWWWWWWWWWWWWWWWWW
WWWWWWWWWWWWWWWWWWWWWVWWWWWWWWWWWWWWWWWWWWWWWWWWWWWWWWWWW
WWWWWWWWWWWWWWWWWWWWWWWWWWWWWWWWWWWWWWWWWWWWWWWWWWWWWWWWW
WWWWWWWWWWWWWWWWWWWWWWWWWWWWWWWWWWWWWWWWWWWWWWWWWWWWWWWWW
WWWWWWWWWWWWWWWWWWWWWWWWWWWWWWWWWWWWWWWWWWWWWWWWWWWWWWWWW
WWWWWWWWWWWWWWWWWWWWWWWWWWWWWWWWWWWWWWWWWWWWWWWWWWWWWWWWW

第三题：提高

请在下面字母中找出 N。

MMMMMMMMMMMMMMMMMMMMMMMMMMMMMMMMMMMMMMMMMMMMMMMMMMMMMMMMM
MMMMMMMMMMMMMMMMMMMMMMMMMMMMMMMMMMMMMMMMMMMMMMMMMMMMMMMMM
MMMMNMMMMMMMMMMMMMMMMMMMMMMMMMMMMMMMMMMMMMMMMMMMMMMMMMMMM
MMMMMMMMMMMMMMMMMMMMMMMMMMMMMMMMMMMMMMMMMMMMMMMMMMMMMMMMM
MMMMMMMMMMMMMMMMMMMMMMMMMMMMMMMMMMMMMMMMMMMMMMMMMMMMMMMMM
MMMMMMMMMMMMMMMMMMMMMMMMMMMMMMMMMMMMMMMMMMMMMMMMMMMMMMMMM
MMMMMMMMMMMMMMMMMMMMMMMMMMMMMMMMMMMMMMMMMMMMMMMMMMMMMMMMM

第四题：升华

请在下面汉字中找出"已"。

己己己己己己己己己己己己己己己己己己己己己己己己己己己己己
己己己己己己己己己己己己己己己己己己己己己己己己己己己己己
己己己己己己己己己己己己己己己己己己己己己己己己己己己己己
己己己己己己己己己己己己己己己己己己己己己己己己己己己己己
己己己己己己己己己己己己己己己己己己己己己己己己己己己己己
己己己己己己己己己己己己己己己己己己己己己己己己己己己己己
己己己己己己己己己己己己己己己己己己己己己己己己己己己己己

第五题：巅峰

请在下面汉字中找出"巳"。

巳巳巳巳巳巳巳巳巳巳巳巳巳巳巳巳巳巳巳巳巳巳巳巳巳巳巳巳
巳巳巳巳巳巳巳巳巳巳巳巳巳巳巳巳巳巳巳巳巳巳巳巳巳巳巳巳
巳巳巳巳巳巳巳巳巳巳巳巳巳巳巳巳巳巳巳巳巳巳巳巳巳巳巳巳
巳巳巳巳巳巳巳巳巳巳巳巳巳巳巳巳巳巳巳巳巳巳巳巳巳巳巳巳
巳巳巳巳巳巳巳巳巳巳巳巳巳巳巳巳巳巳巳巳巳巳巳巳巳巳巳巳
巳巳巳巳巳巳巳巳巳巳巳巳巳巳巳巳巳巳巳巳巳巳巳巳巳巳巳巳

第六题：实战

请在下面文字中找出数字 1 和 0。

1111111111111111111111111111111111111111111111111111111111
1111111111111111111111111111111111111111111111111111111111
OOOOOOOOOOOOOOOOOOOOOOOOOOOOOOOOOOOOOOOOOOOOOOOOOOOOOO
OOOOOOOOOOOOOOOOOOOOOOOOOOOOOOOOOOOOOOOOOOOOOOOOOOOOOO

life life like like let let Our Our Out Out Option Option

不可否认，注意力的集中也有负面影响，比如注意力过于集中，就会忽略未受注意的对象。我们把注意力集中于语法时，可能会忽略标点和数字。事实上，校对的内容需要关注的点众多，从上而下、从前到后的阅读要全面关注，就等于没有集中注意力，效率也就不高；注意力过于集中，就会顾了吹笛顾不了捏眼，顾此失彼。另外，长时间注意力过分集中，也容易造成精神疲劳，结果反而使注意力不能集中。

科学的安排在于合理地分配注意力。校对内容中的众多注意点，可以预先按语法、标点、数字、标题、图表等专项排列，按序轮流就单个专项进行集中处理，这样既可避免长时间注意力集中，又能确保注意力相对各个集中。这就是我们后面要介绍的校对新法——专项扫描法的理论依据。

（二）人格的塑造

校对工作承担着重大职责，又没有太多的经济利益，尤其需要较强的责任心。没有较强的责任心，很难想象一个校对人员能在这样的工作条件下安心校对工作，喜欢校对工作，做好校对工作。

校对工作中，无责任心最普遍的表现是"依赖性"，也就是反正前后有人把关，自己不仔细也没有关系。初校依赖二校把关，二校依赖三校把关，而三校则认为有初校、二校把关，各自都依赖"硬手"，于是掉以轻心，导致质量低下。

（三）先入为主的自信意识

我们常有这样的体会，校对的字词越是简单、熟悉，越容易出错。这主要是因为我们每天都和这些字词打交道，对它们了如指掌，以至于看到它们便会产生一种先入为主的意识。也就是说，即使这些字词是错的，我们固有的思维意识也总认为它们没有错，结果造成真正的差错。

现实中，越是文化水平高的人，校对时这种先入为主的自信意识越强，结果出错越多。倒是那些自认为文化水平不高的人，缺乏先入为主的自信意识，只能依赖工具书，出错反而相对少些。

这不是说校对人员文化水平越低越好，只是说明有时先入为主的自信意识过强是会害人的，因为文字规范在不断变化，不是一成不变的。当然，文化水平低又很自信，那是不具备校对素质；文化水平低又缺乏自信，还不勤于查看工具书，那是对校对工作不负责任。

（四）墨菲定理

日常生活中，有这样一种现象：等12路公交车，12路公交车就一直不来。不等12路公交车，比如在同一站台等15路公交车，这个时候你会发现，12路公交车来得很多，15路公交车又一直不来。显然，此时期望的是15路公交车多来，12路公交车如同往常一样少来。12路公交车来很多，是不期望发生的。

对于这种心里不期望发生的事总会发生的现象，心理学上有个著名定理，那就是"墨菲定理"。在校对中，墨菲定理可以阐释为校对总会出错，因为校对最怕出错。这里，校对最不期望发生的事就是出错，所以出错总是会发生的。

事实是，编辑和校对人员都会有一种深刻的体验：一本书编辑和校对人员已经很仔细地看了好多遍，几乎怎么也找不到差错了。可等到书印刷好第一次翻开，就会看到两个逗号并排，或者逗号排在行首，或者"摇篮"印成"摇蓝"这类低级错误，更气人的是不用翻几页就会看到。

常言道，常在河边走，哪有不湿鞋。校对人员整天与校样打交道，每天过目数万字，要保证不出差错的确很难。问题是出了差错后如何去调整心理状态。如果出现差错后背上沉重的思想包袱，甚至看到校样就条件反射似的紧张，唯恐再出错，工作中静不下心来，心理上高度紧张，那么肯定还会出错。所以，一个好的校对人员应具备过硬的心理素质，以平常心去应对出现的"异常"心理环境，才能及时调整自己的心理状态，使之达到最佳。

六、实践经验

校对工作中，具有校对经验，对于提高文字质量是至关重要的。校对经验，就是日常校对工作中的亲身体验，或者通过观察他人或学习他人校对后所获得的心得，并应用于自己今后校对工作的知识和技巧。校对经验，重在实践中积累和消化，再加以提升和应用，是"实践—认识—实践"的反复过程中的认识成果。

那么，如何快速获取校对经验呢？除了多实践，在校对实践中获取校对经验外，我们还可以采取其他一些科学的方法。

首先，要注意观察老校对人员的工作方法，包括他们的姿势、手法、视线角度、断句长短等。最好是观察后再实际阅读他们的校样，学习他们的先进经验，不断改进自己的校对工作方法。

其次，要注意经常出现的疑难字句、潦草字符、错别字，不断总结归类，像一些老校对人员那样，在台板玻璃下或座位墙上张贴一些容易出错的内容，以警示自己。实际校对中，相同的错误类型记不住，也不总结，就会浪费我们不少的时间去再查阅，更不用说会影响我们提高校对速度。

再次，要研究书稿的出错规律，其中包括作者个体的出错规律，编辑个体的出错规律，同类书稿内容的出错规律，还有排版的出错规律，特别是现在都使用电脑排版，更要研究电脑排版的出错规律。一般，各个出版单位都有年度编校质量检查，好好总结和利用这些第一手的出错资料，对自己的校对经验积累是非常有益的。

最后，要在自己出过的差错中成长，特别留心自己经常出错的那些校对关键点。当然，参加各种校对测试，利用测试找出自己的薄弱环节，然后再进行相关强化，也是快速增加校对经验最有效的办法之一。

第二章

校对符号

校对符号是著译者、编辑人员、校对人员、排版人员、印刷人员间的工作语言，用于校对人员对文字作品表达特定的校对意图，也用于排版和印刷人员理解文字作品的改样意图。显然，正确使用校对符号，对于提高文字作品的质量至关重要。

校对符号能不能起到提高文字质量的作用，关键在于这些校对符号是否统一规范。古时各书坊都有自己的专用校对符号，南宋馆阁还颁发了官方的《校雠式》，就是为了统一规定具体校对要求。

我国对于出版的专业标准建设也是非常重视的，当时的国家出版局在 1981 年 12 月颁布了中华人民共和国专业标准《校对符号及其用法》（ZB 1—81），该标准于 1982 年 1 月 1 日正式生效。1993 年，此专业标准修订后改为国家标准，由国家技术监督局颁布为《校对符号及其用法》（GB/T 14706—93），这就是目前出版业一直在使用的校对符号标准。

《校对符号及其用法》（GB/T 14706—93）共收录校对符号 21 个，其中字符的改动 4 个，字符方向位置的移动 10 个，字符间空距的改动 4 个，其他 3 个。

第一节 字符改动的校对符号

用于字符改动的校对符号有 4 个，分别为改正、删除、增补和改正上下角。

一、改正的校对符号

用于改正的校对符号，以及用法示例，见图 2.1-1。

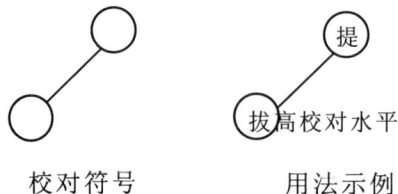

校对符号　　　　　　　　用法示例

图 2.1-1　改正校对符号示意图

用法示例中原来的文字是"拔高校对水平"，校对结果是改成"提高校对水平"。

这是最常用的校对符号，比如改一个字，改一行字，甚至改一段字，都可以把圈起来的文字换成另一个圈里的文字。

二、删除的校对符号

用于删除的校对符号，以及用法示例，见图 2.1-2。

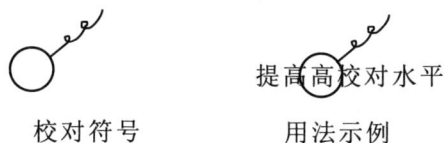

提高高校对水平

校对符号　　　　　用法示例

图 2.1-2　删除校对符号示意图

用法示例中原来的文字是"提高高校对水平"，校对结果是改成"提高校对水平"。

这也是最常用的校对符号，比如删除一个字，删除一行字，甚至删除一段字，都可以把圈起来的文字直接删除。

三、增补的校对符号

用于增补的校对符号，以及用法示例，见图 2.1-3。

高

提校对水平

校对符号　　　　　用法示例

图 2.1-3　增补校对符号示意图

用法示例中原来的文字是"提校对水平"，校对结果是改成"提高校对水平"。

这也是最常用的校对符号，比如增补一个字，增补一行字，甚至增补一段字，都可以把圈起来的文字直接增补到指定处。

四、改正上下角的校对符号

用于改正上下角的校对符号，以及用法示例，见图 2.1-4。

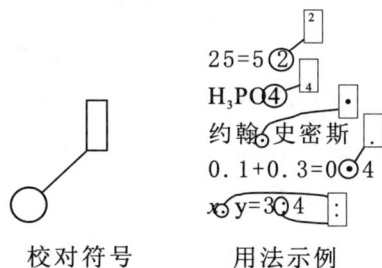

$25 = 5^2$

H_3PO_4

约翰·史密斯

$0.1 + 0.3 = 0.4$

$x \cdot y = 3.4$

校对符号　　　　　用法示例

图 2.1-4　改正上下角校对符号示意图

用法示例中对原来的文字都做了正确的上下角处理。上下角的控制主要是根据字符在方框中所处的位置进行相应调整来达到期望的效果。

第二节 字符方向位置移动的校对符号

用于字符方向位置移动的校对符号有 10 个，分别为转正、对调、接排、另起段、转移、上下移、左右移、排齐、排阶梯形和正图。

一、转正的校对符号

用于转正的校对符号，以及用法示例，见图 2.2-1。

校对符号　　　　　用法示例

图 2.2-1　转正校对符号示意图

用法示例中原来的文字"斯"歪了，校对结果就是把"斯"字转正。

二、对调的校对符号

用于对调的校对符号，以及用法示例，见图 2.2-2。

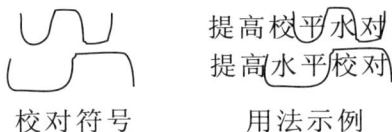

校对符号　　　　用法示例

图 2.2-2　对调校对符号示意图

用法示例中原来的文字，校对结果就是都改成"提高校对水平"，其中上面一个用于隔开的字词，下面一个用于相邻的字词。

三、接排的校对符号

用于接排的校对符号，以及用法示例，见图 2.2-3。

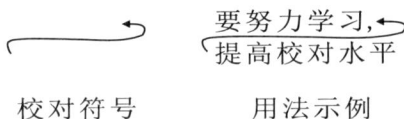

校对符号　　　　　用法示例

图 2.2-3　接排校对符号示意图

用法示例中原来的文字在逗号后换行了，校对结果就是逗号后不换行，文字接排。

四、另起段的校对符号

用于另起段的校对符号，以及用法示例，见图 2.2-4。

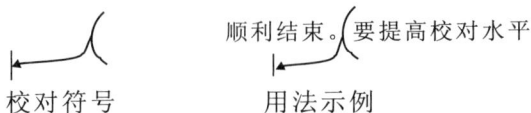

校对符号　　　　　用法示例

图 2.2-4　另起段校对符号示意图

用法示例中原来的文字是连排的，校对结果就是句号处另起段了，即"要提高校对水平"换行排，前空两字。

五、转移的校对符号

用于转移的校对符号，以及用法示例，见图2.2-5。

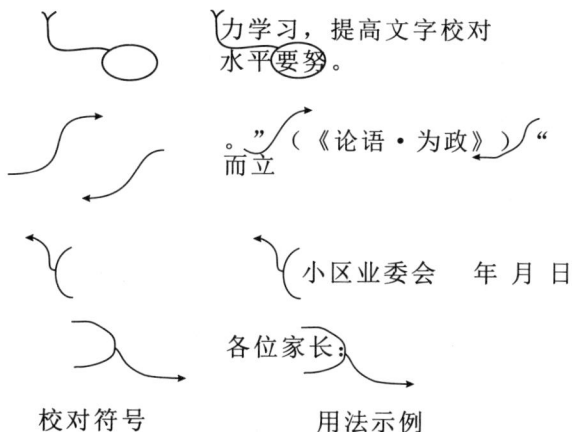

图 2.2-5　转移校对符号示意图

转移的校对符号有三种，第一种是把指定的文字转移到指定的位置，如图中最上面的"要努"两个字转移到"力学习"前；第二种是为了遵守行禁则，要把句号和右引号转移到前一行，把左引号转移到下一行；第三种是把指定内容转移到前一页（如把"小区业委会　年　月　日"转移到前一页）或下一页（把"各位家长："转移到下一页）。

六、上下移的校对符号

用于上下移的校对符号，以及用法示例，见图2.2-6。

图 2.2-6　上下移校对符号示意图

用法示例中原来三个词不在同一水平线上，校对结果就是排在同一水平线上。

七、左右移的校对符号

用于左右移的校对符号，以及用法示例，见图2.2-7。

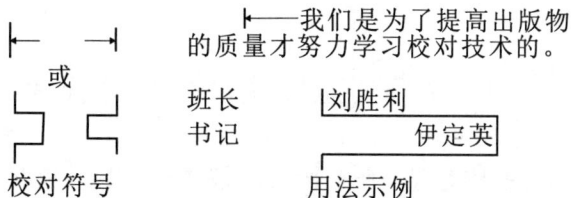

图 2.2-7　左右移校对符号示意图

用法示例中原来的文字都不在合适的位置，校对结果就是所有文字都排在合适的位置上。

八、排齐的校对符号

用于排齐的校对符号，以及用法示例，见图 2.2-8。

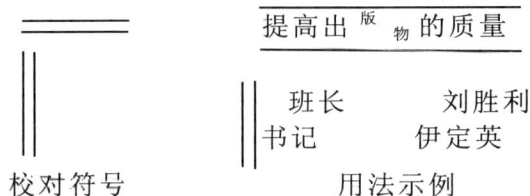

校对符号　　　　　　　　　用法示例

图 2.2-8　排齐校对符号示意图

用法示例中原来上面的文字大小不一样且不在同一水平线上，校对结果就是要一样大小且在同一水平线上；下面的文字就是左对齐。

九、排阶梯形的校对符号

用于排阶梯形的校对符号，以及用法示例，见图 2.2-9。

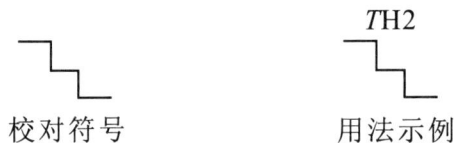

校对符号　　　　　　　　　用法示例

图 2.2-9　排阶梯形校对符号示意图

用法示例中原来的变量 TH2 不能体现下标和下下标，校对结果就是 T_{H_2}，表示氢气的温度。

十、正图的校对符号

用于正图的校对符号，以及用法示例，见图 2.2-10。

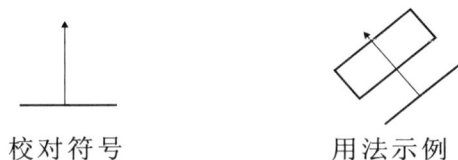

校对符号　　　　　　　　　用法示例

图 2.2-10　正图校对符号示意图

用法示例中原来的矩形没有水平放，校对结果就是平放了。注意符号横线表示水平位置，竖线表示垂直位置，箭头指向表示正上方。

第三节　字符间空距改动的校对符号

用于字符间空距改动的校对符号有 4 个，分别为加大空距、减小空距、空指定字距、分开。

一、加大空距的校对符号

用于加大空距的校对符号，以及用法示例，见图 2.3-1。

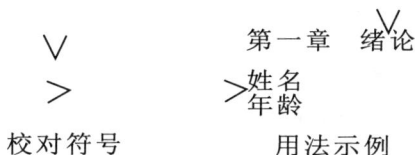

校对符号　　　　　　　用法示例

图 2.3-1　加大空距校对符号示意图

用法示例中"绪论"两字间原来没有空，"姓名"和"年龄"两行间空太小，校对结果就是适当加大空距。

注意，符号小头贴近文字表示放大空距。

二、减小空距的校对符号

用于减小空距的校对符号，以及用法示例，见图 2.3-2。

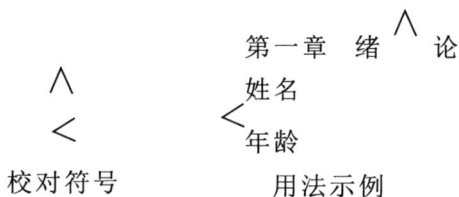

校对符号　　　　　　　用法示例

图 2.3-2　减小空距校对符号示意图

用法示例中"绪论"两字间原来空太大，"姓名"和"年龄"两行间也空太大，校对结果就是适当减小空距。

注意，符号大头贴近文字表示减小空距。

三、空指定字距的校对符号

用于空指定字距的校对符号，以及用法示例，见图 2.3-3。

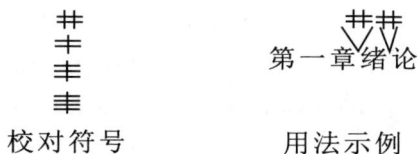

校对符号　　　　　　　用法示例

图 2.3-3　空指定字距校对符号示意图

用法示例中原来文字都没有空，校对结果就是排成"第一章　绪　论"。

注意，符号的空距计算，可以把横线数当作分母，竖线数当作分子。这样，从上到下分别是空一字距，空二分之一字距，空三分之一字距，空四分之一字距。如果要空两字距，就是第一个符号打两个。

四、分开的校对符号

本符号只适用于外文。用于分开的校对符号，以及用法示例，见图 2.3-4。

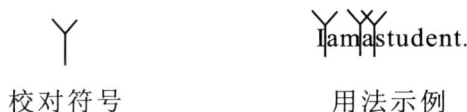

Y   Iamastudent.

校 对 符 号   用 法 示 例

图 2.3-4　分开校对符号示意图

用法示例中原来文字都没有空，校对结果就是排成"I am a student."。

第四节　其他用途的校对符号

用于其他用途的校对符号有 3 个，分别为保留、代替、说明。

一、保留的校对符号

用于保留的校对符号，以及用法示例，见图 2.4-1。

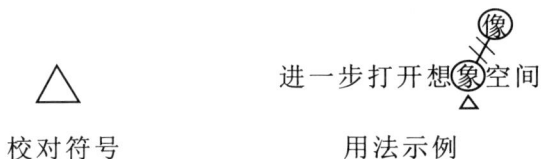

进一步打开想象空间

△   校 对 符 号   用 法 示 例

图 2.4-1　保留校对符号示意图

用法示例中"想象"原来改成"想像"，使用保留的校对符号，意思就是不改了。

二、代替的校对符号

用于代替的校对符号，以及用法示例，见图 2.4-2。

○＝   自己的路，自己走；
                   自己的事，要自己做   ○＝己

校 对 符 号   用 法 示 例

图 2.4-2　代替校对符号示意图

用法示例中的"自己"都错了，使用代替的校对符号，就把加圈的"已"都改成"己"。被代替的字符可以是中文字，也可以是英语单词，或者符号等。

三、说明的校对符号

用于说明的校对符号，以及用法示例，见图 2.4-3。

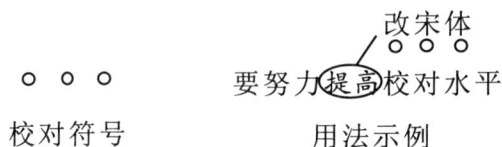

改宋体

○ ○ ○   要努力提高校对水平

校 对 符 号   用 法 示 例

图 2.4-3　说明校对符号示意图

用法示例中原来"提高"两字字体错用为楷体，校对结果是使用说明的校对符号，把"提高"两字的字体改为宋体，这样就和其他文字的字体一样了。

这里，如果"改宋体"用圆圈圈起来，就是用上了改正的校对符号。那就不是改字体了，而是把"提高"改成"改宋体"，但字体不变，校对结果就变成"要努力改宋体校对水平"，显然不合校对人员本意。

第五节 校对符号的使用

校对符号的使用，力求符号准确，书写端正，表达清楚，不能引起歧义。

在实际校对工作中，很多老校对人员都有自己使用校对符号的经验和心得，总结起来主要是对校对用笔的要求和对校对符号书写的要求。

一、对校对用笔的要求

国家标准规定，校对校样必须用色笔（如墨水笔、圆珠笔等）来书写校对符号和示意改正的字符，但是不能用灰色铅笔书写。

实际使用中，考虑到校样都是用黑白打印的，校对时最好使用红笔或者彩色笔，这样标注起来比较醒目。色笔笔尖力求尖细，以便书写清楚，免得书写笔画多的字时看不清楚。不同校次的用笔，也要使用不同的颜色，这样方便核红的人分清具体的修改属于哪个校次，有问题时可以迅速找到具体校对人员交流。

铅笔（特别是比较淡的铅笔）禁止用于校对，以免改版时遗漏。特殊情况，可以选用较黑的铅笔，比如 HB，B，2B 的铅笔。使用铅笔，主要有以下几种情况：其一，提出疑问，并不是直接修改，希望编辑或责任校对关注。其二，对排版做出详细说明，如文内某个内容改正一个符号不能完整表达，还要求字空，甚至上下标、大小写、正斜体、希腊文等，此时可以在正确的内容圈外，用铅笔说明排版要求。其三，助理校对或实习校对做校对，其校样一般需要专职校对审核后才能交付改版，因此不能直接使用红笔或其他水笔，以方便专职校对审核时擦除那些错误修改。

当然，具体校对如何用笔，要视出版单位规定而定，或者请教老校对人员。

二、对校对符号书写的要求

使用校对符号做具体的校样校对时，书写要符合端正、就近、从上往下、不交叉、不覆盖原文等原则。

书写端正，就是要求辨认清楚，不可潦草。特别是言字旁的字和三点水旁的字，实际校对中改版人经常辨认错，从而越校越错。外文字母，要能和数字以及中文字区别开来，比如 I 和工。无法区别时，可以用铅笔加注，比如英文大写 O 和小写 o，英文小写 o 和句号，英文大写 O 和数字 0，英文小写 l 和数字 1 等。

就近，就是不要拉长线，要在最靠近错误的位置书写。错误较少时就近书写容易做到；错误较多时，可能连校对符号都无处插入，这样就近书写就比较困难。此时，更需要就近，不要拉长线，免得占了其他校对符号的位置，使改版人阅读困难。

从上往下书写，就是尽量把校对符号往上写，这样可以避免下文错误较多时校对符号挤在一起。显然，未雨绸缪是比较好的策略，一开始就浪费过多的校对符号可用版面，后文错误多时就会让人感觉无处下笔。

不交叉，是指校对符号的引线不交叉。一般校对符号都是在字里行间空白处拉线，空间有限。遇到错误较多时，拉线不能交叉或并线，免得阅读理解困难。一般拉线最好往左，因为左边文字是先校对的，错误已经确定，这样可以为标注后文的错误留有余地。

不覆盖原文，意思是不要把准备改进去的文字写在原有文字上，以免无法阅读原文字。因为有时一些内容第一次阅读没有问题，看到后面才发现不统一，又要返回前面修改。所以最好不要覆盖原文字，要在空白处书写。

第六节 校对符号使用范例

校对符号的正确使用，事关校对质量。要做好校对，必须正确使用校对符号，并使自己迅速达到熟练程度。下面，给出一个实际使用校对符号的样例。

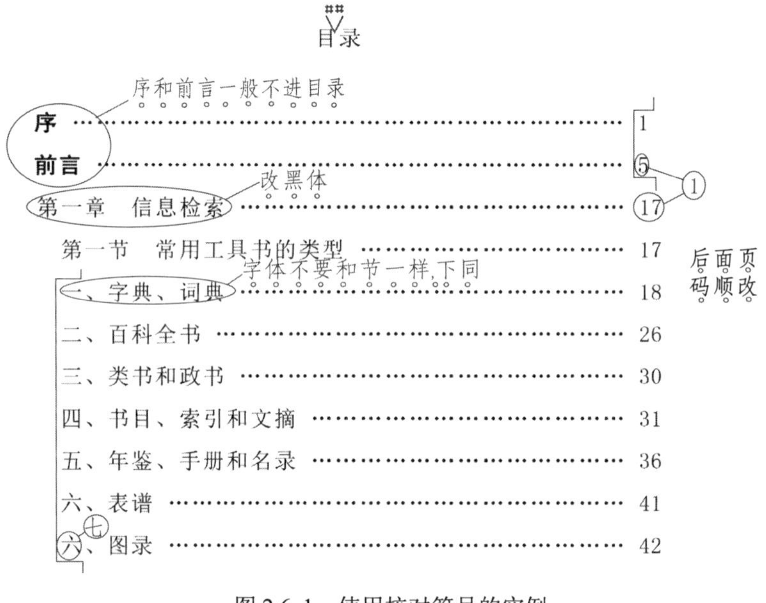

图 2.6-1 使用校对符号的实例

校样中，"后面页码顺改"用铅笔标注。当然，也可以用红笔，然后字下标上小圆圈，表示是说明。

第七节 数字文件的校对标记

数字文件的校对标记自然不同于传统纸质校样的校对标记，此时，必须利用软件的某些特殊功能来达到标注校对标记的目的。这里，既要将错误改好，又要让人看出原来是怎么样的，不能简单地"毁尸灭迹"，让人不知道你改了什么。

目前，用于排版最多的数字文件有两类：Word 文件和 PDF 文件。

一、Word 文件的校对标记

Word 文件里有一个修订功能，可以标注出改动的前后情况。以 Word 2003 版为例，其他 Word 版本的修订功能可能会有一些小变化。

打开 Word，在"工具"栏里有个"修订"，点一下就进入文字修订功能。此时，有三种操作：其一，用 Delete 键删除相关内容，在文件右边出现长条框，里面就是被删除的内容，以便其他人知道该处删除了什么；其二，插入相关内容，插入的内容用彩色字显示，还有下划线；其三，对文字进行格式修改，比如字体字号修改，此时也在右边出现长条框。图 2.7-1 是一个实例。

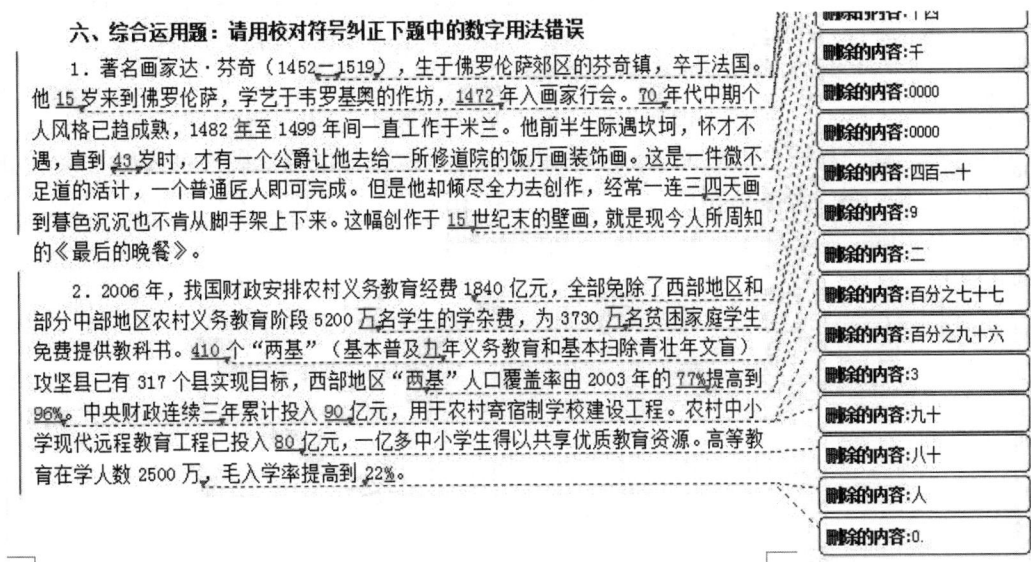

图 2.7-1　Word 文件校对实例

作者确认所改内容也很方便：插入的内容，只要在彩色字下划线处单击右键，就有"拒绝插入"和"接受插入"的选择；删除和改变格式，只要在右边长条框冒号处单击右键，就有"拒绝格式更改"和"接受格式更改"的选择。要取消"修订"功能，只需再单击一次"工具"栏里的"修订"。

二、PDF 文件的校对标记

要在 PDF 文件里进行校对，必须安装 Adobe Acrobat Professional 或者方正的 Apabi Reader，使用它们的注释功能。实际使用时，先选好需要修改的内容，然后单击右键，选择"添加附注到文本"，然后在弹出的方框里说明如何修改。

PDF 文件虽然现在可用软件修改，但要保存修改痕迹最好用加注释的方法，具体修改则到生成 PDF 文件的特定软件里完成，比如 Word 或 Indesign。图 2.7-2 是 PDF 文件校对的实例。

七言绝句版

恋雨却怕绣衣湿，喜日撑同树下倚。

欲风总把绮窗关，叫奴如何心付伊。

七律压轴版

江南三月雨微茫，罗伞叠烟湿幽香。夏日微醺正可人，却傍佳木趁荫凉。

霜风清更和初霁，轻蹙蛾眉锁朱窗。怜卿一片相思意，尤恐流年拆鸳鸯。

不考虑翻译后的诗词是否压韵，也不考虑文字有无差错，单就表达原诗的意思，译文文风就有多种，让人深感汉语言文化的博大精深。

只是，汉语言改革也有负面的影响。我们改革了汉语言，推行了白话文和简体字，但我们根本无法舍弃几千年的汉语言文化，也就是我们过去所说的文化，因为我们的很多文化和思想都是与古代文化相关的。

不讨论汉语言改革对文学发展的影响，乃至对整个文化发展的影响，就因语言改革同时要求文字使用都必须学习新老语言内容，就增加了额外的学习负担。我们不能期望作者和编辑既熟悉日常使用的白话文和简体字，又通晓平时根本不用的文言文和繁体字，还能在白话文中用好、用对各种来源于文言文的典故，或者把一些有着繁体字根源的词语用对语言场合。

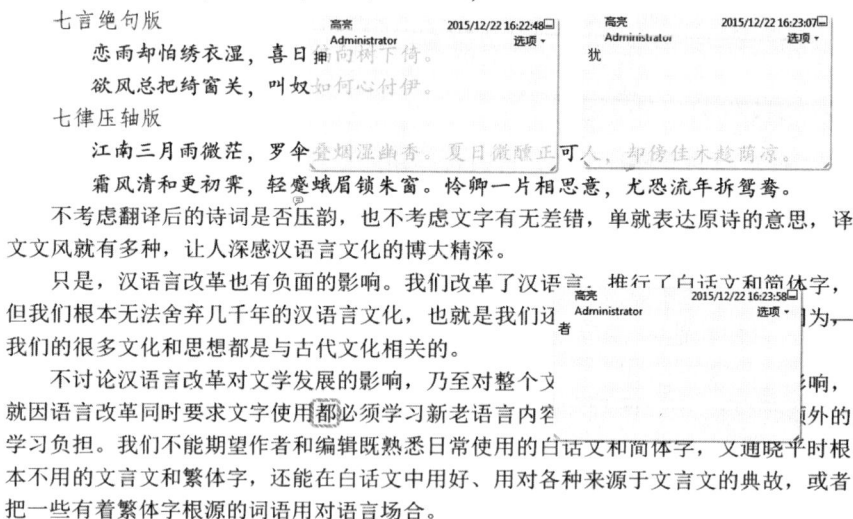

图 2.7-2　PDF 文件校对实例

这里，有一种情况需要说明。PDF 文件的显示效果与电脑安装的字体库有关，如果 PDF 文件中的某种字体在显示该文件的电脑中没有安装，则会显示不正常。图 2.7-3 就是一个实例，该电脑里没有安装方正大标宋简体。

目录

CONTENTS

目录

CONTENTS

（a）缺字体时有误的显示效果　　　　（b）正确的显示效果

图 2.7-3　PDF 文件在电脑中的显示效果

图中，左边的所有文字在没有安装方正大标宋简体的情况下都按宋体显示，结果英文字母间有不正常的空格；右边显示的则是正确效果。缺少特定的字体，有时显示还会出现重叠或错排，不仅仅是多出空格。显然，不明白这一情况，校对就会误判。

如果想 PDF 文件显示不受电脑安装字库的影响，那就必须对 PDF 文件中的文字进行转曲，这样在任何电脑里该 PDF 文件的显示效果都是一样的。只是，转曲后的 PDF 文件无法使用前述的注释功能，也就是无法在 PDF 文件上进行校对了。

所以，为了能在 PDF 文件上进行注释校对，最好是补装相关字体。

第三章

校对方法

我国 2000 多年的校对学术研究，不仅为我们提供了丰富的校对理论，还留下了许多实用而有效的校对方法。

如果将计算机时代出现的原稿和校样"合二为一"现象作为现代校对起始的标志，那么这些校对方法可以分成传统校对方法和现代校对方法两类。

第一节 传统校对方法

传统的校对方法，名称多样，有一个人自行查对文字差错的"校"（也就是活校法），一人读和一人比对的"雠"（也就是死校法），还有对校法（又分点校、平行点校、折校、读校等）、本校法、他校法和理校法等，这些方法，其实都可归类于清代学者段玉裁总结的校异同和校是非两类。

一、对校法

近代学者陈垣在《校勘学释例》一书中，把历代研究出来的校对方法概括和归纳成"校法四例"，即对校法、本校法、他校法和理校法。他认为，对校法就是以同书之祖本或他本对读，遇不同之处，则注于其旁。

这种方法最简便、最稳当，纯属机械法。其主旨在于校异同，不在于校是非。故其短处在不负责任，虽祖本或他本有讹，亦照式录之；而其长处则在不参己见，得此校本，可知祖本或别本之本来面目。故凡校一书，必须先用对校法，然后再用其他校对法。

对校法的具体操作方法，又有点校、平行点校、折校和读校四种。

（一）点校

点校法是把原稿放在左边，校样放在右边，先读原稿，后看校样，左手指着原稿上要校对的文字，右手执笔，顺着校样徐徐移动，逐字逐句校对。长句可分为两三分句校，不要断词破句。

点校时，显然头部动作频繁，容易疲劳，而且不宜记忆长句子，在转动头部时会记错。一般来说，点校用于原稿是直排的情况。

需要说明的是，校对中的点校与古籍出版的点校不是一回事，前者是原稿和校样的校异同，后者则是不同版本古籍间的校订和标点工作。

（二）平行点校

平行点校是点校的一种，适用于横排点校。它的方法是把原稿折叠起来（一张原稿可折四五折，每折约四五行），覆在校样需校对的文字或图表上，使原稿与校样平行，然后逐字逐句进行点校。

比较而言，平行点校时头部运动要比点校少些，而且几行一看，速度快很多。究其原因，是横排文字适合平行比照。

（三）折校

将校样放在桌上，原稿文字未校一面合住校样，头朝上，然后未校内容一行一行地往上折翻过来，正好原稿的文字与校样的文字同一方向。原稿折翻过来的部分夹在两手的拇指、食指和中指之间，逐行折，校样与原稿相对应进行校对的方法，称为折校。

这几天心里颇不宁静。今晚在院子里坐着乘凉，忽然想起日日走过的荷塘，在这满月的光里，总该另有一番样子吧。月亮渐渐地升高了，墙外马路上孩子们的欢笑，已经听不见了；妻在屋里拍着闰儿，迷迷

| 字 | 的 | 树 | 。 | 没 | 有 | 月 | 光 | 的 | 晚 | 上 | ， | 这 | 路 | 上 | 阴 | 森 | 森 | 的 | ， | 有 | 些 | 怕 | 人 | 。 |

| 今 | 晚 | 却 | 很 | 好 | ， | 虽 | 然 | 月 | 光 | 也 | 还 | 是 | 淡 | 淡 | 的 | 。 | | | | | | | | |

| | 路 | 上 | 只 | 我 | 一 | 个 | 人 | ， | 背 | 着 | 手 | 踱 | 着 | 。 | 这 | 一 | 片 | 天 | 地 | 好 | 像 | 是 | 我 | |

| | 的 | ； | 我 | 也 | 像 | 超 | 出 | 了 | 平 | 常 | 的 | 自 | 己 | ， | 到 | 了 | 另 | 一 | 个 | 世 | 界 | 里 | 。 | 我 | 爱 |

| | 热 | 闹 | ， | 也 | 爱 | 冷 | 静 | ； | 爱 | 群 | 居 | ， | 也 | 爱 | 独 | 处 | 。 | 像 | 今 | 晚 | 上 | ， | 一 | 个 | 人 |

迷迷

荷塘四面，长着许多树，蓊蓊郁郁的。这路上

阴森森的；我也像超出了平常的自己，到了另一个

世界里。我爱热闹，也爱冷静；我爱群居，也爱独处。像今天晚上，一个人在这苍茫的月下，什么都可以想，什么都可以不想，便觉是个自由的人。白天里一定要做的事，一定要说的话，现在都可不理。这是独处的妙处，我且受用这无边的荷香月色好了。

图3.1-1 折校示例

如图，将原稿中的"爱群居"对住校样上的相应处，便很容易发现校样上多了一个"我"字。左右移动原稿就能快速比对出校样上有无增漏内容，比如"像今天晚上"的"天"是多余的。看完这一行，马上把原稿后面的一行文字折翻过来。所以，校对好一页，原稿折痕会很多。折纸速度快或用力大时，甚至会折破原稿，因此，遇到原稿是重要文物时，最好复印后再折校。

折校其实就是平行点校的演化，把多行改成一行，而且是移动原稿了，这样能快速准确完成校对。

（四）读校

读校，又叫唱校，由两人合作，其中一人朗读原稿，另一人核对校样，并改正校样上的错误。

读校法对读音要求比较高，而且只适合纯文字的内容，不能有公式或表格等。现在，多用于记者在现场采访时的速记文稿和录音材料核对。

二、本校法

本校法，就是通过全书前后互证，检查出书稿的内在矛盾来发现错误。这里已经不

是校异同，完全是校是非了，只是这种校是非仅限于稿件内的前后对比。

本校法的特点是依据本书的内在联系来进行相关内容的对照，包括以目录校正文，文图相对，文表相对，正文与注释对，名词术语、概念前后对等，通过对照，发现问题，订正讹误。

一般的通读检查，采用的便是本校法。校对人员在无原稿（或脱离原稿）的情况下，集中注意力辨别校样上文字的形态，理解文句的含义，通过比较、前后互证来发现错误。

三、他校法

他校法，就是通过查检相关的图书，找到判断是非、改正错误的可靠依据，从而达到校对目的。显然，这里相关图书的范围是非常大的，有学者说，除了专著，规范和标准也是相关的。另外，各个时代的图书都可以用来比对。

事实上，平时我们在做编校工作时，经常会利用《辞海》《辞源》《现代汉语词典》《新英汉词典》等工具书来校正文字，这也属于他校法。

他校法的特点是通过几本图书的比照来确认差错。为此，校对人员对新标准、新规范要有所了解，对权威工具书一定要相当熟悉，这样才能迅速、准确、有信心地运用此法释疑解难。

当然，使用其他图书比照校对也存在着一定的风险。毕竟，权威图书也会有出错的时候，何况一般图书。所以，使用他校法改动原文要慎重。

四、理校法

理校法是校对人员运用自己的知识进行分析、推理，在通读中对原稿是非做出判断的校对方法。理校法与本校法的区别在于本校法是根据前后文对比，而理校法是运用自己的知识判断是非。

理校法的特点是凭借校对人员的主观认识来进行是非判断，而校对人员的主观认识因人而异，这就很容易造成错改。因此，理校法是在他校法无法解决的情况下不得已才使用的。

第二节　现代校对方法

进入计算机时代，校对工作最大的变化就是在很多稿子的校对中，校异同用不上了，也就是点校、平行点校、折校、读校都用不上了。因为现代校对中校样和原稿"合二为一"了，校对只能校是非。

显然，此时的校是非，根据近代学者陈垣的校法四例，是可以通过本校法、他校法和理校法进行的。

实际校对中，可以使用本校法发现疑点，利用他校法排除疑点。如果没有其他图书或资料可以利用，则用理校法判断是非，这是万不得已才使用的方法。

对于现代校对的方法研究，目前国内不是很多。这里先介绍专项扫描法和网上搜索法，然后介绍黑马软件校对。

一、专项扫描法

专项扫描法，参考应用了管理学的任务分解法，即当一个任务比较复杂，具有多层次、多分支的子工作，并呈树形结构展开时，可以根据任务分解结构（WBS，即 Work Breakdown Structure），把复杂的任务逐步分解成一层一层的工作要素，直到这些工作要素既简单又明确为止。显然，经过任务分解法进行分解后获得的工作要素，不再是复杂的，而且易于集中注意力，方便一个一个解决。

在这里，专项扫描法中的"专项"，就是任务分解法中的工作要素，也就是我们校对工作中的字，词，短语，标点符号，数字，量和单位的用法，以及版式等需要注意的对象。扫描，就是分一个一个专项轮流对稿子全文进行检查。

专项扫描法，首先要把具体书稿的复杂校对任务按专项细分成更细小的分项。然后，按专项细化后的分项，对书稿进行快速而细致的全文检查。一般，专项扫描要做好以下几个工作。

（一）准备工作

拿到具体的稿件，在使用专项扫描法前，先要做一些准备工作，以获得最佳的效果。

其一，要分析稿件的类型，稿件的学科，该类稿件常见的编校错误（一般可平时积累，也可临时网上搜索，或者问询单位有关部门等），以及本稿件特定错误（可在专项扫描前，在稿件的后半部分随机抽检几页，以确定本稿件主要的错误类型）。

其二，寻找相关的工具书，搜索相关的学科专业词汇。

其三，对稿件进行专项分解，并同时列出相关的国家标准。一般来说，可以先通过稿件的内容组成进行大项拆分，比如：

扉　页：《图书书名页》（GB/T 12450—2001）

　　　　书名

　　　　著作责任者（翻译书应包括原著作责任者的译名）

出版者：（按国家标准需要标出出版地，但大多数出版社出版图书时并没有执行）

版权页：版权说明

　　　　在版编目数据 《图书在版编目数据》（GB/T 12451—2001）

　　　　版本记录（目前很多出版社没有按规定提供出版人的姓名）

序

前　言

目　录：目录格式规范

正　文：标题 标题格式规范

　　　　异形词 《第一批异形词整理表》

　　　　书眉 书眉格式规范

　　　　图 插图格式规范

　　　　表 表格格式规范

　　　　数学式 数学式格式规范

　　　　化学式 化学式格式规范

标点 《标点符号用法》（GB/T 15834—2011）

量和单位 《量和单位》系列标准共 15 个

数字 《出版物上数字用法》（GB/T 15835—2011）

拼音 《汉语拼音方案》

《汉语拼音正词法基本规则》（GB/T 16159—2012）

《中国人名汉语拼音字母拼写规则》（GB/T 28039—2011）

《中国地名汉语拼音字母拼写规则（汉语地名部分）》

外文 外文字体规则

脚注 （一般参照《中国社会科学》的引文注释规定）

年代 我国历代纪元表

后 记（或跋）

参考文献：《信息与文献 参考文献著录规则》（GB/T 7714—2015）

完成大项拆分后，再进行细分。作为拆分的具体例子，这里对标题进行细分。标题可分为一级标题、二级标题、三级标题和四级标题等。根据校样排版结果，写出标题详细参数，如一级标题上空多少毫米，下空多少毫米，什么字体，多大字号，便于扫描全书时用尺直接量取。实际校样中，经常出现同一级标题上空和下空不统一的情况，原因是排版中回车时光标所处位置不同，上空或下空就会不一致。比如标题下空，光标在标题后和在正文前回车的行距在 Word 或 Indesign 里是不一样的。

进一步细分，还有标题编号连续性问题，同一句式全稿是不是统一按标题处理（比如有的地方是以"1. 土地的分类"句型做标题，有的地方是"1. 土地有多种用途。"后直接跟文字，不做标题），等等。

细分到什么程度，根据稿件类型和抽检情况决定，可粗可细。

其四，根据稿件特点，以及本稿件的抽检结果，列出本稿件的各专项，并制成相应的表格。

一般来说，错别字、语法、逻辑，还有事实性、知识性和政治性错误，不作为扫描检查的专项，而是列入通读仔细检查的范围。

完成了以上各项准备工作，即可使用专项扫描法校对稿件。当然，上面的大项拆分方法适用于大多数稿件。实践中，只需要修改细分的专项表格中的项目就能适用于特定的稿件。

（二）操作步骤

使用专项扫描法对稿件进行处理，主要有以下几个步骤：

1. 确定专项抽检次序

一般来说，先检查那些非全稿件性质的内容，比如扉页、版权页、序、目录、后记、参考文献。目录因为和正文相关，可以在抽检好正文后再检查。

其他专项，可以根据稿件的特色，比如引文和脚注比较多，或者练习题较多等，先确定内容较多的专项，再安排次要的专项。

2. 研读特定专项规范

要准确校对特定专项内容，必须首先了解、熟悉相关的规范，然后再开始校对。这样，一是可以避免校错，二是能提高校对速度。如果不事先研读，仅仅在遇到相关问题时再去了解具体规范，反而会降低校对速度。

当然，经过几次校对后，熟悉了相关的规范，下次就可以省下研读时间。

3. 了解特定专项常见错误

阅读事先准备的特定专项常见错误，以及抽检获得的本稿件特定错误，确定专项的重要检查方向，并准备好相关的解决方案，以提高扫描时的判断效率和修改效率。

4. 快速扫描特定专项

按已经确定的专项抽检次序，轮流对相关专项进行快速扫描。所谓快速扫描，就是只看特定专项内容，不看其他内容，根据相关规范，结合本专项的常见错误类型等，快速看完稿件所有相关内容部分。同时，对相关专项出错的内容进行校对改正，或者前后统一。

5. 专项扫描表处理

完成某一特定专项扫描，就打个钩，然后按顺序再扫描其他专项，依次进行下去。

一般来说，专项分得越细，检查越快。基本上，通过这样的方法扫描完全部专项，也是很快的，而且检查效果特别好。

（三）操作注意事项

专项扫描法在实际使用中，要注意以下事项：

1. 专项细分要结合经验

为了达到较好的效果，专项细分时要结合自己的校对经验，以及他人的校对经验。这样，专项的细分会更有针对性，扫描结果会更理想。

2. 专项细分量要合理

除了必需的一些大项，比如扉页、版权页、序、前言、目录、后记、参考文献等，其他专项的细分要结合稿件实际情况，不要所有稿件的专项都设置成一样。不然，对有的稿件来说专项太多，完全没有必要。对有的稿件来说又专项太少，无法快速扫描出同类问题。

3. 规范研读要到位

扫描前，对具体专项的规范研读一定要到位。规范、标准必须是最新版的，毕竟这几年规范和标准更新很快，变化很大，不是最新版的，就会出错。

规范的研读事关扫描的质量。没有读懂原稿，就会错判，结果自然是错误的地方没有改好，对的地方反被改错。

4. 专项设置要根据情况进行调整

在专项扫描过程中，如果发现自己设置的专项问题不合理，可以根据稿件情况进行适当的调整。在扫描其他专项时，如果发现稿件中有一类问题比较突出，也可增加扫描此类问题的专项。

5. 专项扫描后要及时总结

每份稿件专项扫描结束后，要对使用情况进行总结，特别要总结专项设置情况、扫描效果等。只有不断总结，并不断修正自己的应用策略，专项扫描法才会使用得越来越顺手，效果也越来越好。

（四）操作实例

应用专项扫描法，我们试过多类稿件，效果都比较令人满意。这里，选择三类稿件介绍一下专项扫描法的具体操作情况。

例一 社科理论专著。

分析：该类稿件的特点就是引用、脚注和文献非常多。常见的错误大致有：（1）引用内容前后重复；（2）引用内容和原文不一致；（3）引用内容标点错误（特别是句号是在引号内还是在引号外）；（4）脚注格式有问题；（5）脚注前后矛盾；（6）脚注和被注内容不相关（如引用内容是张某某的，脚注是刘某某的，而且非转引）；（7）引用内容的时间和脚注文献的时间矛盾；（8）文献在文内标注格式有问题；（9）文献在文后标注格式有问题；（10）文献排序有问题；（11）文献与引用有问题。

操作：根据这类稿件的特点，除了正常要扫描的专项，要重点扫描以上所列的常见错误。引用、脚注和文献几个重点专项扫描解决了，再通读稿件就会感到问题非常少了。

例二 教辅类初中英语强化材料。

分析：该类稿件的特点就是标题非常多，练习多，还有英语字母和英语标点问题多。常见的错误大致有：（1）标题格式有问题；（2）英语拼写有问题；（3）英语字母大小写有问题；（4）英语标点有问题；（5）空格有问题；（6）练习题重复；（7）练习题答案有问题；（8）练习题选项格式有问题。

操作：根据稿件特点，除了正常要扫描的专项外，要重点专项扫描的有：练习题题型分块间内容重复问题，空格（下划线前后空、括号加注前后空、标点前后空）问题，一个练习题有多个答题空时选项答案间用的标点统一问题等。

例三 理工类教材。

分析：该类稿件的特点就是公式、插图和表格特别多，变量使用频繁。常见的错误大致有：（1）公式格式有问题；（2）公式编号有问题；（3）公式计算有问题；（4）公式在正文中的引用有问题；（5）插图格式有问题；（6）插图编号有问题；（7）插图在正文中的引用有问题；（8）表格格式有问题；（9）表格编号有问题；（10）表格在正文中的引用有问题；（11）变量的字体有问题；（12）变量的大小写有问题；（13）变量的上下标有问题。

操作：根据稿件特点，除了正常要扫描的专项，重点要按公式、图表和变量分块检查，特别是公式中左括号与右括号的数量是否相等，公式中的变量和正文里的变量是否一致，图表编号是否连续，正文中引用图表时有没有超前或跨节，表格数据有无统计问题（比如分项百分比加起来超过100%），图中文字和正文引用是否名称一样，稿件中所有图中文字大小是否一致，图中文字是否符合变量格式规范，等等。

可以说，理工类教材校对问题特别多，难度也大。但只要把公式、变量和图表搞定了，书稿一大半问题也就解决了。

二、网上搜索法

网上搜索法，就是通过上网搜索数字资源获取编校人员需要的有用信息，从而解决稿件中的引用内容原文核对问题。因此，网上搜索法特别适用于原文核对。

（一）网上提供的信息内容和有用工具

网络资源众多，而且随着时间的推移，信息会越来越丰富。这里，先明确网上究竟能搜索到什么内容，在编校工作中又能提供哪些有用工具。

1. 网上能搜索到的内容

互联网的内容是无所不包的，从目前的网上搜索实践来看，网上信息主要有三大类：数据、事实和文献。

数据：数值型信息，包括各种调查数据、统计数据、特性数据等。例如，某一企业的年销售额、某一国家的人口数量、某一物质的密度等。

事实：描述型事实，包括机构、企业、人物或其他事物的基本情况。例如，某一企业的地址、法人、经营范围，某人的生平，某一事件的背景资料等。

文献：含特定信息的各类文献。按文献的出版形式分类，大致有图书、报纸、期刊、会议论文、学位论文、研究报告、专利文献、标准文献、产品样本、技术档案、网络文本。可以说，各种文献网上应有尽有，只是有的文献获取是有偿的，有的是免费的。另外，随着大量文献的数字化，许多古代文献也已经数字化并传上网，这对于编辑和校对工作中的文献原文核对，是非常有利的。

至于政府部门的一些通知、公告、规定等文件，只要不属于保密性质，都能在相关网站上搜索到。

2. 网上提供的有用工具

网上除了提供丰富的信息外，还有许多有用的工具，其中最实用的是以下三类：百科、辞书和数据库。

百科：目前网上百科众多，比较有名的有百度百科和维基百科。它们的特点，一是知识可靠，二是词条多。其中，百度百科以中文为主，维基百科以外文为主。百科主要用于知识性错误的识别，使用时可以按信息的语种进行选择。

搜索百科信息时，如果选用百度百科，只需要在你搜索的词条后加空格，然后打上"site:baike.baidu.com"即可，如：

地中海贫血 site:baike.baidu.com

如果选用维基百科，则在你搜索的词条后加空格，然后打上"site:wikipedia.org"即可，如：

income tax site:wikipedia.org

辞书：网上辞书也非常多，有百度词典、搜狗词典、有道词典、金山词霸、新华字典，甚至康熙字典。网上辞书查阅中文或外文均可，有网络版，也有下载版。

需要说明的是，严格符合编辑和校对要求的工具书还是比较少的，其原因在于：一是网上辞书更新慢，二是常用的《现代汉语词典》和《辞海》因为版权关系，网上没有数字版。当然，这两种辞书的纸质版最好手头必备。

相对来说，百度词典比较实用，查询方便。其他辞书，在手头没有纸质版的情况下可以选用。

数据库：目前，成熟的商业数据库产品很多，特别是国内中国知网、维普资讯和万方数据三家数据公司的产品，深受用户好评。这些商业数据库，对于稿件引用内容的原文核对，非常有用。

商业数据库汇总了图书、报纸、期刊、会议论文、学位论文、研究报告、专利文献、标准文献等，这些海量的文献为我们编校工作提供了极大的方便。

商业数据库的使用也非常方便。即使单位没有购买这类商业数据库，个人只要在国家数字图书馆用真实身份注册，就能下载相关文献。

（二）网上搜索的技巧

虽然网上资源非常多，可以找到的信息也很丰富，但要真正达到核对原文的效果，还是需要一些网上搜索的技巧。这里，为大家介绍一些互联网搜索的实用技巧。至于数据库，因为有专门搜索技术，就不展开了。

1. 百度搜索

百度是国内最大的搜索引擎，也是世界上最大的中文搜索引擎，有成熟的搜索技术，能帮助我们搜索到许多需要的信息。因此，在编校工作中，我们要经常使用百度来搜索所需的信息。

长段文字搜索：长段文字搜索，就是针对稿件中有长段引用的原文进行核对。此时，可以复制整段文字，然后粘贴到百度搜索框中直接搜索。

理论上，百度搜索时用的文字越多，获得的搜索结果越少。整段文字，能匹配上的信息基本也就是你需要的内容。不管你要搜索的引用内容对不对，百度都会采用模糊技术把最接近的匹配信息找出来，然后你就可以核对原文。

当然，百度最多能匹配的文字只有 38 个字，也就是前 38 个字只要完全一样都会变红色。所以如果前面 38 个字里有不是红色的，就表明和网上提供的原文不一样，一目了然。38 个字后面的就需要我们自己一一对比，此时必须使用点校法。

例一 某稿件中有荀子的这么一段话：节用御欲，收敛蓄藏以继之也，是于己长虑顾后，几不甚善矣哉！今夫偷生浅知之属，曾此而不知也，粮食太奢，不顾其后，饿则屈安穷矣，是其所以不免于冻饿，操瓢囊为沟壑中瘠者子。

经百度，"而不知"及其后面的字词均被忽略，"而不知"前的文字只要是一样的都成红色。核对结果，发现这段引语有三处和网上提供的原文不符。

例二 某稿件中有这样一段英文：

Park Associates, a Dallas-based technology market research firm, said 29 percent of U.S. families, or 310 million homes, do not have Internet access and do not intend to subscribe to an Internet service over the next 12 months. The second annual National Technology Scan conducted by Park found that the main reason why potential customers say they do not subscribe to the Internet is because of the low value to their daily lives rather than concerns over cost.

这里，3.1亿家（310 million homes）数值有问题，毕竟美国总人口也只有3.15亿（2013年数据）。搜索一下发现，英语文字一直到 29 都是红色的，后面文字要手工校对。查对一下，发现原文是 31 million homes，不是 310 million homes。

关键词搜索：有时，引用的内容不是一整段原文，而是具体的事例，甚至是一个数据。此时，可以使用关键词搜索。在使用关键词搜索前，必须对事例进行关键词抽取。

关键词可以设定多个，以寻找特定信息。关键词越少，所能找到的信息越多，要分辨无用信息的工作量就越大。因此，要提高效率，必须准确选用尽可能多的关键词。

在百度搜索时，可以使用多个关键词。只是，为了获取较多的相关信息，关键词与关键词间必须加空格，比如：

孟子 尽心上 夭寿不贰

表示搜索《孟子·尽心上》的"夭寿不贰"所在段落。

电子图书搜索： 由印刷版数字化的电子图书，不管是扫描版，还是可复制的数字版，都是在不能获得纸质版情况下编校人员最希望获得的网上资源。比如，书稿中大量引用《马克思恩格斯全集》中的内容，手头又没有相关纸质版，寻找相关电子版是比较好的解决策略。

电子图书少有 Word 版，大多数为 PDF 版。因此，搜索伦理学相关内容的图书时，可以使用以下百度搜索语法：

伦理学 pdf

伦理学 filetype:pdf

也就是书名关键词后加"pdf"，或书名关键词后加"filetype:pdf"。注意，书名关键词后要加空格。这两种用法适用于不同场合：前者搜索结果是一个网页，在该网页里可能有该电子图书下载的地址；后者直接是该电子图书下载的地址。实际使用时，都可以试试。

2. 谷歌搜索

谷歌是世界上最大的搜索引擎，提供全球海量信息。谷歌的信息搜索方式和百度基本一样，只是谷歌偏重于外文信息。谷歌搜索中文信息，就如同百度搜索外文信息，都不是各自的强项。

实际编辑和校对工作中，如果是外文内容需要核对，就选用谷歌；如果是中文内容需要核对，就选用百度。

（三）网上信息的处理

网上提供的信息特别多，这为我们核对原文提供了方便。但是这些信息比较混杂，有正确的，也有错误的。稿件中的引用文字与网上的原文不符，未必就是错，这同我们在传统古籍校订中版本的对比是一样的。

因此，用网上搜索获得的信息核对原文时，我们可以完全相信一部分文献的真实性，比如和原版一样的电子图书、报刊文章等。至于大多数网页形式的文字内容，如果用来核对原文并出现不符，只能说明两点：其一，网上信息提供了原文的线索，这对于在本来稿件中引用内容出处不明的情况下确定文献出处无疑是非常有益的；其二，稿件中的引用内容有错误的可能，需要进一步核对。

网上信息的采信是一件极其复杂的事情，可以按一定的可信度排列来决定哪个信息更可信，比如印刷文献的数字版、官方网页信息、百度百科、博客信息、其他网页信息等这样的排序。但这不是绝对的，有的还是需要使用理校法来决断。

三、黑马软件校对

黑马校对软件是人机交互的文字处理软件，它通过比对海量词库，为校对人员高速识别出被校对文件中的一些疑似文字错误，供校对人员最后鉴别，从而达到文字校对的目的。

文字校对的计算机自动化，是信息处理智能化的一部分，也是现代校对技术的一个发展方向。

（一）黑马校对软件简介

黑马校对软件是为数不多的文字校对软件中的佼佼者，内含 S2 版、PS 版、Word 版、WPS 版、小样版、飞腾插件版和 PDF 插件版等多个校对界面，采用超大规模词库和重点词监控等先进的校对计算技术，支持各种主流文字处理和排版系统的文件格式，支持各种专业文稿的校对，目前在出版业使用较为广泛。

（二）黑马校对软件的使用局限

人工智能总归是不能完全代替人脑的，黑马校对软件也不例外。使用最新版黑马校对软件 V18 测试以下文字的校对效果，我们发现软件是没有任何错误提示的：

巴特尔随后回到中国旅行他在中国队的义务。（"旅行"改"履行"）

原来解开这个疑团的关键性政局——康熙皇帝的传位遗诏就在台湾。（"政局"改"证据"）

该处位于广州东郊的广深高速、环城高速路交汇处。（"汇"改"会"）

这段时间的阴雨天气频繁……与江淮一带冷暖气团频繁交会有关。（"会"改"汇"）

昨天是入市后首次注册会计师考试报名期间的第一个双休日。（"市"改"世"）

姜女士突然发现，自己订购的某品牌鲜牛奶上面飘着一层灰。（"飘"改"漂"）

我市选手黄珠妹不孚众望，跻身"十佳"。（"孚"改"负"）

在自己禁区防守时，切记犯规。（"记"改"忌"）

苏曼殊早年有部小说《断鸿雁记》。（"雁记"前漏"零"）

教师教导的仅是知识，更重要的是教导良知。（"仅是"前漏"不"）

它的最高时速可超过每小时 170 千米。（"每小时"多余）

根据往年情况，扬州进入真正入梅在 6 月 20 日前后。（"进入"多余）

找懂行的人一查，发现它竟是一台被翻新的旧钢琴，里面的内部零件几乎都快"寿终正寝"了。（"里面的"多余）

百花奖候选名单揭晓，许多"另类人物"的名字名列其中，引起了观众的注意。（"的名字"多余）

该产品于 1998 年通过 ISO 9002 质量保证体系论证。（"论"改"认"）

这里，我们不是研究黑马校对软件的短板，也不是否定黑马校对软件的强大校对功能。事实是，黑马校对软件太厉害，以至于很多人错误地认为它能替代人工校对。通过以上例句的黑马校对，我们只想说明一件事：黑马校对软件不是万能的，有些错误是校对不出来的，也就是说，黑马校对软件无法替代人工校对。

事实上，黑马校对软件只能是一种辅助性校对工具。

（三）黑马校对软件的正确使用

要使黑马校对软件达到最好的校对效果，必须解决两个问题：其一，如何处理人工校对和黑马校对软件的关系；其二，哪个编校环节使用黑马校对软件比较好。

从黑马校对软件的使用局限可知，黑马校对软件对于一些固定词语的搭配，以及常见词语错误，校对效果比较好，对语句的语法校对比较弱。因此，完全依靠黑马校对软件是绝对不行的，它充其量是人工校对的一种补充，当然它是一种非常好的补充。一般人工校对后再使用黑马校对软件，我们基本上还可以找出万分之一的差错，这是现实。

至于哪个环节使用黑马校对软件比较好，实践经验告诉我们，一、二校使用黑马校对软件报错率太高，需要耗费大量精力去鉴别许多疑似错误。相对来说，三校后，或者清样阶段使用黑马校对软件，报错率相对较低，耗费精力较少，校对效率相对较高。当然，这要因人而异，因作品而异，不断摸索，才能总结出自己的黑马校对软件使用经验。

第四章

政治性要求

出版物作为传播工具，不仅要讲政治，而且要会讲政治，这在任何国家都是一样的。强调出版要讲政治经常会使人觉得没有言论自由，其实这是错误的理解。现实中，严格意义上的言论自由是没有的，只要有法律、有国家利益，公众言论就必须符合国家利益。

有新闻报道，有个英国人因在论坛上发表针对美国的不当言论，入境美国时就被判定为"不受欢迎的人"，直接遣返。日本屡屡发生教科书事件，就是为了满足他们的政治需要。土耳其诺贝尔文学奖获得者帕慕克更因在接受瑞士周刊《杂志》(*Das Magazin*) 的采访时说了"三万库尔德人和一百万亚美尼亚人在土耳其被杀害"，而按土耳其刑法第 301 条"侮辱土耳其国格"罪获刑。

出版工作中出现政治性问题，损害的肯定是国家利益，其严重性远远超过出版物的知识性错误和文字性错误。对具体的出版单位来说，出了政治性问题就会被限期停业整顿，情节严重的还要被吊销出版许可证，相关人员甚至会被追究刑事责任。

那么，如何防范出版校对工作中的政治性问题呢？这里，我们从出版物中的政治性问题分类和出版物中常见的具体政治性问题出发，进行详细分析，以熟悉此类问题的校对方法。

第一节 出版物中的政治性问题分类

我们知道，出版工作中出了政治性问题，肯定是要危害到国家利益的。但是，真正要界定怎样才算达到危害国家利益的层面，从而上升为政治性问题，却非三言两语能说得清楚。笼统地说，凡是在出版物中与党和国家在政治上、思想上、行动上不能保持一致，甚至出现抵触、反对的思想和行为，都属于政治性问题的范畴。

出版物中的政治性问题，按管理部门发文分块，主要表现在国家明文规定禁止出版的内容、国家规定要特别报批的内容，以及一般的出版内容三大块上。

一、国家明文规定禁止出版的内容

国家明文规定禁止出版的内容，就是国务院颁布的《出版管理条例》中第二十五条所列的十种情况，即任何出版物不得含有下列内容：

——反对宪法确定的基本原则的;

——危害国家统一、主权和领土完整的;

——泄露国家秘密、危害国家安全或者损害国家荣誉和利益的;

——煽动民族仇恨、民族歧视,破坏民族团结,或者侵害民族风俗、习惯的;

——宣扬邪教、迷信的;

——扰乱社会秩序,破坏社会稳定的;

——宣扬淫秽、赌博、暴力或者教唆犯罪的;

——侮辱或者诽谤他人,侵害他人合法权益的;

——危害社会公德或者民族优秀文化传统的;

——有法律、行政法规和国家规定禁止的其他内容的。

其中,最后一条是不限于《出版管理条例》的,涉及范围很宽泛。

国家明文禁止出版的内容就是我们出版选题内容的红线,任何人、任何单位都不得跨越。

现实中,公开而直接撰写以上十条所列内容的比较少。究其原因,一方面是各出版单位报批选题要经过各层次的论证,甚至向管理部门报送备案;另一方面是编校人员具有一定的政治意识,能粗略识别出一些不当内容,从而阻止这些选题进入出版流程。但较少不等于没有,有时在出版社的实际选题工作中,真的会遇到类似的内容,这就需要各个环节的政治把关。

国家明文规定禁止出版的内容,没有任何商量余地,每个人都要把好关,绝对不能让相关内容正式出版。

二、国家规定要特别报批的内容

国家规定要特别报批的内容,指原新闻出版署颁发的《图书、期刊、音像制品、电子出版物重大选题备案办法》第三条规定的十五类重大选题,也就是指涉及国家安全、社会安定等方面的内容,对国家的政治、经济、文化、军事等会产生较大影响的选题,具体包括:

——有关党和国家的重要文件、文献选题;

——有关党和国家曾任和现任主要领导人的著作、文章以及有关其生活和工作情况的选题;

——涉及党和国家秘密的选题;

——集中介绍政府机构设置和党政领导干部情况的选题;

——涉及民族问题和宗教问题的选题;

——涉及我国国防建设及我军各个历史时期的战役、战斗、工作、生活和重要人物的选题;

——涉及"文化大革命"的选题;

——涉及中共党史上的重大历史事件和重要历史人物的选题;

——涉及国民党上层人物和其他上层统战对象的选题;

——涉及前苏联、东欧以及其他兄弟党和国家重大事件和主要领导人的选题;

——涉及中国国界的各类地图选题；

——涉及香港特别行政区和澳门、台湾地区图书的选题；

——大型古籍白话今译的选题（指500万字以及500万字以上的项目）；

——引进版动画读物的选题；

——以单位名称、通讯地址等为内容的各类"名录"的选题。

不是这些选题所涉及的内容禁止出版，而是这些选题容易出现禁止出版的内容，因此需要严格管理。

这些选题除了需要特别申报外，对相关内容有具体规定，对出版社也有一定的资格要求，出版时必须严格按照相关规定执行。比如与宗教相关的选题，涉及"文化大革命"的选题，涉及国民党上层人物的选题，都在此列。

三、一般的出版内容

这类选题既不是国家明文禁止出版的内容，也不是需要特别报批的内容，而是通过普通手续申报就能出版的内容。

实际编校工作中，在一些社会科学类专著的思想理念论述中，或者引进图书里，会夹杂一些有意或无意安排的不当内容。由于这类选题的主要内容不涉及政治性问题，没有明显不正确的思想指向性，在实际出版工作中不太容易引起编校人员的注意，因此也会因漏过检查而出现政治性问题。

事实上，中小学图书，甚至理工农医类图书，也会有少量涉及政治性问题的内容，校对此类稿件时绝对不能掉以轻心。

第二节 出版物中常见的具体政治性问题

要罗列所有政治性问题是不现实的，一是政治性问题举不胜举，二是政治性问题是动态多变的，无法固定化。因此，在这里我们只能按几大内容类别列出出版物中常见的政治性问题，供大家参考。当然，要真正防范出版物上的政治性问题，还是需要编校人员经常学习党和国家的相关文件，加强自己的政治意识。

一、政治体制

政治体制指一个国家政府的组织结构和管理体制，以及相关法律和制度。在出版物里表述这方面的内容时，要注意以下几个方面：

其一，我国实行的既不是"一党制"，也不是"多党制"，而是"中国共产党领导的多党合作和政治协商制度"。共产党是唯一执政党，其他参政党派是中国国民党革命委员会、中国民主同盟、中国民主建国会、中国民主促进会、中国农工民主党、中国致公党、九三学社、台湾民主自治同盟，除九三学社无简称外，其他七个民主党派的简称分别为民革、民盟、民建、民进、农工党、致公党、台盟。注意，实际使用时这八个民主党派的次序不能变动。

其二，我国政协委员的产生采用的是协商邀请制，不是选举产生的，因此不存在"当选政协委员"之说。

其三，我国对少数民族聚居地区实行的是区域自治，不能简称民族自治。《中华人民共和国民族区域自治法》第二条规定，各少数民族聚居的地方实行区域自治。区域自治，意味着我国实行自治的区域是以一个或几个少数民族为基础，同时包容多个民族成分的。所谓民族自治，强调的是单一民族的自治。

其四，人大议案是人民代表大会上的议事原案，由具有法定提案权的国家机关、会议常设或临时设立的机构和组织，以及一定数量的代表提出。这里，强调议案是由人民代表大会办理，所提内容必须是属于议事机关职权范围内的事项，而且通过了就具有法律效力。相对来说，政协提案是提交政协会议讨论决定的建议，没有提交委员人数限制，也可以在休会期间提出。人民代表大会上讨论的事项，由政府部门解决的（比如办复），肯定不是议案，而是建议、批评和意见。

其五，人大常委会的主要职务，全国是委员长、副委员长，地方是主任、副主任。乡镇一级不设常委会，主要职务是主席、副主席。所以，正确的表示应是"全国人大常委会委员长""省人大常委会主任""乡人大主席"。同时，"人大常委会委员"不能简称为"人大常委委员"，而"全国人大副委员长""省人大副主任""乡人大常委会主席"和"人大常委"都是不正确的用法。

其六，要注意党和国家方针、政策等用语，特别是不同时期不同的叫法，要与时俱进。比如，"国营"应改为"国有"，"邓小平南巡讲话"应改为"邓小平南方谈话"，"有中国特色的社会主义"应改为"中国特色社会主义"，"文化大革命"及其简称"文革"使用时都要加引号，"三年自然灾害"应改为"三年严重困难"，"三年自然灾害时期"应改为"三年困难时期"，党的十六大提出的"全面建设小康社会的目标"不能简写为"建设小康社会的目标"。另外，一般意义的"左"指进步和革命的，而表示政治思想上超越客观实际、脱离社会现实条件的盲动、冒险、空想、激进等，用带引号的"左"，如"左"倾机会主义、"左"倾冒险主义等。"一国两制"是针对台湾问题提出的，不是针对港澳提出的，但港澳适用。

二、党和国家领导人

党和国家领导人，以及党和国家主要领导人，有明确的定义，在出版物里表述时不能搞错。

党和国家领导人指的是以下人员：

中国共产党中央领导机构

    中国共产党中央委员会总书记

    中国共产党中央政治局常务委员会委员

    中国共产党中央政治局委员

    中国共产党中央书记处书记

    中国共产党中央军事委员会主席

    中国共产党中央军事委员会副主席

    中国共产党中央纪律检查委员会书记

中华人民共和国国家机构

　　中华人民共和国主席

　　中华人民共和国副主席

　　全国人民代表大会常务委员会委员长

　　全国人民代表大会常务委员会副委员长

　　中华人民共和国国务院总理

　　中华人民共和国国务院副总理

　　中华人民共和国国务委员

　　中华人民共和国中央军事委员会主席

　　中华人民共和国中央军事委员会副主席

　　中华人民共和国最高人民法院院长

　　中华人民共和国最高人民检察院检察长

中国人民政治协商会议全国委员会

　　中国人民政治协商会议全国委员会主席

　　中国人民政治协商会议全国委员会副主席

《关于发表和出版有关党和国家主要领导人工作和生活情况作品的补充规定》规定，党和国家的主要领导人指的是以下人员：

　　现任或曾任党中央政治局常委

　　国家主席

　　国家副主席

　　国务院总理

　　中央军委主席

　　全国人大常务委员会委员长

　　全国政协主席

使用时，不能写错名字，也不能写错职务。已去职的，原先担任的职务前要加"原"。多名领导人同时出现，排名要使用中央的统一口径。

引用党和国家领导人的著述和讲话要保证文字和标点正确，使用党和国家领导人的照片要经中央有关部门批准。

三、国家领土

出版物上的国家领土完整问题，对内主要牵涉港澳台三个地区，以及西藏和新疆两个自治区。对外，就是和周边国家的领土划分问题。领土问题不易理清，一不小心就会成为他国今后争论的口实，所以校对时要特别注意以下几个方面：

其一，出版物中不能含有宣传"台独""藏独""新疆独立"的内容，禁止宣扬民族分裂主义。

其二，规范使用地图，要画准边境线和行政区域。事关地图，必须使用国家指定地图出版社公开出版的最新版本。

其三，有关港澳台的事务，属我国内事，不可说成"外事"。"统一台湾""解放台湾"

应改成"祖国统一""解决台湾问题"。在与其他国家一起论述时，要把港澳台单独列为地区，不可和其他国家并列，如"美国、日本等国家和港台地区"是正确的说法。不能将港澳台和中国相提并论，需要相提并论时，必须是具体的省、区和市，比如沪港通、浙台合资、津澳双城交流。

其四，1949 年 10 月 1 日后，不得使用民国纪年。特殊情况需要保留民国纪年时，要加引号。之后的台湾地区政权，使用"台湾当局""台湾有关方面"，不使用"台湾政府"。相关官方机构要加引号，也可用"有关当局""主管部门""主管机关"代替，比如"台湾各部"可用"台湾某某主管部门"代替。对台湾的一些法规性文件或官方文书等，应加引号或做适当变通，如台湾地区施行的"法律"要改成"有关规定"，因为法律是国家性的。涉及对台法律事务，一律不使用"文书验证""司法协助""引渡"等国际法上的用语。台湾冠有"国立"的相关学校和机构，要去掉"国立"，"国小""国中"要相应改成"小学""中学"。严禁用"中华民国总统（副总统）"称呼台湾地区领导人，即使加注引号也不得使用。

其五，要注意"海外""境外"的区别。"海外"指国外，不包括港澳台；"境外"既指我国领域以外，也指我国领域内尚未实施行政管辖权或尚未实施统一法律制度的区域，包括港澳台。这里，"境"不指国境，所以不能说"境外国家"，因为"境外"有我国的领土。相对而言，"境内"指我国除港澳台以外的广大区域。"台湾"与"祖国大陆（或大陆）"对应，"香港、澳门"与"内地"对应。大陆或内地既在"境内"也在"国内"，港澳台在"境外"但属"国内"。目前，"向港台出口"也理解成从"境内"到"境外"。不得说"港澳台游客来华旅游"，而应称"港澳台游客来大陆或内地旅游"。

其六，不称"香港政府"，而是"香港特别行政区政府"或"香港特区政府"；1997 年 7 月 1 日前称"香港英国政府"或"港英政府"。不称"澳门政府"，而是"澳门特别行政区政府"或"澳门特区政府"；1999 年 12 月 20 日前称"澳门葡萄牙政府"或"澳葡政府"。

其七，香港和澳门在中国政府恢复行使主权前，不是"殖民地"，但可以使用"殖民式统治"或"殖民统治"来描述统治性质，正确的是"割占""租借"性质。

其八，在做全国统计时，不能用"大陆某某统计"，正确的是"我国某某统计（不包括港澳台）"。

其九，禁止使用他国强加于我国的地名或英语名称。如把台湾叫作"福摩萨"，钓鱼岛叫作"尖阁诸岛"，冈底斯山叫作"外喜马拉雅山"，西沙群岛叫作"帕拉塞尔群岛"，南沙群岛叫作"斯普拉特利群岛"，新疆叫作"东突厥斯坦"等，这些名称都是错误的，严禁使用。

四、民族和宗教

我国是一个多民族的国家，又是一个多宗教的国家。民族、宗教无小事，涉及民族、宗教的出版物，一定要讲政治，与党和国家的相关政策保持一致。涉及民族和宗教，出版时应注意的问题有：

其一，不要探秘、猎奇少数民族的习俗，特别是婚姻和家庭，更不能有鄙视或攻击性的描述。

其二，要正确区分恐怖分子和宗教，不要使用"伊斯兰恐怖分子""穆斯林恐怖分子"等词汇，以免刺激穆斯林群众感情。严格意义上，极端主义不是真正的宗教。

其三，宣传中华文明，慎用"炎黄子孙"，应改为"中华民族子孙"或"中华儿女"，因为"炎黄子孙"特指汉族。另外，对加入外国籍的人士，不能再称其为中国人，而应称为外籍华人。

其四，在少数民族地区使用的教材和教辅等中严禁出现"猪"等字样，清真饮食文化中严禁使用"猪油""猪肉"等字样。已故穆斯林同胞不能说成"死人"，应说"亡人"或"去世""逝世"等。论及藏族"天葬"习俗时，不能用文字和图片形式详述。

其五，要尊重少数民族，涉及民族关系避免使用歧视用语。如不要把医术低劣的大夫讥讽为"蒙古大夫"，或者在报道时在"小偷"词前直接加某少数民族地区名称，也不要使用"回回"。

其六，各民族都是平等的，没有大小之分，不要说一个民族是"小民族"，另一个民族是"大民族"。

其七，正确对待历史事件和历史人物，像评介岳飞和文天祥时，不使用"民族英雄"，可以使用"抗金将领""抗元将领"，或"著名将领"。除了引用历史文献不便改动外，一律不用"满清""蒙元"。

其八，要正确使用国家规定的民族名称，不得随意简称，如"蒙古族"不能简称为"蒙族"，"维吾尔族"不能简称为"维族"，"哈萨克族"不能简称为"哈萨"等。也不能把未经识别的族群写成是民族，可以写"某某人"。相反，有些民族喜欢自称为"某某人"，这是可以的，比如"土家人"。

其九，自治区不可使用不规范的简称，比如"内蒙古自治区"可简称"内蒙古"，但不能简称为"内蒙"。不可使用"藏区""藏民"等不当提法，应使用"藏族聚居区""藏族群众"。

五、法律

依法治国的本质是崇尚宪法和法律在国家政治、经济和社会生活中的权威，彻底否定人治，确立法大于人、法高于权的原则，使社会主义民主制度和法律不受个人意志的影响。在出版物里表述相关内容，要注意以下几个方面：

其一，要禁止使用废弃用语。一些罪名已经废除，比如"反革命罪""投机倒把罪"和"流氓罪"。另有一些用词已经不用了，"劳改"改称"监狱教育改造"，相应的一批词要改动，如"劳改队"改称"监狱"，"劳改局"改称"监狱管理局"，"劳改犯"改称"监狱服刑人员"；"村长"改称"村委会主任"或"村主任"。

其二，要注意法定用语，如"少年犯"应称"未成年犯"，"法定代表人"是法定用语，不能简称为"法人代表"，"法人"是对应"自然人"的另一概念。另外，"黑社会"范围不准确，法定用语是"黑社会性质组织"。

其三，要注意政府工作的一些法定程序。首先，政府是人大的执行机关，不是人大的上级，政府里的部门提交报告，必须是受政府委托，不能直接提交，比如省教育厅受省政府委托，向省人大提交报告。政府领导也不能向人大通报，只能是向人大报告工作。其次，政府领导的任命，不是由政府或党委决定任命，只能是提名或提请，由本级人大决定。这里，政府正职（如省长、市长、县长等）必须是本级人民代表大会全体会议代表选举产生的，人民代表大会闭会期间人大常委会只能表决任命某人担任代理职务（如代省长、代市长、代县长等）。至于政府副职（如副省长、副市长、副县长等）和工作部门正职领导（如厅长、局长、科长等），是可以由本级人大常委会直接表决任命的。政府各工作部门的副职（如副厅长、副局长、副科长等），才由政府直接决定任命。

作为特例，检察院检察长是由本级人民代表大会选举产生，并须报经上一级人民检察院检察长提请该级人民代表大会常务委员会批准的，所以省人大常委会批准任命省辖市的人民检察院检察长是正确的。副检察长则由检察长提名，本级人大常委会表决任命。

这里，要区别选举任命、表决任命、决定任命、批准任命的关系，不能搞混。

其四，要注意法的体系。我国法的形式主要包括宪法、法律、行政法规、地方性法规、自治条例、单行条例和规章等。宪法由全国人民代表大会修改，而且必须由全体代表三分之二以上的多数通过。法律的文件名称为某某法，由全国人大按《立法法》制定和修改，地方不能制定法律，也就是法律没有"全国性"和"地方性"之分。行政法规由国务院制定和颁布，地方性法规是地方人大制定的规范性文件，自治条例和单行条例是由民族区域自治地方人大制定的规范性文件，规章是由政府部门制定的规范性文件。这里，要注意它们间的关系，不能混淆。

另外，军队另有军事法规、军事规章。

其五，要注意行政区划。这里，首先要特别注意自治区绝对不是省的意思，而是突出民族区域自治的意思。其次，要注意有两个特别行政区。最后，《中华人民共和国宪法》中有"全国分为省、自治区、直辖市"的规定，因此"省、自治区、直辖市"的次序不能乱，但可以省略为"省、区、市"或"省区市"，也有"各省（区、市）"的表达。因此"全国31个省"是错误的说法，正确的说法是"全国34个省区市"或"全国31个省区市（不包括港澳台）"。

其六，要注意国家用语和地方用语。比如，"幅员""国土"和"国内生产总值"是针对国家说的，地方不能使用，所以我们不能说"浙江省幅员辽阔，国土面积……"，"宁波国内生产总值"则要改为"宁波市生产总值"。（据国家统计局从2004年起规范地区GDP及相关指标的中文译名，今后地区GDP的中文名称改为"地区生产总值"，如省生产总值、市生产总值。）

六、国际关系

国际关系事关外交大事，出版物中遇到相关内容一定要按中央的统一口径，进行正确宣传和报道。要体现我国的独立自主，特别是"五项基本原则"。

对于国际敏感问题，要做淡化处理，不应渲染，能避免涉及最好不涉及，如贫铀弹、高句丽，以及我国和周边国家曾经有过的局部战事，都是敏感的涉外问题。出版物中若一定要论述，在提法上必须与国家的统一口径保持一致。

对于国际组织名称，国际要人姓名和职务，国家名称，国家机构，都要正确书写，避免旧称误用。比如，不要把"联合国安理会常任理事国"误当作"联合国常任理事国"，日本目前在争取的是"联合国安理会常任理事国"，不是"联合国常任理事国"。关贸总协定的发起者可称为"缔约国""发起国"，因为当时该协定成立时有 32 个国家参加，都是主权国家，但其成员不全部是主权国家，比如中国香港，所以不能用"成员国"这一称呼。世界贸易组织和亚太经合组织的成员只能称为"成员"或"成员方"，而不能称为"成员国"，因为其中有些成员不是主权国家，如我国的港澳台。欧洲经济共同体（简称"欧洲共同体"或"欧共体"）已于 1993 年 11 月 1 日改称为欧洲联盟（简称"欧盟"），要注意称呼上的变化。

外国人名译名和地名译名要参照新华社编写的相关标准手册或网上搜索"新华社译名室发布的最新常用外国译名"。转引境外资料，特别是港澳台的资料，要注意人名和地名的修改。

目前，港澳台新闻出版业使用的外国人名和外国地名翻译与境内有较大的差距，如人名中的"奥巴马"和"欧巴马"，"布什"和"布殊、布希"，"肯尼迪"和"甘乃地、甘乃迪"，"里根"和"列根、雷根"，"撒切尔夫人"和"戴卓尔夫人、佘契尔夫人"；地名中的"悉尼"和"雪梨"，"蒙特利尔"和"蒙特娄"，"内罗毕"和"奈洛比"，"约翰内斯堡"和"约翰尼斯堡"，"伊斯坦布尔"和"伊斯坦堡"，"迪拜"和"杜拜"，"伊斯兰堡"和"伊斯兰马巴德"，"乌兰巴托"和"库伦"，"万象"和"永珍"，"符拉迪沃斯托克"和"海参崴"，"巴塞罗那"和"巴塞隆那"；国名中的"新西兰"和"纽西兰"，"老挝"和"寮国"，"马尔代夫"和"马尔地夫"，"沙特阿拉伯"和"沙乌地阿拉伯"，"阿拉伯联合酋长国"和"阿拉伯联合大公国"，"意大利"和"义大利"等。

对于有争议双方都声明拥有主权的地名名称，特别要小心。比如，阿拉伯国家和伊朗对"波斯湾"名称有争议，阿拉伯国家叫"阿拉伯湾"，新闻出版原则上使用"波斯湾"，不使用"阿拉伯湾"。保持中立时，最好使用"海湾"。

对于跨国的河流、山脉、海域，必须使用我国官方公布的名称和数据，如珠穆朗玛峰的名称和高度。珠穆朗玛峰我国测得的最新海拔高程是 8848.86 米。

国名有变化的，首先要研究新华社的用法，更要研究我国相应的外交政策，要与官方保持一致。我国外交部未承认的，出版物中不能使用有关的区域名称。出版物中遇到国名有变化的情况主要有：苏联分解成十几个国家，还有国际争议的区域，比如车臣；德意志民主共和国（原东德）和德意志联邦共和国（原西德）合并，统称德国；捷克和斯洛伐克分别成为独立的国家，原统一的捷克斯洛伐克不复存在；南斯拉夫解体，分成斯洛文尼亚、克罗地亚、波黑、塞尔维亚、黑山、马其顿等六国，以及一个目前有争议的科索沃；锡金已经成为印度一个邦，目前中国政府已经承认这一事实，因此相关图书不要再将锡金称为我国的邻国。

当然，类似的国名变化情况，甚至是城市名称变化还有许多，校对时务必要注意。比如韩国的首尔，原来我们一直称汉城。巴西首都由里约热内卢迁至巴西利亚，尼日利亚首都由拉各斯迁至阿布贾，科特迪瓦首都由阿比让迁至亚穆苏克罗，德国首都由波恩迁至柏林，哈萨克斯坦首都由阿拉木图迁至阿斯塔纳，缅甸首都由仰光迁至内比都，等等。下面，是苏联部分大城市名称自苏联解体后更名的情况：

苏联时期用名	目前用名	苏联时期用名	目前用名
列宁格勒	圣彼得堡	加里宁	特维尔
莫洛托夫	彼尔姆	古比雪夫	萨马拉
勃列日涅夫	切尔内	斯大林格勒	伏尔加格勒
契卡洛夫	奥伦堡	斯维尔德洛夫斯克	叶卡捷琳堡

原有出版物中的相关内容如果现在有了变化，重新印刷时一定要做相应的更新处理。

七、保密问题

要遵守《中华人民共和国保守国家秘密法》《新闻出版保密规定》等法律法规，涉及国家秘密和军事秘密的选题，要严格执行送审报批制度。公开出版的内容，更要审核有无涉及保密内容。

保密内容涉及面大，有科技资料、统计数据、经济数据、地理数据、军事情报、重要文件等，出版时要多学习相关保密要求，按要求处理。必要时，需要送相关单位和部门审核。

在图书出版方面，违反国家外交政策，泄露党和国家重大军事机密、秘密，泄露当时尚不宜公开宣传的内容，有严重政治错误的图书屡屡出现。1993 年国家就处理过一批，如《中国军情风云录》《中国海疆风云录》《中国陆疆风云录》《中越战争十年——内幕》《红色恐怖的铁拳》《中国军队制胜兵器与现代战争》《中国军队能否打赢下一场战争》《外蒙古独立内幕》等。

在新闻报道方面，也有违规报道涉密会议和涉密活动有关情况造成泄密的事例，特别是在明知参加的会议为涉密会议或活动的情况下，仍然将涉密内容进行公开报道，造成泄密。例如，某重点军工企业明确告知记者部分场景涉密，不能拍摄。但某记者还是拍摄了部分尚处于保密状态的新型武器装备的外形，并在当地电视新闻中播放，事后被众多境内外网站转载，造成严重后果。某军工企业一架飞机因故滞留某地，某报社记者赶往现场进行采访并拍照，现场保卫人员对其进行了劝阻，告知其涉及国家秘密，禁止拍照。但该记者不听劝阻，仍将涉密稿件和图片刊登在报纸上，造成泄密。某自治区法制报社记者应邀采访该区法院工作会议，会后在采写的稿件中擅自摘录涉密报告的部分内容，并谎称已经办会单位审稿，致使有关内容在报纸上刊登，造成严重后果。

第三节 出版物中政治性问题的校对

要在出版物中避免出现政治性问题，既要加强校对人员的个人政治意识，也要做好出版单位的相关事例教育，还要在校对工作中做好管理工作，比如校对人员的专业分工、校对稿件的内容分类。

一、加强校对人员的政治意识

没有良好的政治意识，要处理好校对工作中的政治性问题是十分困难的。很难想象，一个校对人员，若平时思想上全盘接受西方的政治见解，工作上还能为国家在意识形态领域严守思想阵地。

要使校对人员切实把思想和行动统一到中央精神上来，需要相关单位经常组织校对人员学习，使其关心国家大事，积极吸收党组织传输的正能量，提高政治思想觉悟。特别是当今国内外形势多变，新的政治性问题不断涌现，政治学习不可能一劳永逸，而是需要校对人员不断学习，才能与时俱进。

目前，政治性问题不仅存在于社会科学类图书，也存在于理工农医类图书，政治性风险无处不在，校对人员必须加强自身的政治意识，以保持十二分的警惕。

二、组织好单位的事例教育

所谓事例教育，就是出版单位要经常有意识地收集出版物政治性事故的案例，并有针对性地收集国家相关政策的学习资料，组织校对人员定期学习，从"血"的事故案例中吸取教训，以强化校对人员的政治意识，以及处理相关政治性问题的能力，从而降低政治性问题出现的风险。

缺乏警钟长鸣，或是长久平安无事，都会造成校对人员警惕精神的懈怠，这是极其危险的状态，如再不加以改变，离真正出政治性问题也就不远了。

三、坚持校对人员的专业分工

这里的专业分工，就是出版社的校对人员要按专业分配校对稿件，以充分利用校对人员的专业技能，更好地识别图书内容的政治意图，在各个校对环节，排除政治上出事的风险。

目前出版社普遍存在校对人员紧缺的问题，特别是缺少思想过硬、技术过硬的专业校对人才。这就需要出版社平时重视人才培养，完善制度保障，建立起一支稳定而又高质量的社外校对队伍，并合理配备各个专业的人才。

四、做好校对稿件的内容分类

防范出版物的政治性问题，在校对工作中比较可行的办法就是实行校对稿件的内容分类操作，在图书选题阶段，就把稿件分为A，B，C，D四类，在稿件校样上用红字打上分类字母，以方便识别。A类对应高度风险的社会科学选题，比如民族问题类、宗教类、引进社会科学类，这类稿件含有较多涉及政治性问题的内容；B类对应中度风险的社会科学选题，比如国内作者撰写的社会科学学术专著、政治类图书，这类稿件会有一些涉及政治性问题的内容；C类对应一般政治风险的选题，比如经济管理类、古籍整理类，这类稿件中偶尔有一些政治性提法；D类是较少涉及政治性问题的选题，比如理工农医类、体育运动类。

校对稿件按内容分类的目的，就是便于重点关注，科学安排社内审校人员。必要时，还可以聘请社外专家审读，以及送相关管理部门（比如宣传部、外事办、民族宗教事务局等）审查。

五、巧妙使用敏感词搜索和专项扫描

可以针对特定的稿件内容，列出一些敏感词和敏感内容，然后在三校的基础上，对

数字稿件使用计算机搜索，对纸质稿件使用专项扫描，以进一步提高稿件质量，避免出现政治性问题。

比如，需要校对稿件的内容涉及民族问题时，校对人员可以搜集下列易出问题的敏感词：

伊斯兰恐怖分子	穆斯林恐怖分子	炎黄子孙	猪
猪油	猪肉	死人	天葬
蒙古大夫	小偷	回回	小民族
大民族	民族英雄	满清	蒙元
蒙族	维族	内蒙	藏区
藏民	哈萨族	广西省	宁夏省

然后，通过在计算机上对数字稿件进行全文搜索或对纸质版进行专项扫描，寻找可能出现这类词的段落，以便进行相关处理。

政治性问题是出版业的头号大敌，一旦出现严重错误，往往会造成灾难性后果。被动地祈求不发生，不如主动地实施一些行之有效的防范措施。在这方面，多参与防范措施的交流与摸索，对出版社及其编校人员都是极其有益的。

专题训练

请改正下面句子中的政治性错误。

1. 广东某市由于地理位置靠近香港，全市企业中，中港合资的企业已经占 30% ～ 35%。

2. 据媒体报道，福摩萨的花莲昨天发生了里氏 6 级地震。

3. 这家公司生产儿童服装，产品远销美国、英国、法国、日本、台湾、香港等。

4. 2015 年初，他们应邀访问了捷克斯洛伐克的一些城市，和当地学者进行了热烈交流和讨论。

5. 在林芝地区，我所见到的藏民住房都非常漂亮，户户像别墅。

6. 今天，俄罗斯的主要大城市有莫斯科、列宁格勒、叶卡捷琳堡和斯大林格勒等。

7. 根据台湾当局宪法规定，行政院是台湾当局最高行政机关，院长由总统提名，经立法院同意后任命。

8. 上海江沪钛白化工制品有限公司是一家中台合资企业，主要深加工市场需求量较大的钛白粉。

9. 连日来，民革、民盟、民建、民进、九三学社、农工党、致公党、台盟分别召开中常会，学习贯彻全国"两会"精神，进一步安排布置今年重点工作。

10. 青海省幅员辽阔，国土面积 72 万平方千米，人口 560 万，少数民族众多。

11. 28 日，新当选的 498 名深圳市政协委员报到，参加了五届一次会议的预备会议。

12. 1996 年 2 月 2 日，全国人大副委员长李沛瑶在自己家中被人杀害。

13. 今天课上讨论的问题是：为什么要走具有中国特色的社会主义道路。

14. 左倾机会主义，是指党内的一种错误思想，表现为急躁、冒进，不顾客观事实；或者照搬马列原著，咬文嚼字，不能灵活运用。

15. 海外旅游者，指来华入境的海外游客中，在我国旅游住宿设施内至少停留一夜的外国人、港澳台同胞。

16. 2010 年 7 月 4 日上午，来自台北县米仓国小的师生参观访问团一行 16 人来到了我校。

17. 《春天的故事》，讲的是邓小平同志南巡讲话后的故事。

18. 据中新社电，在 4 日下午印尼巴厘岛进行的世界贸易组织第九次部长级会议上，也门正式加入世界贸易组织，成为该组织的第 160 个成员国。

19. 据中新社上海 4 月 16 日电，纽西兰总理约翰·基今天在上海为"纽西兰之窗"揭幕。

20. 浙江丽水一女子在宝马车上吸毒后开车兜风，被警察抓获。面对警察的询问，女子回答"我爸爸是村长"。

21. 这里的文氏祖祠，供奉有文天祥的塑像；这里的龛图碑上，详细地刻记着文天祥及其子孙的名字；这里的老老少少，一说起"天祥公"，无不为自己是民族英雄的后代而骄傲自豪。

22. 他在第六届社会学人类学高级研讨班上做的题目为"民族生存与发展"的讲演中，在分析鄂伦春族、裕固族、撒拉族、赫哲族等民族的现实生存发展问题时，称相关民族为"小小民族""小民族"。

23. 从现象上看，所谓"社会黑"，就在于有国家公职人员为"黑社会"充当黑后台，提供黑土壤。你要打击"黑社会"，他便为之或通风报信，或"指点迷津"，或百般说情，或久拖不决，或久审不判。

24. 遵义市国内生产总值继 2011 年突破 1000 亿元后，今年预计达到 1370 亿元，比上年净增 250 多亿元。

25. 今年本市"两会"上人大委员和政协委员提出了许多议案和提案，政府有关部门非常重视，向媒体表示要一一办复。

26. 根据《中华人民共和国全国人民代表大会和地方各级人民代表大会选举法》第五十二条规定，本市第六届人民代表大会常务委员会第二十一次会议决定，接受刘东海辞去本市第五届人大副主任职务的请求。

27. 12 月 12 日，市人大常委会召开会议，听取市政府工作通报。市长李金柱代表市政府做工作通报，市人大常委会副主任白桂兰主持会议。

28. 厦门市政府经研究决定，任命潘力方为厦门市统计局局长，免去其厦门市发展和改革委员会副主任职务；免去孙延风的厦门市统计局局长职务。

29. 记者从省环保厅获悉，截至目前，河北省共建立各级各类自然保护区46 个，总面积 71.02 万公顷，占河北省国土总面积的 3.78%。

30. 2 月 26 日，《光明日报》发布了 2014 年全国 31 个省人均收入排行，上海以人均收入 47710 元排名第一。

31. CCTV 的《新闻直播间》报道，受降雪影响，6 省市区道路通行受阻。

32. 去年 9 月，一心谋求日本成为联合国常任理事国的安倍晋三在联大发表了一番讲话。

33. 这里是中原大地，是中华民族的发祥地，是炎黄子孙的根系所在。

34. 一名汉族青年男子因故与几名维族人发生口角，继而为摆脱纠缠发生了打斗。

35. 蒙元博物馆崇尚蒙元一代多元文化，立志收集蒙元时期文物珍品，以补充祖国历史文化之内容。

36. 康熙二十八年七月十四日（1689 年 9 月 7 日），中俄签署《尼布楚议界条约》，这是满清政府和沙俄之间签订的第一份边界条约，也是清朝政府历史上和西方国家签订的第一份真正的国际条约。

37. 要评价满清政府真的很难，因为这涉及民族问题，事关我国民族政策，而非单纯的历史问题。

38. 在云南的西北部，有一个神秘而古老的湖泊，其周围居住着一个古老的民族——摩梭族，他们至今仍完整地保存着由女性当家和女性成员传宗接代的母系大家庭，以及男不娶女不嫁，婚姻双方终生各居母家的婚姻形态，俗称"走婚"。

39. 目前白族、土家族、苦聪族等少数民族中，均有彭氏族人分布，满族、蒙古族中在历史上几乎没有彭氏。

40. 穿青族仅仅分布在贵州黔西南地区，人员集中，人数较少。

第五章

文字规范

文字在语言学中指书面语的视觉形式。我国古代把独体字叫作"文",把合体字叫作"字";如今联合起来叫作"文字",文字的基本个体叫作"字"。在日常生活中,"文字"还可以指书面语、语言、文章、字等。视觉符号形式突破了口语的时间和空间限制,例如汉字、拉丁字母。

文字是用来表达心声和感情的,文字作品就是指用语言文字符号记录,用以表达作者思想情感的文学、艺术、自然科学、社会科学、工程技术作品的创作成果。我们日常阅读的小说、诗歌、散文、论文、剧本、歌词等,都是文字作品。

要表达一个人的思想感情,通常使用文字,而要表达清楚且便于他人听懂、读懂,就必须使用通用的规范文字。不然,别人就无法正确理解。

第一节 我国的通用语言文字

我国现行法律法规明确规定,国家通用语言文字是普通话和规范汉字。同时又明确,各民族都有使用和发展自己的语言文字的自由。

一、汉语的分类

汉语又称中文,是中国汉民族的语言,也是世界上使用人数最多的语言,主要分布于中国、新加坡、马来西亚、缅甸(部分区域),以及海外华人社区。汉语是联合国六种工作语言之一,也是马来西亚、加拿大、美国等国家的通用少数地方语言。

汉语按形体笔画多少分,有繁体字和简体字。

汉语的书面形式,古代的称文言文,现代的一般指现代标准汉语。现代标准汉语是基于现代中国北方官话的白话文语法和北京话语音制定的。

由于古代中国没有统一的发音标准,故汉语口语在中国各地发音有所变化,有些变化还很大。因此,汉语按口音分,有官话、粤语、吴语、湘语、赣语、客家语、闽语等七种。其中官话又细分为北京官话、中原官话、东北官话、冀鲁官话、胶辽官话、兰银官话、西南官话、江淮官话八种。

一个国家,有那么多不同的口音,即使有相同的书面语,也会存在口头交流的障碍,当然有时还会造成误会。网上有则笑话，是央视记者采访公交车燃烧事件的幸存者：

记　者：车上有锤子吗？

幸存者：有个锤子！

记　者：有锤子？你们怎么不用来砸窗子呢？

幸存者：莫得！有个锤子的锤子！

记　者：什么？还有两个锤子？

幸存者：哎呀，有个铲铲！

记　者：铲子？那也可以用来砸窗啊！

幸存者：砸个锤子的窗子！

记　者：是砸窗子不是砸锤子……

幸存者：哎呀，我跟你说个锤子！

记　者：我说的窗子！

幸存者：锤子！

记　者：那车上到底有什么？

幸存者：有个毛线！

记　者：哦，怪不得燃得这么快！

不懂四川方言，要理解上面的对话是有些困难的。

显然，要做到全国交流畅通无阻，必须要有一种通用的语言。

二、我国的通用语

（一）普通话

普通话是全国通用语，这是在宪法、法律和行政法规里明确规定的。

首先，作为国家根本大法的《中华人民共和国宪法》总纲第十九条规定，国家推广全国通用的普通话。

其次，在一些法律中，也明确规定国家通用语言文字是普通话。《中华人民共和国国家通用语言文字法》第二条规定，本法所称的国家通用语言文字是普通话和规范汉字。《中华人民共和国教育法》第十二条规定，学校及其他教育机构进行教学，应当推广使用全国通用的普通话和规范汉字。《中华人民共和国义务教育法实施细则》第二十四条规定，实施义务教育的学校在教育教学和各种活动中，应当推广使用全国通用的普通话。师范院校的教育教学和各种活动应当使用普通话。

最后，一些行政法规也规定，应当推广全国通用的普通话。《广播电视管理条例》第三十六条规定，广播电台、电视台应当使用规范的语言文字。广播电台、电视台应当推广全国通用的普通话。《扫除文盲工作条例》第六条规定，扫除文盲教学应当使用全国通用的普通话。《幼儿园管理条例》第十五条规定，幼儿园应当使用全国通用的普通话。《民族乡行政工作条例》第十四条规定，民族乡的中小学可以使用当地少数民族通用的语言文字教学，同时推广全国通用的普通话。

那么，什么是普通话？

普通话，即现代标准汉语、中文，是现代汉民族共同语，也是中国各民族通用的语言。1956 年 2 月 6 日，国务院发出关于推广普通话的指示，并对普通话的定义做了进一步的补充："以北京语音为基础音，以北方话为基础方言，以典范的现代白话文著作为语法规范。"

（二）规范汉字

除了普通话，我国的法律和行政法规还明确规定了规范汉字也是通用语，这从上面的相关法律法规条款中可以看出。《中华人民共和国国家通用语言文字法》同时进一步明确，国家机关以普通话和规范汉字为公务用语用字。学校及其他教育机构以普通话和规范汉字为基本的教育教学用语用字。学校及其他教育机构通过汉语文课程教授普通话和规范汉字。使用的汉语文教材，应当符合国家通用语言文字的规范和标准。公共服务行业以规范汉字为基本的服务用字。

所以，讲普通话，用规范汉字，这是法律法规要求推广的。什么是规范汉字？规范汉字是指经过整理简化的字和未经整理简化过的传承字。也就是说，规范汉字分两部分：一是简化字；二是未经简化，历史上流传下来沿用至今的汉字。

当然，除了要推广普通话和规范汉字，《中华人民共和国宪法》总纲第四条还规定，各民族都有使用和发展自己的语言文字的自由。其他法律也对各民族使用自己的语言做了详细的规定。《中华人民共和国教育法》第十二条规定，汉语言文字为学校及其他教育机构的基本教学语言文字。少数民族学生为主的学校及其他教育机构，可以使用本民族或者当地民族通用的语言文字进行教学。《中华人民共和国民族区域自治法》第三十七条规定，招收少数民族学生为主的学校（班级）和其他教育机构，有条件的应当采用少数民族文字的课本，并用少数民族语言讲课；根据情况从小学低年级或者高年级起开设汉语文课程，推广全国通用的普通话和规范汉字。

三、通用语的标准

讲普通话，用规范汉字，表明国家在通用语推广工作上主要是在汉字读音和汉字形体两方面进行改革。而且，国家推出了这两方面的一系列标准规定。

（一）读音标准

1950 年 8 月，国家着手编写《新华字典》，这是新中国成立后第一本正音的字典。1953 年《新华字典》又对汉字读音做了改动。1956 年 2 月 6 日，国务院成立了中央推广普通话工作委员会，发出关于推广普通话的指示，并指示中国社会科学院语言研究所开始编纂《现代汉语词典》。1978 年，《现代汉语词典》（第 1 版）由商务印书馆正式出版。

1956 年普通话审音委员会成立，历经八年编成了《普通话异读词审音表初稿》及"续编""三编"，1963 年合并为《普通话异读词审音总表初稿》，奠定了普通话语音规范的基础。1982 年中国文字改革委员会重新组织成立普通话审音委员会，开展了第二次普通话审音工作，以《总表初稿》为基础，形成了《普通话异读词审音表》。

1984 年 10 月，原中国文字改革委员会批准发表《汉语拼音正词法基本规则（试用稿）》，后经多次修订，国家质检总局、国家标准化管理委员会于 2012 年 6 月 29 日批准、发布《汉语拼音正词法基本规则》（GB/T 16159—2012）。

另外，对于汉语拼音的书写，也有一些标准。1958 年 2 月 11 日，第一届全国人民代表大会第五次会议批准颁布《汉语拼音方案》，明确规定了汉字注音方案。此后，相继出台了《少数民族语地名汉语拼音字母音译转写法》、《中国地名汉语拼音字母拼写规则（汉语地名部分）》、《汉语拼音方案的通用键盘表示规范》(GF 3006—2001)、《中国人名汉语拼音字母拼写规则》(GB/T 28039—2011)。

（二）汉字书写形体标准

我们知道，规范汉字分两部分，即简化字和未经整理简化过的传承字。

简化字不是一次改革成功的，而是经历了几次修改。1955 年 12 月，文化部和中国文字改革委员会联合发布了《第一批异体字整理表》，淘汰了 1055 个异体字。1956 年 1 月 31 日，国务院公布了《汉字简化方案》，方案收简化字 515 个，简化偏旁 54 个。1964 年 5 月，在总结几年的实践经验后，《简化字总表》发布。1977 年 12 月，中国文字改革委员会公布了《第二次汉字简化方案（草案）》（简称"二简字"），包括第一表（248 个简化字自公布之日起在出版物上试用），第二表（605 个简化字，征求意见）。1986 年 6 月，国务院发出通知，废止"二简字"。1986 年 10 月 10 日，国家语言文字工作委员会公布《简化字总表》（修订版）。2001 年 12 月 19 日，教育部、国家语言文字工作委员会发布《第一批异形词整理表》(GF 1001—2001)。

有关规范汉字的改革，1965 年 1 月，文化部和中国文字改革委员会发布《印刷通用汉字字形表》，共收录 6196 个字。1988 年 1 月 26 日，国家语言文字工作委员会和国家教育委员会发布《现代汉语常用字表》，分别收录常用字 2500 字和次常用字 1000 字。1988 年 3 月 4 日，国家语言文字工作委员会在《印刷通用汉字字形表》基础上进行增删，发布了《现代汉语通用字表》，共收录 7000 个字，包括《现代汉语常用字表》收录的 3500 字。1997 年，国家语言文字工作委员会在《现代汉语通用字表》的基础上制定了《现代汉语通用字笔顺规范》。2013 年 6 月 5 日，教育部、国家语言文字工作委员会组织制定了《通用规范汉字表》，共收录汉字 8105 个。

2013 版《通用规范汉字表》是在整合《第一批异体字整理表》（1955 年）、《简化字总表》（1986 年）、《现代汉语常用字表》（1988 年）、《现代汉语通用字表》（1988 年）的基础上制定的，是适应新形势下社会各领域汉字应用需要的重要汉字规范。该规范所收汉字分为三级：

一级字表：常用字集，共收字 3500 个，主要满足基础教育和文化普及的基本用字需要。

二级字表：共收字 3000 个，使用度仅次于一级字。

一、二级字表合计 6500 字，主要满足出版印刷、辞书编纂和信息处理等方面的一般用字需要。

三级字表：共收字 1605 个，是姓氏人名、地名、科学技术术语和中小学语文教材文言文用字中未进入一、二级字表的较通用的字，主要满足信息化时代与大众生活密切相关的专门领域的用字需要。

另外，为方便使用，该《通用规范汉字表》后附《规范字与繁体字、异体字对照表》和《〈通用规范汉字表〉笔画检字表》两个附表。

第二节 使用规范汉字

规范汉字是我国的通用语言文字，受国家大力推广。

一、使用规范汉字的法律依据

我国的法律法规在明确规定"我国通用语言是普通话和规范汉字"的同时，也对使用规范汉字的场合做了详细规定。

《中华人民共和国国家通用语言文字法》第九条规定，国家机关以普通话和规范汉字为公务用语用字。

第十条规定，学校及其他教育机构以普通话和规范汉字为基本的教育教学用语用字。学校及其他教育机构通过汉语文课程教授普通话和规范汉字。使用的汉语文教材，应当符合国家通用语言文字的规范和标准。

第十一条规定，汉语文出版物应当符合国家通用语言文字的规范和标准。汉语文出版物中需要使用外国语言文字的，应当用国家通用语言文字做必要的注释。

第十三条规定，公共服务行业以规范汉字为基本的服务用字。因公共服务需要，招牌、广告、告示、标志牌等使用外国文字并同时使用中文的，应当使用规范汉字。

第十四条规定，下列情形，应当以国家通用语言文字为基本的用语用字：

——广播、电影、电视用语用字；

——公共场所的设施用字；

——招牌、广告用字；

——企业事业组织名称；

——在境内销售的商品的包装、说明。

第十五条规定，信息处理和信息技术产品中使用的国家通用语言文字应当符合国家的规范和标准。

第二十条规定，对外汉语教学应当教授普通话和规范汉字。

除了相关法律做出了规定，出版业的行政法规也做出了详细规定。《出版物汉字使用管理规定》第五条规定，报纸、期刊、图书、音像制品等出版物的报头（名）、刊名、封皮（包括封面、封底、书脊等）、包装装饰物、广告宣传品等用字，必须使用规范汉字，禁止使用不规范汉字。出版物的内文（包括正文、内容提要、目录以及版权记录项目等辅文），必须使用规范汉字，禁止使用不规范汉字。

第六条规定，向台湾、香港、澳门地区及海外发行的报纸、期刊、图书、音像制品等出版物，可以用简化字的一律用简化字，如需发行繁体字版本的，须报新闻出版署批准。

各地有关部门也都按照《中华人民共和国国家通用语言文字法》的规定出台了相应的实施办法，明确了使用规范汉字的场合。

二、使用规范汉字的实践

从我国的法律法规中可以看出，出版物必须使用规范汉字，禁止使用不规范汉字，这是绝对没有商量余地的。因此，出版物要杜绝不规范汉字的出现。

一般作者原创的内容比较好处理，凡属于不规范汉字的都可以通过编校程序获得改正。只是，判定什么字是规范汉字的依据会经常变化，这样，出版于较早年代的出版物中的一些文字会由规范汉字转变为不规范汉字，重印时还得花力气修改过来。关键在于，要知道哪些字发生了变化，不然无从查起。

现实中还经常会遇到内容引用的情况，比如引用经典作品或文字资料（包括法律条款），也就是我们平常所说的引经据典，此时原文中如果有不规范汉字，处理起来就要小心。比如，《中华人民共和国药品管理法》中有多处使用"适应症"，其实医学专业术语中规范的用法是"适应证"。还有，一些国家标准条款已经证明某些文字是错误的，在书稿中又要引用，此时就需要做适当的处理。

直接把不规范汉字改成规范汉字并不可取，除非是强调学习规范语言的中小学语文教材，毕竟直接改字无法让人知道引用内容的原貌，在编辑校对上我们称之为"毁尸灭迹"。只是如何处理引用内容的错误，在出版业内并没有统一的意见。这里，介绍常见的两种处理方法：其一，按照《标点符号用法》（GB/T 15834—2011），不规范汉字可以使用括号处理，也就是引用内容是不规范汉字，出版时依旧使用原文字，只是在该不规范汉字后括注规范的汉字。其二，可以将引用的不规范汉字改成规范汉字，然后用脚注形式说明原文使用的文字，以及正文中修改的依据。

第三节　不规范汉字

要避免使用不规范汉字，首先要了解哪些字是不规范汉字。

一、不规范汉字的定义

要准确定义不规范汉字，先要了解汉字的正体字、异体字、繁体字、简体字和传承字等。

正体字：在我国，规范汉字就是正体字。所谓正体字，在《辞海》中的解释是"正规的字体"。

异体字：一个汉字可能会有多种写法，在多种写法中选择一个为"正体字"，其他的写法则为"异体字"。所以，异体字就是与正体字同音、同义而写法不同的字，现在专指被《第一批异体字整理表》淘汰的异体字。

简体字：简体字就是简化字，即相对繁体字而言笔画简省之字。国家在《简化字总表》里规定的那些字，属于规范简体字。

繁体字：繁体字指中国汉字简化后被简化字（又称简体字）所代替的原来笔画较多的汉字。

传承字：传承字就是指未经简化，历史上流传下来沿用至今的汉字，属于规范汉字。

现在我们来介绍什么叫不规范汉字。不规范汉字是相对规范汉字而言的，就是在使用的文字中，除了规范汉字以外的汉字。目前不规范汉字包括已被简化的繁体字，已经被废除的异体字，已经被废弃的二简字，以及错字和别字。

二、不规范汉字的分类

不规范汉字主要有以下几类：

繁体字：已经简化了的字写成繁体字，这是用字不规范的表现，如把"观点""表现""论坛"写成"觀點""表現""論壇"。一般大量写成繁体字比较容易看出来，偶尔有一两个，就不太容易看得出来了。比如，看下面这句话：

不吃早餐，容易引起能量及其他营养素的不足，降低上午的工作或學習效率。

异体字：异体字，是字音、字义相同而字形不同的一组字，如"群（羣）、峰（峯）、哲（喆）、确（確）、并（併）、够（夠）、同（仝）、考（攷）、旗（旂）、夜（亱）"，不加括号的是正体字，加括号的是异体字。

有关正体字和异体字的对应，可查阅《通用规范汉字表》后所附的《规范字与繁体字、异体字对照表》。一般异体字在电子稿中很少见，在手写稿中比较多见。

二简字：二简字，简称"二简"，是中国文字改革委员会在 1977 年 12 月提出来的《第二次汉字简化方案（草案）》中的简化汉字，后被废止。

图 5.3-1 是规范汉字与二简字对照表（部分），图 5.3-2 是二简字的使用示例。

规范汉字	二简字	规范汉字	二简字
原	厡	稳	秇
菜	芽	嚷	吣
灌	浂	儒	伩
酒	氿	廖	庁

图 5.3-1 二简字对照表（部分）

图 5.3-2 二简字使用示例

二简字多见于手写稿，电子稿中没有出现过。

错字：这是乱造的字，即在字的笔画、笔形或结构上写错了，似字非字。如将"染"字右上角的"九"写成了"丸"，将"猴"字的右半部分写成了"候"，或者将"曳"字的右上角多写了一点，这些都是错字。

写错字，在电子稿中很少见，在手写稿中比较多见。

别字：别字是由于几个字字形相近或字音相同而产生的辨别错误，是指写错或读错的字，比如把"包子"写成"饱子"，是写别字；把"破绽"的"绽"读成"定"，是读别字。别字也叫白字。

现实中，有的经营者卖东西，在其广告招牌上将"花卷"写成"花圈"，将"大鳊鱼"写成"大便鱼"，等等，结果令顾客望字止步，有买卖也做不成了。

三、可以不使用规范汉字的场合

对于可以不使用规范汉字的场合，法律法规也做出了详细的规定。当然，这不是说不要推广规范汉字了，而是在特定的场合可以不使用规范汉字。

（一）可以使用方言的场合

《中华人民共和国国家通用语言文字法》第十六条规定，本章有关规定中，有下列情形的，可以使用方言：

　　——国家机关的工作人员执行公务时确需使用的；

　　——经国务院广播电视部门或省级广播电视部门批准的播音用语；

　　——戏曲、影视等艺术形式中需要使用的；

　　——出版、教学、研究中确需使用的。

　　对于使用规范文字和方言的问题，有种说法就是在推广规范汉字的同时，也要保护方言，以保持我国的文化多样性。事实上，国家大力推广普通话的目的也仅仅是推广一种交际工具，而不是要其取代方言成为唯一的语言。

　　（二）可以使用繁体字和异体字的场合

　　《中华人民共和国国家通用语言文字法》第十七条规定，本章有关规定中，有下列情形的，可以保留或使用繁体字、异体字：

　　——文物古迹；

　　——姓氏中的异体字；

　　——书法、篆刻等艺术作品；

　　——题词和招牌的手书字；

　　——出版、教学、研究中需要使用的；

　　——经国务院有关部门批准的特殊情况。

　　出版业的行政法规也对使用繁体字和异体字的场合做出了详细规定。《出版物汉字使用管理规定》第七条规定，下列情形可以不适用第五条、第六条的规定：

　　——整理、出版古代典籍；

　　——书法艺术作品；

　　——古代历史文化学术研究著述和语文工具书中必须使用繁体字、异体字的部分；

　　——经国家有关部门批准，依法影印、拷贝的台湾、香港、澳门地区及海外其他地区出版的中文报刊、图书、音像制品等出版物。

第四节　常见易混淆字

　　在日常使用文字中或者校对稿件时，我们经常对一些字的使用感到困惑，因为这些字字形相近，极易搞错，从而写成别字。这里，收集了一些常见易混淆字，就容易混淆的字义分析一下，供大家参考。

　　注意，以下的字义解释，不同版本的《现代汉语词典》显然是不同的，这里以第6版为准。

　　【板—版】"板"特指较硬的片状物体，如板凳、板车，也可用来形容呈片状的物体，如板块、经济板块。"版"本义指文字或图形的供印刷用的底子，主要用于印刷、出版，如"雕版"。

　　【备—倍】"备"表示完备、全面，用于备尝、备至、备受。"倍"表示加倍，有"更"的意思，用于倍增、倍思亲、倍感、倍加。

【辨—辩】"辨"是辨别、分辨的意思，如辨明、辨认、辨识、辨析、辨正、明辨是非、思辨等。"辩"是辩论、辩解的意思，如分辩、争辩、辩白、辩驳、辩护、辩论、辩解、辩证等。"辩"表示与"说、论"有关；"辨"是分辨，不一定"辩"和"论"。

需要注意的是"辨证"和"辩证"，有关社会科学的都用"辩证"，有关医学的都用"辨证"，如"辨证论治""辨证施治"中的"辨证"不能误为"辩证"。

【采—彩】"采"主要表示人的容貌、姿态、神情和精神境界，用于神采、风采、文采、神采奕奕、风采动人、无精打采、兴高采烈等。"彩"则表示颜色，或花样，或精彩的成分，用于色彩、彩云、彩虹、五彩缤纷、剪彩、张灯结彩、彩礼、精彩、多姿多彩、喝彩、挂彩、彩排、光彩等。

【长—常】"长"指两点之间距离长，与"短"相对，既指时间也指空间，如长河、长途、长空、长年、长期、长跑、长篇、长卷、长寿、长眠、长逝等。而擅长、一技之长、长于书画等，是表示特长、长处和优点。"常"却不与"短"相对，一种意思是表示时常、经常、常常，如常来常往、常受表扬、常备不懈、常川；另一种意思是指主持日常工作的，如常务副市长。

需要注意的是，"常年"和"长年"的词义和用法不同。"常年"指终年、长期，如山顶常年积雪、解放军常年驻守边疆，而"长年"常与"累月"组成词组。

【挡—档】两个字同作名词时，"挡"用于汽车排挡，如二挡、空挡、挂挡、倒挡等。另外，"挡"也用于仪器和测量装置，用来表明光、电、热等量的等级，如电压挡、200 V 挡等。"档"用于商品或产品的等级，如次档、低档货、高档货；也用于货摊、摊子，如鱼档、大排档等。

【的—得—地】三个字可使用句子成分结构来区别。"的"用于"形容词、名词（代词）＋的＋名词"的结构，如蓝色的海洋、老人的自行车、他们的成绩。"得"用于"动词（形容词）＋得＋副词"的结构，如唱得好听、疼得很厉害。"地"用于"形容词（副词）＋地＋动词（形容词）"的结构，如开心地笑了、慢慢地运动。也就是说，"的"用于名词前，"得"用于副词前，"地"用于动词或形容词前。作为特例，不管后面跟的是什么词，在"似"后面都用"的"，而不用"地"，如举着葱尖儿似的五指、像棋子似的分布着。

【度—渡】"度"指与时间相关的概念，如度日、度年、度假、度命等。"渡"却是指与空间相关的概念，或由一个阶段逐渐发展而转入另一个阶段，从此岸到彼岸，如渡口、渡头、渡船、渡轮、渡槽、渡河、渡海、过渡、渡过难关、远渡重洋等。"普度众生"的"度"作度化与超度解，故不宜用"渡"。

需要注意，"过渡"指乘船过河，或者事物由一个阶段逐渐发展而转入另一个阶段，如过渡时期、过渡到共产主义。"过度"指超过适当的限度，用于疲劳过度、用脑过度等。"渡过难关"可以理解成从困难到不困难，所以用"渡过"。"困难时期"虽然是时间概念，但也同"难关"理解，所以也用"渡过"。区分比较困难的是和"危机"的搭配，目前"度过"和"渡过"都有用例，而且《人民日报》中两种用法都有，只是最近以使用"度过"为多。

【分—份】"分"可以表示分离、分别、分布、分寸、分红、分析等意思，也可以表示成分、水分、盐分、糖分、分量、本分、分内、分外、守本分、太过分、恰如其分、分子等。"份"可以表示省份、县份、年份、月份，也可以表示一份、两份、几份、股份、我的份子等。

两字通用的场合，"成分"和"身份"为首选词。

【含—涵】"含蓄"和"涵蓄"通用，首选词形"含蓄"；"含义"和"涵义"通用，首选词形"含义"。"涵"用于内涵、涵盖、涵养、涵容、包涵、海涵等，"含"用于含笑、含羞、含悲、含泪、含怒、含恨、含冤、含苞欲放等。

需要注意，"包含"意为里面含有；"包涵"用于客套，表示请人原谅。"内含"意为里面有；"内涵"用于逻辑概念上的内容。

【慌—惶】"慌"意为慌张，常用词语有惊慌、心慌、恐慌、慌促、慌乱、慌忙、慌神、慌手慌脚等。"惶"意为恐惧，常用词有惶恐、惊惶、惶惶、惶惑、惶遽、惶然、惶悚等。

这里惊慌与惊惶、恐慌与惶恐可以通用，其他均不能通用。

【即—既】"即"和"既"主要在"即使""既然""既是""既而"等用法上容易混淆。

"即使""即便""即或""即若"作为连词，表示假设的让步。"既然"作连词用，用在上半句话，下半句往往和副词"就、也、还"相连。"既是"同"既然"，但另有"既是……又是……"用法。"既而"是时间副词，表示上句所说的情况发生之后，如既而雨霁，欣然登山。"即使"可用"就是"代替，"既然""既是""既而"均不能用"就是"代替。

【记—纪】一般说来，"记"的使用范围广，如记得、记分、记工、记功、记挂、记过、记恨、记号、记取、记事、记诵、记性、记叙、记忆、记账、记载等。"纪"的使用范围较小，如纲纪、纪律、纪元、纪年、纪念、纪传体等，但纪实是固定用法。

"记录"主要是作动词，作名词时是指做记录的人或当场记录下来的材料（如会议记录）；"纪录"是名词，指记载下来的东西，如纪录片、新纪录。"纪要"是首选词。书名、文章名均用"记"，如日记、笔记、传记、游记；记载旅行的文章却称为"纪行"（多用于标题）。

【捡—拣】"捡"表示拾取的意思，如捡东西、捡破烂、把地上的垃圾捡起来等。"捡"可用"拾"来代替，如"捡东西"可改说"拾东西"。"拣"表示挑选、选择的意思，如拣选、拣择、挑肥拣瘦、挑三拣四等。"拣"不表示拾取的意思，所以不能用"捡"或"拾"代替，不能说"挑肥捡瘦"或"挑肥拾瘦"。

【决—绝】"决"是主观的意愿，表示一定、坚决的意思，如决不退缩、决无异言、决无例外、决没有好下场等；"绝"是对客观事物的判断，表示完全、绝对的意思，如绝对正确、绝没有错、绝无此事、绝非偶然、绝不相同等。

【练—炼】"练"主要表示训练、练习，以及有经验等，如练功、操练、练兵、练武、勤学苦练、老练、熟练；和"精""简"合用表示扼要，如精练、简练。"炼"则是锻造和冶炼的意思，人的各种锻炼均用"炼"，如体育锻炼、思想锻炼。"精炼"是指提炼精华，除去杂质，如精炼石油。另外，炼字炼句，表示反复锤炼，使语言精美。

【蔓—曼—漫】"蔓"是一种草，叫蔓草，具有攀缘茎。"蔓延"形容像蔓草一样不断向周围扩展，如荒草蔓延滋长、火势蔓延等。"曼"表示长、远的意思。"曼延"表示连绵不断，如曼延曲折的羊肠小道，没有向周围蔓延开来的意思。"漫"也有扩散的意思，但一般是指水过满，向外流，如漫溢。也有"漫延"，虽有远的意思，但扩散的范围广，如沙漠一直漫延到遥远的天边，这里不能用"曼延"，也不能用"蔓延"。

【渺—缈】"渺"意为渺茫，表示因遥远而模糊不清，如渺若烟云、渺无人迹、渺无声息；"渺"也指小，如渺小、渺不足道。而"缈"常与"缥"组成"缥缈"一词使用，形容隐隐约约，若有若无，如虚无缥缈、云雾缥缈，也作飘渺，但不能用缥渺。"邈远"和"渺远"，前者是首选词。

【黏—粘】"黏"（nián）表示能把一物附着在另一物上的性质，"粘"（zhān）表示黏性物（或用黏性物）把物体连接起来。"黏"字用于黏稠、黏度、黏附、黏糕、黏合、黏糊糊、黏米、黏膜、黏土、黏性、黏液、黏着等，"粘"字用于粘连、粘贴。如这东西真黏，请把东西粘在门上，粘信封，都是正确的。"粘胶"和"黏胶"，按《现代汉语词典》目前的字词划分法，应使用"黏胶"，但实际使用的多为"粘胶"。

【气—汽】"气"指气体，如空气、氧气、沼气、水蒸气。"汽"是指受热变成的气体，包括水受热，如汽灯、汽化、汽船。特别注意，蒸气是蒸发、沸腾、升华而变成的气体，蒸汽是水受热变成的气体，是蒸气中专指水的一种，即水蒸气。所以有苯蒸气、碘蒸气、汞蒸气、水蒸气、蒸汽锤、蒸汽机、蒸汽浴。"气锤"跟"汽锤"意思不同，"气锤"是指利用压缩空气（未指什么气体）产生动力来进行锻造的锻锤，"汽锤"是指利用水蒸气产生动力来进行锻造的锻锤。同理，"气缸"用于内燃机（燃料产生高温高压气体），"汽缸"用于蒸汽机（锅炉产生高压蒸汽）。

【霎—刹】两字都表示极短时间，"霎"用于霎时、霎时间，"刹"用于刹那。

【擅—善】自做决定的，用"擅"，如擅自做主、擅离职守。表示在某一方面具有特长，"擅长""擅于"和"善于"均可使用，但不能用"善长"，如善于辞令、善于公关、善于团结群众、擅于写作、擅长书法。

【生—身】"生"和"身"在一些意思相近词组的应用中，经常容易搞混。"出生"是动词性的，如出生地、出生日、出生证等。"出身"既指家庭出身成分，又可表示人的地位、身份、职业、职务的来历，如行伍出身、科班出身等。

"终生"指生命的全过程，即过去、现在和未来，整个的一生，且多就事业说，如终生劳累、终生从教、奋斗终生等。"终身"往往指生命的未来直至生命结束即"死"，均指后半生，非一辈子，且多就切身的事说，如终身不娶、终身残疾、终身伴侣、抱恨终身、终身制等。"终生食素"表示从小到大一直是吃素的，"终身食素"表示从某个时间（比如遁入空门那天）起是吃素的；"终生残疾"表示自出生起就是残疾的，"终身残疾"表示出生时是健康的，后因意外或生病残疾。

【厮—撕】"厮"除了指男性仆人如小厮，对人轻视称呼这厮、那厮外，主要意思为互相，如厮打、厮杀、厮混等。"撕"是用手撕裂东西，泛指使事物分裂，如撕书、撕布、撕掉画稿、撕毁协定，绑票的匪徒勒索钱财未得遂把掳去的人质杀害，叫撕票。

【滩—摊】"滩"指河、海、湖边水深时淹没、水浅时露出的地方，泛指河、海、湖边比岸低的地方，如河滩、海滩、沙滩等；也指江河中水浅石多而水流急的地方，如险滩。而"摊"主要有四层意思：动词，表示摆开、铺平，如摊牌、摊场、把凉席摊在床上、把事情摊到桌面上等；名词，指设在路边的售货处，如地摊、菜摊、水果摊等；动词，表示分担，如分摊、摊派等；动词，指烹饪时把糊状食物倒在锅中摊平，如摊鸡蛋、摊薄饼等。这两个字区别在于："摊"可以作为量词，而"滩"不作量词。"摊"作为量词时，用于指摊开的液体或糊状物，如一摊血、一摊水、一摊稀泥等。

【惟—唯】"惟"字条下收录的词条目前只有惟妙惟肖。其他有关"单单、只是"之意，都使用"唯"，如唯独、唯恐、唯利是图、唯命是听、唯其、唯我独尊、唯一、唯有等。

【象—像】"象"用于白象、象牙、象鼻山、现象、形象、印象、意象、迹象、假象、表象、物象、景象、气象、天象、万象更新、象形、象声、象征。"像"用于人像、肖像、画像、图像、实像、虚像、录像、绣像、相像、好像。"像"还可用于如下句式：他像他父亲；这只猫画得不像；天像要下雨了；瓜子的种类很多，像西瓜子、南瓜子、香瓜子等。"想象"是首选词。

需要注意的是，"图象"和"图像"是有区别的。"图像"是对客观对象的再现，对本体的还原，我们可以把它理解为图片、照片、影像，不是人为创作的图形。"图象"是对自然物象的变形、提炼、升华，是图形，比如线条图。

【泄—泻】两个字都表示流动时，"泄"指液体或气体排出，如泄漏、泄洪；"泻"强调很快地流或腹泻，如上吐下泻、一泻千里、倾泻。

【形—型】"形"的本义指形体、形象，也可指形状、样子、实体，还可指表现、显露，如形影不离、字形、地形、图形、圆形、喜形于色。"型"的本义是指铸造器物的模子，引申出式样、类型、楷模、法式的意思，如新型、型号。

需要说明的是，"原形"是指原来的形状，引申为本来的面目，如原形毕露；原型特指文艺作品中塑造人物形象所依据的现实生活中的人。

【须—需】"须"表示人的意愿，如必须努力、务须注意、须要坚持等；也表示对所从事活动必须知道的事项，如大会须知、考试须知、参观须知等。"需"则表示需要、需求的意思，如需要空气、需要粮食、需要知识、按需分配、从群众的需要出发等。

需要注意，"须要"是一定要的意思，而"需要"则表示需求的意思，如教育儿童须要用心，教育儿童需要时间，这样就分清了。"必须"是副词，有"一定要"的意思，而"必需"是动词，有"一定得有"的意思，如学习必须刻苦钻研，学习所必需的时间。

【义—意】"义"和"意"都有"意义，意思"的含义。一般来说，"义"是指概念义，是客观的；"意"是指自己要表达的意思，是主观的。表示"词本身的意义"要写作"词义"，而"词不达意""抒情达意"则要用"意"。

【阴—荫】"阴"的义项较多，其中有一层意思指不见阳光的地方为"阴"，如阴天、阴沉、阴暗、阴凉、阴森等。而"荫"主要指"荫庇"，比喻尊长照顾着晚辈或祖宗保佑着子孙；也指遮蔽，如荫蔽、荫翳。

需要注意的是，"树荫""林荫""绿荫"是首选词，尽管《现代汉语词典》"阴"和"荫"字条下分别有"树阴"和"树荫"的用法。

【萤—荧—莹】"萤"一般用于萤火虫；"荧"和光有关，如荧屏、荧光、荧幕；"莹"和玉有关，如晶莹。

【鱼—渔】鱼的本身、鱼吃的饵料及鱼制品等，均用"鱼"，如鱼饵、鱼白、鱼刺、鱼肚、鱼肝油等。另外，鱼雷、鱼雷艇及鱼贯入场等，也用"鱼"。而人们捕鱼的活动、工具、场所及从业人员等，一般都用"渔"，如渔场、渔船、渔村、渔夫、渔港、渔歌、渔家、渔业等。牟取不正当的利益，叫渔利。"渔具""渔网""鱼汛"是首选词。另外，"钓鱼竿"和"渔竿"表达比较科学。

【账—帐】"账"为贝字旁，表示与经济财务有关，如记账、查账、账簿、账目、账本、账册、账单、账房、欠账、还账、放账。"帐"为巾字旁，指用布、纱或绸做成的遮蔽用的东西，如蚊帐、营帐、帐篷、帐幕、青纱帐等。

【涨—胀】"涨"有两层意思：一是指固体吸收水分后体积增大，如豆子泡涨了；二是指头部充血，如脸涨得通红。"胀"也有两层意思：一是指膨胀，如热胀冷缩；二是指人体内部受压而产生不舒服的感觉，如肿胀、胃胀、肚子发胀等。"涨"还表示多出、超出的意思，如物价上涨、河水暴涨等。

【诊—疹】"诊"表示医生对患者进行诊察、诊断，如诊疗、诊脉、诊视、诊治、出诊、门诊、会诊等。而"疹"表示病人皮肤上起的很多小疙瘩，如丘疹、疱疹、麻疹等。

【震—振】"震"源于雨，雨即雷雨，显然"震"原指大自然的震动，如震动、震荡、震波、震感、震级、震撼、震源、震中、震耳欲聋、震古烁今、威震四方等。"振"源于人为的振动，指物体通过一个中心位置不断往复运动，如振动、振荡、振幅、共振、谐振、振聋发聩等。震荡有动荡的意思，如社会震荡、回声震荡。

"震耳欲聋"是形容自然界的声音很大，耳朵都快被震聋了；而"振聋发聩"则是人工产生很大的响声，使耳聋的人也能听见，固定用法。

【症—证—征】此组字医学上有专业用法。"症"意为疾病，用于症状、症候和并发症，除了病症、急症、不治之症、对症下药外，还有临床症状、症状鉴别诊断及手术并发症等用法；"证"用于适应证和禁忌证，如手术适应证和手术禁忌证等；"征"用于综合征、征象、表征、体征和指征，如帕金森综合征、手术指征等。但非医学用语时的"指证"是指认并证明的意思，如出庭指证凶犯。

【支—枝】"支"和"枝"作量词，按第6版《现代汉语词典》规定，带枝子的花朵用"枝"，如一枝玫瑰花、一枝梅花。其他表示杆状的东西，量词用"支"，如一支枪、一支钢笔、一支香烟、一支蜡烛等。

【作—做】"作"和"做"是文字里最复杂的，具体要看最新版《现代汉语词典》，这里给出些规律。其一，三字以上的动宾结构，首字是"作"或"做"时，必选"做"，如做准备、做广告、做生意、做贡献、做事情、做手术、做检查、做父母、做斗争等，语法里的作名词、作动词等是特例。其二，两个字的组合，"作"或"做"放在后面的，必选"作"，如比作、当作、看作、称作等。其三，两字组合，首字是"作"或"做"时，没有规律，如做爱、做伴、做东、做法（做事的方法）、做工、做功、做鬼、做客（以客人的身份访问）、做媒、做梦、做派、做亲、做人、做事、做寿、做戏、做作、作案、作罢、作保、作弊、作别、作答、作对、作恶、作伐、作法（道士施行法术或写

文章绘画的方法）、作废、作风、作梗、作古、作怪、作家、作假、作价、作件、作践、
作客（寄居在别处）、作乐、作脸、作料、作乱、作美、作难、作孽、作弄、作呕、作
陪、作品、作曲、作色、作诗、作势、作书（写信）、作数、作死、作速、作祟、作态、
作痛、作为、作伪、作文、作物、作息、作兴、作秀、作业、作揖、作俑、作用、作战、
作者、作准等。其四，成语按习惯用法。

需要说明的是，虽然中央电视台和大报经常使用"作出"，但是"做出"是第6版
《现代汉语词典》首选词，而第5版《现代汉语词典》里"作出"是首选词。

【坐—座】"坐"是动词，"座"是名词和量词，这是最大的区别。比较容易混淆
的是用"坐落"，不用"座落"。另外，座次、座位、在座，都是首选词。

第五节 出现最多的别字用例

生活中常见的别字，社会上有心人收集起来的有很多，像常见别字集录"高考语文
常见错别字大全""最常见的 100 个别字""报纸期刊出版编辑中的常见易混错别字"
等，都很有参考价值。限于篇幅，这里仅介绍《咬文嚼字》发布的《当代汉语出版物中
最常见的 100 个别字》。

《当代汉语出版物中最常见的 100 个别字》所列 100 个别字都是高频别字，在当
代出版物中长期出现、广泛出现、反复出现，其差错率甚至占到某些出版物别字量的
50% 以上，具有极大的易混性和顽固性。其中差错率最高的 10 个字（括号中是正确的字）
是：松驰（弛）、穿（川）流不息、渡（度）假村、一幅（副）对联、既（即）使、挖
墙角（脚）、再接再励（厉）、谈笑风声（生）、渲（宣）泄、九洲（州）。

下面按所列词字数排列（括号中宋体字是正确的字）。

按（安）装	编篡（纂）	沉缅（湎）	凑和（合）	粗旷（犷）	打腊（蜡）
发轫（韧）	防（妨）碍	幅（辐）射	寒喧（暄）	既（即）使	醮（蘸）水
精萃（粹）	痉挛（挛）	九宵（霄）	九洲（州）	峻（竣）工	了（瞭）望
罗（啰）唆	脉博（搏）	凭（平）添	气慨（概）	迁徒（徙）	亲（青）睐
杀戳（戮）	松驰（弛）	弦（旋）律	欣尝（赏）	修茸（葺）	渲（宣）泄
膺（赝）品	脏（赃）款	蜇（蛰）伏	针贬（砭）	震憾（撼）	重迭（叠）
装祯（帧）	追朔（溯）	坐阵（镇）			

泊（舶）来品	大姆（拇）指	渡（度）假村	侯（候）车室	老俩（两）口
名（明）信片	入场卷（券）	搔（瘙）痒病	水笼（龙）头	挖墙角（脚）
做（坐）月子				

不径（胫）而走	不落巢（窠）白	不能自己（已）	草管（菅）人命
出奇（其）不意	穿（川）流不息	床第（笫）之私	鼎立（力）相助
额首（手）称庆	甘败（拜）下风	黄粱（梁）美梦	烩（脍）炙人口
娇（矫）揉造作	洁白无暇（瑕）	竭泽而鱼（渔）	金榜提（题）名

炙（炙）手可热　　兰（蓝）天白云　　滥芋（竽）充数　　美仑（轮）美奂

名声雀（鹊）起　　默（墨）守成规　　沤（呕）心沥血　　旁证（征）博引

迫不急（及）待　　罄（磬）竹难书　　趋之若鹜（鹜）　人情事（世）故

食不裹（果）腹　　世外桃园（源）　　死皮癞（赖）脸　　谈笑风声（生）

天翻地复（覆）　　萎糜（靡）不振　　悬梁刺骨（股）　　言简意骇（赅）

一愁（筹）莫展　　一幅（副）对联　　一股（鼓）作气　　一诺千斤（金）

一如继（既）往　　饮鸩（鸩）止渴　　有持（恃）无恐　　再接再励（厉）

蛛丝蚂（马）迹　　姿（恣）意妄为　　自抱（暴）自弃　　走头（投）无路

鬼鬼祟祟（祟祟）

尤（犹）如猛虎下山

第六节　简体转繁体易错字

古代文学作品选、书法作品，或者对港澳台版权输出的图书，甚至封面设计，有时需要中文文字的简体转繁体。汉字由繁体字简化成简体字时，一个简体字的来源可能有多种，比如"表"字，有与简体字一样的"表"和与简体字不一样的"錶"，在不同的用法中需要使用不同的字。这就表明，汉字的简体转繁体不都是一一对应的关系，简单使用 Word 简繁转换功能进行转换就容易出错。

这里，我们收集了一些简体转繁体易错字（括号里的楷体字是不同的繁体字形式，虽然有的与简体字一样），并根据《现代汉语词典》（第 6 版）和《辞海》释义区分用法，供参考。

背（背，揹）：表示"用脊背驮""负担，承担"，如背负、背包、背带、背包袱、背黑锅、背篓、背债、背人过河等，用"揹"。其他用"背"。

表（表，錶）：表示"计时的器具"，如钟表、手表、怀表、电子表等，用"錶"。其他用"表"。

卜（卜，蔔）："蔔"只用于"萝卜"。其他用"卜"。

才（才，纔）：表示"才能""有一定能力的人"，作名词时，如才干、才能、才学、才华、才艺、才力、才气、才子、才女、人才、天才、庸才、口才、才子佳人、德才兼备、才思敏捷、才貌双全、才高八斗、才疏学浅等，用"才"。作副词时，如才来、才明白、才有、才是、才能等，用"纔"。

冲（冲，衝）：表示"用水冲""直上""淡泊""幼小""相忌相克""山间平地"，如冲茶、冲刷、冲喜、冲毁、冲天、怒冲冲、韶山冲等，用"冲"。表示"交通要道""冲击，碰撞"，如冲锋、冲击、要冲、冲突、冲撞、冲动等，用"衝"。

丑（丑，醜）："醜"用于"丑陋""叫人厌恶或瞧不起""坏，不好""不好的、不光彩事物"，如丑媳妇、长相丑、丑态、丑闻、家丑、出丑、脾气丑等。表示"丑姓""地支第二位"或"丑角",用"丑"。

出（出，齣）：表示"传奇中的一个大段落或戏曲的一个独立剧目"，如三出戏，用"齣"。其他情况用"出"。

淀（淀，澱）：表示"浅的湖泊"，如白洋淀、海淀区等，用"淀"。表示"沉淀"，如淀粉，用"澱"。

斗（斗，鬥，鬦，鬭，閗）："鬥"用于"对打""斗争""比赛争胜""使动物斗""凑在一起"，如战斗、斗气、斗牛、打斗、决斗、斗鸡、斗嘴等。"鬦""鬭""閗"是"鬥"的不同形式。

发（發，髮）："髮"用于"头发"或与毛发有关的情况，如头发、毛发、结发、落发、发妻、发式、发指等。其他情况，如发射、发出、发芽、发动、出发、一发子弹等，用"發"。

范（范，範）：表示"范姓"，用"范"。其他用"範"。

丰（丰，豐）："豐"用于"丰富，丰满""使丰满""高，大""丰姓"，如丰富、丰满、丰收、丰年、丰功伟绩、咸丰等。表示"美好的容貌和姿态"，如丰姿、丰采、丰韵，用"丰"。

复（復，複）：表示"重复""繁复"，如复写、复制、复姓、复叶等，用"複"。表示"转过去或转回来""回答，答复"，如反复、往复、复信、电复、光复、收复、复原、复婚、复仇、复发、复苏、复燃、不复返等，用"復"。

干（干，乾，幹，榦）：表示"事物的主体"，如树干、骨干等，用"榦"。表示"没有水分""不用水的""制成干的食品""空虚""形式的""拜认的（亲戚关系）""自然，白"，如饼干、干杯、干燥、风干、干着急、干货、干净、干脆、干爹等，用"乾"。表示"天干""水边""古代盾牌""牵连，涉及""干姓"，如干戈、干支、相干、干预、干休、干犯、江干、河干等，用"干"。表示"做事""能干""担任，从事""事物的主体""干部"，用"幹"。

谷（谷，穀）："谷"用于"两山或两块高地中间的狭长而有出口的地带""谷姓"，如山谷、河谷、进退维谷等。表示"作物"，用"穀"。

后（后，後）："后"用于"君主或其妻""后姓"，如后羿、皇天后土、皇后、天后。表示"方位词""后代或后继"时，用"後"。

胡（胡，鬍，衚）："衚"用于"胡同"，"鬍"用于"胡须"，其他均用"胡"。

划（划，劃）："划"用于"拨水前进""合算"，如划船、划桨、划得来、划不来、划算。"劃"表示"用尖锐东西把别的东西分开或在表面上刻过去、擦过来"，如划玻璃、划火柴、手上划了一个口子。

伙（伙，夥）：表示"伙食""伙姓"，如伙食、伙房、伙夫、包伙等，用"伙"。表示"同伴""集体""人群""共同"，如合伙、同伙、团伙、散伙、伙同、拉帮结伙等，用"夥"。注意，"入伙"是加入一个"伙食集体"，"入夥"是加入某个"干事的团伙"。

获（獲，穫）：表示"收割"，如收获，用"穫"。表示"捉住""得到"，如斩获、渔获、捕获、俘获、获得、获取、获准、获奖、获救、获利、不劳而获、一无所获，用"獲"。

几（几，幾）："几"用于"小桌子""几姓"，如茶几、几案、窗明几净等。表示"几乎""疑问代词""大于一而小于十的不定的数目"，用"幾"，如几乎、几个、几百等。

借（借，藉）：表示"暂时使用别人的物品或金钱""把物品或金钱暂时供别人使用"，如借代、借贷、借债、借款、借书、借用、借鉴、借读、借调、借光、借道、转借、租借、出借、借刀杀人等，用"借"。表示"假托""利用"，如借口、借故、凭借、借助、借手、借出差机会等，用"藉"。

尽（盡，儘）：表示"完全""全部""尽量""达到顶点""死亡"，如应有尽有、尽心、尽头、尽全力、尽量、穷尽、取之不尽、自尽、同归于尽、尽职、尽显、尽数等，用"盡"。表示"力求达到最大限度"，如尽管、尽快、尽量、尽早等，用"儘"。注意，两个"尽量"意思不同。

据（据，據）："据"用于"拮据"，其他用"據"。

卷（卷，捲，餥）："卷"用于"书本""书籍的量词""卷子"，如书卷、考卷、案卷、卷宗、万卷书等。表示"成卷的东西（非书）""裹成圆筒形的东西"，或者用于动词，用"捲"。表示"花卷（食物）"，用"餥"。

克（克，剋，尅）："克"用于"能""计量单位""克姓"，如不克分身、克勤克俭、千克等。表示"克服，克制""战胜""消化"，如以柔克刚、克己、克敌、克服、克食等；或者表示"严格限定（期限）"，如克日、克期，用"剋"或"尅"。

困（困，睏）："睏"用于"疲乏想睡（形容词）""睡"，如困觉、困倦等。其他使用"困"，如围困、困惑、困难、困境、困乏等。

里（里，裏，裡）："里"用于"街巷""家乡"和长度单位，如邻里、乡里、公里、里数、里弄等。表示方位或者物品的里面，如里边、家里、表里、这里等，用"裏"或"裡"。

历（歷，曆）：表示"经历""经历过的事情""过去各个或各次""一个一个地""历姓"，如历史、历代、历险、历练、经历、学历、资历、历年、历次、历届等，用"歷"。表示"年月日、节气有关的"，如日历、历法、阳历、农历、挂历等，用"曆"。

帘（帘，簾）："帘"用于"用布做成的望子"，如酒帘。表示"用布、竹子、苇子等做成的有遮蔽作用的器物"，如窗帘、布帘、门帘等，用"簾"。

了（了，瞭）：表示"明白"，如了解、明了事理、了如指掌、一目了然等，用"瞭"。表示"完毕，结束""完全"，或跟"得、不"连用表示"可能或不可能"，如了得、了不得、了不起、了当、了断、了结、了账、一了百了、不了了之、了无兴致、来不了、做得了、受不了等，用"了"。

蒙（蒙，矇，濛，懞）：表示"眼睛失明""欺骗""胡乱猜测"，如欺上蒙下、蒙人、瞎蒙、蒙骗、蒙事等，用"矇"。表示"雨点小"，如蒙蒙细雨，用"濛"。表示"朴实敦厚"，用"懞"。表示"蒙古族"，如蒙古族、蒙古语、蒙古文、内蒙古、蒙语、蒙文、蒙医、蒙古包等，用"蒙"。表示"昏迷""神志不清""遮盖""蒙蔽""蒙受""蒙昧""蒙姓"，如蒙头转向、蒙上眼睛、蒙头盖脸、蒙上棉被发汗、蒙冤、蒙难、蒙尘、蒙垢、蒙受、承蒙、蒙您指点、蒙蔽、蒙混、欺蒙、蒙在鼓里、蒙昧、启蒙、开蒙、发蒙、蒙馆、蒙学、蒙童、蒙师等，用"蒙"。

面（面，麵，麪）：与食物有关的，如面粉、面包、玉米面、胡椒面，用"麵"或"麪"。表示"脸部""向着，朝着""物体的一面""见面""东西露在外边的一面""部位或方面"等，用"面"。

蔑（蔑，衊）："蔑"用于"小，轻""无，没有"，如蔑视、轻蔑、蔑以复加等。表示"污言""捏造事实败坏别人名声"，如污蔑、诬蔑等，用"衊"。

辟（辟，闢）："辟"用于"君主""排除""辟姓"，如复辟、辟除、辟谷、辟邪等。表示"开辟""透彻""驳斥或排除（不正确的言论或谣言）"，如开辟、开天辟地、辟谣、精辟独到等，用"闢"。

朴（朴，樸）："朴"用于朴树、朴刀，或"朴姓"。表示"朴实""朴质"，如朴素、朴实、纯朴、简朴等，用"樸"。

仆（仆，僕）："仆"用于"向前跌倒"，如前仆后继、仆地等。表示"仆人""自称""仆氏"，如仆人、奴仆、从仆、仆夫、风尘仆仆，用"僕"。

签（簽，籤）：作动词，如签名、签署、签收、签到、签发、签证、签约、签订等，用"簽"。作名词，如竹签、牙签、标签、抽签、书签、求签等，用"籤"。

曲（曲，麯，麴）：表示"酿酒""制酱"，如曲酒，用"麯"或"麴"。其他用"曲"，如作曲、歌曲、曲线、弯曲、九曲十三弯、曲奇等。

舍（舍，捨）：表示"舍弃""施舍"，如舍弃、舍己、四舍五入、依依不舍，用"捨"。其他用"舍"，如房舍、客舍、旅舍、寒舍、退避三舍、舍弟、舍亲、老舍（人名）等。

术（朮，術）："朮"用于植物名或人名，如白术、苍术、兀术等。表示"技艺、技术、学术""方法、策略""手术"，如技术、学术、数术、术语等，用"術"。

松（松，鬆）：与松树相关的，如松树、松仁、松节油、松鼠、松花蛋等，用"松"。表示"松散""宽裕""不坚实""解开，放开""用鱼、虾、肉制成的碎末状食品"等，用"鬆"。

苏（蘇，甦，囌）：表示"噜苏（啰嗦）"，用"囌"。表示"复苏、苏醒"，用"甦"。除了"噜苏"，其他均可用"蘇"。

台（台，臺，檯，颱）：表示"台风"，用"颱"。表示"桌子或类似桌子的器物"，如写字台、乒乓球台等，用"檯"。表示"敬辞""台姓"或某些地名，如兄台、台鉴、台州、天台等，用"台"。除了只能用"台"和"颱"的场合，其他情况都可以用"臺"。

坛（壇，罎，罈，壜）：表示"坛子"，如酒坛、菜坛等，用"罎""罈""壜"。表示"大典用的台""讲学或讲话的场所""土台""职业、专业活动领域"，如神坛、天坛、歌坛、文坛、体坛、讲坛、论坛等，用"壇"。

涂（涂，塗）：除"涂姓"用"涂"，其他用"塗"。

团（團，糰）：表示"团子"，如团子、菜团子、面团子、麻团、汤团、团粉等，用"糰"。其他用"團"。

系（系，係，繫）：表示"系统""高校院系""地层系统分类单位"，如系统、系列、派系、历史系、世系、白垩系等，用"系"。表示"联结""联系"，如关系、联系、维系等，用"係"。除了用"系"的场合，其他都能用"繫"。"係"在古白话中还可以用作"是"。

纤（纖，縴）：表示"细小"，如纤细、纤巧、纤纤、纤维、纤毛、纤长、纤弱等，用"纖"。表示"拉船用的绳子"，如拉纤、纤夫、纤手等，用"縴"。

咸（咸，鹹）：表示"全，都""咸氏"，如老少咸宜、咸丰，用"咸"。表示"像盐的味道""用盐腌制的"，如咸肉、咸鱼、菜太咸，用"鹹"。

向（向，嚮）：表示"引进动作的方向、目标或对象""姓氏"，如向前走、向来等，用"向"。表示"方向""对着""将近，接近"，如向导、向往等，用"嚮"。

叶（叶，葉）："叶"用于"和洽，相合"，如叶韵。其他均用"葉"。

凶（凶，兇）：表示"不幸的""年成很坏的"，如吉凶、凶屋、凶宅、凶时、凶兆等，用"凶"。表示"凶恶""厉害""行凶作恶的人"，如凶恶、凶残、凶狠、凶杀、行凶、凶器、凶刀、凶手、凶犯等，用"兇"。

于（於，于）：严格说，"于"和"於"为同义词，"於"不是"于"的繁体字，如临安於潜镇，不能写作"于潜镇"。表示"于姓"，用"于"不能用"於"。其他用"于"的场合大多数可用"於"。

余（余，餘）："余"用于"人称代词""余姓"。表示"剩下""大数后面有零头""某种事物或事情以外、以后的时间"，用"餘"。

郁（郁，鬱）：表示"香气浓厚""郁姓"，如芬郁、郁馥、浓郁、郁烈等，用"郁"。表示"草木茂盛""忧愁在心里积聚"，如郁闷、抑郁、郁郁葱葱等，用"鬱"。

御（御，禦）：表示"和皇帝有关的""驾驭车马"，如御旨、御驾、御笔、御医、告御状、御史、御宅等，用"御"。表示"抵挡"，如抵御、防御、御侮、御敌、御寒等，用"禦"。

云（云，雲）：表示"说""强调""云氏"，如孔子云、人云亦云、岁云暮矣等，用"云"。表示"天空中的云""云南"，如白云、乌云、风云、云集、云南、云贵高原等，用"雲"。

脏（臟，髒）：表示"内脏"，如内脏、心脏、肝脏、五脏六腑等，用"臟"。表示"不干净"，如肮脏、弄脏、脏话、脏字等，用"髒"。

征（征，徵）：表示"军队走远路""征讨"，如长征、远征、征伐、征战等，用"征"。表示"征召""征收""征用""征求""证明""迹象""人名"，如征召、征兵、征候、征文、征婚、征收、征税、特征、表征、象征等，用"徵"。

只（只，祇，隻）：表示"只姓"，用"只"。表示"单独的""数量词"，如只身、只字不提、一只鞋子、一只鸡、一只小船等，用"隻"。表示"只有，仅有""仅限于某个范围"，如只顾、只得、只好、只有、只知其一等，用"祇"。

制（制，製）：表示"制造"，如制造、制作、制衣、缝制、制版、制革等，用"製"。其他用"制"。

致（致，緻）：表示"精致"，如细致、精致、标致等，用"緻"。其他用"致"。

钟（鍾，鐘）：表示"中空响器""计时器具""钟点，时间"，如编钟、钟鼎、时钟、钟表等，用"鐘"。表示"情感等集中""钟姓"，如一见钟情、情有独钟、老态龙钟等，用"鍾"。

筑（筑，築）：表示"建筑""修建"，如筑土、筑路、建筑、小筑、雅筑等，用"築"。其他用"筑"。

准（准，準）：表示"准许"，如准许、准允、准予、准入、批准、核准、不准等，用"准"。表示"标准""依据""准确""一定"，以及"可当作某类事物看待的"，如标准、基准、水准、定准、准星、准绳、准则、准确、准备、准保、准谱儿、没准儿、准尉、准将、准平原等，用"準"。

专题训练

请改正下面句子中的别字。

1. 县里的按装队早就到了，谁知发生了意外情况，只能推迟开工。

2. 李姓男子一动手就往贾斌斌的头部重重拍击了四五下，随后两人撕打在了一起。李姓男子推着贾斌斌撞向电梯，最后，撕打在一起的两个人掉进了电梯井。

3. 年轻意味着责任、希望和未来，怎么能遇到一点挫折就自抱自弃呢？

4. 他在题为《满井记行》的游纪文章里，向读者描绘了一幅早春春景图，给人以身临其境之感。

5. 就在离车站不远处，有一条小街，一个又一个摊子，摆出的全是泊来品。

6. 脉膊忽快忽慢是不正常的，这是有病的表征。

7. 大雁南飞，秋风一阵紧似一阵，寒衣还是没有影儿，几位领导一愁莫展。

8. 我开始变得烦躁不堪，然后就自怨自艾，慌慌不可终日。

9. 书架上琳琅满目，《都市精萃》被摆在非常显眼的位置。

10. 机构重迭，人浮于事，效率低下，已是普遍现象。你说不改革行吗？

11. 站在高高的沙丘上，一眼望去，那沙漠浩浩渺渺，起伏不断，一直曼延到遥远的天边。

12. 砌这堵墙，完全是出于小区安全的考虑，谁知事与愿违，却防碍了救护车的通行。

13. 远远望去，门上贴着一幅对联，喜气洋洋。

14. 上周，公司作出新规定：请客户吃饭，做陪人数不得多于客户人数，用餐标准不得高于每人 80 元。

15. 全文一气呵成，言简意骇，虽不足五百字，却堪称小品中的佳作。

16. 左冷禅若能灭了魔教，在武林中已是惟我独尊之势，再要吞并武当，收拾少林，也未始不能。

17. 其实，在我们身边有很多不仅仅是做好了自己份内的事，份外的事也能够默默无闻并带着责无旁贷的心态去完成的人。

18. 原定五年完成临摹任务，经过这场变故，他已失去了一股作气的心劲。

19. 夏日，在林阴道两旁，有许多开着白色花朵的高大树木，晚间散发出一股淡淡的幽香，深受纳凉的市民喜爱。

20. 自小长在山区，他黝黑的脸庞，宽阔的肩背，透露出内心的粗旷。

21. "食不裹腹，衣不蔽体"早已成为历史，今天，人们对吃穿的要求提高了。

22. 事情就在自己的身边发生，张小雨看到了这一切，内心受到了极大的震憾。

23. 这块表虽说款式陈旧，但走时还挺准的，你就凑和着用吧。

24. 这是春节的前夕，侯车室里人头攒动，人声鼎沸，几乎找不到插脚的地方。

25. 接到信后，他迫不急待，连夜赶到县城，坐等第一班车发车。

26. 天亮的早，不到六点钟就见的到鲜红的太阳从东方高高的升起。

27. 尽管发生了误会，他仍将坚守应有的立场，一如继往地关心环保事业。

28. 路过袂花镇，我相信每一个人都会和我一样，对常年累月堆积在路中间、路旁边恶臭无比的垃圾深恶痛绝。

29. 那幅漫画上，几个挖墙角者兴奋地抱着砖头，殊不知一堵高墙正向他们压下来。

30. 握手，问候，落座，一切如仪，但总是给我一种娇揉造作的感觉。

31. 人无信不立，一诺千斤是中华民族的传统美德。

32. 作为医生，他本想从容地面对死神，不径而走的消息，却一下子把他打入了地狱。

33. 坊间传，公司近期原油期货业务亏损巨大，导致资金短缺，即将破产。对此，公司董秘回答，决无此事。

34. 文章应以立意为先，方能不落巢白，别具神韵。

35. 即是航空人，就知责任重。我们所承担的使命关乎中国航空工业发展，关乎中华民族的伟大振兴。

36. 在街的转角处，"汽车打腊"的牌子立在一家小店门口。

37. 心口不一逆意思维综合症的症状有：明明喜欢，却说讨厌；明明热衷，却表现得无所谓；明明认可，却满脸不屑……

38. 羊群在静静地吃草，我躺在草地上，仰望兰天白云，任思絮随着云朵飘向远方。

39. 去年8月，承兄鼎立相助，让我渡过了人生中的一大难关。此恩此德，终身难忘。

40. 进了腊月，大头腥渔汛来到，积米崖码头不少渔民都驾鱼船出海捕捞。

41. 万般无奈之下，老俩口于上月下旬将一纸诉状递到了杨浦区法院。

42. "一日为师，终生为父"意指哪怕该老师只教过自己一天，也要一辈子当作父亲看待。

43. 村前有一棵大树，大树前是一条望不到头的路，每天都有人爬到树上向远方了望。

44. 时间很晚了，我们必需睡觉了，不然明天七点起不来。

45. 查帐，就是打开帐簿进行检查，检查的是帐簿里面记载的内容。

46. 水笕头的哗哗声，砧板的咚咚声，砂锅的呼呼声，在小厨房里谱成了一支特殊的乐曲。

47. 展览会上，一张张中国民众惨遭杀戮的照片，揭示了日本侵略者犯下的滔天罪行。

48. 证严法师到花莲凤林镇一家诊所探访徒弟德融的父亲，看到地上有一滩血，从而引出了一段故事。

49. 没等来人把话说完，陈强一阵痉挛，不由自主地瘫坐到了地上。

50. 眼前是一座美仑美奂的歌舞厅，每到周末这里都会有精彩的文艺演出。

51. 从抽查的情况来看，多数作品文字干巴，缺乏文采，但也有行文罗唆、不知节制的例子。

52. 刑侦组在第一时间赶到现场，一小时后，他们在一片狼藉之中，发现了犯罪分子留下的蛛丝蚂迹。

53. 现在是旺季，国际航班要早点预订坐位，免得到时座不上飞机。

54. 请根据课本上图象顺序所示的实验情景变化，绘出当时实验物品的温度随时间变化的图像。

55. 应届毕业生面试谈优点时要精炼。如果有许多优点，请尽量挑选最具有代表性的来说。

请改正下面句子中的简体转繁体错误。

56. 算命先生給他們兩個的八字批的是"干支不合"。第二天，小芹娘就對小芹說："你與栓柱幹不符支不合，不能成婚。"

57. 孫維繫外語系的教授，畢業于天津外國語學院；孫干係中文系教授，畢業于南開大學；孫偉係哲學系教授，畢業于浙江大學人文學院。

58. 劉唐左耳畔發際間有一片紅記，生出幾綹紅頭髮，故人送綽號"赤發鬼"。

59. 秦檜唆使萬俟卨向宋高宗誣陷嶽飛擁兵不救、放棄陣地。最後嶽飛被處死。

60. 夏文史教授有兩個兒子，老大叫夏曆文，老二叫夏曆史。曆文性格外向，歷史性格內向。

第六章

词语规范

词是由语素构成的，是比语素高一级的语言单位，又是最小的能够独立运用的语言单位。语是话，是说出来的能表达思想感情的声音，也指把这种声音记录下来的文字。语可以是成语、谚语或古书中的话。词语是词和语的合称，包括单词、词组及整个词汇。词汇，是一个大集合的概念，包括了所有的词和固定词组。

词语具体包括的内容很多，这里我们只讨论词和固定词组，其中固定词组又分专有名词、成语、惯用语、歇后语和谚语等。

词语是语言最重要、最活跃的成分，也是语言规范的主要对象。编校工作中最使人纠结的必定是相近词语的取舍。

第一节 异形词

所谓异形词，就是指在我们普通话书面语中并存并用的同音（指声母、韵母和声调完全相同）、同义（指理性意义、色彩意义和语法意义完全相同）而书写形式不同的词语。

2001年12月19日，教育部、国家语言文字工作委员会发布了《第一批异形词整理表》（GF 1001—2001），规定了普通话书面语中异形词的推荐使用词形。这里要说明的是，这个规范是推荐性的，不是强制性的。但是，为了规范语言，语文教学、新闻出版、辞书编纂、信息处理等方面必须遵守这一异形词规范。至少，出版业的差错判别就是以此为依据的。

《第一批异形词整理表》共给出了338组异形词的推荐使用词形。下面的异形组对，按首字的汉语拼音音序排列，同音的按笔画数由少到多排列，每组异形词一字线前为推荐词形，即宋体的是推荐词形。

A

按捺—按纳　按语—案语

B

百废俱兴—百废具兴　百叶窗—百页窗　斑白—班白、颁白
斑驳—班驳　孢子—胞子　保镖—保镳　保姆—保母、褓姆

辈分—辈份　本分—本份　　笔画—笔划　毕恭毕敬—必恭必敬
编者按—编者案　　　　　扁豆—萹豆、稨豆、藊豆
标志—标识　鬓角—鬓脚　　秉承—禀承　补丁—补靪、补钉

C

参与—参预　惨淡—惨澹　　差池—差迟　掺和—搀和　掺假—搀假
掺杂—搀杂　铲除—划除　　徜徉—倘佯　车厢—车箱　彻底—澈底
沉思—沈思　称心—趁心　　成分—成份　澄澈—澄彻　侈靡—侈糜
筹划—筹画　筹码—筹马　　踟蹰—踟躇　出谋划策—出谋画策
喘吁吁—喘嘘嘘　　　　　瓷器—磁器　赐予—赐与　粗鲁—粗卤

D

搭档—搭当、搭挡　　　搭讪—搭赸、答讪　　答复—答覆
戴孝—带孝　担心—耽心　　担忧—耽忧　耽搁—担搁　淡泊—澹泊
淡然—澹然　倒霉—倒楣　　低回—低徊　凋敝—雕敝、雕弊
凋零—雕零　凋落—雕落　　凋谢—雕谢　跌宕—跌荡　跌跤—跌交
喋血—蹀血　叮咛—丁宁　　订单—定单　订户—定户　订婚—定婚
订货—定货　订阅—定阅　　斗拱—枓拱、科栱　逗留—逗遛
逗趣儿—斗趣儿　　　　　独角戏—独脚戏　　端午—端五

E

二黄—二簧　二心—贰心

F

发酵—酦酵　发人深省—发人深醒　　繁衍—蕃衍　吩咐—分付
分量—份量　分内—份内　　分外—份外　分子—份子　愤愤—忿忿
丰富多彩—丰富多采　　风瘫—疯瘫　疯癫—疯颠　锋芒—锋铓
服侍—伏侍、服事　　服输—伏输　服罪—伏罪
负隅顽抗—负嵎顽抗　　附会—傅会　复信—覆信　覆辙—复辙

G

干预—干与　告诫—告戒　　耿直—梗直、鲠直　　恭维—恭惟
勾画—勾划　勾连—勾联　　孤苦伶仃—孤苦零丁　　辜负—孤负
古董—骨董　股份—股分　　骨瘦如柴—骨瘦如豺　　关联—关连
光彩—光采　归根结底—归根结柢　　规诫—规戒
鬼哭狼嚎—鬼哭狼嗥　　过分—过份

H

蛤蟆—虾蟆　含糊—含胡　　含蓄—涵蓄　寒碜—寒伧　喝彩—喝采
喝倒彩—喝倒采　　　轰动—哄动　弘扬—宏扬　红彤彤—红通通
宏论—弘论　宏图—弘图、鸿图　　宏愿—弘愿　宏旨—弘旨
洪福—鸿福　狐臭—胡臭　　蝴蝶—胡蝶　糊涂—胡涂　琥珀—虎魄
花招—花着　划拳—豁拳、搳拳　　恍惚—恍忽　辉映—晖映
溃脓—殨脓　浑水摸鱼—混水摸鱼　　伙伴—火伴

J

机灵—机伶　激愤—激忿　计划—计画　纪念—记念　寄予—寄与
夹克—茄克　嘉宾—佳宾　驾驭—驾御　架势—架式　嫁妆—嫁装
简练—简炼　骄奢淫逸—骄奢泆佚　角门—脚门　狡猾—狡滑
脚跟—脚根　叫花子—叫化子　精彩—精采　纠合—鸠合
纠集—鸠集　就座—就坐　角色—脚色

K

克期—刻期　克日—刻日　刻画—刻划　阔佬—阔老

L

褴褛—蓝缕　烂漫—烂缦、烂熳　狼藉—狼籍　榔头—狼头、锒头
累赘—累坠　黧黑—黎黑　连贯—联贯　连接—联接　连绵—联绵
连缀—联缀　联结—连结　联袂—连袂　联翩—连翩　踉跄—踉蹡
嘹亮—嘹喨　缭乱—撩乱　伶仃—零丁　囹圄—囹圉　溜达—蹓跶
流连—留连　喽啰—喽罗、偻㑩　鲁莽—卤莽　录像—录象、录相
络腮胡子—落腮胡子　　落寞—落漠、落莫

M

麻痹—痳痹　麻风—痳风　麻疹—痳疹　马蜂—蚂蜂　马虎—马糊
门槛—门坎　靡费—糜费　绵连—绵联　腼腆—靦觍　模仿—摹仿
模糊—模胡　模拟—摹拟　摹写—模写　摩擦—磨擦　摩拳擦掌—磨拳擦掌
磨难—魔难　脉脉—眽眽　谋划—谋画

N

那么—那末　内讧—内哄　凝练—凝炼　牛仔裤—牛崽裤
纽扣—钮扣

P

扒手—掱手　盘根错节—蟠根错节　盘踞—盘据、蟠踞、蟠据
盘曲—蟠曲　盘陀—盘陁　磐石—盘石、蟠石　蹒跚—盘跚
彷徨—旁皇　披星戴月—披星带月　疲沓—疲塌　漂泊—飘泊
漂流—飘流　飘零—漂零　飘摇—飘飖　凭空—平空

Q

牵连—牵联　憔悴—蕉萃　清澈—清彻　情愫—情素　拳拳—惓惓
劝诫—劝戒

R

热乎乎—热呼呼　热乎—热呼　热衷—热中　人才—人材
日食—日蚀　入座—入坐

S

色彩—色采　杀一儆百—杀一警百　鲨鱼—沙鱼　山楂—山查
舢板—舢舨　艄公—梢公　奢靡—奢糜　申雪—伸雪　神采—神彩
湿漉漉—湿渌渌　什锦—十锦　收服—收伏　首座—首坐
书简—书柬　双簧—双锁　思维—思惟　死心塌地—死心踏地

T

踏实—塌实　甜菜—恭菜　铤而走险—挺而走险　　　透彻—透澈
图像—图象　推诿—推委

W

玩意儿—玩艺儿　　　魍魉—蝄蜽　诿过—委过　乌七八糟—污七八糟
无动于衷—无动于中　　毋宁—无宁　毋庸—无庸　五彩缤纷—五采缤纷
五劳七伤—五痨七伤

X

息肉—瘜肉　稀罕—希罕　稀奇—希奇　稀少—希少　稀世—希世
稀有—希有　翕动—噏动　洗练—洗炼　贤惠—贤慧　香醇—香纯
香菇—香菰　相貌—像貌　潇洒—萧洒　小题大做—小题大作
卸载—卸傤　信口开河—信口开合　　惺忪—惺松　秀外慧中—秀外惠中
序文—叙文　序言—叙言　训诫—训戒

Y

压服—压伏　押韵—压韵　鸦片—雅片　扬琴—洋琴　要么—要末
夜宵—夜消　一锤定音—一槌定音　　一股脑儿—一古脑儿
衣襟—衣衿　衣着—衣著　义无反顾—义无返顾　　淫雨—霪雨
盈余—赢余　影像—影象　余晖—余辉　渔具—鱼具　渔网—鱼网
与会—预会　与闻—预闻　驭手—御手　预备—豫备　原来—元来
原煤—元煤　原原本本—源源本本、元元本本　　　缘故—原故
缘由—原由　月食—月蚀　月牙—月芽　芸豆—云豆

Z

杂沓—杂遝　再接再厉—再接再砺　　崭新—斩新　辗转—展转
战栗—颤栗　账本—帐本　折中—折衷　这么—这末　正经八百—正经八摆
芝麻—脂麻　肢解—支解、枝解　　直截了当—直捷了当、直接了当
指手画脚—指手划脚　　周济—赒济　转悠—转游　装潢—装璜
孜孜—孳孳　姿势—姿式　仔细—子细　自个儿—自各儿
佐证—左证

第二节　固定词组

固定词组又叫固定短语，分专有名词、成语、惯用语、歇后语和谚语等，在日常文字工作中经常会用到。

一、专有名词

专有名词是表示人、地方、事物等特有的名词。专有就是只属于或只应用于一个对象，不用指明也不用描写大家就能明白所指的对象，比如钓鱼岛、阿莫西林、象鼻山、爱因斯坦、好莱坞等，这是专有名词的最基本特征。

专有名词分类众多，有人名、行政区划名、自然地理名、机构名、字号、民族名、建筑名、商标名、公路名、铁路名、景观名、朝代名、帝王庙号、年号、书篇名等。

专有名词本义是特指，不加描述大家就能明白。因此，专有名词在特指时，必须表达准确。2005 年 10 月，"神舟六号"发射成功后，有关飞船的新闻非常多。遗憾的是，不少媒体都把"神舟六号"错写成了"神州六号"，连央视的春节联欢晚会也未能幸免。"神州"最早见于《史记·孟子荀卿列传》，其中提到战国时齐国有个叫邹衍的人说"中国名为赤县神州"。后来人们就称中国为"赤县神州"，但更多的是分开来用，或称赤县，或称神州。毛泽东诗中就有"六亿神州尽舜尧"的句子。"神舟六号"取名有两层意思：一是"船"在汉语里又称"舟"，用"神舟"来命名遨游神秘太空的宇宙飞船，既形象又贴切；二是"神舟"谐音"神州大地"的"神州"，一语双关，寓意中国的腾飞。

铁路线里有个"京广线"，就是"京广铁路"（北京－广州），这个专有名词取得不科学。"京"代表"北京"，可"广"有"广东"和"广西"之分，仅从专有名词本身根本无法判断这里的"广"代表"广东"还是"广西"。科学取名，有学者建议应该使用"粤"，这样才能和"京"是简称对应，也比较明确。

专有名词一般都有规范用法，比如外国人名、地名可以参照新华社编写的各种标准译名手册、中国地图出版社出版的最新地图册，也可以按外交部的统一口径处理。如国际著名拍卖行 Sotheby's，原来译为索斯比，后根据该公司自己提供的中文字号和商标，以及北京市中级人民法院做出的民事判决，新华社译名室将该公司的中文译名定为苏富比。一般来说，网上搜索"新华社译名室发布的最新常用外国译名"就可获得相关正确译名。

特别要注意一些习惯用法，比如美国马萨诸塞州简称麻省，这里"马"和"麻"用的是不同的字。

至于国内的事物名称，可以参照《辞海》《中国大百科全书》，以及网上的"百度百科"等。

专业术语是相对日常用语而言的，一般指用于某一行业的专有名词，大多数情况下为该领域的专业人士所熟知。在专业出版物中，必须规范使用专业术语。非专业图书可以不用专业术语，但有的旧名称在《现代汉语词典》中已经不推荐使用，如声纳、超音速。有关科学技术的专业词语，可以通过全国科学技术名词审定委员会的官网（www.cnctst.cn）进行查阅。这里，列出一些容易搞混的常见专业术语：

规范名称	不规范名称	规范名称	不规范名称
马铃薯	土豆、洋芋、山药蛋	玉米	玉蜀黍、苞谷、苞米
菜豆	芸豆、四季豆	结球甘蓝	卷心菜、包心菜、洋白菜
花椰菜	菜花	大白菜	白菜、黄芽菜
白菜	小白菜、青菜、油菜	豇豆	豆角
蕹菜	空心菜	月见草	夜来香
番茄	西红柿	甜橙	广柑
银杏	白果	甘薯	番薯、红薯、山芋、地瓜
血常规	血象	X 线片	X 光线

食管	食道	胸腔积液	胸水
黏膜	粘膜	艾滋病	爱滋病
心肌梗死	心肌梗塞	注意缺陷障碍	儿童多动症
脑卒中	中风	脑梗死	脑梗塞
肝硬化	肝硬变	瘢痕	疤痕
腹泻	腹泄	不良反应	副作用
抗生素	抗菌素	阿尔茨海默病	老年前期痴呆
白细胞	白血球	维生素	维他命
激素	荷尔蒙	阿司匹林	阿斯匹林
围生期	围产期	剖宫产术	剖腹产术
糖原	糖元	肾衰竭	肾功能衰竭
三酰甘油	甘油三酯	维生素 C	抗坏血酸
红细胞	红血球	飞蚊症	飞蝇幻视
立体显微镜	解剖显微镜	相对分子质量	分子量
概率	几率、或然率	柴油机车	内燃机车
声呐	声纳	超声速	超音速
分析纯	二级纯	喀斯特	岩溶
腐植煤	腐殖煤	稀有植物	珍稀植物
古代园林	历史园林	地下开采	井工开采
巨型计算机	超级计算机	园林城市	花园城市
铁道	铁路	车行道	行车道
对策论	博弈论	接触镜	隐形镜片
蜃景	海市蜃楼	老视	老花、老花眼
病人	患者		

二、成语

成语的产生和形成往往离不开有民族特色的典故。它经过实践的千锤百炼，可以言简意赅而又形象生动地表达特定的复杂意义，最能反映民族语言的特点，被人们视为民族语言中的瑰宝，并在日常语言交流中广泛使用。成语广为流传，为人们习用，是因为它朗朗上口，好记好用。

成语的来源很多，一是出自历史事实，如"完璧归赵"；二是出自前人故事，如"胸有成竹"；三是出自寓言传说，如"邯郸学步"；四是出自古人原句，如"水落石出"；五是改自古人语句，如"舍生取义"；六是广为使用而无明确来源，如"大海捞针"；七是出自谚语俗语，如"亡羊补牢"；八是出自外来文化，如"回头是岸"；九是出自成语改造，如把"一举两得"改为"一举三得""一举多得"；十是新生成语，如"分秒必争"；等等。

成语在历年历代的广泛使用中，也会因社会的变化而在读音、词形和语义等方面发生变化。这里，我们仅讨论成语书面用法的词形和语义变化。

（一）成语的词形变化

成语在词形上的变化，也就是成语的异形。根据学者的研究，成语的异形大致可分成两大类。以下所列，括号中用楷体表示的成语是非规范成语。

其一，原成语中有的字现在是非规范字，改用新的正体字。例如：

十拿九稳（十挐九稳）　尸位素餐（尸位素飡）

其二，原成语中有的字虽然还是规范字，但规范后的成语已经使用新的字了。例如：

揠苗助长（拔苗助长）	触目惊心（怵目惊心）	室如悬磬（室如悬罄）
迷途知返（迷途知反）	迷而知返（迷而知反）	追本溯源（追本溯原）
势焰熏天（势焰燻天）	嵩生岳降（崧生岳降）	螓首蛾眉（螓首娥眉）
辗转反侧（展转反侧）	流连忘返（留连忘返）	茫茫苦海（芒芒苦海）
战战栗栗（战战慄慄）	博闻强识（博闻强志）	丰富多彩（丰富多采）
负隅顽抗（负嵎顽抗）	披星戴月（披星带月）	抱残守缺（抱残守阙）
宁缺毋滥（宁缺勿滥）	口若悬河（口如悬河）	

大器晚成（大器曼成，大器免成）　　　夜以继日（夜以继昼，夜以接昼）

山光水色（水光山色，水色山光）　　　始终不渝（始终不易，始末不渝）

拈花惹草（粘花惹草，沾花惹草）　　　毛骨悚然（毛骨竦然，毛骨竖然）

原原本本（源源本本，元元本本）

削足适履（削足适屦，刖足适屦，刖趾适屦）

时移世易（时移世变，时移世换，时移世异，时移世改）

随波逐流（随波同流，随波逐浪，随波漂流，随波逐尘，随风逐流）

慢条斯理（慢条斯礼，慢条丝礼，慢条厮礼，慢条细礼，漫条斯理）

（二）成语的语义变化

成语在语义上的变化，也就是成语的新义化。成语"空穴来风"，语出宋玉《风赋》，其中的"空"有"孔"之义，"空穴"就是"孔穴"，"孔穴"是形成风的条件。原义为有了洞穴才有风进来，所以"空穴来风"可比喻消息或传说不是完全没有原因的。因为"空"又有"无"之义，"空穴来风"就是"无穴来风"，故现用来比喻消息或传说毫无根据，显然这和原义相差很大。

成语"呆若木鸡"出自《庄子·外篇·达生》，讲的是有个叫纪渻子的人为国王驯养斗鸡，养了十天，国王问："驯养好了吗？"纪渻子说："还不行，它一看见别的鸡，或听见别的鸡叫，就跃跃欲试，很不沉稳。"又过了十天，国王问："现在该成了吧？"纪渻子说："不成，心神还相当不宁，火气还没有消除。"又过了十天，国王再问，这时纪渻子说："现在差不多了。骄气没有了，心神也安定了；虽然别的鸡在叫，但它好像没有听到一样，不论遇到什么情况，它都不动不惊，看起来像木鸡一样。这样的斗鸡，才算是养到了家。别的鸡一看见它，准会转身就逃，斗都不敢斗！"果然，这只鸡后来每斗必胜。这里，"呆若木鸡"形容镇定自若、态度稳重、处变不惊，显然极具褒义。如果现在对朋友说"你真是呆若木鸡"，他一定会不高兴，因为随着语言的演变，"呆若木鸡"由褒义成语变成了一个贬义成语，常用于形容一个人呆笨或因恐惧、惊讶而发呆的样子。

"走马观花"，出自唐朝诗人孟郊《登科后》："昔日龌龊不足夸，今朝放荡思无涯。春风得意马蹄疾，一日看尽长安花。"孟郊两次进京赶考失败，第三次总算考上了，虽然年龄已大，但终于登科，得意、愉快之情当然难以形容。诗的后两句，就把作者当时骑着快马，在春风中得意地来往于京城各处尽情游览的兴奋之情生动地描摹出来，后来这两句就浓缩成一个成语"走马观花"。现在，"走马观花"已成为一个贬义成语，意思是大略观察一下，只看表面现象，来不及认真观察。

一般来说，成语在语义上的变化，可以分成三类：语义扩大、语义缩小和语义转移。

1. 语义扩大

这一类，成语在语义上有所扩大。常见的有：

短小精悍：原指人的身躯短小却精明强悍。后来形容简短有力的文章或发言也用短小精悍。

评头论足：原指旧社会一些无聊的人评论妇女的言貌，现指对人对事说长道短，多方挑剔。

阳春白雪：战国时代指楚国的艺术性较高、难度较大的歌曲。后来泛指高深的、不通俗的文学艺术。

约定俗成：原指事物的名称是人们共同议定的，因而为人们所承认和遵守。后来这个成语适用的范围扩大，不仅是事物的名称，凡是事物，根据共同习惯或共同认识固定下来而为大家所承认的，都可称为约定俗成。

作威作福：本来的意思是指只有国君才能专行赏罚、独揽权威。现在普遍用来表示妄自尊大、滥用权威、横行霸道。

2. 语义缩小

这一类，成语在语义上有所缩小。常见的有：

臭味相投：原比喻人的思想、作风相同。现多用于贬义，专指坏人彼此投合。

眉来眼去：原来泛指人与人之间的眉目传情。后来缩小到专指坏人之间的勾勾搭搭，或指男女之间不正当的勾勾搭搭。

掌上明珠：原指极钟爱的人，后专指受父母疼爱的女儿。

3. 语义转移

这一类，成语从原有语义转移到新的语义。常见的有：

八面玲珑：玲珑既指通敞明亮，又指灵活敏捷。八面玲珑原指四面八方通明光亮。后来，八面由原指建筑物的窗户转变为指人事上的各个方面，玲珑也由原指建筑物的通敞明亮转化为指人的聪明玲珑，该成语也就改指为人处世圆滑，各方面都能巧妙应对。

闭门造车：原指只要按照同一规格制造，即使是闭起门来造的车子，出门也是合辙适用的，它寓有出门合辙的意思。后来用作成语，只有闭门，没有出门，自然就带上了只凭主观办事，不管是否符合实际的含义。

不可思议：原为佛教用语，意思是道理神秘玄妙，不可用心意思忖，也不能用言语表达。后来按其字面义解释为对事物的情况、发展变化或言论无法想象、很难理解。

不一而足：原指不是一事一物可以满足的。现指同类的事物不止一个而是很多，无法列举齐全。

　　不翼而飞：原来是比喻事物传播迅速，现指东西突然丢失。

　　层出不穷：原只用于贬义，指坏人、坏事、坏现象接连不断地出现。现在，人们讲好人、好事接连不断地出现也用此词。

　　赤膊上阵：原指不穿盔甲，裸露上身，上阵作战，形容作战勇敢，全力以赴地进行战斗。现常用来比喻不讲策略地蛮干，变为贬义。

　　出生入死：本义是从出生到死去。现在指冒着生命危险，随时都有死的可能。

　　粗枝大叶：原比喻简略概括。现在比喻不认真，不细致，马虎大意。

　　大吹大擂：原指用劲地吹喇叭和敲锣打鼓，表示庆贺。后用来比喻对某人或某事大肆吹嘘、宣扬，含贬义。

　　道貌岸然：原指神态庄重严肃，是褒义成语。现用来形容故作正经、表里不一之状，含讥讽之意。

　　独善其身：原指修身养性，保全己身，不管世事。现也指只顾自己好，不关心身外事，贬义。

　　断章取义：春秋战国时期的贵族们在一些外交场合常常赋诗言志，借以表达自己的意思。现指不顾全篇文章或谈话的内容，孤立地取其中的一段或一句，表示引用与原意不符。

　　飞扬跋扈：本指意态举动超越常规，不受约束，不带褒贬色彩。后形容骄横放肆、不守法度，含贬义。

　　感同身受：原指感激的心情如同亲身受到对方的恩惠一样（多用来代替别人表示感谢）。现多指虽未亲身经历，但感受就同亲身经历一样。

　　钩心斗角：原形容宫室建筑结构精巧、错落有致。从字面上理解它的意义，钩心指以心相钩斗，即用心思，明争暗斗；斗角即以角相斗。清代中叶以后，这条成语用以比喻各用心机，施展手腕，明争暗斗。整个成语由原来的指物转为指人，由原来的客观描述变为带有贬斥的感情色彩。

　　狗尾续貂：古代皇帝的侍从官员用貂尾做帽子的饰物。晋朝因封官的人太多，貂尾不够用，故以狗尾代替，狗尾续貂比喻滥封官爵。后来借指以坏的接续好的。

　　后来居上：原指资格浅的、新进的反居资格老的旧臣之上，有不以为然之意，略带贬义。后来这个成语转用于称赞后来的人或事物超过先前的，带褒义色彩。

　　来龙去脉：旧时迷信风水的人，把连绵起伏的山水地形比作龙，龙头之所在叫作来龙。地处来龙，就会吉祥顺利、兴旺发达。把从龙头到龙尾像脉管一样连贯着的地势叫作来龙去脉。后来，来龙去脉中龙、脉二字的作用淡化，表意重点在来、去二字上，转为表示一件事情的前因后果。

　　老气横秋：原指老年志气横贯秋空，形容气概雄浑、豪迈。现形容自高自大，摆老资格，自以为了不起的样子；也形容年轻人缺乏朝气、暮气沉沉的样子。

　　美轮美奂：原形容建筑物雄伟壮观、富丽堂皇。现在也用来形容雕刻或建筑艺术的精美效果。

　　明目张胆：原形容有胆有识、敢作敢为，不畏强权，敢于同恶势力做斗争。后来指大胆胡为，无所避忌，公然做不义之事，为贬义。

明哲保身：本指明智的人善于回避可能给自己带来危险的事，以保全自己，含褒义。现在被人们用来批评那种只顾个人利益，而不考虑原则，不敢同坏人坏事做斗争的自私自利的思想作风，为贬义。

清规戒律：原指佛教徒、道教徒必须遵守的规则和戒条。今多比喻束缚人们思想的、死板的、不合理的规章、条例、原则等，作贬义用。

曲高和寡：原指知音难得。现比喻言论或作品不通俗，能了解的人很少。

少年老成：原指人年轻稳重，像阅历深的长者。现在也指年轻人缺乏朝气。

死灰复燃：原比喻失势者重新得势，不带褒贬色彩。后来人们用这个成语比喻被打倒的反动势力又重新活动起来，有鲜明的贬斥色彩。

天花乱坠：传说梁武帝时有个和尚讲经，感动了上天，天上纷纷落下花来。现形容说话有声有色，极其动听（多指夸张而不符合实际）。

一团和气：原指态度和蔼可亲。现也指互相之间只讲和气，不讲原则。

因陋就简：原指简陋苟且，不求改正。现指利用原有的简陋条件来办事，褒义。

正人君子：原指品行端正的人。现有时也作讽刺的用法，指假装正经的人。

当然，有的成语既有词形变化，又有语义变化。例如，"逃之夭夭"，语出《诗经·周南·桃夭》"桃之夭夭，灼灼其华"。桃之夭夭，原义是指桃花开得非常鲜艳茂盛。因"桃"与"逃"谐音，后改成"逃"，整个成语由褒义变为贬义，意思是逃跑得非常快。"励精图治"，语出《汉书·魏相传》"宣帝始亲万机，厉精为治"。原义是振奋精神，把国家治理好。后来人们将"厉精为治"改称为"励精图治"，现含义扩大为在各种事业中努力奋斗。"因陋就简"，语出汉刘歆《移让太常博士书》"苟因陋就寡，分文析字，烦言碎辞，学者罢老，且不能究其一艺"。原指简陋苟且，不求改正。现将"因陋就寡"改成"因陋就简"，指利用原有的简陋条件来办事，褒义。《庄子》中的"每下愈况"原比喻"越往下越明显"，后来此成语意义变化，指"情况越来越差"，宋代开始就有了"每况愈下"的用法，逐渐流行。

（三）成语的规范原则

规范使用成语，就是要使用最新的成语规范用词，以及相关的语义，这方面可以查阅《现代汉语词典》《辞海》。

但也要注意到，成语是文化积累的产物，经过历史的演变，成语在词形和语义上有时会发生变化。对此，我们必须正视，并要区别对待：用于当下的事物描写，要用规范的词形和最新的语义；用于古时的语境又要尊重历史的原貌，保留原有词形和语义。当然，最好是在保有原貌的同时加上注释，说明新的词形和语义。切不可一看到成语和《现代汉语词典》所给的词形不同，就按成语的新词形和新语义武断地论定旧词形和旧语义的使用是错误的。

另外，要客观地对待成语的新义，毕竟成语的演变有个推陈出新的过程，语言是在发展的，阻止新义的出现也不是科学的态度。比如，"七月流火"出自《诗经·国风·豳风·七月》，原文是"七月流火，九月授衣"，这里的"七月"是指夏历七月，意指天气逐渐凉爽起来。现今使用"七月流火"，却是形容天气炎热，这种语例的使用近年来在媒体或民间一直保持高频之势。

如何看待这一现象，学界争论较大。比较可行的是，在语文教学、新闻出版、辞书编纂、信息处理等方面严格规范化，又允许学术研究和探讨。同时，语言文字管理部门也要与时俱进，及时吸收民间通行的新编成语。

（四）成语的使用要点

使用成语时，要注意以下几点：其一，不要误解词语，望文生义。例如：

有的同学写作文，文不加点，字迹潦草，阅读这样的文章，真叫人头疼。

"文不加点"常被错误理解为写文章不加标点符号，其实它的真实含义是比喻作文一气呵成，无须修改。

这部精彩的电视剧播出时，人们在家里守着荧屏，几乎万人空巷，街上静悄悄的。

"万人空巷"是指成千上万的人涌向某处（参加盛典或观看热闹），使里巷空旷冷落，不是街巷空空无人之意。

其二，不要用错对象，张冠李戴。例如：

大英雄骑着纯白的独角兽，带着公主逃离恶龙的威胁，然后在美轮美奂的密林深处成家。

"美轮美奂"原形容建筑物雄伟壮观、富丽堂皇。现在也用来形容雕刻或建筑艺术的精美效果。

宽敞明亮的教室里，72 名同学济济一堂，畅谈着美好的理想。

"济济一堂"只能用于人才，形容很多有才能的人聚集在一起。

王厂长的一席话起到了抛砖引玉的作用，引出了许多抓产品质量的好建议。

你放心，你的困难就是我的困难，换房子的事，我一定鼎力相助。

羊来了，正中狼的下怀。

"抛砖引玉"多用于自谦。"鼎力相助"指别人对自己的大力帮助。"正中下怀"的意思是正合我的心意，"下"是说话者的谦辞，"在下"的意思。

类似容易用错对象的，还有："感同身受"不指亲历者，"相濡以沫"只用于患难中，"炙手可热"只用于人有权势，"崭露头角"多指青少年，"萍水相逢"用于不认识的人第一次见面，"浩如烟海"用于文献、资料，"汗牛充栋"用于藏书，"豆蔻年华"指女子十三四岁时，"天伦之乐"用于家人。

其三，要注意感情色彩，以及褒贬区分。例如：

班里的不良现象已经蔚然成风，再不治理就会带来严重后果。

这些年轻的科学家决心以无所不为的勇气，克服重重困难，去探索大自然的奥秘。

警察蹲伏了三天两晚，守株待兔，终于将三名窃贼抓获。

她自己都没有想到，从此不可救药地喜欢上了这门艺术。

这个歌手几年来炙手可热，是娱乐圈新崛起的一大新星。

"蔚然成风"用于褒义，"无所不为"指什么坏事都干，"守株待兔"是个贬义词，"不可救药"比喻人或事物坏到无法挽救的地步，"炙手可热"比喻权势大、气焰盛。

其四，要避免语义重复，或自相矛盾。如：

那是一张两人的合影，左边是一位英俊的解放军战士，右边是一位文弱的莘莘学子。

他对当时那激动人心的场面至今还记忆犹新。

"莘莘学子"指众多的学生，与前面的"一位"矛盾。"记忆犹新"意思是过去的事至今印象还非常清楚，前面的"当时"和"至今""还"是多余的。

类似的成语误用还有（楷体的部分是多余的或矛盾的，要处理）：忍俊不禁地笑起来，责无旁贷的责任，被人贻笑大方，津津乐道地说，一场南柯一梦，我自己扪心自问，刻骨铭心的难忘教训，真知灼见的看法，不期而遇的邂逅，老朋友在异地萍水相逢，许多莘莘学子，见仁见智地达成一致意见，早已预料的无妄之灾，找到了明显的蛛丝马迹，群众民怨沸腾，正方兴未艾，浑身遍体鳞伤，寒舍蓬荜生辉，值得可歌可泣，各自分道扬镳。

其五，要避免搭配不当，特别要注意成语的词性。如：

我们都司空见惯了那种"违者罚款"的告示牌。

我们不应妄自菲薄自己的成绩，也不应轻易满足于自己的成绩。

他看见漫山遍野都是这种怪石头，心中就有了出奇制胜敌人的妙计。

"司空见惯"后面不能跟宾语，"妄自菲薄"是过分看轻自己，不能跟"自己的成绩"，"出奇制胜"后面不能跟宾语。

三、惯用语

惯用语是现代汉语中较有特色的一类固定短语，是口语中形成的表达一种习惯含义的固定词组。

规范使用惯用语，一是不使用未进入普通话的方言性的惯用语，如"阿木林""触霉头""打牙祭""找小脚"等；二是不使用罕用的惯用语，如"送门包"等；三是少用庸俗不健康的惯用语，如"吃豆腐""钻狗洞"等；四是多词形的惯用语，要使用首选词（《现代汉语词典》中的推荐词形），比如"独角戏"和"独脚戏"，首选词是"独角戏"。

当然，在使用惯用语时，也要使用准确，这就必须做到四点：首先，应该注意辨析它的意义。例如：

单位年会上，大家都称赞小红的男朋友很绅士，小红很自豪地告诉大家"他得了妻管炎"。

这里的"妻管炎"是男人间用来哂笑怕老婆的男人，用在正式交际语境中，特别是女人间是不合时宜的。

其次，应该弄清惯用语的感情色彩。特别是惯用语带有贬义的比较多，讽刺意味比较浓，使用时要分清对象，免得伤害对方。例如：

我们的口语老师特别喜欢笑，像一只笑面虎。

老师是马屁精，她经常夸奖我们有进步。

我爷爷已经上西天很久了。

这些都是用错对象了。

再次，要注意语法。例如：

除了给我的女朋友买礼物，我还献殷勤她。

老板炒鱿鱼我了。

他那脾气你不知道，我不止一次喝过闭门羹。

他刚当上班长，就喜欢围着老师刮耳边风。

第一句应该是"向她献殷勤"，第二句应该是"炒我鱿鱼了"，第三句应该是"吃过闭门羹"，第四句是"吹耳边风"。

最后，惯用语多用于文学作品，在严肃的文字作品中要尽量少用。

四、歇后语

歇后语是生活实践中创造的一种特殊语言形式，短小、风趣、形象。歇后语由前后两部分组成：前一部分起"引子"作用，像谜面，后一部分起"后衬"作用，像谜底，十分自然贴切。在一定的语言环境中，通常说出前半截，"歇"去后半截，就可以领会和猜想出它的本义，所以被称为歇后语。

歇后语不像成语、格言那样应用广泛，特别是在严肃庄重的场合，如各类公文、重要讲话和学术性著作中一般不能使用歇后语。它主要用于大众的口头交流和文艺作品中。

规范使用歇后语，一是应该提倡选用内容健康、格调高尚、话语通俗易懂的歇后语；二是应该尽量选用普通话的歇后语，或方言色彩淡薄、地方局限性小、流行较广的歇后语；三是应该引导大家选用合乎规范的歇后语，淘汰不必要的同义异形歇后语，尽量使书面和口头中的歇后语一致起来。

实际使用中，要做到：第一，要符合所比喻对象的情景，不要张冠李戴，用错地方。例如：

这个人做事不懂得变通，真是茅坑里的石头——又臭又硬。

"茅坑里的石头——又臭又硬"是贬义的用法，指的是钻牛角尖、知错不改的人。而句中说做事不懂得变通，所做的事不一定是错事，很可能是指这个人讲求原则，按章办事。

他什么都没有，真可谓小葱拌豆腐——一清二白。

一清二白指的是把事情看得很清楚，而这里却用来比喻一个人穷得什么都没有，显然不够恰当。

第二，在语句中表达的意思要明确，不能引起歧义。例如：

小李非常喜欢大米的弟弟——小米。

小米在现实生活中既是一种粮食又是一款手机的名称，句中没有明确指出小李喜欢的是小米手机还是小米这种粮食。

第三，描述的事实要前后一致，不能产生矛盾。例如：

他现在每天都在刻苦学习，真是猪鼻子插大葱——装相（象）。

句中前半部分已经说了他每天都在刻苦学习，后半部分又说是装相，前后矛盾。

五、谚语

谚语是流传于民间的言简意赅的话语，多数反映了劳动人民的生活实践经验，而且一般都是经过口头流传下来的。

谚语类似成语，但口语性强，通俗易懂，而且一般都表达一个完整的意思，形式上差不多都是一两个短句。谚语涵盖内容极广，有的是农用谚语，如"清明前后，种瓜点豆"；有的是事理谚语，如"种瓜得瓜，种豆得豆"；有的属于生活上各方面的常识谚语，如"饭后百步走，活到九十九"。

谚语和名言是不同的，谚语是劳动人民的生活实践经验，而名言是名人说的话。

在具体使用谚语时，要注意以下几点：第一，要注意谚语应用的情景是否符合社会价值观，要传递社会正能量。例如：

上有政策，下有对策。

如果用于揭露下级部门阳奉阴违地执行上级部门的指示，那是符合当前社会价值观的；如果用于描述下级部门的灵活应变能力，则是有违社会价值观的。类似的还有"筷子一拿说啥听啥，酒盅一端政策放宽""前门办不成后门办，男人办不成女人办""有钱能买官，当官就来钱"等。

第二，要注意谚语的地方适用性。例如：

木棉花开透，筑基兼使牛。

日落有云盖，明日雨再来。

原话对应的是鲜明的广州地方特色，不适用于其他地方。使用地方谚语，一方面，要注意读者的地域性，以免因不熟悉而产生理解困难；另一方面，要考虑谚语的适用性。

第三，要注意谚语所指的特定时间，特别是农用谚语和天气谚语，要了解是不是指农历的，不然会出现对谚语的理解问题。例如：

二月二，黄瓜、落苏（茄子）全落地。

四月芒种前熟麦，五月芒种麦不熟。

这里，有关月份都是指农历。

第三节　缩略语

缩略语是汉语中为使用便利，由较长的语词缩短省略而成的语词。缩略语、简称和缩写，三者究竟是什么关系，学界颇有争议。有的人认为，缩略语、简称、缩写是一回事，有的人则认为是不同的。只是，三者有共性，就是用较短的词语来精确表示较长词语的意思。所以，我们只讨论缩短后的词语规范，不区别三者关系。

缩略语的目的是使语言简洁，达到以少驭繁的实用效果。一般来说，好的缩略语具有三大特点。其一，缩略语在语义上具有等义性。所谓等义性原则，就是缩略语表示的意义要与原词语相一致。这就是说，缩略后的语词不仅在语义上要和原词一样，在词性上也要一样。比如，"电影明星"缩略为"电明"，"民众使用"缩略成"民使"，人们都难以理解。"科学技术"缩略成"学技"，把名词性短语变成了动词性词语，意义改变了。这些都不是好的缩略语。

其二，缩略语在语义上具有单义性。所谓单义，就是一个缩略语只代表一个原词。现实中，缩略语存在着一对二，即一个缩略语对应着两个或两个以上原词的问题。例如，

"增资"对应着"增加资金"和"增加工资"，"普教"对应着"普通教育"和"普及义务教育"，"三包"对应着"包退、包换、包修""包工、包卖、包成本""包质量、包维修、包托运"，"矿院"对应着"矿业学院"和"矿冶学院"，"国办"对应着"国家举办"和"国务院办公厅"，"家教"对应着"家庭教师"和"家庭教育"，"人大"对应着"中国人民大学"和"人民代表大会"。这些都不是好的缩略语，使用时必须加注，明确对应的是什么原词。

有关缩略词的语义单义性，我们看一段对话：

甲：听说你考上南大了，是吗？

乙：是的。

甲：恭喜，终于能去南京生活几年了，南京可是个好玩的地方啊。

乙：不是南京大学，是天津的南开大学。

显然，南京大学和南开大学都缩略成不具有语义单义性的"南大"，才是造成对话特殊情境的根本原因。当然，南开大学叫"南开"是不错的区分办法，但南开人自己也经常缩略成"南大"，而不是"南开"。事实上，叫"南大"的不只南京大学和南开大学，比如南昌大学也叫自己"南大"。类似的还有"华师大""江大"等。

其三，缩略语在词形上具有单一性。所谓单一，就是同一原词只能缩略成一种词形。现实中，我们经常会看到，一个原词具有几个不同的缩略形式。例如，"抽样检查"对应着"抽检"和"抽查"，"检查并缴获"对应着"查获"和"查缴"，"物质文明、精神文明"对应着"双文明"和"两个文明"，"统一调配"对应着"统调"和"统配"。

在使用缩略语时，要注意以下几点：第一，缩略语只有在必需时才使用。使用缩略语本意是使文字精练，以达到突出主题的目的。比如，文中需要大量使用"文化大革命"一词，此时可以改用"文革"。但如果原词本来就在文中出现不多，或者原词本来就不长，则尽量不要使用缩略语，以免出现滥用缩略语的现象。

第二，不能生造缩略语。例如，"解二便店"原词是"解放二路便民店"，"上吊厂"原词是"上海吊车厂"，"遗物"原词是"遗失物品"（规范的"遗物"另有意思），这些缩略语是不规范的。更不能使用网络缩略语，如GG（哥哥），JJ（姐姐），MM（妹妹，或由美眉引申出美女的意思），BF（男朋友，英语为 boyfriend），GF（女朋友，英语为 girlfriend）。

第三，缩略语尽量不要有歧义，如同是"四化"，在农业生产领域指的是"机械化、电气化、水利化、化学化"，在组织人事领域指的是"革命化、年轻化、知识化、专业化"，在社会政治领域指的是"工业现代化、农业现代化、国防现代化、科学技术现代化"。

第四，原词本来就很专业，熟悉的人很少，则尽量少用缩略语，更不要使用英语缩略语。比如，"中国无线通信标准"是专业标准，知道的人不多，再用 CWTS 表示，能读懂者更少。若一定要使用，第一次出现时最好加注解。前几年，有关部门曾规定，中文节目中要避免使用某些英语缩略语，比如 F1，CBA，NBA，GDP，WTO 等，这也是针对国内中文节目中滥用英语缩略语所采取的一种控制措施。

第五，对于文件、通知、规定，后面如需要经常提及可以简写，但第一次出现时必须使用全称，然后用括号加注解。例如：

《2010—2020 年干部教育培训改革纲要》（以下简称《纲要》）

第六，使用缩略语要全文统一，以避免原词和缩略语混乱。比如，全文中不要混用"北京大学"和"北大"。

第七，使用缩略语要注意场合。比如庄重的正式场合、重要的正式文件，一般都不能使用缩略语。

第四节 首选词

首选词是指有不同的词表示同样意思时，《现代汉语词典》推荐的词。比如，"坐次"和"座次"两词，在"座次"词条有"座位的次序"释义，而且说明"也作坐次"。在"坐次"词条下，说"同'座次'"。这里，有具体释义的词条"座次"就是首选词，也就是推荐词形。

应该说，《现代汉语词典》的编纂就是为"推广普通话、促进汉语规范化"服务的，虽然作为一本国家级的规范词典，对词的选用要考虑到多方面的因素，但词典中的选词还是可以作为编校人员的参考的。特别是，中国出版工作者协会校对研究委员会发布的《图书编校质量差错认定细则》第二条有规定，语言文字正误的判别以《现代汉语词典》《新华字典》等常用工具书为参考依据。因此，正式出版物中的文字，必须使用首选词。

那么，《现代汉语词典》（第 6 版）里收录的首选词有多少处呢？有人做了统计，有 1000 多处。这里，我们收录了常见的首选词 322 组（一字线前的宋体字是首选词），不包括成语。

哀号—哀嚎	般配—班配	苞谷—包谷	苞米—包米	曝光—暴光	卑辞—卑词
贝斯—贝司	背时—悖时	悖理—背理	比画—比划	笔芯—笔心	辩白—辨白
辩词—辨辞	补缺—补阙	菜籽—菜子	仓促—仓猝	差使—差事	唱功—唱工
撤销—撤消	成荫—成阴	踟蹰—踟躇	畜生—畜牲	串联—串连	淳厚—醇厚
绰约—婥约	词典—辞典	辞赋—词赋	辞令—词令	辞藻—词藻	辞章—词章
匆促—匆猝	措辞—措词	耷拉—搭拉	搭理—答理	搭腔—答腔	答词—答辞
打战—打颤	当作—当做	倒腾—捣腾	悼词—悼辞	德行—德性	灯芯—灯心
底线—底限	调包—掉包	调换—掉换	掉头—调头	掉转—调转	盯梢—钉梢
订购—定购	度量—肚量	遁词—遁辞	蛾眉—娥眉	发愤—发奋	幡然—翻然
烦琐—繁琐	烦言—繁言	繁乱—烦乱	繁难—烦难	繁杂—烦杂	反照—返照
飞扬—飞飏	飞语—蜚语	敷衍—敷演	服帖—伏贴	浮屠—浮图	斧正—斧政
讣闻—讣文	复原—复元	咯噔—格登	咯咯—格格	哽咽—梗咽	功力—工力
钩针—勾针	够呛—够戗	故技—故伎	痼习—固习	皈依—归依	馃子—果子
含义—涵义	寒战—寒颤	号哭—嚎哭	呵斥—呵叱	合页—合叶	贺词—贺辞
红装—红妆	红运—鸿运	呼扇—忽扇	呼哨—忽哨	花销—花消	花子—化子
寰球—环球	寰宇—环宇	皇历—黄历	遑遑—皇皇	惶惶—皇皇	恢宏—恢弘
洄游—回游	会演—汇演	晦暝—晦冥	浑蛋—混蛋	火爆—火暴	伙夫—火夫

给予—给与　纪要—记要　假象—假相　奸猾—奸滑　茧子—趼子　交代—交待
叫作—叫做　校场—较场　较劲—叫劲　警诫—警戒　敬辞—敬词　酒窝—酒涡
酒盅—酒钟　倔强—倔犟　鞍裂—龟裂　咔嚓—喀嚓　侃爷—砍爷　看作—看做
宽宏—宽洪　蜡梅—腊梅　银铛—郎当　老茧—老趼　姥姥—老老　姥爷—老爷
冷战—冷颤　厉害—利害　莲雾—连雾　凌迟—陵迟　凌乱—零乱　令爱—令媛
榴梿—榴莲　绿荫—绿阴　啰唆—啰嗦　漫道—慢道　漫说—慢说　杧果—芒果
梅雨—霉雨　美元—美圆　门闩—门栓　秘籍—秘笈　邈远—渺远　民夫—民伕
冥茫—溟茫　摹效—模效　磨炼—磨练　抹杀—抹煞　磨坊—磨房　磨叽—磨唧
念叨—念道　女红—女工　爬灰—扒灰　爬犁—扒犁　佩戴—佩带　片段—片断
剽悍—慓悍　缥缈—飘渺　飘扬—飘飏　平话—评话　回耐—巨奈　扑哧—噗嗤
扑通—噗通　起运—启运　迁就—牵就　谦辞—谦词　遣词—遣辞　屈服—屈伏
取消—取销　日元—日圆　融合—融和　融化—溶化　刹车—煞车　砂锅—沙锅
砂浆—沙浆　煽动—扇动　上首—上手　申冤—伸冤　身份—身分　史册—史策
仕女—士女　视域—视阈　授予—授与　树荫—树阴　凤愿—宿愿　宿仇—凤仇
宿敌—凤敌　宿诺—凤诺　宿嫌—凤嫌　宿怨—凤怨　宿志—凤志　糖原—糖元
婷婷—亭亭　同人—同仁　铜圆—铜元　瞳仁—瞳人　褪色—退色　托词—托辞
婉辞—婉词　婉转—宛转　逶迤—委蛇　微词—微辞　唯独—惟独　唯恐—惟恐
唯其—惟其　唯一—惟一　唯有—惟有　委婉—委宛　萎靡—委靡　猥辞—猥词
猥琐—委琐　文身—纹身　无须—无需　下首—下手　显摆—显白　翔实—详实
想象—想像　消融—消溶　消夜—宵夜　销魂—消魂　笑窝—笑涡　泄露—泄漏
谢词—谢辞　虚辞—虚词　旋涡—漩涡　丫鬟—丫环　压队—押队　押宝—压宝
押题—压题　言辞—言词　宴尔—燕尔　扬扬—洋洋　邀功—要功　杳渺—杳眇
银圆—银元　盈利—赢利　悠闲—幽闲　莜麦—油麦　右首—右手　瘀血—淤血
瘀滞—淤滞　鱼汛—渔汛　渔鼓—鱼鼓　瑜伽—瑜珈　原配—元配　约莫—约摸
陨灭—殒灭　蕴含—蕴涵　糟蹋—糟踏　澡堂—澡塘　造型—造形　怎的—怎地
赠予—赠与　招式—招势　珍馐—珍羞　珍珠—真珠　执着—执著　致辞—致词
祝词—祝辞　滋生—孳生　仔鸡—子鸡　仔猪—子猪　籽粒—子粒　自序—自叙
左首—左手　作声—做声　作秀—做秀　座次—坐次　座驾—坐驾　座位—坐位
座席—坐席　座椅—坐椅　做证—作证

巴儿狗—叭儿狗　备不住—背不住　菜籽油—菜子油　车把式—车把势
触霉头—触楣头　打寒战—打寒颤　打冷战—打冷颤　灯芯草—灯心草
灯芯绒—灯心绒　胳肢窝—夹肢窝　高才生—高材生　工夫茶—功夫茶
呱呱叫—刮刮叫　和事佬—和事老　黑乎乎—黑糊糊　黑压压—黑鸦鸦
花把式—花把势　昏着儿—昏招儿　浑球儿—混球儿　纪录片—记录片
脚丫子—脚鸭子　较真儿—叫真儿　侃大山—砍大山　啦啦队—拉拉队
蓝莹莹—蓝盈盈　劳什子—牢什子　林荫道—林阴道　遛弯儿—蹓弯儿
霉干菜—梅干菜　磨不开—抹不开　磨得开—抹得开　暖乎乎—暖呼呼
气门芯—气门心　煞风景—杀风景　神经元—神经原　损招儿—损着儿

下三烂—下三滥　　想象力—想像力　　阴招儿—阴着儿　　莜麦菜—油麦菜

找碴儿—找茬儿　　支着儿—支招儿　　纸煤儿—纸媒儿

撑竿跳高—撑杆跳高

叮当—丁当、玎珰　　叮咚—丁东、丁冬　　轱辘—轱轳、毂辘

仓皇—仓黄、仓惶、苍黄　　号啕—号咷、嚎啕、嚎咷

有关首选词，需要说明的是：第一，不同版本的《现代汉语词典》，首选词是不同的。比如"想象"和"想像"，在第 3 版中"想像"是首选词，但自第 5 版起"想象"是首选词，类似的情况还有许多。

第二，有些词具有多重词义，以下列出的是在同一词义下的首选，词义不同时就不再是首选。比如，"哀号"和"哀嚎"，在表示"悲哀地号哭"时，首选是"哀号"；表示"悲哀地嚎叫"则用"哀嚎"。"旋涡"和"漩涡"，一般使用时用"旋涡"，液体情况使用"漩涡"。"皲裂"和"龟裂"，用于皮肤时首选"皲裂"，用于其他裂开许多缝子的情况，比如土地，用"龟裂"。而"火暴"和"火爆"在不同的意思下轮流首选。

第三，有些词的用字在不同情况下是不同的，比如"飞语"和"蜚语"，"流言飞语"和"流言蜚语"，两个字时首选"飞"，四个字时首选"蜚"；"着儿"和"招儿"，与下棋有关的用"着儿"，不然用"招儿"，即"昏着儿""支着儿""损招儿"和"阴招儿"。

第四，"消夜"和"宵夜"，首选是"消夜"，但"消夜"的意思是"夜宵"或"吃夜宵"。

第五，"赠予"和"赠与"，首选是"赠予"，但法律用词是"赠与"。所以，具体情况，还是要查阅《现代汉语词典》，以及相关专业词汇书为好。

第六，"杧果"和"芒果"，首选"杧果"。但"杧"字极少被采用，社会上清一色使用"芒果"。更令人为难的是，在电脑上使用任何输入法，要打出"杧"这个字都是极其困难的。唯一可行的就是等待"芒果"一词"习非成是"，转成首选。本来，选用一个电脑输入都困难的字就是不符合语言实践要求的。

第五节 新闻报道禁用词

新闻报道中禁止使用一些词，完全是从新闻职业道德的要求出发，根据新闻报道的内容，以及其受众等诸多情况，由新闻业自己确定的。对这些词的使用禁令，在实践中不仅适用于新闻业，也适用于出版业。

新闻报道禁用词有些是无替代禁用词，有些是有替代禁用词。这些词，在实际工作中会不断更新。

一、无替代禁用词

无替代禁用词，就是在新闻报道中不得出现表示相关意思的任何词。这些词有的带

有广告性，有的不文明，有的不符合缩略语规范。目前，主要有以下六类：其一，报道各种事实，特别是物品时，不得使用一些具有强烈评价色彩的词汇，如"最佳""最好""最著名"。

其二，在医疗报道中不得使用"疗效最佳""根治""安全预防""安全无副作用"等词汇。

其三，在药品报道中不得使用"药到病除""无效退款""保险公司保险""最新技术""最高技术""最先进制法""药之王""国家级新药"等词汇。

其四，在对各级领导的活动报道中，不得使用"亲自"等词。

其五，不要把村干部称作"村官"，也不要把"村民委员会主任"（简称"村主任"）称为"村长"。

其六，新闻稿中不得使用"哇噻""妈的"等俚语、脏话、黑话等，以及近年来网络中常见的脏话缩略后新造的词汇，如 SB，TMD，NB 等。如果在引语中不得不使用这类词汇，均应用括号加注，表明其内涵。

二、有替代禁用词

有替代禁用词，就是这些词在新闻报道中禁止使用，但可以使用另一种形式的词来表示相关内容。

目前，这类词有：其一，对有身体伤疾的人士禁止使用"残废人""独眼龙""瞎子""聋子""傻子""呆子""弱智"等蔑称，而应使用"残疾人""盲人""聋人""智力障碍者"等词汇。

其二，对文艺界人士，不使用"影帝""影后""巨星""天王"等词汇，一般可使用"文艺界人士""著名演员""著名艺术家"等。

其三，对刑事案件当事人，在法院宣判有罪之前，不使用"罪犯"，而应使用"犯罪嫌疑人"。

第六节 日常容易混淆的词

日常文字工作中会遇到的容易混淆的词是非常多的。这里，根据编校工作中经常出错，而且语义确实难辨的原则，选择介绍 100 多组词，以供参考。

【按照—依照—遵照】"按照"作介词，意思和"依照"作介词时相同；"依照"作动词和介词；"遵照"是动词，意思和"依照"作动词时差不多，但明显有尊重感。

【颁布—公布】"颁布"着重指向下颁发，颁布者是高级领导机关或其成员，颁布的内容常常是法令等；"公布"着重指向公众发布，公布者除了高级领导机关或其成员外，还可以是一般机关单位、团体，公布的内容除了法令等以外，还可以是方案、草案、名单、账目、成绩、结果、数字、事实等。

【爆发—暴发】"爆发"用于火山喷发或事件突然发生，如火山爆发、战争爆发；"暴发"指山洪、大水、疾病等突然发作，或突然得势或发财，如暴发户，多含贬义。

【究竟—毕竟】"究竟"表示追根究底，用于疑问句，语气不肯定，如：究竟哪个拉得对，哪个拉得不对，我不知道。"究竟"可兼作名词，表示原因和结果，如：李芳突然哭了，同学们都想知道个究竟。"毕竟"表示追根究底所得的结论，有加强语气的作用，如：我们虽然还是一天一天衰弱下去，比起光吃草根野菜来毕竟好多啦。

【表明—标明】"表明"指表示清楚，用于思想感情方面；"标明"指做出记号或写出文字使人知道。

【哺育—抚育】"哺育"重点是喂养、培养，对象为人或抽象名词，如井冈山是哺育中国革命的摇篮，学生在老师的哺育下成长；"抚育"重点是照料成长，对象可以是一切生物，如抚育孤儿、抚育森林。

【不耻—不齿】"不耻"指不觉得可耻，如不耻下问；"不齿"则指看不起，羞与为伍，不愿意提到，如人所不齿。

【不只—不止】"不只"意为不但、不仅，如企业改革的任务不只是减员，更重要的是增效；"不止"，继续不停，或表示超出某个数目或范围，如大笑不止，他恐怕不止16岁。

【成规—陈规】"成规"指现成或久已通行的规则、方法；"陈规"则指陈旧的、已经不适用的规章制度，如"陈规陋习"。

【呈献—呈现】"呈献"是把实物或意见恭敬地送给他人或组织；"呈现"是显出、露出。

【处世—处事】"处世"泛指在社会上的活动、人际交往，如处世之道、处世哲学、为人处世老练；"处事"指处理事务，如处事不惊、处事不周。

【创见—创建】"创见"指独到的见解；"创建"指创立。

【窜改—篡改】"窜改"指改动，删改成语、文件、古书等；"篡改"是指用作伪的手段改动或曲解经典、理论、政策等。

【遏止—遏制】"遏止"着重于"止"，表示阻止，如不可遏止；"遏制"着重于"制"，表示压制、控制，对象通常是情绪、敌人或某种力量，常带宾语，如遏制对方的攻势、遏制不住的激情。

【法治—法制】"法治"表示要根据法律来治理国家，如实行法治；"法制"指有关的法律制度，如健全法制。

【反映—反应】"反映"指反照，或把客观情况、别人的意见等告诉上级、有关部门，如反映情况、反映意见、反映了现实的生活；"反应"指由外来刺激引起的某种活动或回应，如反应迅速、没有反应过来、引起强烈反应。

【妨碍—妨害】"妨碍"指使事情不能顺利进行或阻碍，如妨碍学习、妨碍走路；"妨害"指有害于，比"妨碍"程度加深，如妨害健康。

【伏法—服法】"伏法"是指罪犯被执行死刑，如罪犯已于昨日伏法；"服法"是指服从判决，如你只要认罪服法，接受改造，还是有出路的。

【肤浅—浮浅】两个词都可用于表示认识浅、理解不深或者学识浅薄。"肤浅"是客观或自我评论；"浮浅"有空虚不实或不大正派的意思，含有明显的贬义。

【扶养—抚养】"扶养"的意思就是养活，其对象既可以是长辈，也可以是平辈或晚辈;"抚养"的意思是爱护并教养,其对象多是晚辈。

【赋予—付与】"赋予"中的赋予者应是尊长、高贵的一方,如人民、宪法、历史、时代、组织、大自然等;"付与"指给予、交给,所给的对象多是一般人或具体事物,所付的东西也多指钱款和具体物品。

【富裕—富余】"富裕"意为财物充裕,既可作形容词也可以作动词;"富余"意为数量上足够并有剩余,只作动词,侧重表示剩余,如富余人员、时间还很富余等。

【赶快—赶忙—赶紧】"赶快"用于命令语气最重、主观感情最为浓厚的使令句和祈使句中,如时间太晚,我们赶快走吧;"赶忙"不能用于祈使、命令语气,只用于描述已经发生的、客观的动作、情态,无主观性,如在下课前我赶忙把作业做完;"赶紧"使用范围最广,可以在一般陈述句中运用,也可以在祈使句中运用,但命令的语气较为平和,如天要下雨了,赶紧走吧。

【工夫—功夫】表示占用的时间或空闲时,用"工夫";表示工作、学习所花的精力、时间时,或表示本领和造诣等义项时,用"功夫"。"下功夫"是固定词组。

【功效—工效】"功效"指功能或效率,如立见功效;"工效"指工作的效率,如提高工效。

【沟通—勾通】两个词都有相通连的意思,但"勾通"是贬义词,指暗中勾结。

【固然—果然】两词都和事实相关,但用法有一些差别。"固然"表示承认某个事实,但后面意思有转折或也不否认其他事实,如这条路固然通到那,但稍远;去黄山见到云海固然好,没有见到就看看山上的风景也是很不错的。"果然"表示事实与所说或所料的相符,也用于假设事实与所说或所料的相符,如我说今天股市要跌了,果然跌了;你果然喜欢那双鞋子,就该买下来。

【雇佣—雇用】两词都和雇人相关,但用法有一些差别。"雇佣"常作定语,如雇佣兵、雇佣劳动、雇佣关系等;"雇用"常作谓语,一般要带宾语,如雇用临时工、雇用他、雇用保姆等。

【关于—对—对于】介词结构作定语(后面要加"的"),或在"是……的"式中作谓语,用"关于",如一本关于股市的图书,是关于爱国主义教育的。事关行为主体与客体关系的,用"对",如我国观众对墨西哥电影并不陌生;用在副词之后时,用"对",如对事不对人。引进的事物是动词的行为对象的,用"对于",如对于文化遗产,我们必须研究分析;引进的事物是动词所涉及的,用"关于",如关于牵牛织女星,民间有个美丽的传说。"对于"可用在句首,也可以用在句中,而"关于"只用在句首,如我对于这件事的前因后果非常清楚。涉及对象专指时,用"对于"或"对","对"更专指,如我对这件事有看法。

【贯穿—贯串】"贯穿"既用于较抽象的事物,也用于较具体的事物;"贯串"只用于较抽象的事物。

【灌注—贯注】"灌注"指浇进、注入液体或心血,如把铁水灌注到砂型中,心血全都灌注在孩子身上;"贯注"指精力集中,或语气、语意连贯,如精力贯注在工作上,全神贯注,这四句是一气贯注下来的。

【国是—国事】"国是"指国家大计,如共商国是;"国事"指国家的大事、政事,如国事访问、关心国事。

【合龙—合拢】"合龙"特指修筑堤坝或桥梁等从两端施工，最后在中间接合；"合拢"指合到一起，闭合，如合拢书本。

【轰然—哄然】"轰然"形容声响巨大，如旧楼轰然倒塌；"哄然"形容人声又多又大，如哄然发笑。

【宏大—洪大】"宏大"指规模巨大、志向宏伟，如规模宏大、志愿宏大；"洪大"指声音和具体的情状，如钟声洪大、水势洪大。

【化妆—化装】"化妆"指用脂粉等使容貌美丽，也有"美化"的比喻义；"化装"一般指演员为扮演角色而加以修饰，也指因特殊需要而改变装束、容貌，如化装成特务。

【会合—汇合】"会合"用于人聚集在一起，如两军会合；"汇合"用于水流聚集或类似的喻义，如三江汇合、人民的意志汇合成巨大力量。

【火暴—火爆】两个词通用，只是互有首选：涉及性格，首选"火暴"，如火暴性子；表示旺盛、热闹和红火，首选"火爆"，如花开得火爆、场面很火爆、生意很火爆。

【及时—届时】"及时"是正赶上时候，马上，如及时解决；"届时"是到时候、那时候，如届时务请光临。

【即使—虽然】"即使"既表让步，也表假设，如即使你磨破嘴皮，也别想让他回心转意；"虽然"只表让步，不表假设，如他虽然工作很忙，可是对学习并不放松。

【简洁—简捷】"简洁"指说话、行文简明扼要，如文笔简洁；"简捷"指直截了当、简便快捷，如算法简捷。

【简朴—俭朴】"简朴"除了指生活方面外，还指语言、文笔上的简单朴素；"俭朴"指生活上节省朴素。

【鉴别—鉴定】"鉴别"是辨别真假好坏，如鉴别古物；"鉴定"是除了要辨别真假好坏外，还要把它们区分开来，如自我鉴定、鉴定碑帖。

【交会—交汇】两者都有会合的意思，"交会"用于水流、气流之外的事物会合、交叉，"交汇"则专用于水流或气流聚集到一起。

【娇纵—骄纵】"娇纵"指娇养放纵，动词，可带宾语，如娇纵孩子；"骄纵"则指骄傲放纵，形容词，不能带宾语，如骄纵惯了。

【接合—结合】"接合"指连接使合在一起，用于具体对象，如城乡接合；"结合"指人或事物间发生密切联系，如理论结合实际，也特指结为夫妻。

【结余—节余】"结余"指结算后余下，或结算后余下的钱；"节余"指因节约而余下，或者因节约而余下的钱或东西。

【截止—截至—截止到】"截止"指到一定期限停止，不及物动词，一般放在时间名词之后，如网上报名本月底截止；"截至"和"截止到"是一样的，表示到某过程的某个时候，如截至今天、截止到今天。

【界线—界限】指不同事物的分界时，两个词通用。指具体地区的分界、事物的边缘，或者跨越分界，必须用"界线"，如房基地界线、跨越界线；指抽象事物的分界用"界限"，如划清界限、界限分明。

【借鉴—鉴戒】"借鉴"指跟别的人或别的事相对照，以便取长补短或吸取教训，如可资借鉴；"鉴戒"指可以使人警惕的事情，如引为鉴戒。

【竟然—居然】"竟然"和"居然"都是副词，都表示出乎意料。"竟然"着重指没有想到，如昨天还遇见他，今天他竟然出国了；"居然"着重指结果与预料的相反，常用于结果与主观愿望不一致的情况，如结束前五分钟他们还落后三分，最后他们居然胜了。

【滥用—乱用】"滥用"指胡乱地或过度地使用，如滥用职权、滥用方言；"乱用"指该用这个却用那个，如不能乱用成语。

【里程—历程】"里程"可指具体的空间路程，也可指发展的过程；"历程"指已经经历的过程。空间的路程用"里程"；时间的过程，如时间不明确时，或者是将来时，也用"里程"，如革命的里程、展望新的生活里程；表示过去的句子中，用"历程"，如回顾几十年的战斗历程。

【厉害—利害】"厉害"有难以对付或严厉的意思，如这个人很厉害；"利害"指利益和损害，如他们没有利害关系。

【连接—联结】从涉及的对象来看，"连接"的两个事物一般都是具体可感的，如山岭连接、连接线路、连接绳子；"联结"所涉及的事物一般都是比较抽象笼统的，如两点间画一直线联结起来，锦州是联结东北和华北的战略要点。

特别需要说明的是，许多中小学数学教材中两点间连线，既不用"连接"，也不用"联结"，用的是"连结"。

【亮丽—靓丽】"亮丽"指明亮、美丽或美好、优美，现在多用于事物，如色彩亮丽、亮丽的风景线、文章写得亮丽；"靓丽"指漂亮、美丽、好看，现在一般用于人，多指年轻女性，如靓丽女孩、扮相靓丽、靓丽的容颜。

【临近—邻近】"临近"是动词；"邻近"指接近时是动词，指附近时是名词。表示时间接近时，只能用"临近"。表示附近，作名词时，只能用"邻近"。都表示位置接近，作动词时，"临近"指的是正在接近向你靠近的事物，而且还能靠近；"邻近"指的是在你附近的事物，但该事物不会移动，不会再靠近你。

【流传—留传】"流传"指传下来或传播开（故事、消息等）；"留传"指遗留下来给后代。

【年青—年轻】"年青"指处在青少年时期；"年轻"指年纪不大，或在年龄比较中比较小的，如老张比老王年轻。年轻力壮、年轻人、年轻有为是固定用法。

【期间—其间】"期间"是指某段时间内，不能单独使用，前面必须有指明时间段的成分，如会议期间、学习期间；"其间"是其中、那中间的意思，可用于指时间、空间或其他方面，如其间多次获奖、躲藏其间。"其间"前面不能加修饰语，"期间"前面必须加表示时间段的修饰语。例如，可以说"这期间"，不能说"这其间"；可以说"在部队工作期间"，不能说"在部队工作其间"。

【启事—启示】"启事"是为了说明某事而公开的文字，如招领启事；"启示"则指受启发获得领悟。

【起用—启用】"起用"多指用人方面，如起用新人；"启用"指开始使用，与物有关，如新船闸启用。

【墙角—墙脚】"墙角"指两堵墙相接而形成的角，"墙脚"指墙的下部靠近地面处，"墙脚"可以是一堵墙的下部，也可以指所有墙的下部，包括"墙角"。"挖墙脚"特指拆台，"挖墙角"无此意。

【情节—情结】"情节"指故事的发生、演变和经过，一般用在事情上；"情结"与人的感情有关，如思乡情结。

【祛除—驱除】"祛除"指去疾病、疑惧、邪祟等，与疾病（包括神经）或神灵相关，如祛除风寒、祛除紧张心理；"驱除"指赶走、除掉，如驱除蚊蝇、驱除邪恶势力、驱除不良情绪。

【权利—权力】"权利"指公民或法人依法行使的权力和享受的利益（跟"义务"相对），如公民权、选举权，经常作"享受""享有"等的宾语；"权力"指有权支配他人的强制之力，如国家权力或担任一定职务拥有的支配力量，如批准权、用人权，经常作"行使""使用"等的宾语。"权利"可以转让和放弃，"权力"不能。"权力"可构成"权力机关""权力部门"。

【溶化—熔化—融化】"溶化"指固体放在液体里溶解，或指冰雪等物质变成水（在此义下"融化"是首选词）；"熔化"指固体加热到一定温度变成液体，比如铁熔化成铁水；"融化"指冰雪等物质变成水。

【上缴—上交】两者动作的对象都是上级，但涉及收入的财物使用"上缴"，这里突出收入和财物，如上缴税款、上缴国库。如果说的是发现的物品，或者非物品，比如矛盾，使用"上交"，如别把矛盾上交给学校、发现的古瓷器已上交文物部门。

【审定—审订】"审定"指审查决定，如审定计划；"审订"指审阅修订，如审订书稿。

【世故—事故】"世故"指处事经验，或指待人圆滑；"事故"指意外的损失或灾祸。

【事务—事物】"事务"指所做的或要做的事情，如法律事务、事务繁忙、事务性工作；"事物"泛指各种物体和现象，如新生事物。

【收集—搜集】"收集"是使分散的东西积聚在一起，如收集资料。"搜集"侧重搜寻，是到处寻找事物并集中在一起，如搜集珍贵邮票。

【授权—受权】"授权"指你把权力交给别人，如国务院授权新华社发布；"受权"指你被别人交付了权力，是别人给你权力，如新华社受权发布。

【熟悉—熟习】"熟悉"指知道得清楚、详细，含义较广，对象是具体的人、事或抽象的道理，如我和他很熟悉、熟悉一下场地；"熟习"指了解得深透而熟练，对象是技艺、语言、学问、知识等，如他熟习果树栽培技术。

【树立—竖立】"树立"指建立，多指抽象的东西，如树立榜样；"竖立"指物体垂直，一端向上，一端接触地面或埋在地里，如竖立着纪念碑。

【探望—看望】"探望"指试图发现情况地看，或者远道去看望，如四处探望，向窗外探望，去杭州探望几个老朋友；"看望"指到长辈或亲友处问候。

【停止—停滞】"停止"指不再进行，如商店倒闭而停止营业；"停滞"指受阻不前，不能顺利地运动或发展，如停滞不前、生产停滞。

【通信—通讯】"通信"指所有传递信息的手段；"通讯"指用文章报道方式传播

信息，如通讯社、通讯网。

【通信员—通讯员】"通信员"指部队、机关中传送公文信件的人员；"通讯员"指报刊、电台等约请的经常为其写新闻报道的非专业人员。

【推脱—推托】"推脱"意为推卸、推辞，着重于摆脱、开脱责任和问题，如推脱责任；"推托"是借故拒绝，即不直接加以拒绝而婉言表示不接受，后面常带上托词或拒绝的原因，如推托嗓子不好。

【违反—违犯】"违反"指不符合、不遵守规章制度，如违反纪律、违反政策；"违犯"指违背和触犯法律法规，如违犯法规、违犯禁令。

【委屈—委曲】"委屈"指受不应该有的指责或待遇，如感到很委屈，委屈你了；"委曲"指（曲调、道路、河流）弯弯曲曲，曲折，或事情的原委，或心里勉强服从，如委曲婉转、委曲的溪流、告知委曲、委曲求全、委曲迁就。

【诬蔑—污蔑—侮蔑】"诬蔑"是人没有做坏事，硬说他做了坏事，如造谣诬蔑；"污蔑"是歪曲事实，败坏人家的名誉，如不要污蔑好人；"侮蔑"表示轻视、蔑视，如侮蔑我们、侮蔑的态度。

【向往—想望】"向往"指因热爱或羡慕而希望得到或达到，后常跟名词或名词性短语，如向往北京、向往着美好的未来；"想望"是希望，后常跟动词性短语，如想望着做一名医生。

【消失—消逝】"失"的意思为失掉，丢掉；"逝"的意思为过去，多指时间、水流等。由此，"消失"侧重结果，强调永远失去了或很快失去了，如一颗流星从夜空中瞬间消失了；"消逝"侧重过程，指逐渐减少，如火车的隆隆声慢慢消逝了。

【协调—谐调】"协调"侧重配合得适当，如色彩协调、动作协调、产销关系协调；"谐调"侧重和谐、得当，只用于形容声音、颜色、气氛等，如色彩谐调。

【形迹—行迹】"形迹"指举止和神色，或痕迹、迹象，或礼貌，如形迹可疑、不留形迹、不拘形迹；"行迹"指行动的踪迹，如行迹不定。

【醒悟—省悟】"醒悟"指在外界作用下觉醒过来，变得清楚；"省悟"指经过自省、内省、反省而明白、觉悟过来。

【修养—休养】"修养"指学识、思想水平，待人处事的态度；"休养"指体力或经济力量的休息调养。

【学历—学力】"学历"一般指学习的经历，在哪所学校毕业或肄业；"学力"指学习所达到的程度。

【一起—一齐】"一起"侧重于表示空间上的"一同""一块儿"，如一起去吃饭；"一齐"侧重于表示时间上的同时，如一齐到达终点、一齐鼓掌。

【以致—以至—以至于】"以致"用在下半句开头，表示上半句的原因所导致的结果，多指不好的结果；"以至"表示时间、数量、程度、范围上的延伸，或者用在下半句开头，表示上半句所说的动作、情况的程度很深而形成的结果；"以至于"与"以至"是相同的。

【义气—意气】"义气"指由于私人关系而甘于承担风险或牺牲自己利益的气概，或有这种气概或感情，如重义气、讲义气；"意气"指志趣、性格、气概，也指偏激情绪，如意气相投、意气风发、意气用事。

【预定—预订】"预定"指预先规定或约定，如预定计划、预定时间；"预订"指预先订购，如预订机票、预订报纸、预订酒席。

【隐晦—隐讳】"隐晦"指模糊不明显，如文字写得很隐晦；"隐讳"指有所顾虑而隐瞒不说，如从不隐讳自己的缺点和错误。

【盈利—营利】"盈利"是名词，指扣除成本后获得的利润；"营利"是动词，指谋求利润，但能否获利尚不可知。

【增加—增长】两词都可以表示量的增多。"增加"表示在原有基础上多出来的量，反映事物的实际情况；"增长"表示某一时期内量的增多，反映主观上对事物发展趋势的评价。"增加"重点在加入的事物上；"增长"重点在原来基础和新增加的总和上，即总体上，如"增加 400 人"和"增长 10%"，表示前者重点在后加入的 400 人上，后者重点在总体比原来多了 10%。"增加"可以接具体量词、百分比、倍数，增加的事物可以和原来的不同，比如可以说增加烦恼、增加困难，但不能说"负增加"（减少）。"增长"是同一事物的数值变化，可以说增长 20%、增长 3 倍，甚至是负增长，但不能说增长一本书、增长三间房；或表示事物同一方向的发展，如词汇量大幅增长、能力增长、知识增长、年龄增长。

【侦察—侦查】"侦察"常用于与军事、作战相关的活动，重点在察看；"侦查"常用于公安、检察、司法等部门以及与破案有关的方面，重点在调查。

【正规—正轨】"正规"指符合正式规格的或一般公认标准的，如正规军；"正轨"指正常的发展道路，如走上正轨。

【指使—支使】"指使"意为出主意叫别人去做某事，一般不是公开的，如这件事幕后有人指使；"支使"是命令人做事，如把他支使走。

【指责—指摘】"指责"只是责问的意思，如横加指责；"指摘"指挑出错误并加以批评，如严厉指摘、无可指摘。

【制定—制订】"制定"指定出法律、规程、政策，偏重于做出最后决定，如制定政策、制定法令、制定方针、制定纲要；"制订"是创制拟定，偏重于从无到有的创制、草拟而后的订立，如制订计划、制订方案。但国家五年计划用"制定"。

专题训练

请找出下面句子中的词语错误。

1. 红尘有幸曾识君，似乎惟其如此，才能在分别时坦然地说再见，才不负我们共同消磨的老旧时光。

2. 案语是报纸编辑对发表文章所加的简要批注和说明。

3. 书中人名按姓氏笔划排，书末附四角号码索引。

4. 压韵，是指在韵文的创作中，某些句子的最后一个字都使用韵母相同或相近的字，使朗诵或咏唱时，产生铿锵和谐感。

5. 五采缤纷的灯挂满树梢，小城充满了节日的气息。

6. 众兵将得令，一个个磨拳擦掌，准备厮杀。

7. 公司刚刚成立，全体员工干劲十足，总经理满怀雄心壮志，立言大展鸿图。

8. 波士顿是美国麻萨诸塞州的首府和最大城市，也是新英格兰地区的最大城市，麻省理工学院的创建地。

9. 那么，对于上海来说，"黄埔江是上海的母亲河"，这样的定义准确吗？

10. 貂婵是中国古代四大美女之一，也是其中唯一一位无史料记载，仅存于小说戏剧中的美女。

11. 那个门外汉，就是昨天下午来找你的男人。

12. 我们去食堂时，已经过了开饭时间，只好回寝室吃小灶。

13. 课堂讨论时，老师喜欢我们多打小报告，以提高总结能力。

14. 今天班上几位同学将到我家来玩，我要尽东道主之谊。

15. 他知道，由于这一损失，今年全家人不知要过怎样挤牙膏的日子呢！

16. 你尽唱白脸，让我在孩子面前唱红脸，现在孩子都怕我。

17. 我们的数学老师像只老狐狸，什么数学题都难不倒他。

18. 当你在学习上遇难时，你会如何鼓励自己？

19. 昨天我们看了女花比赛，女运动员在水中做的动作真好看。

20. 明天我们就要讨论增资的可能性。

21. 芒果是热带水果，营养丰富，具有益胃止呕、祛痰止咳的功效。

22. 第二次世界大战时，德国发动了潜艇战，于是使用水声设备来寻找潜艇，成了同盟国要解决的首当其冲的问题。

23. 今年初，上海鲜牛奶市场燃起竞相降价的烽火，销售价格甚至低于成本，这对消费者来说倒正好可以火中取栗。

24. 北大荒虽然天荒地老，但经农垦战士的开发，已经成为商品粮基地。

25. 美国政府在台湾问题上的危言危行，只能是搬起石头砸自己的脚。

26. 全面提高学生综合素质，减轻学生学业负担，这一系列举措在社会上引起了轩然大波。

27. 作家不深入生活，坐在家里管窥蠡测，就创作不出群众喜欢的作品。

28. 古人中不乏学习的楷模，悬梁刺股者、秉烛达旦者、闻鸡起舞者，在历史上汗牛充栋。

29. 调一碗万能的麻酱，淋在油麦菜上，既省事还美味。

30. 这些女孩平均年龄只有22岁，正值豆蔻年华，却已成为独当一面的技术能手。

31. 我们漫步在山阴道上，沿途的风景络绎不绝。

32. 小李在这次月考中又是班上倒数第一，名落孙山。

33. 为了救活这家濒临倒闭的工厂，新上任的厂领导积极开展市场调查，狠抓产品质量和开发，真可谓处心积虑。

34. 沙河村为应付上级扶贫检查，把几个村的羊群集中到一起，以其规模效益骗取扶贫资金，其手段之恶劣，令人叹为观止。

35. 在这个工厂里，他是摔了铁饭碗而干个体的始作俑者，在他之后，不少人或辞职或停职，投入下海的潮流中。

36. 日本一位县议员挪用公款被曝光后举行记者会自辩，当场嚎啕大哭，以博得同情。

37. 如果对中国人民的严正声明和强烈抗议置之度外，一意孤行，他们必将自食其果。

38. 从手机企业进行废旧手机回收的效果来看，废旧电脑的回收或许又是一出没有消费者参与的"独脚戏"，最后仅仅成为企业的一场免费作秀。

39. 几乎所有造假者都是这样，随便找几间房子，拉上几个人就开始生产，于是大量的垃圾食品厂如雨后春笋般冒了出来。

40. 辛弃疾继承并发扬苏东坡的豪放风格，以翻云覆雨的笔力，激昂跌宕的气势，抒情言志，针砭现实，形成南宋词坛一大流派。

41. 老朋友在异地萍水相逢，石涛特别高兴，当即画了一幅《黄山松云图轴》相赠。

42. 他双眉紧锁，沉默不语，恐怕是有什么难言之隐的苦衷。

43. 他画的画在我们这里很有名气，可一拿到大地方去，就显得相形见绌了。

44. 干非常之事，建非常之功，从来都需要非常之执著。

45. 看到他这种滑稽的表情，坐在身旁的一名外国记者忍俊不禁扑哧一声笑起来。

46. 他常常在行家面前卖弄，结果被人贻笑大方。

47. 日本帝国主义的侵华战争使万千中国人民生灵涂炭。

48. 他一大早就口若悬河地说个不停。

49. 对于我们这些普通平凡的芸芸众生来说，生命也许并不辉煌，但同样可以发光。

50. 把生病的老人送去医院，这是再正常不过的事情，我万没想到却受到了不虞之誉。

51. 月明星稀、夜深人静，王小晓独自孑然一身匆匆穿过小巷，闪进了巷口的一扇漆黑的大门。

52. 仅仅站在那里远远地望一望，这种走马观花地了解一点表象的工作态度，根本不能解决实际问题。

53. 新兴商城才开张，鸿运百货大厦又敲响了锣鼓，两家商店形成了鼎足之势。

54. 同志们都认为，他这个人办事向来深思熟虑，计划周密，不假思索。

55. 太平天国农民起义军领袖，本可以把革命进行到底，但结果却半途而废，功败垂成，真令人惋惜。

56. 漠不关心人民疾苦的官僚必须坚决地打翻在地，并踩上一只脚。

57. 这里有良好的水土条件，又有一个团结向上的领导班子，因而人民的生活安居乐业。

58. 美伊之间的矛盾并未从根本上解决，海湾局势不会就此一劳永逸。

59. 皮肤龟裂是指皮肤因干燥而出现小裂口。

60. 他的设计虽然有些缺点，但方向正确，无可非议。

61. 整改不光是说在口头上，更要落实到行动上，相信到下一次群众评议时，大家对机关作风的变化一定会有口皆碑。

62. 2001 年 3 月 28 日，新华社授权颁布第五次全国人口普查统计数据。

63. 当然，也有人打算放假其间看看自己心仪的爱车，争取过年开着新车回家。

64. 他说的这段话详细描述了故乡的山水，期间所蕴含的哲理更值得玩味。

65. 国家机关作为行使国家权利的活动主体，首先要保护一切基本权力法益，并以此作为进行活动的道德和法律基础。

66. 今天我们坐火车去南宁，看望几位多年没有见面的朋友。

67. 在进行班委讨论前，我们广泛搜集了班里同学对春游的意见。

68. 报社的通信员和连队的通信员，是两个完全不同的岗位。

69. 关于这件事，我有不同的看法。

70. 请问：家中其他子女都不愿抚养老人，推给我一个多病又收入不高的人抚养怎么办？

71. 别把我当做外人。

72. 用心血捻成灯心，去点亮爱。

73. 看多了周围的事，听多了身边流传的蜚语，做多了那么无谓的事，我终究还是我。

74. 我努力抑制自己的恐慌，但这还不是我要面对的惟一任务，因为这三个人也足以让我内心打颤了。

75. 现代人多半有吃宵夜的习惯，但你知道吃宵夜的坏处吗？

76. 在充满劣等烟草味的小牢房里，烟雾继续从他嘴里一口一口地吐出，周围弥漫着青烟的漩涡。

77. 思想要开放，要打破一切成规陋习，敢闯敢试，特别是放眼世界，学习发达地区的经验为我所用。

78. 今天早上起来，突然发现伤口周围出现了大片的紫色淤血，不疼也不痒。

79. 香港特区行政长官梁振英 18 日发表农历新年贺辞，祝各位市民身体健康、万事如意。

80. 富裕劳动力是指在一定的生产水平下，现有劳动力数和实际需要的劳动力数之差。

第七章

语法规范

语法是从众多的语法单位里抽象出其中共同的组合方式、类型及如何表达语义的规则。语言用于表达事物或交流感情时，必须符合语法的要求，不然别人就无法理解。符合现代汉语语法要求的语言，就是规范的语言。

汉语语法分词法和句法两个部分。词法主要是有关词类和各类词的构成规律、词形（形态）变化规律等；句法主要是有关短语、句子的结构规律和类型等。规范语言，必须熟悉汉语语法。

第一节 汉语语法的规范

语法规范问题是以什么为语法规范的问题。我国是一个多民族、多语言、多文种的国家，为了在各地、各民族间迅速有效地进行沟通、交流，需要一种国家通用语言。《中华人民共和国国家通用语言文字法》以法律的形式确立了普通话作为"国家通用语言"的法定地位，同时也确定了汉语的规范方向，那就是以北京语音为标准音，以北方话为基础方言，以典范的现代白话文著作为语法规范。在这里，汉语语法是"以典范的现代白话文著作为语法规范"的。

之所以要"以典范的现代白话文著作为语法规范"，一方面，是因为我们目前没有一套权威的现代汉语规范语法来指导大众进行语言实践；另一方面，是因为白话文运动以后，作家们自觉地用普通话写作，涌现出一大批作为普通书面规范语言的典范作品，在书面语中获得了主导地位。这些作品是属于时代的，属于人民大众的，是应用书面语的典范，其丰富的书面语材料形成了普通话的语法规范。

什么是典范的现代白话文著作？一般认为，鲁迅、郭沫若、茅盾、巴金、老舍、曹禺等人的著作，就是典范的现代白话文著作。

对于"以典范的现代白话文著作为语法规范"，有学术争议：一是以著作作为语法规范，那就是以书面语作为语法规范。简单地以书面语作为语法规范，忽视口语的特殊性，既会导致轻语重文而削弱语言学习者的口头表达能力，又会在出现特殊情况时因无相应规范而出现口语混乱。二是以典范的现代白话文著作作为语法规范，暂且不说那些现代白话文著作的语言环境和当下的语言环境是否相适应，单从以"著作作为语法规范"的定义上看就存在问题。我们可以说某些典范的现代白话文著作很好地运用了现代汉民族共同语的规范，但规范肯定是从无数一般语言用例中抽象出来的规则。

因此，有学者建议，使用"以典范的现代白话文著作中的一般用例作为语法规范"的表达更为合理。更进一步，有的学者把党和国家领导人的著作，党和国家的重要文献，以及当代一些优秀文学作品，列入一般语言用例的抽取范围，因为这些著作确实是应用书面语的典范，其丰富而鲜活的书面语材料能形成与时代相适应的语法规范。

显然，这些学术思考对于汉语语法的规范具有建设性意义，我们文字工作者应该给予重视。至少，这些学术思考为我们如何更好地学习汉语语法规范指明了努力的方向，那就是在实践中，我们可以多阅读现代和当代优秀作品，多看一些大报，如《人民日报》《光明日报》，从具体的、鲜活的语言用例中寻找用词用句的规律，以指导自己的语言文字工作。当我们吃不准一些具体用词情况时，比如"意识"有哪些动词可以搭配，可以网上百度一下《人民日报》或新华社的使用情况：

意识 人民日报

意识 新华社

通过百度，发现有"树立""加强""强化""增强""唤醒""要有""多些""激发""缺少""缺乏"等词可以与"意识"搭配。

另外，我们也可以利用一些现成的用词用句错误分析的成果，通过对这些反面教材的学习和领悟，来提高自己的汉语语法水平。

当然，国家在出版了一系列汉语规范字典和规范词典后，再能从普通话语言实践中兼顾语义和语用，总结出一套包括词法规则、短语结构规则和句法规则在内的现代汉语语法规范，并将其正式出版，当是最理想的。这对于我国规范使用普通话，有效进行沟通和交流，都是非常有益的。

只是，汉语语法非常复杂，很多语言现象是约定俗成的，根本无法用词语规律来解释。例如，"吃大碗""抽鞭子""住杭州""写大楷""走快递""围着一群人""养病""救火""恢复疲劳""打扫卫生""看医生""晚饭吃光了""电报发了""电话打了"这些词语组合看似逻辑荒谬，但在现实中使用面是很广的。

还有，一些语言组合中有多余的成分，但并没有被视为"词语义重复"（语言学上称为"羡余"现象），如"虽然如此"中的"然"即"如此"，但大家还是在使用"虽然如此"，没人认为是错误的。当然，"羡余"现象反映出经常使用并且为大家所习惯就能成为一种思维和言语的定势，如我们常常会用到的"跳入河里""走出门外""停滞不前""从容不迫""参差不齐""忤逆不孝""寂然无声""怫然不悦""迥然不同""索然寡味""平安无事""寥寥无几""落落大方""惶惶不安""拒不接受""长大成人""往下沉""在后面尾随""永远铭记""急速奔驰""仔细端详""团团围坐""凭空捏造""共同讨论""对听众演讲""比以前进步"，也都表现出了可容忍的信息冗余。

在这里，一些约定俗成的语言使用实际上和语法规范是有冲突的。这就牵涉到语法规范当如何取舍的问题。有的人认为，任何民族的语言都是约定俗成的，凡是已经约定俗成的，它就是规范的。所谓语言是在变化的，从语言的历史演变来看，民众认可的就是约定俗成的。关键在于，约定俗成的语言使用有些是和规范相冲突的，这既不利于语言学习理解，也不利于语言实践规范，甚至还会因约定俗成的"泛滥"导致我们的语言规范起来更加困难重重。

因此，有必要强调，编校人员必须严格遵守语法规范。至于约定俗成的语言使用情况，只能认可那些已经被法律、标准、规范、工具书、专家意见认定为符合语言规范的部分。毕竟，并不是所有约定俗成的"不规范"用法都能"合法化"。编校人员千万不能在语言的"习非成是"中起助推作用。

第二节　汉语的词类误用

汉语的词类误用现象，就是指在使用单词的过程中，不考虑单词的词性和词法功能，单纯从词义对照的角度出发来运用单词，从而出现的词法错误现象。

一、名词的误用

名词是用于表示人或事物的词，主要功能是作主语、宾语、定语，但方位名词（如"前面""旁边"）和时间名词（如"春天""星期一""今年"）常作状语。

名词作谓语，仅限于表示籍贯、天气、时间等，而且名词前常有修饰语。例如：

刘老师北京人。

现在九点钟。

索菲长发，大眼睛。

这里，"北京""九点""长""大"都是修饰语。

名词的误用情况，如：

她前几天连着加班，很困，今天一连睡眠了十二个小时。

刘教授总是耐心地指导学生把论文写得完整、清晰、条理。

把最好的一片远方给我，我要远洋。

8 月 23 日，中央军委举行座谈会，隆重纪念陈毅同志诞辰一百周年。

沪上书市狂飙"哈佛"风（标题）

眉批北京国际音乐节（标题）

其中，"睡眠""远洋""诞辰""狂飙""眉批"等是名词误当动词。"条理"是名词误当形容词。有关"诞辰一百周年"和"诞生一百周年"，学界争论很多，虽然报刊使用前者为多，但从语法上理解，还是使用后者较好。

二、动词的误用

动词表示动作行为，在句子里主要作谓语，有时也可作补语、定语、主语、宾语、状语。

动词的误用情况，如：

强子散布种种捏造，妄图破坏我和李林的友谊。

老人直起身子，那张黑黝黝的脸庞顿时绽出那憨厚的道歉。

从现代教育的角度来说，拥有保密对于孩子的成长具有重要作用。

这个系列作品充实反映了新潮流。

一整个晚上，他躺在床上都在想如何报仇她。

其中，"捏造""道歉""保密"是动词误当名词，"充实"是动词误当副词，"报仇"是不及物动词误当及物动词。

三、形容词的误用

形容词主要用来描写或修饰名词或代词，表示人或事物的性质、状态、特征或属性，常用作定语，也可作表语、补语或状语。

形容词的误用情况，如：

他鲜红了衬衣。

这件衣服，专卖店与淘宝店的定价悬殊一半多。

教授课堂上两句简短的有关考试难度的话，顿时使学生心中有一种无可名状的沉重。

微信作为新的交流手段，已经成功广阔。

其中，"鲜红""悬殊""广阔"是形容词误当动词，"沉重"是形容词误当名词。

四、数量词的误用

数词是表示数量或顺序的词，分基数词和序数词。基数词不能单独作句法成分，只有在数学计算时或者文言格式中可单用，例如一加一等于二；序数词在特定情况下也可以直接修饰名词，多数是组成专名，中间不用量词，如第一车间。

量词是用来表示人、事物或动作的数量单位的词，分为物量词和动量词两类。物量词表示人或事物的计算单位，如"一个人"中的"个"；动量词表示动作次数和发生的时间总量，如"看三次"中的"次"，"看三天"中的"天"。

数词通常与量词组合成数量短语，在句子中用作定语、补语或状语。

数量词的误用情况，如：

我现在终于明白婚姻不单单是男女当事人的事，而且是二个家庭的事！

二个小点的女生力气小，没有挤上公交车，眼睁睁地看着公交车开走了。

我看着她发红包的，并且第一时间去抢，还是没有拿到第一，只抢到第两。

在国际经济萧条的大背景下，目前只有少数行业能保持百分之十以上的增长速度，增长在百分之两十以上的就更少了。

看到走路都不稳的刘大娘背着破袋到处捡垃圾谋生，他们俩个人心里非常沉重，回家的路上谁都没有说一句话。

我真的很后悔夫妻俩个在一个公司上班。当初就不应该听大家的规劝跟他在一个公司上班，现在各种烦心。

很多玩家已经了解到这仨个男人有着不同的年龄、身份、地位和社会背景。

虽然连续几天阴雨，但今天儿子摸底考成绩很好，家里仨个人的情绪都好起来了。

其中，"二个"应是"两个"，"第两"应是"第二"，"两十"应是"二十"，

"俩个"改成"两个"或"俩"，"仨个"改成"三个"或"仨"。

表示数量增减的数词和量词的误用，如：

由于景区门票价格上涨过快，今年上半年游客人数较去年同期降低了两倍。

原材料价格上涨后，小区大门口的早点价格也增加到10%。

如今，军工股票看涨，有的以前卖5元的，现在竟然卖到了30元，价格足足增长了6倍。

今年学院报考研究生的人数达到112位，比去年增长了近30%多。

其中，数目的减少只能说减少或降低百分之几，或者下降几成，不能说减少或降低几倍。"增长了"不包括底数，只指净增数；"增加到"包括底数，指增加后的总数。因此，例中的"10%"指的是净增数，不包括底数，应将"增加到"改为"增加了"；例中的价格从"5"增加到了"30"，只能说"增长了5倍"或"增长到6倍"，不能说"增长了6倍"。"近"与"多"前后矛盾，应当根据实际情况取其一，或者"近30%"，或者"30%多"。

五、副词的误用

副词是指在句子中表示行为或状态特征的词，用以修饰动词、形容词、其他副词或全句，表示时间、地点、程度、方式等概念，在句中可作状语、补语、定语。

副词的误用情况，如：

事业的成功来得太忽然，让我有些不知所措。

有人说，人生下来是一个偶尔事件，而人的去世则是必然事件。

她对小狗、小猫的害怕心理是一向的。

对于她来说，认真复习还是没有考上重高，已经受了更大的精神创伤。

小琳既长得漂亮，又成绩优秀，是个稍微不错的学生。

他把刚刚的事儿忘了。

几年来，他无时无刻不忘他曾经支教过的小学里那些可爱的学生。

其中，"忽然""偶尔""一向"是副词误当形容词；"更"是副词误当其他副词"很"；"稍微"和"既长得漂亮，又成绩优秀"矛盾，是副词误当其他副词"很"；副词"刚刚"误当名词"刚才"；"无时无刻"等于"时时刻刻不"，再加"不忘"意思是"时刻忘记"。

六、代词的误用

代词是代替名词、动词、形容词、数量词的词，分人称代词、疑问代词和指示代词三种。在句子中，代词的语法功能与其所代替的词语一致。

代词的误用情况，如：

小王和小李是好朋友，在工作上他一直是支持他的。（指代不明）

他说小时候得过一场大病，是王医生把我治好的。（人称用错）

到达山村时，老村长对我们歉意地说："我们那里比较穷，很多东西缺乏，你们别见怪啊。"（"那里"应改成"这里"）

我站在教室门口透过玻璃往里看去，同学们正在这里认真听张教授讲课。（"这里"应改成"那里"，或删除"这里"）

七、介词的误用

介词又称作前置词，表示名词、代词等与句中其他词的关系，在句中不能单独作句子成分。介词后面一般有名词、代词或相当于名词的其他词类、短语或从句作它的宾语，表示与其他成分的关系。介词和它的宾语构成介词词组，在句中作状语、补语或介词宾语。介词可以分为时间介词、地点介词、方式介词、原因介词、数量介词和其他介词。

介词的误用情况，如：

你上百度搜索一下，就可以找到许多对于网上书店销售盗版图书的信息。

丢失 1500 元关于一个在校大学生实在不是小事。

其中，"关于"表示关联、涉及的事物，"对于"用于指出对象，因此"网上书店销售盗版图书的信息"前应该用"关于"，"丢失 1500 元"后应该用"对于"。

刚到事故采访现场，涉事公司方就给我们新闻媒体分发了《对于公司生产事故情况说明》的材料。

其中，"关于"组成的介词短语可以做标题，而"对于"组成的介词短语要加上名词构成偏正结构后才能做标题（如在"事故"后加上"的"），因此"对于公司生产事故情况说明"应改为"关于公司生产事故情况说明"，或改为"对于公司生产事故的情况说明"。

我关于数字出版的基础知识和国内外研究现状，了解一些。

其中，"关于"组成的介词短语作状语，通常放在主语前面；"对于"组成的介词短语作状语时，放在主语前后均可。在这里，"我"应移到"了解"前。

无论我平时穿什么，做什么，我们宿舍的人都要对于我进行一番指手画脚。

一想到马上能进出版社工作，我对于未来充满信心。

其中，"对于"都应改为"对"。

最让人高兴的是，在全班同学相互鼓励、努力拼搏下，大学最后一次 800 米跑在小雨中圆满完成了。

其中，"在……下"中间插入了主谓短语"全班同学相互鼓励、努力拼搏"，可改为"由于全班同学相互鼓励、努力拼搏，大学……"。"在……上／下"中间应该插入名词性词语或短语，不能是谓词性词语或短语。

因此，在依法治监下，对罪犯的教育改造要贯彻以德育人的方针，使依法治监与以德育人达到有机的统一。

其中，"在依法治监下"可改为"在依法治监的前提下"。

在毫无准备下，航班居然中途在白俄罗斯的明斯克停了一个小时。

其中，"在毫无准备下"可改为"在毫无准备的情况下"。

八、连词的误用

连词是用来连接词与词，词组与词组，句子与句子，表示某种逻辑关系的虚词。连词可以表并列、承接、转折、因果、选择、假设、比较、让步等关系。

连词的误用情况，如：

省物价局挂钩帮扶村率先开展村"两委"换届任期述职工作的做法赢得群众欢迎和得到推广。

其中，"和"一般不能连接两个动宾短语，可改为"赢得群众欢迎并得到推广"。

微信可以通过 QQ 号注册和通过邮箱账号注册。

有了技术资本或产品，为何游戏直播平台还那么糟？

2016 年春运火车票正式开售，务工人员或学生都有三套购票方案。

其中，"和"表示并列关系，并列的各项不能有所取舍；"或"表示选择关系，选择的各项有所取舍。"通过 QQ 号注册"和"通过邮箱账号注册"是选择关系，二者取其一，不能用"和"，应改为"或"。"技术资本"和"产品"，"务工人员"和"学生"是并列关系，二者兼有，不能用"或"，应改为"和"。

大学里面究竟是学习重要或者人际关系重要？

我们在经商时，是为了赚钱顺便做好事，或者为了做好事同时赚钱？这是两种完全不同的经营心态。

其中，"或者"和"还是"都表示选择，用在"无论""不管"之后可以互换，但"或者"不含疑问语气，不能用于疑问句中。"是学习重要或者人际关系重要"应改为"是学习重要还是人际关系重要"。"是为了赚钱顺便做好事，或者为了做好事同时赚钱"应改为"是为了赚钱顺便做好事，还是为了做好事同时赚钱"。

我们决不能强调以马克思主义为指导而否定"双百"方针，也不能强调"双百"方针而否定马克思主义的指导作用。

其中，"而"表示原因、目的、依据等意义时，要与"为、因为、由于"等介词配合使用。这里，"决不能强调"应改为"决不能因为强调"，"也不能强调"应改为"也不能因为强调"。

第三节 汉语的病句分析

规范用句，一方面可以通过正面学习，获得一些"正确用句"的知识，也就是获得"应该怎样用句"的知识；另一方面可以通过反面学习，从病句的错误中吸取教训，也就是获得"不应该怎样用句"的知识。这里，我们介绍病句的识别方法，并提供一些作为反面教材的典型病句，以此提高大家对病句的识别能力。

一、病句的识别方法

准确辨析出病句并找出病因，是编校工作中修改病句的前提。要快速识别出病句，就要在熟悉语法分析的基础上结合逻辑分析，多看常见病句类型，从而提高对语言文字敏锐的洞察力，以达到快速且准确识别病句的目的。

现实中，我们可以通过如下几种方法来迅速识别出病句。

（一）通过语感识别

对于一些看似有问题的句子，我们经常可以通过朗读来发现问题，就是读起来不顺口，感觉别扭的句子，要注意分析比较，明辨原因，加以修改。

看句子：

我国目前金融改革的结构性难题大多都同时涉及法律和金融两方面问题。

读起来怎么都不顺口，肯定有语法问题，需要分析。这里，"我国"和"目前"次序颠倒，"大多"和"都"有矛盾，"难题……涉及……问题"也不通。

语感是建立在大量阅读的基础上的，一个人优秀作品读多了，自然就会有良好的语感，再遇到读起来语感不好的句子马上就能判断出句子有问题。

（二）通过结构简化识别

在现实中我们遇到的句子，很少是简单句。简单句的语法结构非常明晰，一有问题就能迅速看出来。那么，长句或复杂句为什么不容易看出来呢？因为句子的附加成分，如定语、状语、补语等，干扰了你对句子结构的分析。

此时，我们可以先去掉这些附加成分，提取出主干（主语、谓语、宾语），检查主干是否存在成分残缺、搭配不当的语病；如果主干没语病，再检查附加成分，看修饰语与中心词之间的搭配有无毛病，修饰语内部是否存在语序不当的问题。像搭配不当、成分残缺等病句，都可以用此法去辨析。

比如，上一例句，如果去掉附加成分，你就能清楚看到"难题……涉及……两方面问题"，其正确的表示应该是"难题……涉及……两个方面"。

又如：

革命前辈这种住不求豪华的房屋、行不求名牌舒适的汽车、食不求美味、衣不求时髦的始终如一的艰苦朴素的作风，是先天下之忧而忧、后天下之乐而乐的革命家的高贵品质。

这个经验值得文教工作者特别是中小学教师的重视。

前面一句，提取出主干，就是"作风……是……品质"，这显然不对，如果把"是"改成"表现了"，句子就对了。后面一句去掉其他成分，即插入语"特别是中小学教师"，就可以看出句子结构是"这个经验值得文教工作者的重视"，显然多了个"的"。

（三）通过逻辑分析识别

有的病句从语法上不好找毛病，只得从事理上进行分析，这就是逻辑意义分析法。即从概念的使用、判断、推理等方面去考虑事实描写是否得当，语句的前后顺序、句间关系是否合适，事实有无违反常理，等等。

比如，"仿造伪劣产品""大白天放礼花""他九岁读大学""两天睡了七十多小时""汽车以时速25米飞驰"，这些事实有些是句子直接表示的，有些是间接表示的，要通过一些分析才能得出。当然，出现这些违反常理的事实，就说明语句有问题。

（四）通过敏感点识别

句子敏感点就是现实中经常出现语法错误的语句节点，像数量词、否定词、关联词、介词、两面词、代词、多义词等。

前一节，我们介绍了汉语的词类误用，其中很多例子都是源自现实，因此，都可以作为我们识别病句的敏感点。比如，看到代词，就应考虑有无指代不明、人称不对、远近指代混乱等问题；看到数量词，就应考虑有无"两与二""俩个""减少或下降多少倍""增长到或增长了"等问题；看到表达否定的副词，应考虑有无否定之否定的问题；等等。

特别是一见文字中出现"已经过去 90 年""那年，他 17 岁"等，就要有一种职业敏感，计算一下，是不是真的有那么多年；文字中出现"等十一项"，就要检查"等"字前有没有超过十一项；文字中出现"这里，我们介绍九十八名同学的具体情况"，就要看看前面介绍的同学是不是九十八名；文字中出现"第八"，就要看看前面是不是第一至第七。

文字中出现"能否""是否"等两面词，要看看语句的上下文有没有与之相对应的词语或语义，比如"学习是否努力"对应"成绩好坏"。

文字中出现"非法"两字，要看看后面跟的名词是不是合法的。一般，后面的名词是合法的，前面加"非法"是合理的；后面的名词本身就是不合法的，前面再加"非法"会给人一种错觉，以为后面的名词是合法的。比如"非法出版"中的"出版"是合法的，该词正确；"非法卖淫"中的"卖淫"就是不合法的，这样使用会让人理解为还有合法的卖淫，显然"非法卖淫"不正确。

（五）通过不熟悉的词语识别

熟悉句子中的词语，阅读起来要理解作者表达的意思就相对容易，识别出病句也就容易一些。如果句子里有一些你不熟悉的词语，甚至短语，那就要注意，很有可能这些你不熟悉的词语就是病句的问题所在。

此时，要迅速查阅相关词典和资料，找出该词语的正确使用方法，以判断句子有无语病。

（六）通过典型病句类型识别

真正要快速识别病句，必须多看典型病句类型的相关例子。这些例子，是广大语言文字工作者通过长期的实践而积累起来的，并且经过总结和精炼，在语言实践中具有代表性，因此，对于编校工作特别具有价值。

典型病句类型既给出了病句例子，又解释了其出错的原因，一是方便编校工作者将现成的句子套类型查错，使编校工作者知其然；二是有针对性地向编校工作者提供句子的语法分析，使编校工作者知其所以然。这样，类似于"熟读唐诗三百首，不会作诗也会吟"，看多了典型的病句类型，在编校实践时遇到同类病句，总会有一些警觉，更容易看出错误。

二、典型病句类型

现实中的病句是形形色色的，总结起来，有六类：语序不当、搭配不当、成分残缺或赘余、结构混乱、表意不明和不合逻辑。

（一）语序不当

语序不当的情况有多种，主要有：

1. 多层定语排列顺序不当

多层定语排列顺序一般是表领属关系（谁的），表示时间、处所（什么时候、什么地方），表指代或数量（多少），表动词性词语、主谓短语（怎样的），表形容词性短语（什么样的），表性质、类别或范围（什么），中心语。下面，是正确排序的例子：

中文系新分配来的那位戴眼镜的女老师

他姐姐那件去年买的蓝呢子大衣

我昨天上午收到的两封从北京寄来的感谢信

定语排列顺序不当，如：

我们学校的有 20 多年教学经验的一位优秀的数学女教师

我市年招 200 名新生的一所重点中学

其中，"一位"移到"有"前，"一所"移到"年招"前。

2. 多层状语排列顺序不当

多层状语排列顺序一般是表目的或原因的介宾短语，表时间的名词或介宾短语，表处所的名词或介宾短语，副词（表范围或频率），形容词或动词（表情态），表对象的介宾短语。下面，是正确排序的例子：

小明妈妈为了表示谢意，今天在家又诚挚地请我们几个吃她亲手包的白菜水饺。

为了买到回家的车票，他今天天还没有亮就离开寝室去车站排队。

状语排列顺序不当，如：

许多附近的妇女、老人和孩子都跑来看他们。

批评和自我批评是有效的改正错误提高思想水平的方法。

里面陈列着各式各样列宁过去所使用的东西。

听说爱说谎的人描述一连串发生过的事情时，都喜欢按时间顺序进行编造。

其中，"附近的"和"许多"次序倒了，"有效的"应去掉"的"后放在"思想水平的"后面，"各式各样"加"的"再移到"所使用的"后面，"一连串"放在"发生过的"后面。

3. 定语状语混淆造成语序不当

两者混淆，造成的语序不当，如：

工资调整在员工中广泛引起了议论。

建筑工人正快速从卸车处一包一包地扛走水泥，赶在大雨前转移到仓库里。

这是一个无疑的绝佳机会。

双方就双边关系和共同关心的问题交换了广泛的意见。

其中，"广泛"应移至"议论"前，"一包一包地扛走水泥"应改成"扛走一包一包的水泥"，"无疑的"应改成"无疑"并移至"是"前（"绝佳"改成"绝佳的"），"广泛的"改为"广泛地"并移至"交换"前。

4. 虚词语序不当

复句中，两个分句共用一个主语时，关联词语在主语后边；两个分句主语不同时，关联词语在主语前边。这类语序不当，如：

他如果不好好复习，考试成绩就好不了。

人的品德有问题，学习成绩即使再好，社会也是不欢迎的。

不仅他打破了学校纪录，而且打破了全省纪录。

人类如果再不爱惜地球，地球环境就会不断恶化，人类就会遭受越来越多的自然灾害。

这次演讲非常成功，PPT 不但做得好，而且演讲人表现也很出色。

其中，"如果"应移到"他"之前，"学习成绩"移到"即使"后，"不仅"移到"他"后，"如果"应放在"人类"前，"不但"应放在"PPT"前。

副词语序不当，如：

如果趁现在不赶快检查一下代耕工作，眼前地就锄不好。

迎面吹来的寒风不禁使我打了个冷战。

他把这个问题不放在心上。

其中，"不"字应移到"趁现在"前，"不禁"移到"我"后，"不"应移到"把"前。

5. 主客体语序不当

主客体语序不当，如：

张明敏这个名字对于青年人可能还有些陌生，可对四十岁以上的人却是很熟悉的。

去年的收入和今年的比较起来大不相同。

前一句主体是"青年人"和"四十岁以上的人"，不是"张明敏"，应改为"青年人对张明敏这个名字可能还有些陌生，可四十岁以上的人却是很熟悉的"。后一句比较一先一后两件事，总是以后者为主体，应改为"今年的收入和去年的比较起来大不相同"。

6. 并列词语语序不当

并列词语的各项，要注意其轻重、先后、大小的关系，否则容易出现错误。

并列词语语序不当，如：

到了百货商店，王林掏出钱包，选好皮鞋，快速完成了购物。

我们要从大学、中学、小学、幼儿园逐一落实校园安全应急工作检查。

"选好皮鞋"应在"掏出钱包"前，"大学""中学""小学""幼儿园"应按由小到大的顺序排列。

7. 分句间语序不当

在承接复句、递进复句中，分句之间的次序有先后和轻重关系，如果颠倒了，就会造成分句间次序不当。例如：

他上了 74 路，来到公交站，去新校区。

青少年是充满活跃气息的朝阳，是人类发展的源头和动力，是让祖国繁荣昌盛的基石。

对于自己的路，他们在探索着，判断着，寻找着，思考着。

其中，正确语序应是"来到公交站""上了 74 路"，"是让祖国……""是人类……"，"思考着""判断着""探索着""寻找着"。

（二）搭配不当

1. 主谓搭配不当

主谓搭配不当，分一主一谓搭配不当、一主多谓搭配不当、多主一谓搭配不当和多主多谓搭配不当，如：

为什么印度过去粮食生产不能自给，现在增加了几亿人口粮食却自给有余？（一主一谓）

她那清脆的声音，经常回想在我的耳畔。（一主一谓）

由于实行了全面质量管理和绩效考核，该公司的玩具生产量，除供应国内市场外，还销往欧美多个国家。（一主多谓）

其中，"粮食生产"与"自给"不能搭配，应改为"粮食不能自给"；"声音"可以"回响"，但不能"回想"；"生产量"与"供应""销往"不能搭配，"该公司的玩具生产量"应改为"该公司的玩具"。

春天到了，动植物发芽了。（多主一谓）

经过各方面的努力，大火和消防隐患得到了有效控制。（多主一谓）

她的创新设计投入生产仅三个月，就为公司带来了丰厚的利润，为这项设计付出的所有努力和取得的成绩终于得到了回报。（多主一谓）

其中，"动物"不能"发芽"；"大火"可以控制，但"消防隐患"不能控制；"取得的成绩"与"得到了回报"不能搭配。

今年春节期间，本市的几百辆公交车、千余名公交员工放弃休假，始终坚守在各自工作的岗位上。（多主多谓）

其中，"公交车"不能"放弃休假"，也不能"坚守在各自工作的岗位上"。

2. 动宾搭配不当

动宾搭配不当，分一动一宾搭配不当、一动多宾搭配不当、多动一宾搭配不当、多动多宾搭配不当，如：

女人30一道坎，16件小事保重你的健康。（一动一宾）

平时注意培养自己正确的思想观念、良好的心态、乐观的生活态度，由此来塑造自己的人格魅力。（一动一宾）

六年间，我国航天技术完成了从单舱到三舱，从无人到有人，从"一人一天"到"两人五天"的进步。（一动一宾）

为了庆祝第11个教师节的到来，明天下午学院组织部分师生在学院小会议室座谈。（一动一宾）

其中，"保重"不能带宾语，"塑造"与"人格魅力"搭配不当，"完成"与"进步"搭配不当，"庆祝"不能与"到来"搭配。

语文课堂其实就是微缩的社会言语交际场，学生在这里学习将来步入广阔社会所需要的言语交际本领与素养。（一动多宾）

我们党的先锋队性质和党员的先进性，决定了广大党员要比普通公民更严格地遵守国家的法律、法规和政策，在全社会争当遵守法律的模范。（一动多宾）

寒假开始前，同学们就都订好了假期学习的计划和决心。（一动多宾）

其中，"学习"和"本领"可以搭配，但和"素养"不可搭配；"遵守"和"法律、法规"可以搭配，但和"政策"不可搭配；"订好了"与"决心"搭配不当。

大会上，代表们认真地注视和倾听着总理的报告。（多动一宾）

有关部门对极少数无理取闹、不听从物资发放人员安排，甚至哄抢救灾物资的事件，及时进行了批评教育和严肃处理。（多动一宾）

其中，"报告"不能"注视"，"事件"不能"批评教育"。

我们工厂在树新风的活动中，逐步建立和健全各项规章制度和一系列工作。（多动多宾）

良好的家庭教育环境，是引导和培养孩子学习的自觉性和主动性的前提。（多动多宾）

其中，"建立和健全"与"工作"不可搭配，"引导"与"自觉性和主动性"不可搭配。

3. 主宾搭配不当

主宾搭配不当，分一主一宾搭配不当、一主多宾搭配不当、多主一宾搭配不当、多主多宾搭配不当，如：

今年，参加杭州国际马拉松赛的人数是历史上最多的一年。（一主一宾）

冬天的济南是晴朗无云的季节。（一主一宾）

这最后一天的劳动是同学们最紧张、最愉快、最有意义的一天。（一主一宾）

今年是老舍诞生110周年纪念日。（一主一宾）

其中，"人数"与"一年"主宾搭配不当；"济南"与"季节"主宾搭配不当；"劳动"不是"一天"，主宾搭配不当；"今年"不是"纪念日"，主宾搭配不当。

以能力为核心的语文素养是一个包含多种元素的综合体，它不仅是学生学好其他课程的工具，而且还是学生全面发展和终身发展的基础。（一主多宾）

在他那个寂静的世界里，他像一头牛、一块石头、一弯清澈明净的溪水，坦荡地流着。（一主多宾）

其中，"语文素养"是"综合体"，是"基础"，可以搭配，但与"工具"搭配不当；"一弯清澈明净的溪水"能够与"坦荡地流着"搭配，而"一头牛""一块石头"却不能与之搭配。

大学语文和数学分析都是大学数学专业的基础课。（多主一宾）

黄伯云、他带领的科研队伍以及他在"粉体"领域里取得的卓越成就，是中华大地上一朵最耀眼的奇葩，是新时代交响乐中一个最灵动的音符，是我国航天史上一座最醒目的里程碑。（多主多宾）

其中，"大学语文"与"数学专业的基础课"不能搭配，它是公共基础课；"卓越成就"能够与"奇葩""音符""里程碑"搭配，"黄伯云""他带领的科研队伍"不能与"奇葩""音符""里程碑"搭配。

4. 修饰语与中心语搭配不当

定语与中心语搭配不当，如：

美高官承认将新增大批网战队伍，重点攻击对象是中国。

"公安民警"来电称你的家人涉嫌非法洗钱，一旦你轻信了对方，就会一头扎进对方早已编织好的圈套里，多年的积蓄会被对方瞬间骗走。

其中，定语"大批"与中心语"队伍"不能搭配，"洗钱"前不能加"非法"。

状语与中心语搭配不当，如：

帝国主义统治者口口声声欺骗本国人民。

他说："中国在很认真地帮助非洲，尤其是南非。南非也确实需要与中国合作。"

其中，"口口声声"与"欺骗"，"帮助"和"认真"，都搭配不当。

补语与中心语搭配不当，如：

为了迎接返校同学，她把寝室打扫得干干净净、整整齐齐。

这个家，她照顾得很周全。

其中，"整整齐齐"不是"打扫"出来的，"照顾"只能说"周到"。

5. 介词与宾语搭配不当

介词与宾语搭配不当，如：

各级财政部门要提高科学管理水平，特别是对农村基础设施建设经费的管理上，要做到心中有数，全盘考虑，周密安排。

其中，"对"与"管理上"搭配不当，"对"应改为"在"。

6. 关联词语搭配不当

关联词语搭配不当，如：

既然你已放弃，我也应该放手。

如果只是遇见，不能停留，不如不遇见。

不管我怎么用功，英语口语仍是没有明显提高。

只要好好学习才会有出息。

无论刮风和下雨，我们今天都必须去买火车票。

其中，"既然"和"也"搭配不当，"也"应改为"就"；"如果"和"不如"搭配不当，"如果"应改成"与其"；"不管"和"仍是"搭配不当，"仍是"应改为"都"或"总是"；"才"和"只要"搭配不当，"只要"应改为"只有"；"无论"后不能跟"和"，应将"和"改为"或"或"还是"。

7. 两面词搭配不当

两面词是指一个词语兼有相反两方面的意思，如"成败""得失""能否""好坏""高低""是否""大小"等。因为它们表达的是不固定的两个方面的意思，所以一般要求语句的上下文应有与之相照应的词语或语义，否则会造成语义上的不对称。例如：

当今世界，自主知识产权所占比重是衡量一个国家科学发展水平的标志，而科学技术进步与否是国家富强的标志。

学校抓不抓青少年理想教育问题，是关系到祖国建设事业后继有人的大事，必须引起高度的重视。

工业化和城镇化是支撑我国经济持续增长的基础，而农村人口能否较为顺利地转入工业和城镇，又是决定工业化和城镇化的关键。

公民能否遵纪守法，关系到社会的安定团结。

学习成绩的好坏是评三好生的重要条件。

有没有远大的抱负和顽强的意志，是一个人取得成功的关键。

这些句子，都出现了两面词的搭配不当。不过，有的时候前后不是两面词对应，而是使用一些有双向发展可能的短语或名词，也是可以的。例如：

居住环境的好坏，将直接影响居民的心情。

是否解放思想，关系到改革开放的进程。

有无灵感思维，取决于知识积累的状况。

这三句是正确的，因为"心情"有好坏，"进程"有快慢，"状况"有好坏，都有双向发展的可能。

（三）成分残缺或赘余

1. 主语残缺

主语残缺，如：

可惜，这部在他心中酝酿了很久，即将成熟的巨著未及完篇，就过早地离开了我们。

《王老虎抢亲》中江南才子周文宾男扮女装，被王老虎抢回家，把他送到妹妹王秀英房中。

其中，"过早地离开"的是"他"，第二句"把他送到……"的是王老虎。

经过这次谈话对我启发很大。

观摩了这次关于农村经营承包合同法的庭审以后，对我们这些村干部的法律水平有了很大的提高。

由于《古文观止》特色鲜明，自问世以后近三百年来，广为传布，经久不衰，至今仍不失为一部有价值的选本。

通过利比亚撤侨事件，使中国政府的国际形象更加令人瞩目。

这里，删去"经过""对""由于""通过"，句子就都正确了。最后一句仅删除"使"也可以。

2. 谓语残缺

谓语残缺，如：

语文是各门学科的基础，不学好语文，就不可能有条有理的思维能力和准确清楚的表达能力。

最近我们发动了全面的质量大检查运动，要在这个运动中建立与完善技术管理制度等一系列的工作。

他边走边想，非常投入，突然路旁的河里有人喊"救命"。

这本党史读物，是根据革命历史博物馆展出的中共党史资料，采用通俗的形式，并配以大量的珍贵文物图片，内容形象、感人。

其中，"不可能"后缺谓语"具有"，"建立……一系列的工作"前缺"完成"，"突然"后面缺谓语"听到"，"是根据……"后缺"编写的"。

3. 宾语残缺

宾语残缺，如：

虽然每天工作很忙，但他还是抓紧和同学们交流学习体会或自己看书。

中国印章已有两千多年的历史，它由实用逐步发展成为一种具有独特审美的艺术门类，受到文人、书画家和收藏家的推崇。

他们胸怀祖国，放眼世界，大力发扬敢拼敢搏，终于夺得了冠军。

他潜心研究，反复试验，终于成功开发了具有预防及治疗胃肠病的药粥系列产品。

其中，"抓紧"后缺宾语"时间"；"审美"后缺宾语"价值"；"发扬"后缺宾语，应在"敢拼敢搏"后加"的精神"；"具有"后缺宾语"功效"（加在"病"后）。

4. 附加成分残缺

定语残缺，如：

要想取得优异成绩，必须付出劳动。

近年来，在全国各地不断发生国家财产被盗窃的案件。这些案件损失十分严重。

目前正值北京黄金季节，各国游客纷至沓来。

其中，"劳动"前缺必要的定语"艰辛的"；"案件"和"损失十分严重"无法搭配，"损失"前缺定语"造成的"；"黄金"前缺定语"旅游"。

状语残缺，如：

经过初赛、复赛环节的激烈角逐，最终，30名选手获得一、二、三等奖。

托蒂与哈维打破欧冠进球和出场纪录。

其中，"获得"和"打破"前缺少必要的状语"分别"。

5. 介词残缺

这主要指句子中缺少相应的介词，如：

在学院举办的教学交流会上，一位学生坦陈了某位老师讲课视频放太多的看法。

为研发此项系统，公司专门成立了一个15名资深工程师组成的技术研发团队。

我没有任何理由同我交往了十几年的朋友绝交。

其中，"坦陈了"后缺介词"对"，"成立了一个"后缺介词"由"，"没有任何理由同"后缺介词"与"。

6. 关联词语残缺

关联词语残缺，如：

这件衣服质地很差，价格并不便宜。

一想到明天是星期一，我的心情不好了。

虽然我们的工作还赶不上先进单位，我们要尽自己的最大努力干出好成绩来。

一个人犯错误有时是难免的，不要重犯过去的错误，不要明知故犯。

其中，"价格"前加"尽管"；"不好了"前加"就"；"我们要尽"前加"但（是）"；第一个"不要"前加"但"，第二个"不要"前加"更"。

7. 成分赘余

成分赘余是指成分累赘多余，造成重复啰唆，影响表达效果的一种语病。常见的有主语、谓语、宾语、定语、状语、补语等成分及助词"的"赘余的情况。

主语赘余，如：

我们团队的人都非常有事业心，任务急时我们都会自觉加班加点，以保证按时完成。

我们专业的老师，为了多了解学生各方面的情况，他们主动加入各班QQ群，并积极参与群内交流。

其中，前面有"我们团队的人"，后面的"我们"赘余；前面有"我们专业的老师"，后面"他们"赘余。

谓语赘余，如：

十年的"北漂"生活，十年的磨难，儿子在外实属是不易。

对于学院的先进个人评选结果，多位老师提出质疑。

听说他们两个上个月就各自分道扬镳了。

我亲眼目睹了他们两个殴打的全过程。

村里的干部们特意组织许多人去车站，迎接凯旋而归的姑娘们。

其中，"实属"意为"实际是"，应删去"是"；"质疑"就是"提出疑问"，再加"提出"是重复；"分道扬镳"就是"各走各的路，各干各的事"，删除"各自"；"目睹"就是"亲眼看到"，删去"亲眼"；"凯旋"本身就带着"归来"的意思，删除"而归"。

宾语赘余，如：

不要有过虑的想法。

今天，我来到杭州西湖的地方，游览了岳坟、曲院风荷、郭庄等景点。

其中，"的想法"多余，可删除"有"和"的想法"；"的地方"多余，应删去。

定语赘余，如：

这句话的后面，包含了多么丰富的无声的潜台词。

其中，"无声的"赘余。

类似的还有"真知灼见的意见""卫生洁具""到会的与会者""人民生灵涂炭""难言之隐的苦衷""过分的溢美之词""坏毛病""不必要的疾病（麻烦、误会）""正常的事业""优秀的传统美德""互相自我批评""众多的学生们"。

状语赘余，如：

对于他们的付出，我在心里由衷地感谢。

由于盘尼西林在根据地非常奇缺，领导决定不到万不得已不能动用。

新中国成立以后，周总理每天日理万机，夜以继日，很少有休息的机会。

围绕"农民增收"这一目标，该信用社大力支持农村特色经济的发展，重点向特色化、优质化、技术化农户优先发放贷款。

某些大学生的文化水平实在低下，被人贻笑大方，影响了学校的声誉。

价格悬殊太大了。

记者通过长时间的调查，终于使这件事情的真相见诸于报端。

对于那次没有评上先进，小王心里一直耿耿于怀。

其中，状语"在心里""非常"和"每天"赘余；"重点"和"优先"重复；"贻笑大方"本身就有"被"的意思，即"让内行笑话"；"悬殊"即相差很大；"诸"即为"之于"，再加"于"就重复了（类似的有"付诸于""公诸于"）；"耿耿于怀"就是"事情在心里难以排解"，"心里"重复了。

补语赘余，如：

这件事，只要当事人稍加仔细一些，就不会发生。

其中，补语"一些"赘余。

助词赘余，如：

由于雷暴天气和操作的不当，飞机着陆时偏离了跑道。

"操作"后"的"赘余。

常见的赘余现象还有连用"报刊"和"杂志"，"被"和"应邀"，"波及"和"到"，"常常"和"屡见不鲜"，"出乎意料"和"之外"，"当前"和"当务之急"，"独自"和"孑然一身"，"多年"和"夙愿"，"高达一百万元"和"之巨"，"各种"和"形形色色"，"更为"和"弥足"，"国际"和"间"，"过分"和"苛求"，"过分"和"溺爱"，"过分"和"溢美"，"过高"和"奢望"，"互相"和"厮打"，"可以"和"堪称"，"来自"和"于"，"令人"和"堪忧"，"令人"和"可爱"，"漫山遍野"和"到处都是"，"免费"和"赠送"，"目的是"和"为了"，"人际"和"间"，"涉及"和"到"，"十分"和"酷"，"十分"和"悬殊"，"特别"和"穷凶极恶"，"显得"和"相形见绌"，"迅速"和"立竿见影"，"尤其"和"更"，"原因是"和"因为"，"这"和"其中"，等等。

（四）结构混乱

1. 句式杂糅

把两种不同的句法结构混杂在一个表达式中，造成语句结构混乱、语义纠缠，这样的语病就叫句式杂糅。例如：

不难看出，这起明显的错案迟迟得不到纠正，其根本原因是不正之风在作怪。

这些蔬菜长得这么好，是由于社员们精心管理的结果。

一个人之所以变坏的原因，除了受到坏影响外，更主要的是他自己没有把握住自己。

当然，要搞好跨学科渗透和综合，并非易事，需要下一番功夫不可。

其中，"其根本原因是不正之风"和"是不正之风在作怪"杂糅，"由于社员们精心管理"和"社员们精心管理的结果"杂糅，"之所以变坏"和"变坏的原因"杂糅，"需要下一番功夫"和"（非）下一番功夫不可"杂糅。

常见的句式杂糅还有：

怎么可能有……可想而知	"怎么可能有……" +	"有没有……可想而知"
设在……举行	"设在……" +	"在……举行"
关键在于……起决定作用	"关键在于……" +	"……起决定作用"
深受……所喜爱	"深受……喜爱" +	"为……所喜爱"
包括……组成	"包括……" +	"由……组成"
本着……为原则	"本着……原则" +	"以……为原则"
超过……以上	"超过……" +	"在……以上"
主要成分是……配制而成的	"主要成分是……" +	"由……配制而成的"
有……打制而成的	"有……" +	"用……打制而成的"
作者是……合写的	"作者是……" +	"由……合写的"
主要原因是由……造成的	"主要原因是……" +	"由……造成的"
围绕以……为中心	"围绕……" +	"以……为中心"
由于……所决定	"由于……" +	"为……所决定"
根据……显示……	"根据……" +	"……显示"

2. 暗换主语

暗换主语，又叫偷换主语，如：

该学校目无法纪，搞违章建筑，昨被限令拆除和停工。

一些人根据站不住脚的理由，给他种种"莫须有"的罪名，给他种种痛苦的折磨，直至被迫退职回乡。

其中，"该学校"是"目无法纪""搞违章建筑""停工"的主语，但"被限令拆除"的主语应该是"违章建筑"；"被迫退职回乡"的主语是"他"，而不是句首的"一些人"。

（五）表意不明

表意不明，这里指歧义和指代不明，即一句话有多种解释，让人不好把握。

1. 歧义

歧义，就是指一句话有两种或多种不同的意义，有两种或多种可能的解释，如：

我要热汤。

张长福是应届毕业生。

他背着总经理和副总经理偷偷地把这笔钱分别存入两家银行。

鸡不吃了。

两个学校的老师走了过来。

他一个早晨就写了三封信。

讨厌歌功颂德的干部（标题）

其中，"热"可以是动词，也可以是形容词，意思不一样；"应届"究竟是初中，高中，还是大学，不明；他是背着总经理，还是背着总经理、副总经理两个人，偷偷存钱的是一个人还是两个人，不明；是"鸡不吃东西了"，还是"鸡这道菜不吃了"，不明；"两个"修饰"学校"还是"老师"，不明；"就写了三封信"中的"就"反映出的情绪是说他写得多还是少，不明；"讨厌"的宾语究竟是"歌功颂德"，还是"干部"，不明。

2. 指代不明

指代不明，就是不知道指代的是哪一个，如：

小琳和小芳一起去逛街，路遇烤甘薯摊，她马上买了两个。

班会讨论周末活动，有人主张看电影，有人主张聚餐，他同意这种主张。

美国政府表示仍然支持强势美元，但这到底只是嘴上说说还是要采取果断措施，经济学家对此的看法是否定的。

今天老师又在班会上表扬了自己，但是我觉得还需要继续努力。

从玉泉校区到西溪校区只有2.2千米，从西溪校区到市政府只有1.4千米，这段距离并不远。

其中，到底是谁买的甘薯，指代不明；"这种主张"到底是指"看电影"，还是"聚餐"，指代不明；"对此的看法"中的"此"是指"嘴上说说"还是"要采取果断措施"，指代不明；"自己"是"老师"，还是"我"，指代不明；"这段"是指两段中的某一段，还是指从玉泉校区到市政府这一长段，指代不明。

（六）不合逻辑

1. 自相矛盾

这主要指句子语义前后矛盾，如：

一个全新的市场，正即将到来。

这几本书，我基本上全都读过。

这些都是糟粕，并无多大价值。

他做任何事都不过五分钟以上的热度。

今天晚上到课的学生很多，我断定他们大概事先知道学校要来检查课堂纪律。

为什么人往往总是失去了才懂得珍惜？

我曾经想报名参军，结果体检未过。

他是多少个考研失败者中被幸运录取的一个。

申请考研期间免听该课程未获批准前，他还得每节课都去听。

其中，"正"和"即将"时间上矛盾；"基本上"和"全都"范围上矛盾；"糟粕"是全无价值，与"无多大价值"程度上矛盾；"不过"和"以上"数量上矛盾；"断定"和"大概"状态上矛盾；"往往"和"总是"频率上矛盾；"想"和"未过"动作上矛盾；"被幸运录取"和"失败者中"矛盾；"未"和"前"组合时间上矛盾。

"未"和"前"的组合，还有"未吃早饭前""未见报前""未报到前""未结婚前"等错误用例，实际使用中应该删除"未"，以明确句意。

2. 分类不当

这主要指概念并列不当的现象，如：

为了鼓励学生积极开展文学创新活动，学院设置了文学创作、小说创作、文学研究等奖励项目。

本市现行地铁票分普通票、老年卡、周票、月票、季票几种。

新的一年征兵工作开始了，学校里有许多党员、团员和男青年报了名。

这次会议非常重要，国内许多著名学者、教授、专家等到会，并积极发了言。

到了年底，报刊、杂志订阅工作又开始忙碌了。

校园招聘会现场，人山人海，应聘者有博士、硕士、学士、女学生、男学生等，场面非常拥挤。

其中，"文学创作"包括"小说创作"，两者不可并列；"老年卡"不属于"地铁票"；"男青年"中有"党员""团员"，分类有范围重叠；"学者""教授"和"专家"定义有范围重叠；"报刊"包括"杂志"；"男学生"和"女学生"中都有"博士""硕士""学士"。

3. 不合事理

这主要指句子意思不合常理，违反常规，如：

八百多人，几千条胳膊，同暴雨洪水搏斗了一天一夜。

就在这个时候，天边传来一声巨响，随后出现一道闪电，不久就大雨倾盆。

大学时我中国语言文学学得很好，所以对英国语言文学没有兴趣。

中秋之夜，繁星满天，我们几个小伙伴在一轮明月的映照下吟诗作对。

其中，"八百多人"有"几千条胳膊"，不合事实；"闪电"出现在"巨响"之后，不合事实；"中国语言文学学得很好"不一定就"对英国语言文学没有兴趣"；古人说"月朗星稀"，就是月亮亮了，星星就看不到多少了，所以"繁星满天"和"一轮明月"同时出现，不合事实。

4. 否定不当

这主要指否定词使用不当，如：

谁也不会否认学校不是他创办的。

难道你能否认学生不该好好学习吗？

退休以后，他无时无刻不忘垦荒、植树。

为了防止这类教育作弊事件不再发生，学院学生办公室加强了学生考试诚信教育。

人生三忌：一忌不可死要面子，二忌不可单打独斗，三忌不可心不设防。

其中，"不会""否认""不是"三重否定成否定了，"难道"领起的反问句加双重否定相当于否定，"无时无刻不"即"时时刻刻都"，"防止……不再……"双重否定等于肯定，"忌"和"不可"双重否定等于肯定，以上意思都反了。

注意，"三忌"一句，简单地删除"一忌""二忌""三忌"还是不对的，因为冒号前面有"三忌"，后面必须出现三个"忌"。所以，正确的处理办法是删除三个"不可"。

类似于"防止……不再"和"切忌……不可"的否定不当，还有"杜绝……不要""避免……不要"等。

5. 数词不当

这主要指数词使用不当，如：

在他看来，未来 5 到 10 年左右是汽车自主品牌发展的关键时期，一旦错过了这个时间窗口，自主品牌以后再想成为国货精品、扛起民族工业大旗就会非常难。

购买前我和客服说，希望发近三个月左右生产的货，否则巧克力容易软掉，影响口感。

近期生意太好，店铺由一月进货一次改为十天进货一次，时间缩短了三倍。

2014 年，对全市法院 1500 多名干警们而言，是很拼的一年。

今天一早下大雨，市区交通非常拥挤，坐大巴的 40 多名老师们上课迟到了。

今年以来，天气一直较好，农场在胡柚的种植上投入也大，产量有望提高到百分之二十至三十。

婷婷的课程论文超过 5000 字以上。

一辆车时速 50 千米 / 小时，一小时能走多远？

其中，"5 到 10 年"本就是概数，再加"左右"多余；"近"与"左右"重复；"缩短了三倍"倍数词使用不当，表示降低、减少只能用分数或比例；"1500 多名"和"们"重复；"40 多名"和"们"重复；"产量有望提高到"应为"产量有望提高"；"超过"和"以上"重复；"时速"即每小时的行驶距离，与"/ 小时"重复。

对于概数，常见的重复现象有"大约……上下""约莫……左右（上下）""约略……左右（上下）""大概……左右（上下）""至少……左右（上下）""至多……左右（上下、以下）""近……左右（上下、以上）""平均……以上（以下）""最少……以上""最小……以上""最大……以下""最高……以下""最低……以上"等。

专题训练

请改正下面句子中的语法错误。

1. 这是一个多么感动的场面啊！

2. 思维这个词可以分为广义和狭义两种使用。

3. 上午，他吃了二个馒头和一碗粥。

4. 收音机的价格一降再降，有的甚至下降了一倍。

5. 经过刻苦努力，期末考试他六门功课平均都在 90 分以上。

6. 我们外科的治愈率已由 80% 增加了 93%。

7. 新的政委和老政委一样，更会体贴战士。

8. 我关于美学很感兴趣。

9. 有的人在看问题的方法上是错误的。

10. 在三年的高中生活中，我的进步很大，因为老师对自己都是严格要求的。

11. 在校友聚会那天，张青和王捷一见面，他就说："你还认识我吗？"

12. 连用的词语，在内容上前后不能重复，否则，将会犯了画蛇添足的毛病。

13. 大家主动地批判个人主义、自由主义和各种非无产阶级思想。

14. 怎么，他到现在还没拿定主意学历史或者学地理？

15. 这是一位优秀的有 30 多年教龄的北京大学中文系教授。

16. 每当回忆起和他朝夕相处的一段生活，他那和蔼可亲的音容笑貌，循循善诱的教导，又重新出现在我面前。

17. 六年间，我国航天技术完成了从单舱到三舱，从无人到有人，从"一人一天"到"两人五天"的进步。

18. 李明德同志在担任营长、团长期间，多次被评为训练先进单位和后勤保障模范单位。

19. 能否贯彻落实科学发展观，对构建和谐社会、促进经济可持续发展无疑具有重大的意义。

20. 经过学习，使我提高了文化水平。

21. 对于这种浪费人才的现象，至今没有引起有关部门的重视。

22. 在丁医生经过住院治疗回到家后，感到体力和思维都大不如以前。

23. 比赛起点在天安门金水桥前，沿着长安街、二环路等规定路线跑完全程 42.195 千米。

24. 一位农民向国家文物部门献出了一枚祖传的大颗粒珍珠，具有极高的观赏、保存价值。

25. 在运行社会主义市场经济体制的今天，任何脱离国际化市场需要去谈志愿、兴趣都是不恰当的。

26. 教育部实施的学历证书电子注册即将推行，这将会给假文凭致命一击，使假文凭无藏身之地，最终退出历史舞台。

27. 他主动参与处理社会灾难性事故，化解风险，安定社会生活的责任。

28. 鲁迅在《孔乙己》中的孔乙己是受到封建科举制度毒害的无数个读书人中的一个。

29. 认识沙尘暴、了解沙尘暴，是为了从科学的角度达到对沙尘暴进行预防，减少沙尘暴造成的损失。

30. 在经济快速发展的形势下，我们要关注一些行业战线过长、生产力过剩、资源配置不合理。

31. 为了全面推广利用菜饼或棉籽饼喂猪，加速发展养猪事业，这个县举办了三期饲养员技术培训班。

32. 调查发现：学生总是"睡不醒"与教室的空气质量有关。二氧化碳浓度过高，氧气供应不足，是孩子们的主要原因。

33. 一个人的见解代表他自己，你认为好的教材或许在别人眼里未必就好。

34. 高等教育管理部门可以作为一种特殊的"客户"，通过委托和招标等各种形式为高等学校提供经费，由此使高等学校适应社会各个方面的要求，不断提高办学效益。

35. 我听说您的令尊身体不太好，所以特意前来看望。

36. 在这次演讲比赛中，那个表现最突出的女孩大约 15 岁左右。

37. 他啊，看样子最多 70 岁以下。

38. 公安部要求：在奥运会召开前，全省各市公安机关必须打掉至少一个以上黑社会性质犯罪组织。

39. 这家伙因为偷窃，被人打得浑身遍体鳞伤。

40. 政府部门要杜绝一切不透明的暗箱操作现象的产生。

41. 你的这种做法太不近人情，我不能随便苟同。

42. 如果要是你还不采取补救措施的话，局面将会一发而不可收拾。

43. 美国研究人员最近报告说，电击以醋和废水为养分的细菌，可以制造出清洁的氢燃料能够替代汽油给车辆提供动力。

44. "神舟"七号载人飞船的成功发射，再次赢得了世界各国的广泛赞誉。中华民族能有今天的荣耀，靠的是勤劳智慧的中国人民的共同奋斗所取得的。

45. 目前，我国是联合国"人类非物质文化遗产名录"中入选项目最多的国家，这一成绩主要靠的是社会各界的共同努力取得的。

46. 本市国税局绘制出"税源分布示意略图"，解决了税源管理辖区划分不清、争议扯皮等问题的发生。

47. 对家庭盆栽植物的摆放，专家提出如下建议：五针松、文竹、吊兰之类最好摆在茶几、书桌上比较合适，而橡皮树、丁香、蜡梅等最好放在阳台上。

48. 根据全国国民阅读调查数据显示看，国民阅读量少的原因是多方面的，但对比阅读率较高的国家可以发现，主要是从小没有养成良好的阅读习惯。

49. 许多高中毕业生填报志愿时，是优先考虑专业还是优先考虑学校，很大程度上是受市场需求、社会动向、父母意愿、个人喜好等因素的影响造成的。

50. 她因不堪忍受雇主的歧视和侮辱，便投诉《人间指南》编辑部，要求编辑部帮她伸张正义，编辑部对此十分重视。

51. 祁爱群看见组织部新来的援藏干部很高兴，于是两人亲切地交谈起来。

52. 一中和二中在一次篮球赛中相遇，最后一分钟终于把他们打败了。

53. 小王和小李在路上走着，小丁迅速走到他跟前问长问短。

54. 躺在床上没多久，他想起来了。

55. 巴勒斯坦游击队对以色列的进攻早有准备。

56. 两个职业中学的老师来到这里。

57. 老师和学生中的一部分坐汽车去。

58. 我看见张远扶着一位老人走下车来，手里提着一个黑色皮包。

59. 某人接到一学术会议秘书组来函，信上说：只要你单位同意，报销差旅费，安排住处，领取大会出席证的问题可由我们解决。

60. 对爱好文科的学生，加强文科辅导是必要的，但是否可以忽视理科的学习呢？为了使学生有一个合理的知识结构，我们的回答是肯定的。

61. 他在班上的表现到底怎么样，据他的科任老师反映，真正的情况并非如此。

62. 山上的水很宝贵，我们把它留给晚上来的人喝。

63. 部门领导对他的批评是有充分准备的。

64. 局长嘱咐几个学校的领导，新学期的工作一定要有起色。

65. 广场上到处是五颜六色的红旗。

66. 妈妈好像已经做好早饭了。

67. 他在这里下车，我断定他大概是本地人。

68. 随着国人消费观念的转变和旅游业的快速发展，近年来旅游部门将开发新的旅游景点，推出新的旅游项目，以最大限度地满足市场需求。

69. 我们的报刊、杂志、电视和一切出版物，更有责任做出表率，杜绝用字不规范的现象，增强使用语言文字的规范意识。

70. 为进一步规范旅游市场秩序，促进武汉市旅游市场健康发展，有效遏制违法行为和不正当竞争行为，武汉市 11 日开展了规范旅游市场的执法行动。

71. 在宣泰战斗中，我军歼灭国民党军两个团，生俘团长一名，缴获了大批枪支弹药和武器物资。

72. 我虽然生在成都，长在成都，但成都的休闲文化对我却非常陌生。

73. 随着私家车的增多，如何防止个别公务员不利用工作和职务之便，慷公家之慨，确实是一个需要引起重视的问题。

74. 涂抹防晒霜，可防止我们面部皮肤免遭强烈的太阳光伤害。

75. 我们认真研究听取了大家的意见。

76. 这个村很好地执行了党的富民政策，现在不但向国家交售了六万斤公粮，而且还不吃国家救济了。

77. 文件对经济领域中的一些问题，从理论上和政策上做了详细的规定和统一的说明。

78. 通过检查，大家讨论、发现、解决了课外活动中的一些问题。

79. 孟凡升多次在短短的48秒内主动放弃跳伞机会，有效避免了更大损失。

80. 中国古代书画艺术中的许多传世杰作不仅是人类艺术宝库中的珍品，而且是中华民族的艺术瑰宝。

81. 不但他爱下围棋，而且精于围棋发展史的研究。

82. 由于纺织工人努力提高生产质量，我国棉布的出口深受各国顾客的欢迎。

83. 人们认为，团队有效性的关键因素不只是个体贡献的简单相加，而是能使队员行动一致、互相配合的团队协作技能。

84. 人们都以亲切的目光注视着和倾听着这位残疾人作家的发言。

85. 人民的生活水平正在不断地改善。

86. 他的革命精神时刻浮现在我眼前。

87. 沙沙的浪声和银光闪闪的海面构成一幅多么好看的画面。

88. 这个县的水稻生产，由于合理密植，加强管理，一般长势良好。

89. 试看山花烂漫开遍了原野。

90. 故宫博物院最近展出了2000多年前新出土的文物。

第八章

标点符号使用规范

标点符号是辅助文字记录语言的符号，是书面语的有机组成部分，用来表示停顿、语气，以及词语的性质和作用。

在语言实践中，标点符号的使用最容易出错，也是编校人员最难处理的。

第一节 标点符号概述

我国的标点符号自古就有，但发展缓慢，应用不广。现代意义的标点符号，是从西方语言的标点符号系统移植过来，针对国情改良而成的。目前，标点符号用法已经成为国家标准，在汉语中规范使用。

一、中文标点符号的演变

我国古代并无现代意义的"标点"，很多作品借助"之""乎""者""也"等词来表达语句的语气和停顿，至于断句，只能靠个人的理解来完成，因此经常出现文字内容的歧义，造成对文章字句的误解。比较经典的断句事例是"下雨天留客天留我不留"，一句话就有七种解释方法。还有教书先生到财主家任教，立的字据"无鸡鸭也可无鱼肉也可唯青菜豆腐不可少不得学费"，教书先生和财主各有解释。

但从考古文物得知，历史上先秦时代就已经有类似的标点符号了。只是，那时的标点符号与现代的标点符号有所不同，而且没有统一推广。语言学家认为，我国古代和汉语标点相关的术语是"离经""句读""圈点"。离经就是分析经籍义理，读断文句，这就是"离经断句"。句读中，句是语意完整的一小段，读是句中语意未完、语气可停的更小的段落。圈点就是通过加圆圈或点表示文章的句读，用"圈儿"来断句，拿"点儿"来表示句中停顿。

标点一词最早见于《宋史·何基传》，史称何基"凡所读书，无不加标点。义显自明，有不待论说而自见"。只是，古时"标点"一词没有"句读"一词用得多。

所以，古代并无"标点"这一说法并不完全正确。首先，只能说是没有现代大家在用的标点符号，断句的符号还是有的，即句读。其次，句读也有个普及的问题，不是所有人都在使用，这就是为什么很多作品没有标点符号。

现代大家使用的标点符号是在洋务运动期间，从事翻译和外交工作的张德彝从西方引进的。当时，他写了一本《再述奇》（现名为《欧美环游记》），里面就介绍了西洋的标点符号。虽然张德彝不是有意识地向国内知识界引入标点符号，甚至带有反对的口气，觉得这些标点烦琐，却在无心栽柳的过程中为中国语言符号的发展带来了新风。

1919 年 4 月，胡适、钱玄同、刘复、朱希祖、周作人、马裕藻等六名教授在国语统一筹备会第一次大会上提出了《方案》，要求政府颁布通行一些标点。

1920 年 2 月 2 日，北洋政府教育部发布第 53 号训令《通令采用新式标点符号文》，从此，我国第一套法定的新式标点符号诞生了。其后，标点符号又有许多变化。

1951 年 9 月，原中央人民政府出版总署发布了《标点符号用法》。同年 10 月 5 日，原政务院下达指示，要求全国遵照该标准执行。后来，文字书写和书刊排印渐渐由竖排改为横排，标点符号用法也有了某些适应性的变化。因此，1990 年 3 月 22 日，国家语言文字工作委员会和原新闻出版署发布了修订后的《标点符号用法》。

1995 年《标点符号用法》转为国家标准，即 GB/T 15834—1995。目前，最新版本是 GB/T 15834—2011。

需要说明的是，我国现行标点符号是"立足本土，取法外域"，即大多数是从西方引进的（问号、冒号、分号、叹号、逗号、引号、省略号等），少数（句号、顿号、着重号和书名号）是我国固有的。

二、中文标点符号的分类

我国目前常用的标点符号有 17 种，分点号和标号两大类。

（一）点号

点号的作用在于点断，主要表示说话时的停顿和语气。点号又分为句末点号和句内点号。句末点号用在句末，有句号、问号、叹号 3 种，表示句末的停顿，同时表示句子的语气。句内点号用在句内，有逗号、顿号、分号、冒号 4 种，表示句内各种不同性质的停顿。

（二）标号

标号的作用在于标明，主要标明语句的性质和作用。常用的标号有 10 种，即引号、括号、破折号、省略号、着重号、连接号、间隔号、书名号、专名号和分隔号。

三、标点符号的作用

一般认为，标点符号的作用有 3 种：第一，表示停顿；第二，表示语气，标明句子是陈述语气，还是疑问语气，或是感叹语气；第三，标示句子中某些词句的性质和作用。

（一）表示停顿

说话时一个句子完了要停顿，句子中间也常常有大小不等的停顿。这些停顿，在书面语里要用标点符号来表示。例如：

在全校排球比赛中，高二（1）班打败了高二（2）班，获得了冠军。

在全校排球比赛中，高二（1）班打败了高二（2）班获得了冠军。

从上面的例句可以看出，停顿的位置不同，表示的意义也不同。有关标点标示的不同停顿，有则故事：

巷子里一户人家靠路边的一个墙脚处，常常有人在那里小便。主人在墙上写了一句话："行人等不得在此小便。"没想到过了几天，这句话变成了"行人等不得，在此小便。"

当然，这类故事还有许多。

（二）表示语气

每句话都有一定的语气，说话时用语调表示。书面上要表示语调，必须使用标点符号。例如：

——都明白了？

——都明白了。

两个句子，一问一答。前者用问号，是疑问语气；后者用句号，是陈述语气。关于标点表示语气，有则名人故事：

法国著名作家雨果完成了《悲惨世界》的手稿后，将其寄给了出版社。过了好久不闻讯息，雨果就给出版社写了一封信，内容只有一个标点符号"？"。出版社很快回了信，内容也只有一个标点符号"！"。

不久，《悲惨世界》出版，轰动了整个欧洲文坛，而这"标点书信"的逸事也就流传至今，脍炙人口了。

（三）标示句子中某些词句的性质和作用

有时，文章中有些词句有特殊的作用，这就需要使用标点符号来标示。例如：

这是《语法》。（"语法"一词使用书名号标注，表示这是书名。）

第二节 中文标点的用法

这节，介绍国家标准《标点符号用法》（GB/T 15834—2011）所列各种标点符号的使用方法，以及使用难点。

一、句号

句号的形式为"。"。1995 年版的标准中，句号还有一种形式，即一个小圆点"．"，一般在科技图书或科技文章中使用，但如果采用小圆点，必须全书或全文统一。2011 年版的标准已经删除小圆点这种形式，只是彻底取消句号小圆点形式的使用，恐怕要有个过程。

句号的用法有两种：其一，用于句子末尾，表示陈述语气。使用句号主要根据句段前后有较大停顿，带有陈述语气和语调，并不取决于句子的长短。例如：

今天天气不错。

其二，有时也可以表示较缓和的祈使语气和感叹语气。例如：

等我五分钟，我马上就好。

使用难点：第一，图或表的短语式说明文字，中间可用逗号，但末尾不用句号。即使有时说明文字较长，前面的语段中已出现过句号，最后结尾处仍不能用句号。

第二，当句子用了表示疑问的词语或者疑问的形式，但并不要求回答问题，只是在陈述一种情况，是陈述句时，句末不能用问号，要用句号。例如：

我没有意见，就是不知道她怎么想。

老师问小刘为什么今天上课迟到。

二、问号

问号主要表示句子的疑问语气。问号作为句末点号，只在句子末尾使用；问号作为标号，可以在句子中使用。问号有四种用法：其一，用于句子末尾，表示疑问语气（包括反问、设问等疑问类型）。使用问号主要根据语段前后有较大停顿，带有疑问语气和语调，并不取决于句子的长短。例如：

你吃饭没有？

难道我又做错了吗？

其二，选择问句中，通常只在最后一个选项的末尾用问号，各个选项之间用逗号隔开。例如：

你中饭是和我一起去食堂吃，还是自己在网上叫外卖吃？

如果选择项比较短，选择项之间的停顿也比较短甚至没有停顿，选择项之间也可以不用逗号，只在句末用问号。例如：

你是走还是留？

她是你的姐姐还是妹妹？

当选项较多或较长，或有意突出每个选项的独立性时，也可在每个选项之后都用问号。例如：

还是历来惯了，不以为非呢？还是丧了良心，明知故犯呢？（鲁迅《狂人日记》）

其三，在多个问句连用或表达疑问语气加重时，可叠用问号。通常应先单用，再叠用，最多叠用三个问号。在没有异常强烈的情感表达需要时不宜叠用问号。

这就是你的考试态度吗？你考试这么不认真对得起自己平时的努力学习吗？？你就这样回报在乡下为你赚生活费而起早贪黑工作的父母吗？？？

其四，问号也有标号的用法，即用于句内，表示存疑或不详。例如：

马致远（1250？—1321）

钟嵘（？—518）

上课时教室里学生都在玩手机，说明教师（学生？）不对。

使用难点：第一，用于先说谓语、后说主语，中间又有停顿的倒装问句。在这种情况下，只在末尾用问号，中间用逗号。例如：

我们什么时候去上海啊，王主任？

第二，一个句子中有疑问词但无疑问语气，则用句号。例如：

大家都不知道，她会不会来，什么时候来。

有的介于陈述和疑问之间，如疑多于信，则用问号，相反则用句号。例如：

她今天肚子痛，大概不会来上体育课了吧？（疑多于信）

她大概不会来上体育课吧。（信多于疑）

她今天去参加考试，现在应该进考场了吧？（疑多于信）

她现在到考场了吧。（信多于疑）

三、叹号

叹号主要表示句子的感叹语气。叹号有四种用法：其一，用于句子末尾，主要表示感叹语气，有时也可表示强烈的祈使语气、反问语气等。使用叹号主要根据语段前后有较大停顿，带有感叹语气和语调或带有强烈的祈使、反问语气和语调，并不取决于句子的长短。例如：

十二点了，我们去吃饭吧！

你们都给我出去！

其二，用于拟声词后，表示声音短促或突然。例如：

轰！一颗炮弹落在人群不远处爆炸了。

砰！砰砰！浴室传来枪声。

其三，表示声音巨大或声音不断加大时，可叠用叹号；表达强烈语气时，也可叠用叹号，但最多只能叠用三个叹号。在没有异常强烈的情感表达需要时，不宜叠用叹号。例如：

砰！！在一声巨响下，门被踢开了。

我要拿起武器！我要反抗！！我要与敌人战斗下去！！！

其四，当句子包含疑问、感叹两种语气且都比较强烈时（如带有强烈感情的反问句和带有惊愕语气的疑问句），可在问号后再加叹号（问号、叹号各一）。例如：

做了一天 Excel 表格就把你累死了？！

他成绩这么差，还是三好学生？！

使用难点： 第一，一些祈使句和感叹句的语气较委婉舒缓，句末可用句号，不用叹号。例如：

"妈妈，我们睡吧。"

"饿了，吃饭吧。"

第二，有的反问句，强调某种感情，句末用叹号。例如：

小刘和小王有过节，平时不说话，能让小刘和小王组队吗！

第三，倒装句中，叹号只能用在句末，叹词之后只能用逗号。例如：

开炮吧，为了祖国的胜利！

第四，主语后带有语气词时不用叹号，用逗号。因为主语之后的语气词只用来强调主语，使主语和谓语之间的停顿延长而已，并没有表示句子结束。例如：

爱情啊，就像是一场梦。

第五，要注意句中不能省略叹号的几种情况：第一种情况，句内括号中的词语末如果是叹号，则不能省去（省去就看不出所要表达的语气）。第二种情况，破折号前的叹号不能省去。第三种情况，省略号前的叹号不能省去。第四种情况，文章题目末尾的叹号，不能省去。

四、逗号

逗号表示句子或语段内部的一般性停顿。其用法有：其一，复句内各分句之间的停顿，除了有时要用分号外，其他都要用逗号。例如：

不是妈妈想说你，而是你太让人生气了。

要是那天你有空，我也有空，那我们就可以一起吃个饭。

其二，用于较长的主语之后。例如：

家住双浦镇小叔房村77岁的老李，从今年开始就在家门口的养老服务综合体享受各式各样的服务。

用于句首的状语之后。例如：

在作家的笔下，一个个动物栩栩如生。

用于较长的宾语之前。例如：

大多数人认为，现行的行政审批制度已经成为民营经济快速发展的一大障碍。

用于带句内语气词的主语（或其他成分）后，或者带句内语气词的并列成分之间。例如：

他呢，倒是睡得挺香的。

进了水果超市，苹果啦，香蕉啦，橙子啦，他买了一大包。

用于较长的主语中间、谓语中间和宾语中间。例如：

证人的陈述，以及现场能看到的情况，都对被告不利。

80后农民工小伙头戴安全帽，手拿水泥铲，身穿迷彩服，在工地大跳"鬼步舞"。

用于前置的谓语之后，或后置的状语、定语之前。例如：

真大啊，这套房子。

其三，用于复指成分或插说成分前后。例如：

小刘，就是我们系最漂亮的那个大二女生，昨天上午和她男朋友一起在超市购物。

考试，不用说，肯定没有想象的那么容易。

用于语气缓和的感叹语、称谓语和呼唤语之后。例如：

哎哟，这儿，快给我揉几下。

大爷，您哪儿不舒服啊？

喂，你是哪个班级的？

用于某些序次语（"第"字头、"其"字头及"首先"类序次语）之后。例如：

购房三大要诀：第一，看地段；第二，看地段；第三，还是看地段。

房企转型有两个因素：其一，行业发展已到顶，不得不转；其二，房企经过多年财富的积累，有钱，任性，想转就转。

使用难点：第一，虽然是并列成分，但如需要让每个成分更突出，更显著，可用逗号，不用顿号。例如：

祖国啊，你伟大，富强！

第二，动词或动词性短语的并列，其停顿处用逗号而不用顿号。例如：

全校职工的吃喝拉撒睡，看病，结婚，生小孩……不能全包下来。

第三，介词结构的并列，不用顿号用逗号。例如：

当我难过的时候，当我无助的时候，当我退缩逃避的时候，我就会想起妈妈的叮嘱，想起爸爸的鼓励，想起亲朋好友的关心与期望。

第四，偏正结构、主谓结构之间的并列，用逗号不用顿号。例如：

在蓝的天，黑的山，银色的月光的背景上，成就了一幅剪影。

上课该怎么听讲，课后应怎么复习，怎么应付大考，怎么安排时间，开学时老师都给学生讲清楚了。

第五，提示的内容是部分而不是句子的全部，则用逗号。例如：

实践证明，让育才小学跨区统筹到新城西区办学，这是一条正确的路，必须将之办好做实，使之成为城乡教育统筹发展的生动实践和鲜活示范。（"正确的路"之后的内容不是"实践证明"的内容。）

第六，"某某说""某某想"等词语后边常用冒号，但有时不想强调提示语，或不直接引述别人的话，则用逗号。例如：

亚里士多德说过，教育的根是苦的，但其果实是甜的。

第七，逗号有全身和半身之分，两者不仅仅横向尺寸不同，连高低也有不同。中文中必须使用全身，半身可用于英语。但也要区分因排版要求，软件自动缩小横向尺寸，垂直方向还是不变的全身逗号使用情况。

五、顿号

顿号用于表示语段中并列词语之间或某些序次语之后的停顿。顿号用法有：其一，用于并列词语之间。例如：

党的十八大首次以"富强、民主、文明、和谐、自由、平等、公正、法治、爱国、敬业、诚信、友善"这 24 个字来高度概括社会主义核心价值观的组成。

其二，用于需要停顿的重复词语之间。例如：

他几次三番、几次三番地辩解着。

其三，用于某些序次语（不带括号的汉字数字或天干地支类序次语）之后。例如：

本章讲两个问题：一、为什么要学数字资源的检索？二、怎样才能学好数字资源的检索？

使用难点：第一，并列词语结合得紧密（如集合词语），中间不用顿号。例如：

中小学生春游一定要注意安全。

十二届全国人大三次会议内蒙古代表团召开全团会议，审议政府工作报告等决议草案，安排部署学习传达和贯彻落实"两会"精神工作。

类似集合词语有中小学生、大专院校、指战员、团员青年、省市领导、城乡交流、工农兵、安排部署、调查研究、贯彻执行、贯彻落实、关停并转等。

第二，表示概数的两个数字中间不能用顿号，但表序数时要用顿号。例如：

我们班至少有七八个人去过绍兴。（概数）

三、四年级的同学下午在大操场开大会。（序数）

第三，并列的短语之间带有语气词"啊""啦"等时不用顿号，用逗号。例如：

八月的大街上摆满了水果摊，甜瓜啊，西瓜啊，苹果啊，葡萄啊……

第四，并列词语中又有并列词语时，大并列中的停顿用逗号，内部小并列中的停顿用顿号。例如：

原子弹、氢弹的爆炸，人造卫星的发射、回收，标志着我国科学技术的发展达到了新的水平。（"原子弹"和"氢弹"，"发射"和"回收"，是小并列；"原子弹、氢弹的爆炸"和"人造卫星的发射、回收"是大并列）

第五，并列的短语作定语时要用顿号；并列短语作主语、谓语、补语等表强调时，并列的介宾短语用作状语时不用顿号，用逗号。例如：

他的准确、清新、形象的语言，使球迷们感到自己仿佛就坐在体育馆里亲眼观看这场比赛。

前些年，一些地方政府也在积极地帮助农民出主意，灵市面，取得了一些成果。

这个故事讲得真实，生动。

第六，并列词语之间有了"和""与""及"等连词，连词前不再用顿号。例如：

我国从事网购业务的网站有很多，如当当网、京东网、拍拍网和淘宝网等。

注意，连词的位置必须是在最后一个并列成分前，如"甲、乙、丙和丁"，而不能改变位置。像"甲、乙和丙、丁"，或"甲、乙与丙、丁"是错误的。看句子：

他与夫人、儿子一起坐火车去上海。

比较妥当的处理应该是：

他，与夫人、儿子一起，坐火车去上海。

特例是"和"并列结构，或"与"并列结构，与其他成分的并列。例如：

中国的城镇化就是要缩小农村与城市之间、沿海与中西部之间、大中城市与小城市之间的三大差距。

不论天上还是地上的物体，都要遵循惯性定律、质点运动定律、作用与反作用定律，即所谓的牛顿三大定律。

我们要利用好国家宏观调控和市场经济两种手段，处理好生产与消费、经济与环境、人类与社会等关系。

高山和流水、蓝天和绿地离我们越来越远了。

这里，"和"并列结构或"与"并列结构中的并列成分是小并列，与顿号表示的大并列内容不在一个层次。比如，"作用"与"反作用"是小并列，且作"定律"的定语，而句子中三个"定律"是大并列。像"作用与反作用定律"这个短语的结构与前面两个并列成分的语法结构不对称，最好用逗号，而不用顿号。"生产"与"消费"是小并列，"生产与消费""经济与环境""人类与社会"是大并列。

第七，较长的并列成分间可不用顿号而用逗号。例如：

这翻滚的麦浪，这清清的河水，这大雁的歌唱，使年轻人深深陶醉了。

第八，标有引号、书名号的并列成分之间不用顿号。例如：

中国的四大名著是《三国演义》《水浒传》《西游记》《红楼梦》。

什么是"双百""二为"方针？

如果在这类并列成分之中，还有其他的词语，则仍需要使用顿号。例如：

司汤达的《红与黑》、巴尔扎克的《人间喜剧》、狄更斯的《双城记》、哈代的《德伯家的苔丝》都是19世纪批判现实主义文学的代表作。

第九，用顿号表示较长、较多或较复杂的并列成分之间的停顿时，最后一个成分前可用"以及（及）"进行连接，"以及"之前可用逗号，但"及"之前不用逗号。例如：

不做笔记、不主动复习、不问问题，以及投机取巧，都是高考语文复习的致命弱点。

本文主要讨论羌族西夏王朝时期的音乐及诗歌。

第十，表示含有顺序关系的并列各项间的停顿用顿号，不用逗号。例如：

"对于"，介词，表示人、事物、行为之间的对待关系。（"人""事物""行为"之间有顺序关系，即人和人、人和事物、人和行为、事物和事物、事物和行为、行为和行为等六种对待关系。）

第十一，逗号、顿号在表列举省略的"等""等等"之类词语前使用时，如果并列成分之间用顿号，末尾的并列成分之后用"等""等等"之类词语时，"等""等等"类词前不用顿号或其他点号；如果并列成分之间用逗号或分号，末尾的并列成分之后用"等""等等"之类词语时，"等""等等"之类词前应用逗号或分号。例如：

这个学期，我们要学习方正排版系统、Indesign、CorelDraw、Photoshop 等图书排版软件。

投资股票市场前要想好：投资多少资金，投资什么股票，投资多少时间，等等。

经过半年的编辑班培训，大家都学有所成：有的学会了排版，去图文公司打工；有的学会了校对，去出版社兼职；有的学会了写新闻，向校报投稿；等等。

六、分号

分号表示复句内部并列关系分句之间的停顿，以及非并列关系的多重复句中第一层分句之间的停顿。分号有多种用法：其一，复句内部并列分句之间的停顿（尤其当分句内部还有逗号时）用分号。例如：

白天，战士们坚决守住已得的阵地；夜里，战士们向敌人进行新的、猛烈的攻击。

其二，非并列关系（如转折关系、因果关系等）的多重复句，第一层的前后两部分之间也用分号。例如：

昨天晚上下了场雨，本以为今天天气会凉爽些；谁知今天一早就烈日当空，地表温度急剧上升。

尽管风雪交加，车辆行走非常困难，城市交通严重受阻；但是同学们还是步行到校，按时上课。

其三，分项列举的各项之间也可以用分号。例如：

制约国外游客来华旅游发展的原因主要有三个：其一，人民币升值；其二，雾霾影响；其三，我国入境手续相对烦琐。

已知二次函数 $f(x)$ 满足条件：（1）对称轴为 $x = 1$；（2）最大值为15；（3）$f(x) = 0$ 的两根平方和为7。

其四，长句中被冒号、破折号、括号、引号分隔出来的并列分句有相对的独立性，中间可根据需要使用分号。例如：

打猎的讲究不少：雉鸡、野兔要白天打，叫打坡；野猪、狐、獾、熊和狼要夜里打，叫打猎。

其五，辞书的条目在同一义项下有两个以上释义时常用分号分隔。例如：

孔：洞；窟窿；眼儿。（《现代汉语词典》）

使用难点：第一，单句内并列词语之间只能用顿号或逗号，不能用分号。也就是说，并列的必须是分句，或者是分项，否则不能用分号。例如：

主食和肉食摄入量高，水果、蔬菜摄入量低，室外活动量少，是形成肥胖的一种生活模式。

第二，并列分句之间，也不是一定要用分号。如果分句较简单，内部没出现逗号，分句间也就用不到分号。例如：

人的生命是脆弱的，大自然的生命才是永恒的。

我渐渐爱上了这些孩子，孩子们也爱上了我。

第三，多重复句中，分号要用在第一层。不在第一层的并列分句间是不能用分号的，否则层次就乱了。例如，下句中分号的使用是错误的：

只有健全社会主义法制，才能使社会主义民主法律化、制度化；才能用法律手段管理经济；才能维护安定团结的政治局面，保障社会主义现代化建设的顺利进行。

句子中，第一层是条件，即"只有健全社会主义法制"，并列的是第二层，即三个"才能"。这样，本句中使用分号是错误的，要改成逗号。

七、冒号

冒号表示语段中提示下文或总结上文的停顿。冒号有多种用法：其一，用于总说性或提示性词语（如"说""例如""证明"等）之后，表示提示下文。例如：

他开心地说："我终于搞定这张表格了！"

昨天，她听到了一个好消息：学过排版的人以后周五晚上的排版课可以不听。

其二，用于表示总结上文。例如：

想不通，九头牛也拉不回；想通了，不要人说就直往前冲：他就是这样一个直性子。

其三，用在需要说明的词语之后，表示注释和说明。例如：

主办单位：团委

承办单位：学生会

时间：周五晚上六时半至八时半

地点：流水食堂广场

其四，用于书信、讲话稿中称谓语或称呼语之后。例如：

李先生：

女士们，先生们：

使用难点：第一，冒号是一管到底的，如后面内容不是注释、说明等，只是句中短暂停顿，不用冒号。例如：

本省三位从事律师相关工作的全国人大代表：吴青、陈舒、朱列玉在一起关注民法典编纂、行政复议法修订、国家赔偿法修改。（这里的冒号只能管到三位代表，后面"在一起关注……"不是注释"三位……全国人大代表"的。所以，冒号要改成破折号，起局部解释作用。）

第二，同一句中不能有两个冒号。例如：

学院大会上，院长大声宣布：今天有两个好消息告诉大家：一是我院被评为学校先进集体，二是我院新增两个专业硕士点。（一句话只能有一个冒号，本句"大家"后用逗号。）

厂长宣布：根据新情况制定两项新规定：一是不得带快餐盒进厂，二是工作期间不得串岗。（第二个冒号改逗号。）

第三，部分引用（引文不独立）前不能用冒号。例如：

《地质灾害防治条例》正式确立了："自然因素造成的地质灾害，由各级政府负责治理；人为因素引发的地质灾害，谁引发谁治理"的原则。（此句引文仅作句子成分，即"原则"的定语，冒号要删去。）

第四，同一人话语未完不用冒号。例如：

"大家明天早点起来。"组长说："八点整在校门口集合。"（组长的话分前后两部分，前部分话还没说完，"起来"后要用逗号。冒号管的应是一句独立完整的话，这里用冒号，只能管后面的话，却不能管前面的话，故要改为逗号。）

第五，冒号后不能跟"即"，但"即"字后可以加冒号，也可以不加冒号。后面的内容比较长，或有分句，要加冒号；后面的内容比较简单，又不强调，就不用加冒号。例如：

图书总字数的计算方法，一律以该书的版面字数为准，即：总字数＝每行字数 × 每面行数 × 总面数。

第六，比号严格意义上不是标点，而是一种数学符号。不过，文字实践中经常会遇到冒号和比号搞混的情况。这里，有两个问题需要说明，一是如何区别使用冒号和比号，二是正确的比号如何排版。

前一个问题，比号用于表述数字比例关系是明确的，关键是时间的分断是用冒号还是用比号。事实是，时间分断的数字间不是比例关系，使用比号来表述明显是不恰当的，目前国家标准中大多使用冒号表述，如 GB/T 7408—2005 和 GB/T 15835—2011。

后一个问题是因为存在中式比号（"："，电脑输入时必须使用特殊输入方法）和西式比号（":"，英文状态下按冒号键输入），两者均不同于中式冒号（"："，中文状态下按冒号键输入）。在英语中，冒号和比号是同形不同义，但中式冒号用作比号在《图书编校质量差错认定细则》里就被认定是错误的。中式比号、西式比号和中式冒号，排版效果是不同的，如：

$x:y$　　$x{:}y$　　$x：y$　　1:3　　1:3　　1：3

可以看出，中式比号前后空，中式冒号后空。相对来说，西式比号紧凑又美观，并且是国际通用的，因此一些编辑喜欢使用西式比号来表达数字比例关系。使用中式比号还是西式比号，行业内争议很大，现实中使用也较混乱。

当然，在英语里，冒号和比号同形，使用时就没有以上问题。

八、引号

引号标示语段中直接引用的内容或需要特别指出的成分。引号有多种用法：其一，标示语段中直接引用的内容。例如：

“接天莲叶无穷碧，映日荷花别样红”是南宋诗人杨万里描写夏天杭州西湖荷花的佳句。

其二，标示需要着重论述或强调的内容。例如：

日常用语中声音的“高”“低”，有时指音调，有时指响度，含义不是唯一的。

其三，标示语段中具有特殊含义而需要特别指出的成分（如别称、简称、反语等）。例如：

抗日战争胜利前，军统人员余则成不满国民党腐败，被发展为我党地下工作者，潜伏在军统天津站，代号“峨眉峰”。

其四，当引号中还需要使用引号时，外面一层用双引号，里面一层用单引号。如果需要三层引号，按先标双引号、再标单引号、又标双引号的顺序，交替更换，以区分不同的层次。例如：

报纸上说：“全国足球职业联赛发展到今天，请教练‘下课’已不是什么值得惊讶的事情了。”

文章开篇，肯定了“师陀同志说的‘散文忌“散”’，很精辟”。

其五，在书写带月、日的事件、节日或其他特定意义的短语（含简称）时，通常只标引其中的月和日；需要突出和强调该事件或节日本身时，也可连同事件或节日一起标引。例如：

“9·11事件”

马克思主义在中国的传播和它在同中国实际结合中的不断发展，使其成为“五四”以来科学、民主精神的主流。

使用难点：第一，普通词语不能滥用引号。例如：

近日，网友在成飞机场上拍摄到了“歼-20”战机最新的两架原型机“2013”号和“2015”号同时进行试验的照片。（句中的“歼-20”不是要着重论述的对象，也不是具有特殊含义的词语，加引号不当。）

第二，非直接引用不用引号。例如：

老师早上打电话来说：“她发烧了，今天不上课。”（如果是直接引用，只能是“我发烧了”。因此，应去掉引号，并改冒号为逗号。）

第三，加引号范围要清晰。例如：

妈妈对儿子说：“见人该问好就问好，该行礼就行礼，别怕人笑话，俗话说：‘礼多人不怪嘛。’”（此句俗话应为“礼多人不怪”，因此“嘛”字应放在单引号之后。第二个冒号去掉，后一个单引号移到“怪”字后。）

第四，引文末了是问号、叹号的，无论直引、夹引均放在引号内。例如：

她靠着墙，面对鬼子喊着口号：“打倒日本帝国主义！”

他看她眼睛红红的，有些肿，就问：“你哭了？”

第五，引文末了是句号，则冒号后面引语的句号放在引号内，逗号后面引语的句号在引号外。例如：

恩格斯说："运动本身就是矛盾。"

像老舍所说的那样，"剧作者则需在人物头一次开口，便显示他的性格，闻其声知其人"。

如果引语单独成句，引文末尾的句号放在引号内。例如：

"大学之道，在明明德，在亲民，在止于至善。"

如果引语不成句、不独立，句号放在引号外。例如：

黑格尔说过：错误本身乃是"达到真理的一个必然的环节"，"由于这种错误，真理才会出现"。

作为特例，这里介绍一个说话人在中间，前后都是引语的句式。此句中，冒号不能管前面的半句，要改用逗号，而后面的引语句号必须在引号内。例如：

"高考的日子快要到了，"他环视了一下全班说，"请大家咬紧牙关，做最后的冲刺。"

第六，独立成段的引文如果只有一段，段首和段尾都用引号；不止一段时，每段开头用前引号，只在最后一段末尾用后引号。例如：

"幸福是知道自己喜欢什么和不喜欢什么。……

"幸福是知道自己擅长什么和不擅长什么。……

"幸福是在正确的时间做了正确的选择。……"

九、括号

括号用于标示语段中的注释内容、补充说明或其他特定意义。括号的主要形式是圆括号"（　）"，其他形式有方括号"［　］"、六角括号"〔　〕"和方头括号"【　】"等等。

不同的括号用法如下：其一，方头括号用于报刊标示电讯、报道的开头，以及标示被注释的词语。例如：

【中新社巴黎消息】

【民谣】民间歌谣，多指与时事政治有关的。

其二，六角括号用于标示公文发文字号中的发文年份，或者标示被注释的词语，或者标示作者国籍或所属朝代。例如：

国发〔2011〕3号文件

〔民谣〕民间歌谣，多指与时事政治有关的。

〔美〕海明威

其三，方括号用于标示作者国籍或所属朝代。例如：

［美〕海明威

其四，圆括号可用于多种情况。例如：

这是一份历史朝代表（包括起止时间、都城、建国者、重大事件等内容）。（标示注释内容或补充说明。）

说实话，我很反感朋友逼迫我作（做）任何事。（标示订正或补加的文字。）

文献有三个要素：（一）知识；（二）载体；（三）记录。（标示序次语。）

"是以圣人之治，虚其心，实其腹，弱其志，强其骨。"（《道德经》第3章）（标示引语的出处。）

盱眙（xū yí）是最容易读错的地名。（标示汉语拼音注音。）

使用难点：第一，除科技书刊中的数学公式外，所有括号（特别是同一形式的括号）应尽量避免套用。必须套用括号时，宜采用不同的括号形式配合使用。例如：

（改写为〔剧本〕）

这里，里面一层括号使用的是六角括号。

第二，用于注释或补充说明时，注释语要紧跟被注释的内容。例如：

食物就是能够构成躯体和供应能量的物质，例如碳水化合物（包括糖、淀粉、纤维素）、蛋白质、脂肪等等。

第三，括号内的注释语是解释句子中的部分词语或部分句子（局部）时，括号用在点号前；不需停顿时括号后不用点号。 括号内的注释语是解释前面整个句子（全局）时，括号用在点号后。例如：

旧上海有人叫卖"桂花赤豆汤"（一种稀饭）。

他养殖和训练了许多小动物。（他后来还曾照顾动物园里的一只没有妈妈的小虎，每天用牛奶喂它。）

第四，句内括号内行文末尾需要时可以用问号、叹号和省略号，但不用其他标点符号。例如：

只要支付工资了（全部支付还是部分支付？），工人就会恢复上班状态。

十分钟（仅仅十分钟！），他就上厕所三次！

同学们上课都没有听老师讲（有的在玩手机，有的在背单词……），反正课堂纪律非常不好。

第五，词曲中的宫调、牌名，习惯上使用方头括号标明，使用方括号也可以，但这不是标点符号使用标准规定的，仅供参考。例如：

【新水令】

〔驻马听〕

十、破折号

破折号用于标示语段中某些成分的注释、补充说明或语音、意义的变化。破折号有多种用法：其一，标示注释内容或补充说明（也可用括号）。例如：

亚洲大陆有世界上最高的山系——喜马拉雅山，有目前地球上最高的山峰——珠穆朗玛峰。

其二，用前后破折号标示插入语（也可用逗号）。例如：

她手里毫不吃力地提着箱子——箱子并不大——走过去，她抬起了头，打量着在她面前闪现的人们的脸。

其三，标示总结上文或提示下文（有时也可用冒号，见冒号用例）。例如：

"你买这本书吧——这本比那本好。"

老者娓娓道来——

其四，标示话题的转换。例如：

那个书包很漂亮，而且装有很多东西——现在不见了。

其五，标示声音的延长。例如：

"呜——"火车开了。

其六，标示话语的中断或间隔。例如：

"他走——"小芳话没说完就哭了起来。

他很大了，——并且他以为他母亲早就死了的。

其七，标示引出对话。例如：

——小英，你买好车票了吗？

——买好了，妈妈。

其八，标示事项列举分承。例如：

本学院统计学的研究方向有：

——数理统计；

——风险管理；

——保险精算。

其九，用于副标题之前。例如：

生存着！——读《哈姆雷特》有感

其十，用于引文、注文后，标示作者、出处或注释者。例如：

仰不愧天，俯不愧人，内不愧心。——韩愈

杨荫浏与曹安和（两人是阿炳《二泉映月》的记录者——编者注）是表兄妹，青梅竹马，彼此早生爱恋之心。

使用难点：第一，破折号和"即"都有引出解释说明语句的作用，不必重复使用。例如：

《审音表》——即国家语委、国家教委 1985 年联合颁发的《普通话异读词审音表》里规定："荫"统读 yìn。（或删除破折号，或删除"即"字。）

第二，不是解释说明，不能使用破折号。例如：

扬州米奇妙教玩具有限公司坐落在风景秀丽的瘦西湖畔——扬州宝应。（扬州宝应不是解释瘦西湖畔的，破折号要改为"的"字。）

第三，用来解释说明的，不能用逗号。例如：

我们以寥寥数语，"买了齐格瓦，用户不用愁"表示衷心感谢。（句中第一个逗号要改为破折号，否则意思就不连贯了。）

第四，破折号之前通常不用点号，但根据句子结构和行文需要，有时也可分别使用句内点号和句末点号。破折号之后通常不会紧跟着使用其他点号，但当破折号表示语音的停顿或延长时，根据语气表达的需要其后可紧接问号或叹号。例如：

张某说："我交代。——能给我口水喝吗？"（表示话题的转折。）

"是她——？"寝室里其他几位女生都不敢相信是她拿的钱包。（表示惊奇。）

十一、省略号

省略号用于标示语段中某些内容的省略及意义的断续等。省略号一般使用六点，如果是整段文章或诗行的省略，可以使用十二个小圆点来表示。

省略号的用法有多种：其一，标示引文的省略。例如：

荀子曰："君子养心，莫善于诚，至诚则无它事矣……诚心行义则理，理则明，明则能变矣。"

其二，标示列举或重复词语的省略。例如：

"一次元"是指一个点的世界，"二次元"是指面的世界……这是当下年轻人喜欢说及的新名词。

每当疼痛发作，他就采用自己的"压迫止痛法"——用茶壶盖、烟嘴、玻璃球、牙刷把……顶住疼痛的部位。

她在电话那头说着："嗯，嗯……这样好吗？"

其三，标示语意未尽。例如：

线索不断传来，县城已是万家灯火。经过缜密的判断评估后……

这鞋子未免也太……！

其四，标示说话时断断续续。例如：

她结结巴巴地说道："可是……我真的……没拿……你肯定记错了。"

其五，标示对话中的沉默不语。例如：

"……"他低着头，看着自己的鞋子。

其六，标示特定的成分虚缺。例如：

只有……才能……

使用难点： 第一，省略号前的标点，如果省略号前面原来是个完整句子的，原有的句号、叹号、问号等句末标点要保留。例如：

"上周日，奶奶带我去公园玩，那里可热闹了。……许多蝴蝶在叫不出名字的花朵上飞舞着，可漂亮了！"

如果省略号前面不是一个完整的句子，则原有的顿号、逗号、分号或冒号等句中点号应删除。例如：

一小时，两小时……他最终还是没有在电影院门口出现。

第二，省略号的作用相当于"等""等等""之类"。用了省略号，就不必再用"等""等等"或"之类"；用了"等""等等"或"之类"，就不必再用省略号。例如：

肯德基、麦当劳、必胜客……等，他都喜欢吃。（省略号或"等"，两者删一个。）

第三，省略号后面的标点，如果是句号，一般不保留。例如：

电视里还在播着乏味的节目，我却窝在沙发上有些迷迷糊糊，也没有听到……

如果省略号后面跟有文字，而且这些文字和省略号前面的文字关系较远，可以在省略号后面加上句号。例如：

晚上睡不着，我就躺在床上数着羊。一只羊，两只羊……。突然，"叮咚"一声，有短信！

如果省略号后是问号或叹号，省略的又是同一句里的一些词，则问号或叹号要保留，以免改变语气。例如：

没等她开口，我就客气地说："如果我没猜错的话，你就是……？"

十二、着重号

着重号用于标示语段中某些重要的或需要指明的文字。着重号的形式是"．"，标注在相应文字的下方。

着重号有两种用法：其一，标示语段中重要的文字。例如：

事业是干出来的，不是吹出来的。

其二，标示语段中需要指明的文字。例如：

请给加点的字注上拼音：笨拙，秘鲁，投奔。

使用难点：加着重号不是文字下加直线或浪纹线。文字下加直线是专名号，文字下加浪纹线是特殊书名号（用于古籍或文史类著作）。

十三、连接号

连接号用于标示某些相关联成分之间的连接。连接号的形式有三种：短横线"-"、一字线"—"和浪纹线"～"。两字线"——"在新版标准中已经不作为连接号。

（一）短横线的用法

短横线有多种用法：其一，用于化合物的名称或表格、插图的编号。例如：

2-戊烯有麻醉作用，对眼睛、呼吸道和皮肤有刺激性。

由 ARC 测得的过氧化二叔丁基（实验样品量 2 g，起始温度 80 ℃）的分解曲线见图 6-5。

其二，用于连接号码，包括门牌号码、电话号码，以及用阿拉伯数字表示年月日等。例如：

昌平区立汤路 218 号明天生活馆 C 座 2-18 号

0571-28877777

2015-03-12

ISBN 928-7-5624-3868-6

ISSN 1003-6687

CN 11-00790

其三，在复合名词中起连接作用。例如：

应力－应变曲线

总产量－平均产量－边际产量曲线图

其四，用于某些产品的名称和型号。例如：

歼-21

其五，汉语拼音、外来语内部的分合。例如：

西蒙－舒斯特公司

焦耳－楞次定律

任－洛二氏溶液

（二）一字线的用法

标示相关项目（如时间、地域等）的起止。例如：

东北—西南方向

广州—杭州—北京航线

70—80 年代

1991—1998 年

2006 年 3—7 月

下午 2：00—5：00

第 6—21 卷

报纸期刊社—邮局—读者

茅盾（1896—1981）

GB/T 15834—2011

—○—○—

（三）浪纹线的用法

浪纹线只有一种用法，就是标示数值范围（由阿拉伯数字或汉字数字构成）的起止。例如：

USB 硬盘的容量为 1 ～ 100 GB。

从劳动力的需求看，按照经济增长保持 8％～ 9％的速度，每年可新增 800 万～ 900 万个就业岗位。

－ 12 ～－ 3 ℃　　80 ～ 100 m/s　　　　100 ～ 120 MPa

3 ～ 5 g/mL　　　第五～八课

"第五～八课"属编号范围，本不算数值范围，但用一字线会错看作"第 518 课"。

十四、间隔号

间隔号用于标示某些相关联成分之间的分界。间隔号的用法有五种：其一，标示外国人名或少数民族人名内部的分界。例如：

约翰·纳斯特

其二，标示书名与篇（章、卷）名之间的分界。例如：

《论语·八佾》

其三，标示词牌、曲牌、诗体名等和题名之间的分界。例如：

《念奴娇·赤壁怀古》

《七律·将进酒》

其四，用在构成标题或栏目名称的并列词语之间。例如：

《天·地·人》

其五，以月、日为标志的事件或者节日，当用汉字数字表示时，只在一月、十一月和十二月后用间隔号；当直接用阿拉伯数字表示时，月、日之间均用间隔号（半角字符）。

"六一"国际儿童节

"一二·九"运动

"3·15"消费者权益日

使用难点：主要难在外国人的名字表示，如果同时有汉字和外语字母，目前标准没有示例如何使用。比较通行的规则是中文后跟间隔号，外语字母后跟小数点。例如：

约翰·S.纳斯特

十五、书名号

书名号用于标示语段中出现的各种作品的名称，其中包括书名、卷名、篇名、刊物名、报纸名、文件名，以及电影、电视、音乐、诗歌、雕塑等各类用文字、声音、图像等表现的作品的名称，甚至是软件名。例如：

《爱弥尔》（书名）

《钱江晚报》（报纸名）

《美丽中国呼唤共同行动》（篇名）

《青玉案·元夕》（词名）

《快乐大本营》（电视节目名）

《360安全卫士》（软件名）

书名号里边还要用书名号时，外面一层用双书名号，里边一层用单书名号。例如：

解志熙的《人生的困境与存在的勇气——论〈围城〉的现代性》一文，发表在《文学评论》1989年第1期上。

需要说明的是，书名号在《标点符号用法》1995年版中明确限定用于书名、篇名、报纸名、刊物名，其他像专栏名、专题名、丛书、单位等名称都不能使用。

2011年版标准扩大了使用范围，像专栏名和专题名都规定使用书名号，但新标准没有对丛书名做出使用书名号的规定，相反在附录的"引号用法补充规则"中，说明"丛刊""文库""系列""书系"等作为系列著作的选题名，宜用引号标引。

至于"丛书"两字是放在引号内还是引号外，看"丛书"两字是否为选题名的一部分。如果是选题名的一部分，就放在引号内，否则放在引号外。

作品集合同样也不能全用书名号，比如"三言二拍"，不能写成《三言二拍》。

使用难点：第一，不能视为作品的课程、课题、奖品奖状、商标、证照、组织机构、会议、活动等名称，不应用书名号。如以下用法都是错误的：

这个学期我开设《现代校对学概论》《图书发行学基础》两门课程。

今天下午召开《现代校对新法探索》课题立项会。

我们将向本次大赛优胜者颁发《英语口语九段证》。

第二，有的名称指一项活动时，不用书名号；指一种节目名称时，用书名号。如以下用法是正确的：

2015年抗战胜利70周年阅兵式受到全国人民的称赞和好评。

学校将组织学生收看《2015年抗战胜利70周年阅兵式》。

第三，书名带有括注，如果括注是书名、篇名等的一部分，应放在书名号之内，反之则应放在书名号之外。例如：

《中国共产党统一战线工作条例（试行）》

《小逻辑》（缩译彩图本）

第四，词牌、曲牌或诗体名后跟具体作品名（用间隔号隔开），就用书名号。无作品名时，标准没有示例。业内处理方法是，指词牌名、曲牌名或诗体名时，用方头括号或方括号；指作品时，如果没有作品名，只有词牌名、曲牌名或诗体名，可以采用如下形式：

《水调歌头》（明月几时有）

《水调歌头（明月几时有）》

其中，"明月几时有"为该词开头。当然，有的出版物把苏轼的这首词写成《水调歌头·明月几时有》，这样的做法似有不妥，因为这会使人以为原词除了有词牌名还有词名，这是不符合事实的。

十六、专名号

专名号用于标示古籍和某些文史类著作中出现的特定类专有名词。专名号的形式是一条直线，标注在相应文字的下方。

专名号只有一种用法，就是用于标示古籍、古籍引文或某些文史类著作中出现的专有名词。这里，专有名词包括人名、地名、国名、民族名、朝代名、年号、宗教名、官署名、组织名等。例如：

孙坚人马被刘表率军围得水泄不通。（人名）

于是聚集冀、青、幽、并四州兵马七十多万准备决一死战。（地名）

要注意的是，现代文本中不使用专名号，但现代文史类著作除外。

十七、分隔号

分隔号用于标示诗行、节拍及某些相关文字的分隔。分隔号的形式是" / "。分隔号有多种用法：其一，用于诗歌接排时分隔诗行（也可使用逗号和分号）。例如：

床前明月光 / 疑是地上霜 / 举头望明月 / 低头思故乡。

其二，用于标示诗文中的音节节拍。例如：

朝辞 / 白帝 / 彩云间，千里 / 江陵 / 一日还。

其三，用于分隔供选择或可转换的两项，表示"或"。例如：

输入 / 输出命令

其四，用于分隔组成一对的两项，表示"和"。例如：

T282/T283 次杭州至包头特快列车

2014 年仁川亚运会乒乓球比赛展开男双决赛的争夺。马龙 / 张继科以 4:0 战胜队友许昕 / 樊振东，夺得了男双冠军。

其五，用于分隔层级或类别。例如：

大学 / 学院 / 系 / 教研室

第三节 英语标点的使用规范

英语标点的使用规范，主要参考 Rebecca Elliot 所著 *Painless Grammar* 一书。目前，该书所介绍的使用规则已经成为美国编辑考试的内容之一。

这里，介绍常用的几种标点使用规则。

一、句点

句点（period）有四种用法：其一，用于句子结束。其二，用于小数点。其三，用于姓名首字母后（前面只有一个字母）。其四，用于缩写字母后（前面可以有多个字母）。

使用难点： 位于句末的缩写字母后已经有句点的，句末不再用句点，但可以用问号或叹号。例如：

Bob woke up at 7 A.M.

Bob woke up at 7 A.M.!

Bob woke up at 7 A.M.?

二、问号

问号（question mark）有两种用法：其一，用于问句结束。其二，用于表示不确定或疑问，在括号里。例如：

The author of this book lived from 1810(?) to 1895.

使用难点： 对于彬彬有礼的要求，虽然形式是问句，但并不要求回答，有时可以用问号，也可以用句点。例如：

Would you please bring us the remote?

Would you please bring us the remote.

三、叹号

叹号（exclamation point）有两种用法：其一，用于感叹句结尾，表达各种情绪。其二，用于命令句结尾。

使用难点： 第一，问句可用问号，也可用叹号，取决于句子表达的是什么情绪。例如：

How could you do that?（表示对你如何做的有兴趣）

How could you do that!（表示对你那么做很惊讶）

第二，有人喜欢一直使用叹号，觉得这样显得更为活泼。但千万不要使用两个或两个以上的叹号。

四、逗号

逗号（comma）有多种用法：其一，用于并列句的连词前，分隔两个独立的句子。这些连词有：and, but, for, or, so, yet, nor。

其二，用于连接副词前，分隔两个独立的句子。这些连接副词有：furthermore, however, indeed, meanwhile, nevertheless, therefore, unfortunately。例如：

I thought I made a C+ on the test, however, I made a B−.

I didn't study very much, nevertheless, I made a good grade.

其三，用于引导性从句或短语后，主句前。例如：

Since I forgot my combination, I could not open my locker.

其四，用于强调副词前后。例如：

John ran fast and got home before his mother.（普通句）

John ran, fast, and got home before his mother.（强调跑得快）

其五，用于名词后出现形容词的情况。例如：

My car, waxed and polished, will surely impress my girlfriend.

Mr. Smith's cat, hungry and scared, meowed from the top of the tree.

其六，用于一串名词间。例如：

She studied French, Spanish, and Russian.（逗号在 and 前也不能少）

其七，用于城市、州后。例如：

We went to Omaha, Nebraska, for Thanksgiving.

其八，用于地址。例如：

She lives at 2055 E. Caballero, San Diego, California 90214.

注意，州和邮政编码间不用逗号。

其九，用于分隔三位数字，也就是千分位分隔。例如：

1,882,123

其十，用于直接引语。例如：

"I saw UFO," yelled John, "last night on the street!"

Jane cried, "I lost my homework for Geometry!"

其十一，用于对话中的称呼后。例如：

Kate, it is time to go.

If you don't believe me, Janet, go ask Mrs. Turner.

其十二，用于日期，分隔日和年，年和其他内容。例如：

on November 1st, 2005, at 8:48 A.M.

其十三，用在感叹词前后。例如：

Wow, what a beautiful sunset.

No, I don't really want to see that movie.

I told Bob that, yes, I would go to the dance with him.

其十四，用在一组修饰同一名词的形容词间。例如：

a cold, dark, dreary night

其十五，用于插入语前后。例如：

I reminded my mom, in case she forgot, that I wanted an Xbox 360 for my birthday.

其十六，用于信件中的起首语（称呼）或结语后。例如：

Dear Shannon,（称呼）

Sincerely,（结语）

其十七，用于 not 引出的对比短语前。例如：

I'm going out with Ken, not Ron.

It's a book, not a movie.

其十八，用于后置的头衔前后。例如：

Steven Miller, Ph.D., is the pediatric doctor on call tonight.

其十九，用于同位语前后。例如：

Our Principal, Mrs. Griffin, gave a speech at the assembly.

其二十，用于省略相同成分的句子前。例如：

I ordered pizza, Amanda juice.

Tonight I will work on English, tomorrow Math.

使用难点：第一，如果两个独立的分句都很短，逗号可有可无。例如：

Kate slept late, but she got up early.

Kate slept late but she got up early.

第二，如果引导性从句或短语很短，逗号既可以有，也可以没有。例如：

In May, I will be graduating.

In May I will be graduating.

第三，间接引语不能使用逗号。例如：

Sarah said that she wanted to go to the movies tonight.

五、冒号

冒号（colon）有多种用法：其一，用于给出想说的事，或者我想的事。例如：

There's only one sport for me: alligator wrestling.

This sentence is grammatically correct: I wonder if wolves actually wolf down their pizzas the way I wolf down mine.

其二，用于 these are, there are, the following, as follows, such as, these things 后，列举事物。例如：

My favorite sports are the following: baseball, basketball, soccer, football, and every other game that's played with a ball.

其三，用于书名、文章名和标题的副标题。例如：

The title of the book is *Bill Gates*: *Man of the Year*.

其四，用于时间时分秒的表达。例如：

His record for the mile is 4:06:27.

其五，用于礼节性信件或商业信件。例如：

To Whom It May Concern:

Dear Senator McCain:

其六，用于参考文献中的章与节间，或者卷与页间。例如：

John 3:16（John 的书，第 3 章第 16 节）

Encyclopedia Brittanica IV:425（第 4 卷第 425 页）

其七，用于比例。例如：

The bill passed with a 3:1 vote.

其八，用于对话中表明说话人。

Henry: I can't believe it's not butter.

Janet: It has less fat than sour cream.

Henry: But it tastes so good.

Janet: Yes, it tastes good.

其九，用于 Caution, Wanted 和 Note 之后，后面如果是完整句子，第一个词可以首字母大写，也可以小写。如果不是完整句，则第一个词的首字母不能大写。例如：

Note: The complete serial number is needed.

Caution: wet floor.

Wanted: interior designer specializing in abstract art.

使用难点：第一，动词后不能使用冒号。例如：

The ingredients are: flour, eggs, sugar, and milk.（错误）

The ingredients are flour, eggs, sugar, and milk.（正确）

These are the ingredients: flour, eggs, sugar, and milk.（正确）

第二，介词后不能使用冒号。例如：

I want to travel to: New York, San Francisco, Atlanta, and Montreal.（错误）

I want to travel to New York, San Francisco, Atlanta, and Montreal.（正确）

I want to travel to the following cities: New York, San Francisco, Atlanta, and Montreal.（正确）

六、分号

分号（semicolon）有三种用法：其一，用于两个意思相关的分句间。例如：

My family is Jewish; we celebrate Chanukah but not Christmas.（Being Jewish 和 celebrating Chanukah 紧密相关）

其二，用于逗号过多的句子中，但必须分隔句子。例如：

Wesley likes books about baseball, biplanes, and bagels; Brian likes books about antique cars, blimps, and rare fish; and Tori likes books about racehorses, dolls, and military jets.

其三，用于分隔一连串用逗号组成的事物。例如：

I want to visit Atlanta, Georgia; San Diego, California; Washington, D.C.; and Denver, Colorado.

使用难点：一般非完整句，不能使用分号，分隔一连串用逗号组成的事物（如州名和城市名组合）是例外。例如：

My family is Jewish, not Christian.

七、圆括号

圆括号（parentheses）用于相关词的解释、翻译、澄清等非句子必须有的内容。例如：

The academic year (this year that's August 20 – June 13) includes 180 school days.

I paid 40 German marks (about $25) for dinner.

使用难点：第一，不要过度使用圆括号，让人感觉一个句子所有词都解释。第二，正确处理使用圆括号句子的标点：可以先写好不加圆括号内容的语句，然后再插入圆括号内容。

八、方括号

方括号（brackets）有三种用法：其一，用于圆括号中再使用括号的场合。例如：

My new mountain bike (which cost me $500 [my entire savings!]) weighs only 23 pounds.

其二，用于解释非句子内容的成分。例如：

The correct way to write the sentence is as follows:

    Each [singular subject] of the boys is [singular verb] here.

其三，用于给引用的原话插入的评论内容。例如：

The young man said, "I was born in 1930 [?] in Ohio."

九、破折号

英语中破折号（dash）的长度有多个版本，用得最多的是 en 长度和 em 长度两个版本，它们分别是小写 n 和大写 M 的长度。具体输入时，先按计算机键盘上的 Num Lock 键，然后按住 Alt 键，输入数字小键盘里的 0150，是 en 长度的破折号；输入数字小键盘里的 0151，是 em 长度的破折号。其实，em 长度的破折号和一字线是一样的。

两种破折号，使用格式要求是不同的：en 长度的破折号，前后必须空；em 长度的破折号，前后都不空。

破折号有多种用法：其一，用于连接两个句子，组成一个句子。例如：

Always fasten your seatbelt – it's the law.

其二，用于强化语气，改逗号为破折号。例如：

I gave you my last $20 – so don't waste it.

其三，用于强调解释的内容，改圆括号为双破折号。例如：

I've lived in Portland – the one in Oregon, not Maine – all my life.

其四，用于分隔带有许多逗号的同位语内容。例如：

I love Beaver Creek, a small ski area in Colorado with long, challenging runs. （正确但不好）

I love Beaver Creek – a small ski area in Colorado with long, challenging runs. （正确又好）

其五，用于更清晰表明一连串说明词的场合。例如：

My best friends – Mike, Kevin, Brian, and Paul – are here.

其六，用于总结一系列事物或一种思想。例如：

Red, white, and blue – those are the American colors.

Victory – that's the name of the game.

十、连字号

连字号（hyphen）有多种用法：其一，用于复合词。例如：

cheer-leader

其二，用于以 all、co、ex、half、great、数字、大写字母等为前缀的复合词。例如：

all-knowing，co-author，ex-husband，half-truth，great-grandmother，5-cent piece of candy， 40-foot tree，T-shirt， PG-rated

其三，用于解决构词混乱的情况。例如：

shell-like

其四，用于有复姓的外国人名的场合。例如：

Mary Scott-Simons

其五，用于日期（也可用斜杠表示）。例如：

1-12-06

1/12/06

其六，用于 21 ～ 99 的数字表达。例如：

twenty-one

ninety-nine

其七，加连字号的分数作形容词，不加连字号的分数作名词。例如：

two-thirds（形容词）

two thirds（名词）

其八，表示比分。例如：

76-80

其九，复合词作形容词修饰名词。例如：

the 15-year-old girl

up-to-date technology

其十，用于表示范围。例如：

Read pages 16-24.

其十一，用于拼写单词。例如：

She said, "My name is Kacey， K-a-c-e-y."

其十二，用于表示说话结巴。例如：

Oh, no! Y-y-you t-t-took my b-b-book?

其十三，用于一个单词拆分转行。

使用难点：如果被修饰的名词出现在复合词的前面，则不用连字号。例如：

The girl is 15 years old.

The technology is up to date.

十一、所有格符号

所有格符号（apostrophe）有三种用法：其一，表示所有关系。例如：

Fred's car.

其二，表示省略。例如：

10 of the clock = 10 o'clock, 2005 = '05

其三，表示某个词、某个缩写或某个字母的复数。例如：

too many but's, three M.D.'s, four s's

使用难点：第一，不要在物主代词后使用所有格符号。第二，表示某页有多个数字 8，用 8's 和 8s 都行，但表示年份不行。第三，不要用所有格符号加 s 来表示复数，除非是表示这个单词不是单词本身原有的意思。例如：

1980's（表示 1980 这个数字的复数）

1980s（表示 20 世纪 80 年代）

十二、引号

使用引号（quotation marks）时，要注意：其一，逗号和句点总在引号里面。例如：

Marsha said, "Let's go," and we did.

The title of the song is "Don't Speak."

其二，分号和冒号总在引号外面。例如：

Catherine said, "I'll clean my room"; now we'll see if she means it.

Mom uttered the first rule of "parental law": just because I said so!

其三，叹号和问号是在引号的里面或外面，取决于这个叹号或问号是属于整个句子还是被引的内容。例如：

I think he is the one that yelled, "Fire!"

I was furious when he smugly said, "Drop dead"!

She asked, "Is that really you?"

Are you the one who yelled, "Help"?

和汉语一样，英语中单引号用于引号里还要使用引号的情况。此时，双引号在外，单引号在里。

十三、省略号

英语中省略号（ellipses）是下三点，而不是居中三点。它有多种用途：其一，用于表示引用的话中，有些内容被省略了，但不影响句子的意思。例如：

The governor said, "It is very important for our children ... that the school year be extended ... and that they go to school ... 360 days a year."

其二，用于表示没有写出来的内容先出现了。例如：

"... I do," said Cary.

其三，用于句末，表示内容未尽。例如：

Tom and Carlos were camping in the woods, asleep in their tent, when they heard it — the sound....

其四，用于表示一个较长的停顿。例如：

There it was again ... that soft but eerie sound.

其五，用于表示思绪或说话速度的减慢。例如：

They looked sweetly into each other's eyes until the moment was right, then slowly ... gently ... a kiss.

专题训练

请改正下面句子中的标点符号错误。

1. 对于《雅思 IELTS 考试》人们已耳熟能详，如今一个全新的同样来自英国的职业外语水平测试——《博思 BULATS 考试》，也已由国家人事部考试中心推出。

2. 她独自一个人在林间小路上走着、想着、感动着，几乎忘记了一切：已分不清天上淅淅沥沥飘洒着的是雨还是雪？也不知道自己脸上缓缓流淌着的是水还是泪？

3. 19 岁的女大学生在《幸运 52》节目中连续七次夺魁引起了媒体的好奇。有的请她讲："如何能多才多艺"，有的追问她："怎样身兼数职"，还有的让她讲什么都行……

4. 我们凤凰电视台不存在"阴盛阳衰"的现象。"凤凰"这个词本来就是阴阳结合的："凤"是雄鸟，"凰"是雌鸟；凤凰台台标也由两只鸟组成：一只公的，一只母的。

5. 人的一生中有很多时候都少不了需要以书面形式向别人介绍："我是怎样一个人？"或"我有一个怎样的方案？"这样的问题，因此现代人有更多的理由学好作文。

6. 据了解，2008 年奥运会缺少大量专业体育节目主持人，因此最近中央电视台与维汉传播公司联手推出了《谁将解说北京奥运？——北京 2008 奥运主持人选拔计划》。

7. 目前，我国 18 岁以下的未成年人约有 3.7 亿。他们的思想道德和精神风貌如何？不仅关系到年轻一代自身能否健康成长；也关系到国家的前途和民族的命运。

8. 桃花开了，红得像火；梨花开了，白得像雪；郁金香也开了，黄色、紫色交相辉映，好一派万紫千红的灿烂春光。

9. 公司常年坚持节能管理的月考核、季评比、年结算制度、能耗预测制度和能源跟踪分析制度，做到节能工作常抓不懈。

10. 中国足球的球迷们现在真的感到很迷惘，面对着这片绿茵场，不知道是继续呐喊助威呢，还是干脆掉头而去？

11. "学习就怕'认真'二字，"张老师说："'态度决定一切'，确实很有道理。"

12. 网络技术对艺术传统的冲击不容忽视，对新艺术形式的催生已初露端倪。人们不得不思考，高科技的发展将导致艺术的沉沦？还是会迎来新时代的文艺复兴？

13. 自然之美是一切艺术美的源头活水，正如古人所云"天地有大美而无言。"天地之美，在风景名胜，也在"溪头荠菜花。"平中见奇，淡里显味，更是一种不事雕琢的天然之美。

14. 第二代无绳电话采用了数字技术，主要有泛欧数字无绳电话、个人便携式电话、个人接入通信系统……等，具有双向互呼和越区切换性能。

15. 打陀螺讲求技巧，用力小了，陀螺旋转不起来，用力大了，陀螺又容易"栽跟头"，用力匀称，陀螺才能平衡而快速地旋转。

16. 贾母因问黛玉念何书？黛玉道："只刚念了四书。"黛玉又问妹妹们读何书？贾母道："读的是什么书，不过是认得两个字，不是睁眼的瞎子罢了！"

17. 我们在田间，可以看到有些瓜果、蔬菜的叶子（如丝瓜、番茄）是平伸的，有些作物的叶子（如水稻、小麦）是直立的。

18. "还愣着干吗？"妈妈大声地训斥我："还不快去把房间收拾收拾，等会儿老师来了，看你怎么办……"

19. 概括地说就是"尊重知识，尊重人才"八个字，事情成败的关键就是能不能发现人才，能不能使用人才？

20. 中国每人平均每年总要吃四、五百斤粮食，还要有种子、饲料和工业用粮。

21. 为什么还要等一、两年才正式宣布收回香港呢？就是希望在这段时间里同各方面进行磋商。

22. 他常用"烧香找错庙门"、"蚊子叮泥菩萨，看错了对象"等四川俗语，幽默诙谐地批评那些不重视侦察和调查，指挥莽撞，办事马虎的同志。

23. 什么叫社会主义？什么叫马克思主义？我们过去对这些问题的认识不是完全清醒的。

24. 据克鲁普斯卡娅说，列宁"从不凭记忆'大致不差地'来叙述事实，他叙述事实是极确切的。"

25. 山海关，这号称天下"第一关"的山海关！

26. 刘勰说得好："句有可削，足见其疏；字不得减，乃知其密"。无论繁简，要是拿"无可削""不得减"的标准，就都需要提炼。

27. "进化论嘛！"鲁迅先生微笑着说："我懂得你的意思，你的舌头底下压着个结论：可怕的进化论思想。"

28. 我们必须了解这样做有什么好处，不这样做有什么坏处？

29. 景阳冈上的武松：要么把老虎打死，要么被老虎吃掉，二者必居其一。

30. 《杂文月刊》是海内外公开发行的杂文类综合性杂志，上半月发《原创作品》，下半月发《选刊精品》。

31. 大量事实证明：爱国主义教育激发了学生学习的积极性，所以要经常进行爱国主义教育。

32. 我国许多图书馆年经费仅一两万元，除去工资、办公费用、购书费可以想见还有多少。

33. 怎样保卫每一寸土地呢？怎样使每一寸土地都发挥它巨大的威力？一天天更加美好呢？

34. 参加会议的有作家、记者、电影、音乐、美术工作者。整个会场洋溢着欢乐的气氛。

35. 丹麦前驻华大使的夫人、研究汉阙的专家燕妮·帕尔感慨地说："我在北京看了许多图片、文字资料，没想到这块汉阙竟是这样精美？"

36. 11 岁时，他给白城子地主老张家放牛；13 岁，用他自己的话来说："官升了一级"，给老张家放马了。

37. 到底哪里是安徒生写作的地方？哪里是他父亲的皮鞋作坊？已经没法弄清了。

38. 要有意思才有话说；没有意思硬要说，就是瞎说；意思没有想清楚随便说，就是乱说；那都是没有把话说好。

39. 同时，在产品的包装上、商标上、说明书的文字、图片上讲究精美，也是完全必要的。

40. 避讳之风可谓源远流长，"其俗起于周，成于秦，盛于唐宋，其历史垂二千年"。（陈垣《史讳举例·序》）

41. 畅销海外的名贵药材：三七、天麻、红花、雪莲等，已被抢购一空。

42. 船上的人告诉他船所经过的海槽（当时称为"过沟"）——即是"中外之界"。

43. 这种独特的美的内涵是什么？是奇？是险？是秀……是兼而有之，还是其他？

44. 该段文字引自李学勤的"论文研究与历史研究"，该文发表于 1988 年 3 月 11 日的《中国文物报》。

45. 去年一年，日本广岛县为了笼络中央内阁官员，竟举办了 474 次所谓的非正式联谊会。

46. 一个漂亮的姑娘，个儿要高，又不能太高；脸要白，又不能太白；要白里透红，又不能太红。

47. 我托他买《青年自学丛书》——《环境保护》和《人体卫生》，他满口答应了。

48. 最近两天，京津地区、华北中南部、黄淮、江淮、汉水流域、贵州等地的日平均气温达到了入夏以来的最高值。

49. 在市场竞争日益激烈的当下，他不得不认真思考公司的业绩为什么会下滑，怎样才能打开产品的销路？

50. 新鲜大米，手感滑爽，米粒光洁，透明度好，腹白很小（米粒上呈乳白色的部分），做出的米饭清香可口。

51. 走到一个十字路口，左拐；继续向前，走到第二个十字路口，还是左拐，跨过马路，就是图书馆。

52. 芸斋主人说：鲁迅先生有言：真的猛士，敢于直面惨淡的人生，敢于正视淋漓的鲜血。

53. 蝴蝶纵有千般不是，还是有一桩长处：不做室中物，飞，则飞于野；舞，则舞于田。

54. "血战长空"以独特视角关注抗战时期中国空军的历史，剧中主要角色均有历史原型。

55. 他最要好的朋友，——一个房地产商——告诉他，市场正在调整，眼下买房要慎重。

56. 有人认为：儿童天真烂漫，无忧无虑，不可能发生心理异常，心理学家并不认同这种观点。

57. 作家大都重视写作前的情感培养：有的借欣赏音乐进入情境；有的面对墙壁久久沉思；有的甚至跳起迪斯科使自己兴奋起来。

58. 农历新年的习俗可多啦，贴春联、挂年画、舞龙灯、放花炮、穿新衣……等等，到处呈现祥和、热闹的气氛。

59. 小李见他笑得有点异样，就问："怎么了？你。"他回答说："没什么，别多心。"

60. 某夜，独坐窗前，翻看读书笔记，无意中看到这样几句话"素食则气不浊，独窗则神不浊，默坐则心不浊，读书则口不浊"。细细玩味，顿觉神清气爽。

61. 这是一句禅语啊！幸福指数全在自己掌握中，如果我们对自己说一句："已经很好了啊"（这是应该经常说的），那么我们生活的枝头也会挂满幸福的露珠儿了吧。

62. 一粥一饭是清淡，健康、温暖、妥帖；一瓢一箪是清淡，随意、自在、安心。奢华也罢，绚丽也罢……，生命终究归于平淡。

63. 如果你茶饭不思，沉湎于"魔兽世界"不能自拔；如果你忽视现实社会，游走于网络虚拟社区，那么，你——可能"病"了！

64. 我们班有个班妈妈，这个外号是她自封的，理由实在让人无语："我的地盘我做主，你们以后就是我的孩子了。"

65. 秦少游《踏莎行》曰："雾失楼台，月迷津渡。"一个迷字便摄住了月光的精髓。

66. 不用说别的，就是光听听这些课程的名称——《公正》《幸福》《聆听音乐》——你就会有听下去的冲动。

67. 国庆节将至，一座"天安门模型"摆在广场上。"天安门"前花团锦簇，增添了浓浓的节日气氛。行人纷纷驻足观看，争相与"天安门"合影留念。

68. 艺术节期间，这个县将举办形式多样的文艺演出活动、科技下乡活动、内容独特的文物、风情、美术、摄影展览，以及大规模的经贸活动。

69. 我国第一座自主设计、自行建造的国产化商业核电站"秦山第二核电厂"的 2 号机组核反应堆首次临界试验获得成功，将于年内并网发电。

70. 近年来，随着经济的发展，城市的扩大，人口的猛增和生活质量的提高，城市垃圾不断增加，"城市垃圾处理"已成为环境保护的一大难题。

71. 《地质灾害防治条例》正式确立了："自然因素造成的地质灾害，由各级政府负责治理；人为因素引发的地质灾害，谁引发谁治理"的原则。

72. Please buy apples, oranges and bananas.

73. My friend invited me to a party; but I did not want to go.

74. Standing on the quarter-deck: Captain Ahab spoke to his crew.

75. On Friday June 10 2005, my niece Melania was born.

76. The ingredients are: flour, eggs, sugar, and milk.

77. I want to travel to: New York, San Francisco, Atlanta, and Montreal.

78. Then he said: "April Fools!"

79. I grew up in the 1980's.

80. There are too many but's in that sentence

第九章

数字用法规范

数字是一种表示数的书写符号，用来表达、交流、传递量化的信息。有了数字，我们就可以直观表达数量的多少、面积的大小、物体的轻重、两点间的距离……

与"大""小""高""低""长""短""粗""细""大量""少量""大批""小批"等表示程度的形容词不同，数字本义就是精准描述。但要达到精准传递信息的目的，我们必须在出版物上规范使用数字。不然，不仅达不到精准传递信息的目的，反而会造成理解错误。

第一节 数字的起源和数字用法的标准

目前广泛使用的数字，有阿拉伯数字、汉字数字、英语字母和罗马数字。其中，英语字母多用于十六进制，在计算机技术中有特殊用处；罗马数字因书写繁难，后人相对少用。因此，出版物中涉及的数字主要是阿拉伯数字和汉字数字。

一、数字的起源

据历史记载，最先出现的数字当是汉字数字。早在商周时代，汉字就已有一套完备的数字，作为记录数字的符号。随着古文字向今文字演变，这些记录数字的符号也发生了变化，特别是为了防止有人篡改数字进行经济犯罪，我国古代劳动人民在普通的汉字数字基础上又创造了大写数字。但在全国范围内大规模强制性实施完整的大写数字，则是明初朱元璋下令后才有的。当时，发生了一起涉及 12 名高官，6 个部的左右侍郎的重大案件——"郭桓贪污案"，就是利用空白账册大做假账，通过篡改数字大肆侵吞钱粮，折算成粮食累计高达 2400 多万石，这个数字几乎和当时全国秋粮实征总数相当。

阿拉伯数字，是印度人在公元 3 世纪发明的，后由阿拉伯人传向欧洲，之后欧洲人将其现代化。阿拉伯数字起源于印度，却是经由阿拉伯人传向四方的，这就是后来人们误以为阿拉伯数字由阿拉伯人发明的原因。这套数字名称虽为阿拉伯数字，阿拉伯人却并不喜欢使用。事实上，在阿拉伯国家，所有需要使用数字的场合，如商店、银行、车站等，写的都是"阿拉伯人数字"，而并非阿拉伯数字。

阿拉伯数字由于笔画简单，书写方便，加上使用便于运算的十进制，逐渐在各国流行起来，最终成为世界各国通用的数字。

阿拉伯数字传入我国大约在 13 到 14 世纪。由于那时我国有一种叫"算筹"的数字，写起来比较方便，所以当时阿拉伯数字在我国并没有得到及时的推广运用。直至 20 世纪初，我国大量吸收外国数学成果，阿拉伯数字才在我国开始慢慢获得应用。当然，20 世纪 50 年代，国内实行汉字横写也为采用阿拉伯数字创造了良好条件。

罗马数字是欧洲人在阿拉伯数字传入之前使用的一种数码，现在应用较少。由于书写困难，目前只有钟表表面仍用罗马数字表示时数。此外，在书稿章节及科学分类时也有采用罗马数字的。

二、数字用法的标准

数字用法标准，就是在文字实践中数字使用比较混乱的情况下，用于规范阿拉伯数字和汉字数字在出版物上的使用的。

20 世纪 50 年代前，我国大量使用的是汉字数字，不存在数字使用混乱的情况。50 年代后，出版物改竖排为横排，阿拉伯数字的使用范围扩大了。阿拉伯数字不仅用于数学及其他自然科学出版物，连一般出版物在涉及数字（如表示时间、长度、质量、面积、容积等量值）时，也开始使用阿拉伯数字。由于缺乏统一的标准，出版物上的数字究竟该使用阿拉伯数字还是汉字数字很不明确，显得十分混乱。

为此，国家对出版物上的数字用法做了几次规定。1987 年 1 月 1 日，国家语言文字工作委员会等 7 个单位发布了《关于出版物上数字用法的试行规定》。1995 年 12 月 13 日，国家技术监督局颁布《出版物上数字用法的规定》（GB/T 15835—1995），数字的用法规定由此上升为国家标准。

最新版的数字用法标准，是国家质检总局、国家标准化管理委员会 2011 年 7 月 29 日发布的《出版物上数字用法》（GB/T 15835—2011）。

三、数字用法标准的适用范围

《出版物上数字用法》（GB/T 15835—2011）规定，该标准适用于各类出版物（文艺类出版物和重排古籍除外）。这就是说，该标准虽然是推荐性标准，非强制执行，但对于各类出版物就是强制性标准。这里，各类出版物是指以一定的表达方式（包括文字、图像、符号、声频、视频、代码等）陈述信息知识，并以一定的外观形态（如印刷出版物，唱片、录音带、录像带、激光视盘等声像出版物，缩微平片、缩微胶卷等缩微出版物，磁盘、光盘等电子出版物）存在的出版产品。

当然，作为特例，该标准明确规定，文艺类出版物和重排古籍是除外的，也即出版物中只有文艺类出版物和重排古籍可以不遵循该数字用法的标准。

非出版物的情况，特别是以下场合，建议参照使用标准规定的数字用法：其一，政府和企事业单位公文；其二，教育、媒体和公共服务领域的数字用法。既然是参照使用，那就不是强制使用，这是和出版物必须按标准的规定使用有明显差别的。

四、《出版物上数字用法》讨论的数字用法类型

《出版物上数字用法》（GB/T 15835—2011）讨论的数字用法类型分三种，即计量、

编号和概数。

（一）数字的计量用法

数字的计量用法，就是将数字用于加、减、乘、除等数学运算。例如：

3.14　　　　5/7　　　　31%

（二）数字的编号用法

数字的编号用法，就是将数字用于为事物命名或排序，但不用于数学运算。例如：

X100e　　　G470　　　i9100

（三）数字的概数用法

数字的概数用法，就是用于模糊计量的数字。例如：

五六十岁　七八年

五、新老标准的区别

老标准指的是《出版物上数字用法的规定》（GB/T 15835—1995）。比对一下，新老标准是有一些区别的，下面做一介绍。

数字使用的倾向性上：老标准在汉字数字与阿拉伯数字间，明显倾向于使用阿拉伯数字，新标准不再强调此倾向性。

标准的措辞上：有关数字使用原则，措辞有所调整。老标准多使用"必须"，新标准多使用"应""可以"等。

数字用法术语上：老标准使用"物理量"和"非物理量"，新标准使用"计量""编号"和"概数"。

数字使用总原则上：老标准数字使用的总原则是凡可以使用阿拉伯数字而且"得体""精确"，均应使用阿拉伯数字；遇特殊情形，或者为避免歧解，可以灵活变通，但全篇体例应相对统一。新标准采用"同类别同形式"和"避免造成歧义"等说法，删去了老标准上述说法。

概数的使用原则上：老标准在使用"多""余""左右""上下""约"等表示概数时一般用汉字。如果文中出现一组具有统计和比较意义的数字，其中既有精确数字，又有概数时，为保持局部体例上的一致，老标准规定概数也可以使用阿拉伯数字。例如：

该市从机动财力中拿出 2650 万元，并调拨钢材 1800 多吨，木材 1 万多立方米，水泥 2 万多吨，用于抗洪抢险。

新标准中概数的数字既可使用汉字数字，也可使用阿拉伯数字。

第二节　出版物上数字用法的规定

《出版物上数字用法》（GB/T 15835—2011）对数字用法的规定，主要是数字形式的选用和数字形式的使用。前者明确各种情况下选用汉字数字还是阿拉伯数字，或是两者都可以使用，即数字类型的选用规则；后者明确阿拉伯数字和汉字数字在各种情况下的使用规则。

一、数字形式的选用

这里，新标准按三种情况做出规定：其一，选用阿拉伯数字；其二，选用汉字数字；其三，选用阿拉伯数字和汉字数字均可。

（一）选用阿拉伯数字

在以下情况中，标准规定应该使用阿拉伯数字来表示计量、编号和已经定型的含阿拉伯数字的词语。

1. 用于计量的数字

用于计量目的的数字，有两种情况，都应采用阿拉伯数字：其一，为了达到醒目和易于辨识的效果。例如：

51　　　　　812　　　　　　　－156.16

12%～19%　　1/7　　　　　　1：1000

其二，数字后跟有计量单位，特别是计量单位用字母表达时。例如：

1 m（1 米）　　5 g（5 克）　　106.55 m^2（106.55 平方米）

3 A（3 安）　　12～15 ℃（12～15 摄氏度）

26 mol（26 摩）　50 小时 12 分 1 秒（指用时）

注意，做单位的字母和数字间要有空格，是多大的空格没有规定，但必须统一。

2. 用于编号的数字

编号使用阿拉伯数字，主要是为了达到醒目和易于辨识的效果。例如：

电话号码：95558

邮政编码：310018

通信地址：浙江省杭州市下沙高教园区学正街 18 号

电子邮箱：zuaa@163.com

网页地址：www.263.com

汽车号牌：浙 A00881

道路编号：G61

公交车号：197 路

发文字号：国办发〔2011〕12 号

中国标准书号：ISBN 978-7-5178-0017-0

国内统一连续出版物号：CN 45-1216/G2

章节编号：2.1.3

产品型号：i9000 手机

需要说明的是，新标准有几处错误：其一，标准里"公文编号"正确的描述应该是"发文字号"，而且"发文字号"中的年份必须用六角括号，见《党政机关公文格式》（GB/T 9704—2012），新出版的标准已经改用六角括号。其二，标准里"图书编号"和"刊物编号"应该分别是"中国标准书号"和"国内统一连续出版物号"。

3. 已定型的含阿拉伯数字的词语

这是指现实社会中已广泛使用而稳定下来的包含阿拉伯数字的名称，这时应采用阿拉伯数字。例如：

3G 手机	G8 峰会	MP3 播放器	95 号汽油

维生素 B_2　　　　"5·27"事件（月日间用间隔号）

（二）选用汉字数字

在以下情况中，标准规定应该使用汉字数字来表示计量、编号和概数等。

1. 非公历纪年

表示中华民国以前的历史纪年（帝王年号、谥号、庙号纪年，太平天国纪年等），民间现在仍在使用的干支纪年，新中国成立前的中华民国纪年，国内其他民族特有的纪年（如藏族的生肖纪年等），国外特有的纪年（如日本现在仍在使用的天皇年号纪年等），阴历月日等，数字要用汉字数字。例如：

年号纪年

清咸丰十年　　　　　　*东汉元和二年*　　　　　*日本昭和六十一年*

谥号、庙号纪年

秦孝公十二年　　　　　*汉高祖二年*　　　　　　*唐太宗三年*

中华民国纪年：1949 年 10 月 1 日之后的年份不能再用民国纪年，引进台湾版图书时要注意将书中的"民国"纪年改为公元纪年。特殊需要保留的，应加引号。

民国二十五年

太平天国纪年

太平天国庚申十年九月二十四日（清咸丰十年九月二十日）

干支纪年：结尾要加"日"。

辛巳年二月二十一日

阴历月日：涉及日，前有阴历、农历或夏历的结尾要加"日"，否则结尾不加"日"。但如每月的前十天用了"初"字，则后不加日。

腊月初八　　*阴历七月七日*　　*正月十五*　　*五月初五*

农历七月初七

藏族生肖纪年

藏历阳木龙年八月二十六日

行文中，非公元纪年后应括注阿拉伯数字表示的公元纪年。

2. 概数

数字连用表示的概数，或含"几"的概数，应采用汉字数字。例如：

一两个人	三五天	两三种书	二十七八吨	三十三四岁
五六百架次	十几人	几百米	三百几十天	几十万分之一

3. 已定型的含汉字数字的词语

定型的词、词组、成语、惯用语、谚语、缩略语、歇后语或具有修辞色彩的词语中作为语素的数字，必须使用汉字数字。例如：

词

万一	一旦	一律	四肢	一方面
十堰	十滴水	三叶虫	四边形	星期五

　　路易十四　　三氧化二铁　七绝　　　　六六六粉

词组

　　四书五经　　五四运动　　九三学社　　八国联军　　五子登科
　　九九归一　　四世同堂　　五省一市　　两万五千里长征

成语

　　三心二意　　十全十美　　九霄云外　　八面玲珑　　四分五裂
　　五花八门　　六神无主

谚语

　　三个臭皮匠，赛过诸葛亮　　　　　　三百六十行，行行出状元
　　八仙过海，各显神通　　　　　　　　三天打鱼，两天晒网

惯用语

　　七七八八　　八九不离十　　不管三七二十一

缩略语

　　四化　　　　三反五反　　五讲四美三热爱　　八荣八耻

歇后语

　　铁公鸡——一毛不拔　　　　　　　十五个吊桶打水——七上八下
　　初二三的月亮——不明不白　　　　吃了三碗红豆饭——满肚子相思

（三）选用阿拉伯数字和汉字数字均可

在以下情况中，标准规定既可使用汉字数字，也可使用阿拉伯数字。

1. 无差别时两者都能使用

如果表达计量或编号所需要用到的数字个数不多，选择汉字数字还是阿拉伯数字在书写的简洁性和辨识的清晰性两方面没有明显差异时，标准规定两种形式的数字均可使用。例如：

11 号楼（十一号楼）　　　9 倍（九倍）　　　　第 7 个工作日（第七个工作日）

500 多件（五百多件）　　40 余次（四十余次）　约 700 人（约七百人）

60 上下（六十上下）　　　80 多人（八十多人）　50 天左右（五十天左右）

第 28 页（第二十八页）　第 7 天（第七天）　　第 3 季度（第三季度）

0.7（零点七）　　　　　　1/5（五分之一）　　公元 251 年（公元二五一年）

26 岁（二十六岁）　　　　3 个月（三个月）　　公元前 5 世纪（公元前五世纪）

13 天（十三天）　　　　　下午 4 时 40 分（下午四时四十分）

1997 年 7 月 1 日（一九九七年七月一日）　　　120 周年（一百二十周年）

共 345 位同学（共三百四十五位同学）

20 世纪 60 年代（二十世纪六十年代）

需要说明的是，新标准中"4 点 40 分"的表述与其他标准冲突，也和新标准后面有关时分秒的表述冲突，这里做了改动。"点"后面不跟"分"，但可跟"半""一刻""整"等。后面有"分"，必须使用"时"。

显然，新标准对数字的使用规定，在这些方面要比老标准宽松许多，这就会造成文字表述的混乱。建议涉及上述事例仍按老标准的规定执行，即用"多""余""左右""上

下""约"等表示概数时用汉字，公历世纪、年代、年月日用阿拉伯数字，这样能保证前后表述的统一。

2. 有差别时可做倾向性选择

如果要突出简洁醒目的表达效果，标准规定应使用阿拉伯数字；如果要突出庄重典雅的表达效果，标准规定应使用汉字数字。

用阿拉伯数字

北京时间 2007 年 8 月 13 日 15 时 18 分

用汉字数字

十二届全国人大二次会议（不写为"12 届全国人大 2 次会议"）

三方会谈（不写为"3 方会谈"）

作为一个典型例子，法律条文中的序数、时间和罚款的数额等，除了采用阿拉伯数字来表述"年月日"外，其他都是采用汉字数字来表述的。至于行政法规或地方性法规，数字的使用就没有法律那么严格。因此，书稿中引用法律条文时，必须保持原样，不要随意将汉字数字修改成阿拉伯数字。

3. 同一场合出现的数字应"同类别同形式"

所谓"同类别同形式"，就是几个数字的表达功能类别相同（比如都是表达年月日时的数字），或者几个数字在上下文中所处的层级相同（比如文章目录中同级标题的编号），应选用相同的形式。反之，几个数字的表达功能类别不同，或所处层级不同，可以选用不同的形式。例如：

2013 年 7 月 7 日

二〇一三年七月七日 (不写为"二〇一三年 7 月 7 日"）

第一章　第二章……第十二章（不写为"第一章　第二章……第 12 章"）

需要说明的是，章下面的标题序号可以用阿拉伯数字表示，也可以仍用汉字数字，因为处于不同的层级。

4. 相邻两个阿拉伯数字应避免造成歧义

主要指用于表示班级时，标准规定相邻两个数字应该避免造成歧义。比如：

高二 2 个班　高二两个班（不写为"高 22 个班"）

高二 3 班　　高二（3）班（不写为"高 23 班"）

显然，两个阿拉伯数字相邻，就会被视作一个是个位数，另一个是十位数，从而造成歧义。

5. 特殊文件的数字使用

这里，特殊文件是指有法律效力的文件、公告文件或财务文件。在这些文件中，标准规定可同时采用汉字数字和阿拉伯数字。比如：

47.7 元 （47 元 7 角　四十七元七角　肆拾柒元柒角）

二、数字形式的使用

这里，新标准根据数字形式选用的三种情况，做出具体使用规定：其一，阿拉伯数字的使用规则；其二，汉字数字的使用规则；其三，阿拉伯数字和汉字数字同时使用的规则。

（一）阿拉伯数字的使用规则

在选用阿拉伯数字时，新标准对多位数，纯小数，数值范围，年月日，时分秒，日期和时间的组合，含有月日的专名，以及阿拉伯数字的书写格式等做了使用规定。

1. 多位数

为便于阅读，不管是整数还是小数，四位以上的可分节，每三位一组。四位以内（含四位）的数字不分节。分节可用千分撇或千分空，使用千分撇时小数部分不分节，使用千分空时小数部分要分节。例如：

千分撇

　　624,000　　92,300,000　　61,231.2354

千分空

　　55 234 267.231 23　　　　19 234 123.231 124

需要说明的是，千分撇或千分空不是强制使用的，再加上使用千分撇或千分空排版时容易出现转行错误，一般出版物中不常使用千分撇或千分空。目前，千分撇或千分空在中小学数学书中使用较多。

2. 纯小数

标准规定，纯小数必须写出小数点前定位的"0"。例如：

0.618（不能写成 .618）

需要注意的是，小数点前后不能转行。另外，小数点前的"0"，作为特例，在用于表示子弹的口径时习惯上是省去的，比如 .22 口径的子弹用于著名的美式 M16 系列自动步枪。这里，.22 表示 0.22 英寸，也就是 5.56 毫米。在中文里，也使用"点 22"的表示方法。

3. 数值范围

在表示数值的范围时，标准规定可采用浪纹线"～"。前后两个数值的附加符号或计量单位相同时，在不造成歧义的情况下，前一个数值的附加符号或计量单位可省略。如果省略数值的附加符号或计量单位会造成歧义，则不应省略。例如：

－12 ～－8 ℃　　　400 ～ 425 页　　100 ～ 150 kg　　12500 ～ 20000 元

9 亿～ 16 亿　　13 万～ 17 万元　　15% ～ 30%　　$4.3\times10^6 \sim 7.1\times10^6$

需要说明的是，《标点符号用法》（GB/T 15834—2011）规定，标示相关项目（如时间、地域等）的起止使用一字线，标示数值范围的起止使用浪纹线，因此这里原使用一字线的相关解释和例子都做了相应的改动。这里"400 ～ 425 页"是指数量，不是指从第 400 页至第 425 页，即不是编号。

4. 年月日

年月日的表示，根据数字用法的新标准，再参照《数据元和交换格式 信息交换 日期和时间表示法》（GB/T 7408—2005），有三种格式：普通格式、基本格式和扩展格式。

普通格式：按照口语中的年月日自然顺序写。例如：

2001 年 9 月 17 日

基本格式：形如"YYYYMMDD"，其中"YYYY"代表四位数的年份，"MM"代表两位数的月份，"DD"代表两位数的日。注意，月日只有一位数时，数字前必须加"0"。例如：

20010917

扩展格式：形如"YYYY-MM-DD"，其中"YYYY"代表四位数的年份，"MM"代表两位数的月份，"DD"代表两位数的日。注意，月日只有一位数时，数字前必须加"0"。例如：

2001-09-17

这里，基本格式和扩展格式只能用于年月日完整的情况，普通格式可以用于年月日不完整的情况。另外需要说明的是，新标准对使用扩展格式的举例中，月日只有一位数时有的没有加"0"，这里做了改动。

5. 时分秒

时分秒不做计量时，即只表示某个时间，不表达时间长短时，有三种表达格式：普通格式、基本格式和扩展格式。

普通格式：按照口语中的时分秒自然顺序写，可以采用12小时制，也可以采用24小时制。例如：

6时12分3秒（上午6时12分3秒）　　18时12分3秒（晚上6时12分3秒）

基本格式：形如"hhmmss"，其中"hh"代表两位数的时，"mm"代表两位数的分，"ss"代表两位数的秒。注意，时分秒只有一位数时，数字前必须加"0"。例如：

061203

扩展格式：形如"hh:mm:ss"，其中"hh"代表两位数的时，"mm"代表两位数的分，"ss"代表两位数的秒。注意，时分秒只有一位数时，数字前必须加"0"；时分秒间用的是冒号，不是比号。例如：

06:12:03

这里，所有格式都能用于时分秒不完整的情况。基本格式和扩展格式不完整，为了不引起歧义，只能缺省"秒"。

6. 日期和时间的组合

日期和时间的组合，按照日期和时间的表示方法，也有三种格式：普通格式、基本格式和扩展格式。

普通格式：按照口语中的年月日时分秒自然顺序写。例如：

2001年1月19日8时28分13秒　（早上）

2001年1月19日20时28分13秒（晚上）

基本格式：形如"YYYYMMDDThhmmss"，其中"YYYY"代表四位数的年份，"MM"代表两位数的月份，"DD"代表两位数的日，"T"表示日期和时间的分界，"hh"代表两位数的时，"mm"代表两位数的分，"ss"代表两位数的秒。注意，月日和时分秒只有一位数时，数字前必须加"0"。例如：

20080212T061203

扩展格式：形如"YYYY-MM-DDThh:mm:ss"，其中"YYYY"代表四位数的年份，"MM"代表两位数的月份，"DD"代表两位数的日，"T"表示日期和时间的分界，

"hh"代表两位数的时，"mm"代表两位数的分，"ss"代表两位数的秒。注意，月日和时分秒只有一位数时，数字前必须加"0"。例如：

2008-02-12T06: 12: 03

7．含有月日的专名

含有月日的专名采用阿拉伯数字表示时，应采用间隔号"·"将月、日分开，并在数字前后加引号。例如：

"3·15"消费者权益日

8．阿拉伯数字的书写格式

出版物中的阿拉伯数字，一般应使用正体二分字身，即占半个汉字位置。例如：

7665234　　28746.12

作为一个特例，阿拉伯数字用于英文书名在文献的著录格式中是可以使用斜体的。

一个用阿拉伯数字书写的数值在同一行中应避免被断开，也就是说，阿拉伯数字必须保证完整性，不允许换行。

在竖排文字中，阿拉伯数字按顺时针方向转 90 度。旋转后要保证同一个词语单位的文字方向相同，如以下两个示例。

示例一

雪花牌 BCD188 型家用电冰箱容量是一百八十八升，功率为一百二十五瓦，市场售价两千零五十元，返修率仅为百分之零点一五。

示例二

海军 J12 号打捞救生船在太平洋上航行了十三天，于一九九〇年八月六日零时三十分返回基地。

（二）汉字数字的使用规则

在选用汉字数字时，新标准对概数，年份，含有月日的专名，大写汉字数字，以及"零"和"〇"等做了使用规定。

1．概数

表达概数时，两数间不用顿号。例如：

两三米　　　一两个小时　　　三五天　　　一二十个　　　四十五六岁

这里，新标准举了一个"二三米"的例子，但按"二"和"两"的使用区分，应该是"两三米"，所以本书做了改动。

注意，表示概数时前后不能使用"约""近""左右""上下"等词。例如：

约40人左右（"约"和"左右"并用）

约1%～5%（"～"就是"大概"，不能再用"约"）

1%～5%左右（"～"就是"大概"，不能再用"左右"）

整整花了一个多月时间（"整整"是定数，"一个多月"是概数）

另外，最大、最小不能用概数。例如：

最大电流 15 A ～ 20 A（最大电流是一具体值，不能使用一个范围，即概数）

2. 年份

用汉字表示的年份简写后容易理解为概数，一般不简写。比如，"一九七八年"简写为"七八年"，就容易理解成 7 ～ 8 年，而不是 1978 年。

3. 含有月日的专名

采用汉字数字表示月日时，如果涉及一月、十一月和十二月，应用间隔号"·"将表示月日的数字隔开，并加引号。涉及其他月份不用间隔号，但是否使用引号则视事件的知名度和社会的习惯性使用而定。例如：

"一·二八"事变　　　"一二·九"运动　　　五一国际劳动节

4. 大写汉字数字

汉字数字有以下大写形式：

零、壹、贰、叁、肆、伍、陆、柒、捌、玖、拾、佰、仟、万、亿

大写汉字数字用于法律文书和财务票据。例如：

3,504 元（叁仟伍佰零肆元）　　　　39,148 元（叁万玖仟壹佰肆拾捌元）

需要说明的是，《中华人民共和国中国人民银行法》第十七条规定，人民币的单位为元，人民币辅币单位为角、分。这与《现代汉语词典》有关"圆"和"元"的使用是不同的。目前，一些银行已经不接受"圆"的书写。《咬文嚼字》在"2015 年十大流行语"的发布会上指出，新版一百元人民币上存在别字，"壹佰圆"的"圆"字系错用。由此推断，数字用法的新标准里再用"圆"是不太正确的，本书均用"元"。

5. "零"和"○"

阿拉伯数字"0"有"零"和"○"两种汉字书写形式。数字用作计量时，"0"在汉字中使用"零"；数字用作编号时，"0"在汉字中使用"○"。比如：

"6071 个"的汉字数字形式为"六千零七十一个"

"83.07"的汉字数字形式为"八十三点零七"

"公元 2015 年"的汉字数字形式为"公元二○一五年"

有争议的是，"1001 个"应该表示为"一千零一个"，不可写成"一千零零一个"；编号 10 的中学，应该表示为"第十中学"，不可写成"第一○中学"或"第十○中学"，虽然"一○四中学"是可以的。

（三）阿拉伯数字和汉字数字同时使用的规则

同时使用两种数字类型，只适用于数值很大，不便于阅读的情况。此时，可用"万"和"亿"两个汉字数字单位，而不能使用其他汉字数字单位，数字仍然使用阿拉伯数字。注意，在只使用汉字数字的情况下，仍可使用"千""百""十"这些汉字数字单位。例如：

5200 万　　　10 亿零 378 万 5288 人　　　三千五百二十个　　　两万五千里

除大数值外，不能同时使用阿拉伯数字和汉字数字。比如，"108"可写作"一百零八""一○八"，不可写作"1 百零 8"或"一百 08"；"4000"可写成"四千"，但

不可写作"4千"。

第三节 涉及数字使用的出版业约定

在我们的日常文字实践中，除了一些国家标准约束着数字的使用外，出版业内的一些约定也起着规范数字用法的作用。这里，我们逐一介绍。

一、"二""两"和"俩"的区分

在稿件中，汉字数字"二""两""俩"经常出现，虽然"二""两""俩"在意义上有共通之处，但它们在使用中是有差别的，有时可以互用，有时却不能互用。下面，只对"二"与"两"，"两"与"俩"的用法进行区别。

（一）"二"与"两"的用法区别

1. 使用"二"的场合

使用"二"的场合，主要有：其一，当作数字或在数学中。例如：

一加一等于二　　一元二次方程

其二，在序数、小数、分数中。例如：

第二　　二哥　　零点二　　二分之一

其三，多位数中的百、十、个位数，以及非首位的万、千位数。例如：

去了十二次　　二十二三岁　　二百二十二　　三万二千二百人

其四，在质量单位"两"前。例如：

二两油

其五，在表示一般修饰关系的助词"之""其"后面。例如：

此其二　　之二

2. 使用"两"的场合

使用"两"的场合，主要有：其一，在一般量词（如个、本、件、只、条等）前。例如：

两个人　　去了两次　　两期培训　　两头牛

其二，概数中个位数。例如：

一两千米　两三倍

其三，多位数中千位以上（含千位）而且在首位的。例如：

两千元　　两亿人口

其四，表示不确定的数目。例如：

请您说两句　　过两天再说　　有两下子

这里，"两"不表示确定数值，和"几"的意思相同。

3. "二"和"两"通用的场合

在传统的度量衡单位前，"两"和"二"一般通用。例如：

二尺布　　两尺布　　二斤米　　两斤米

4. "二"和"两"同时使用的场合

若"二"和"两"同时使用，习惯上应"两"前"二"后。例如：

两亿二千万（不说"二亿两千万"）

两万二千（不说"二万两千"）

（二）"两"与"俩"的用法区别

"俩"的意思主要有：其一，表示"两个"。例如：

你俩　　　我俩　　　他俩

其二，表示"不多""几个"。例如：

有俩钱　　就这俩人

"两"是数词，"俩"是由数词"两"和量词"个"组合成的数量词，即"俩"等于"两个"，因此"俩"字后不能再接"个"字或其他量词。

二、"一"与"1"的区分

行文中我们经常会遇到"一"和"1"的表示。一般情况下，必须使用"一"或"1"的情况比较容易区分，比如必须选用汉字数字的场合，或者必须选用阿拉伯数字的场合，但在汉字数字和阿拉伯数字均可以选用的场合，有个可用"一"表示的能不能用"1"表示的问题。

假设所考虑的情况是汉字数字和阿拉伯数字均可以选用，怎么判断"一"能否换成"1"呢？不幸的是，出版业没有现成的处理方法。

有学者根据汉语使用习惯总结了一些规律，这些规律是源自语言实践的，看起来比较有说服力。在没有更好的研究成果的情况下，不妨参照使用。

（一）不能用"1"替换的情况

在已经使用"一"的情况下，如果满足以下条件，那么"一"不能改用"1"表示，即只能用"一"表示。

其一，若删除"一"，或把"一"与后面的量词同时删除，表述还是很得体。例如：

每一个　　　每一天　　　每一行　　　　　　喝一碗酒

吃一碗面　　看一场电影　　作为一个学生

其二，"一"直接修饰名词作定语。例如：

一汽车　　　一男生　　　这一现象

其三，修饰动词作状语。例如：

五天一换　　　八小时一轮班

其四，后接形容词"大""小"。例如：

一大创造　　　一小部分

其五，表述概数或泛指。例如：

一些讨论　　　一棵树也没有　　一分钱没赚到　　做一介绍

其六，重点不是在"一"上。例如：

同一个　　　每一个　　　某一个　　　　　一个连续发射的装置

一种新颖款式

这里，重点在"同""每""某""连续发射"和"新颖"上。当然，后两种情况如果是做统计意义的陈述，那就可以使用"1"。

其七，行文中的"第一"（一般后面有"第二"）用"首先"替换还是得体。

（二）能用"1"替换的情况

在已经使用"一"的情况下，如果满足以下条件，那么"一"能改用"1"表示。

其一，如果行文中的"一"能用"一"以外的其他数字代替，而且依然得体。例如：

第一名　　　　　　第一章　　　　　　第一课

这里，用"二"代替，即"第二名""第二章""第二课"也是得体的，所以"一"可以写成"1"。但如果是以下两种情况，"第一"中的"一"就不能改用"1"："第一"只是泛指"最好的，最强的"，不是统计意义上的"第一"；"第一"能用"首先"代替，而且依然得体。

类似，"在同一时期内"不可以说成"在同二时期内"，"每一个数据都检查过了"不可以说成"每五个数据都检查过了"，显然这两例都不符合条件，所以只能用"一"。

其二，强调数量统计时。例如：

本学年，我班主要搞了以下 6 次集体活动：

　　　　1 次校内义务植树劳动

　　　　2 次班会

　　　　1 次户外捡垃圾

　　　　2 次去养老院探望老人

（三）"一"和"1"的规范使用

"一"能不能改用"1"表示的问题，是执行数字用法标准后出现的另一矫枉过正的现象，其特点是遇到汉字数字时，编校人员总想用阿拉伯数字来代替，最后产生了数字使用不符合语言习惯的新问题。

要解决这个问题，首先，要理解 2011 版数字用法标准在汉字数字与阿拉伯数字间已经不再倾向于使用阿拉伯数字。换句话说，2011 版数字用法标准汉字数字的使用范围比老版数字用法标准要宽了许多。因此，编校人员不要有强迫症，刻意去把"一"改成"1"。

其次，要多研究语言使用习惯，在符合语言习惯的情况下，合理使用阿拉伯数字。

最后，多关注权威媒体的相关使用情况，分析具体语境，总结使用规律，摸索出一些可行的处理方法。

三、数字统计

常见数字统计有翻番、数值增减和数值比较等多种，这里仅讨论三种。

（一）翻番

翻番，意思是加倍，新的数值是原数值的两倍。

需要注意的是：翻 1 番，是 2 倍；翻 2 番，是 4 倍；翻 3 番，是 8 倍；翻 4 番，是 16 倍……翻 n 番，是 2^n 倍。例如：

该厂的手机生产量去年是 1000 万台，今年翻了三番，达到 8000 万台。

显然，简单认为 8000 万台翻了八番，是极其错误的。

（二）数值增减

涉及数值增减的词汇有"扩大""提高""增加""增长""减少""下降""缩小"等，后面还可以接"了""到""几倍""几成"和百分比。其中，"扩大""提高"类似于"增加"，因此使用时可以参考"增加"。

1. 增加

增加，意思是在原来数值的基础上多起来。根据后面有无接字或词，可以分为几种情况：其一，"增加"和"增加了"的意思一样，表示增加的值，和原有的值无关。例如：

原有 10 人，增加 6 人，结果总共有 16 人。

这里，"增加"和"增加了"是一样的，突出"6 人"这一数值。

其二，"增加到"表示在原有数值基础上，加上增加的部分，也就是最后的总值。例如：

原有 10 人，现增加到 16 人。

这里，"增加到"强调的是现在的结果（16 人），显然这和原有基础数值有关。

其三，后接"几倍"，看前面有没有"了"和"到"。"增加三倍"和"增加了三倍"意思一样，表示原来数值是 1，现在是 4，增加的部分是 3。例如：

去年 60 人，今年增加了 6 倍。（结果，今年有 420 人。）

"增加到三倍"，表示原来数值是 1，现在是 3，增加的部分是 2。例如：

去年 60 人，今年为 420 人，增加到去年人数的 7 倍。

2. 增长

增长，表示在某一时期内量的增多，反映主观上对事物发展趋势的评价。根据后面接的字或词，增长有几种使用方法：其一，后接具体的量，则用增长量（增长量＝报告期数值－基期数值）表示新增加的量。例如：

去年销售 10 万，今年销售 15 万，增长量为 5 万。

其二，后接百分比，则用增长表示新增加的量占原来数值的百分比。此时，"增长"后面紧跟的百分比就是"增长率"（增长率＝增长量÷基期数值×100%）。例如：

去年销售 10 万，今年销售 15 万，则今年增长 50%。

其三，"增长"后接倍数，则表示新增加的量是原来数值的多少倍。例如：

去年销售 10 万，今年销售 25 万，则今年增长 1.5 倍。

其四，和上一时期、上一年度或历史相比的增长（幅度），叫同比增长。同比增长只是增长的一种，限定的是某个相同时期（比如去年同一月份、同一季度，上个月同一天，上周同一天，等等），而增长是指任何时期的起始时间和终止时间的比较。按增长的理解，同比增长也可以有同比增长量、同比增长率和同比增长倍数。例如：

今年 3 月业绩 3000 万，去年 3 月业绩 100 万，同比增长 29 倍。

其五，与上一期相比的增长（幅度），叫环比增长。环比增长也是增长的一种，限定的是某个时期的上一期（比如与今年对应的去年，与 3 月对应的 2 月，与这周对应的上周，与今天对应的昨天，等等）。环比增长也可以有环比增长量、环比增长率和环比增长倍数，只是环比经常用的指标是环比增长速度（就是环比增长率）和环比发展速度

（环比发展速度＝环比增长速度＋1）。例如：

今年7月生产价格指数环比增长0.1%，同比增长1.7%。

特别要注意，有些行业的增长率计算是与众不同的，比如人口出生率、人口死亡率和自然增长率是用千分率表示的，如果用百分率表示就会将统计数值扩大到原数值的十倍。还有，银行月息，铁路坡度，也是用千分率表示的。

3. 减少

减少是数值上往少的方向变化，当然这一变化是同一事物的数值变化。减少常接具体数值、分数、百分数或几成，但不能用倍数。例如：

去年销售10万，今年销售8万，今年的销售减少了2万。

去年销售10万，今年销售8万，今年的销售减少了1/5。

去年销售10万，今年销售8万，今年的销售减少了20%。

去年销售10万，今年销售8万，今年的销售减少了两成。

去年销售10万，今年销售8万，今年的销售减少到去年的80%。

值得注意的是另一种表示，那就是减少几个百分点。例如：

去年销售增长10%，今年销售增长8%，今年的销售增长幅度减少了2个百分点。

这里，"减少了2个百分点"意思是$10 - 8 = 2$。事实上，今年增幅是减少了20%，就是$[(10\% - 8\%)/10\%] \times 100\% = 20\%$。如果说成"今年的销售增长幅度减少了2%"，显然是错误的。

4. 降低

降低，就是下降，在数字意义上指程度、数量的降低、减少。同减少一样，降低可接具体数值、分数、百分数或几成。例如：

原值为1，降低了80%，现在是0.20。

原值为1，降低到20%，现在是0.20。

原值为1，降低八成，现在是0.20。

原值为1，降低4/5，现在是0.20。

原值为1，降低0.8，现在是0.20。

同样需要注意的是，从10%下降到8%，是下降2个百分点，但值是下降了20%。另外，有关"降低"能不能接"倍数"，学术界有争议。一般来说，"降低"后不能接"倍数"，这和"减少"的情况是一样的。问题在于，从－1降到－3，有些学者认为是可以理解成降低2倍的，即倍数是基于报告期数值的绝对值比基期数值的绝对值大。当然，这仅仅是一种争议，实际使用中要尽量避免"降低几倍"的表示。

（三）数值比较

数值比较，是为了加强说明问题的力度。有时，不正确的数值比较，很可能让人落入数据陷阱。

1. 非同一基数上的数值比较

非同一基数上的数值比较，就是比较的基数是在变化的，这就失去了比较的准确性。例如，有这么一个事例：

某市税收收入占财政总收入的比重，1998年为94%，1999年为86%，2000年为

82%。由此，可以得出一个结论，那就是该市税收收入在逐年下降。

现实中，造成税收收入占财政总收入比重下降的原因是多方面的，比如可能是财政总收入的各分块同时增长，而税收收入的增长不及其他分块，也可能是税收收入真正在逐年下降。

就上述例子而言，该市税收收入 1998 年为 18.8 亿元，1999 年为 21.5 亿元，2000年为 24.6 亿元，其绝对值不是下降，而是逐年增长的。

显然，产生上述问题的根本原因是忽略了计算税收所占比的基数，也就是每年的财政总收入是不同的。这里，单纯就这一数值进行比较只能说明每年的税收收入占财政总收入的比重在逐年下降，并不能说明税收工作的好坏。

2. 没有意义的平均值

经常在报纸新闻上看到，大学生找工作时常会在意企业员工的平均收入。如果一个企业有 2000 人，职工平均月收入有 5000 元；另一个企业有 20 人，职工平均月收入有 8000 元，你觉得哪个企业好？

关键在于员工收入的具体分布。不考虑低于平均收入很多的情况，假设大多数人的收入差不多，只是这两个企业都有一个老板，而且他们的月收入都是 10 万元，那么前者除去老板工资后的平均工资是 4952.48 元，后者除去老板工资后的平均工资是 3157.89 元。显然，光看两个企业员工的平均月收入，很容易受骗。

事实上，找工作时比较企业员工平均收入是没有意义的，倒是比较企业里同一专业、同一大学毕业的新进员工收入更有参考价值些。当然，基数很大时，平均值还是有一定参考意义的。

3. 夸大的绝对值和百分比

真实的数字，未必都能给人提供充分的信息，从而得出一些结论。比如，两个城市在一次大风降温中各有 100 人因灾受伤，这是算多呢还是少？新疆阿图什市 2013 年人口 25.4 万，浙江杭州市 2013 年人口 884.4 万，按这两个城市的人口基数计算，显然 100 人因灾受伤对前者来说比例较高。

也有新闻报道，在今年和去年的数据比较中，经常使用"激增""猛增"的表述。这里，就要看比较的基数是不是足够大。如果基数很小，比如去年某市电动车撞行人致死事故 1 起，今年电动车撞行人致死事故 2 起，那是"激增"了 100%。此时，要小心"激增"一词是否夸大了，特别是对一些有几百万人口的大城市来说。

从上述两例可以看出，要正确描述事情必须多维度思考，这样得出的结果才可能比较正确。

4. 统计图的失真

在行文中，我们经常会阅读到一些用于说明问题的统计图。比如，为了说明工资增长，用钱袋大小来表示，见图 9.3-1。

原文只是想说明，右边的工资比左边的工资要多一倍，所以右边的钱袋也大出一倍。但作者没有考虑到钱袋是三维的，除了高度，还有宽度和厚度。如果宽度是同比例增大一倍，右边钱袋就是左边的四倍大了，再加上厚度，哪止两倍大。显然，这里出现了统计图的表述错误。

图 9.3-1　钱袋加大的陷阱

同样的事例，还出现在曲线图上，见图 9.3-2。

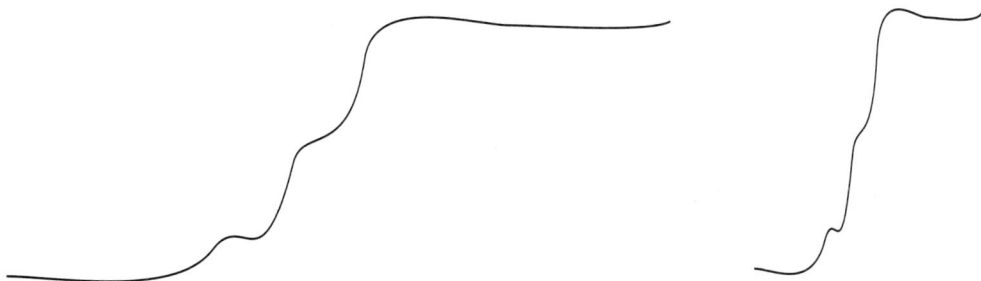

图 9.3-2　曲线上升的陷阱

　　这两条曲线取自某天布伦特原油实时交易的分时曲线。左边的上升过程比较平缓，右边的上升过程比较陡直。两条线显示的上升速度给人的感觉是完全不同的。但事实上，这两条曲线出自同一条曲线，只是横坐标的刻度取得不同。

四、公历年份的表示

　　公历年份的表示，属于阿拉伯数字和汉字数字均可选用的范畴。这里，我们探讨用阿拉伯数字表述时的一些规范。

　　（一）生卒年

　　《出版物上数字用法》（GB/T 15835—2011）里并没有给出生卒年的规定表示方法，但《标点符号用法》（GB/T 15834—2011）里给出了一字线的使用示例：

　　　　沈括（1031—1095），宋朝人。

　　由此可知，生卒年的表示是用一字线，而且没有"年"字。《辞海》里就是一直使用这种格式的。

　　这也是公历年份表示中唯一有标准规定的用法。

　　（二）某年至某年

　　目前，表示某年至某年的方法有三种。

第一种，形如：

1682—1734 年

前面不加"年"，是符合前后数字不会有歧义原则的。

第二种，形如：

1682 年—1734 年

这是根据《标点符号用法》（GB/T 15834—2011）里给出的一字线使用示例"2011年 2 月 3 日—10 日"演变而来的，就是一字线前后的"日"不能少，这里规定为一字线前后的"年"不能少。

第三种，形如：

1682 年至 1734 年

这是从中文使用格式演变过来的，而且和《数据元和交换格式 信息交换 日期和时间表示法》（GB/T 7408—2005）时间间隔表示法中的普通格式相近。

需要说明的是，三种表示方法在标准中都没有明确的指定。至于用浪纹线替代一字线，则和《标点符号用法》（GB/T 15834—2011）中的示例明显不符。现实语言实践中，上述三种表示方法，各大媒体都有使用的例子，但为规范起见，原则上是要求全文或全书统一的。

（三）"公元"的标记

我国采用公元纪年，这是 1949 年 9 月全国政协第一届全体会议协商决定的。数字用法标准里明确规定，公元纪年采用以下形式：

公元 1682 年

公元前 562 年

这里，"年"字不能少。

比较有争议的是，"公元"两字是不是一定要用。现实中，1682 年和公元 1682 年是同一回事。那么，什么时候要用"公元"，什么时候又可以不用"公元"？特别是数字用法里已经规定，非公历纪年都要用汉字表示，那么"公元"纪年还要不要明确标注"公元"两个字？

这里，对于"公元"的标注使用提出一些规范性建议：其一，根据《出版物上数字用法》（GB/T 15835—2011）"避免造成歧义"原则，表述公元前时，必须加"公元"两字。因为"公元前 562 年"和"前 562 年"有明显的不同，后者是从现在往前 562 年，还是从公元 1 年（公元纪年没有 0 年）起往前记 562 年，显然是有歧义的。

其二，表述公元前某一时期时，前面必须使用"公元前"，后面则根据年份是公元前还是公元后，分别加"前"（"公元"两字建议不加，因为在不引起歧义的前提下可以省略前面已经有表述的词）或"公元"，不然会有歧义。例如，"公元前 61 年—12年"就有歧义，这里"12 年"是公元后，还是公元前？如果是公元前，"前"字不能少，否则有歧义。所以，最明确的表述，是根据实际情况选用"公元前 61 年—公元 12 年"或"公元前 61 年—前 12 年"。

其三，在没有涉及公元前的内容，又不会引起歧义的情况下，"公元"两字可以不加。

其四，纪年格式必须前后一致。比如，用"公元前 61 年—前 12 年"还是"公元前

61 年—公元前 12 年"，前后必须一致。

专题训练

请改正下面句子中的数字使用错误。

1. 我厂去年的产值是 400 万元，今年是 520 万元，今年比去年增长了 130%。

2. 今年我省外贸出口产品有近 300 多个品种，比去年有所增加。

3. 观看这场足球赛的超过三四万人。

4. 他为了画一幅脸谱，往往工作到凌晨 1、2 点钟，花上 2 天的时间。

5. 刘强去年销售出 10 套现房，今年只销售出 4 套，今年的销售量比去年下降了 1.5 倍。

6. 这次参加比赛的人数大约要超过 500 人以上。

7. 本学会 10 年来举行学术会议 8 次，发表论文近 200 多篇，吸收了 50 多位新会员。

8. 四十上下的中年人，其中约有三分之一左右染上吸烟的坏习惯。

9. 前二百二十一年秦王政完成统一，称始皇帝。

10. 8 月 15 是我国民间的传统节日中秋节。

11. 今天下午三点三十分召开全社员工大会。

12. 星期 6 晚上，中央电视台将转播一场精彩的足球赛。

13. 这篇文章原载于 2010.3.10《都市快报》的第 5 版。

14. 从 1988 年至 95 年，我们公司的年利润翻了几番。

15. 现在的准确时间是 14:28:3。

16. 从宾馆到火车站只有 .55 千米。

17. 预计今年我省棉花将会比去年增产 10～15%。

18. 按要求，我打开了 99 个网站的网页，只有某 1 个没有打开，不知道什么原因。

19. 他们两个的工作是 1 周 1 换，轮流上白班和夜班。

20. 现在此事不急，过二天再说吧。

21. 有辆车，两年三个月内，开了八万两千多千米。

22. 兰溪市发改局公布的 2014 年"双百工程"重点项目表中显示，蓝调之美度假区总投资 1 亿元，目前已经投入 5 千万元，一期已经完成。

23. 这个文件末尾写有"二〇一五年十一月"的发文日期，可今年是二〇一四年啊。

24. 八四三六一部队担负了特殊的任务。

25. 1997—98 年，以索罗斯为首的国际炒家们设计"连环三部曲"狙击香港金融市场。

26. 1989 年 6 月下旬，党的 13 届 4 中全会在北京召开。

27. 10 月革命是俄国工人阶级在布尔什维克党领导下联合贫农所完成的伟大的社会主义革命。

28. "5·4 运动"是一次彻底地反对帝国主义和彻底地反对封建主义的爱国运动。

29. 搬家时，我才意识到平时书买得太多，光整理就花了我整整一个多星期的时间。

30. 今天人少，排队买票的总共才 20 几人。

31. 《刑法》第 112 条规定，战时供给敌人武器装备、军用物资资敌的，处 10 年以上有期徒刑或者无期徒刑；情节较轻的，处 3 年以上 10 年以下有期徒刑。

32. 西汉绥和 2 年（公元前 7 年）3 月汉成帝暴死，皇太子刘欣嗣位，是为孝哀皇帝。

33. 目前学术界流行的王维生卒年说法有二：谭正璧《中国文学家大辞典》著为 699～759，清赵殿成《右丞年谱》著为 701～761。

34. 公司去年平板电脑销售增长 15%，今年销售增长只有 12%，今年的增长幅度减少了 3%。

35. 他那不到 20 平方米左右的卧室兼工作室里，摊放着 20 多幅脸谱画。

36. 小王上半年销售出奔驰 30 辆，下半年只销售出 24 辆，下半年减少到上半年的两成。

37. 昨日，"天价培训班"案在广州宣判，无证导师溺死学员被判 3 缓 4。

38. 全年出生人口 1687 万人，人口出生率为 12.37%，死亡人口 977 万人，人口死亡率为 7.16%，人口自然增长率为 5.21%。

39. 小茜，今天晚上 20 点到 22 点你在家吗？

40. 小王今天告诉我，招行推出一款理财新产品，年息 3.84%，月息 3.2%，你有兴趣吗？

41. 据统计，约有 3%～4% 的人，肾脏和输尿管的发育可能出现异常。

42. 这次我们小组成员计算机编程考试总共耗时 8 时 20 分 15 秒。

43. 按标准，铁路重车方向限制坡度为 6%，空车方向限制坡度为 13%。

44. 2003 年 03 月 19 日，我表弟有了第一个女儿。过了两年，他有了第二个女儿。

45. 日前，正在巴黎参加气候变化大会的韩国总统朴槿惠和俄罗斯总统普京达成共识：韩国、俄罗斯和朝鲜的 3 方合作将对朝鲜半岛的和平做出贡献。

46. 据报道，11 月 26 日长春开始办理黄标车报废业务，最高能领到二万两千元补贴。

47. 经过公司全体员工的努力，我们的出口额从三年前的 1000 万吨做到今年的 9000 万吨，获得了三年翻九番的优异业绩。

48. 公司财务叫我在报销单上写下"两万玖千壹佰肆拾捌元整"这几个字，然后给了我一张现金支票。

49. 哈哈，我们俩个是发小，现在又同时怀孕，好巧啊！

50. 全国政协 12 届 2 次会议于 2014 年 03 月 03 日在北京人民大会堂开幕，03 月 12 日上午闭幕，会议应出席委员 2229 人。

第十章

量和单位的使用规范

现实中，现象、物体或物质有一种属性，即可以定性区别并能定量测量，这种属性被称为量，或者叫物理量。量总是和单位一起出现的，没有单位的"量"只能是数，比如次数、个数、转数等，都不是量。

单位是计量事物的标准量的名称，是为定量表示同种量的大小而约定性定义和采用的特定量。请看下面的例子：

$f = ma$

$m = 120\ \text{g}$

$t = 10\ \text{s}$

式中，斜体字母是物理量，比如力 f、质量 m、加速度 a 和时间 t；正体字母是单位，比如质量单位克 g 和时间单位秒 s。120 和 10 是数值。力、质量、加速度和时间是量的名称，克、秒是单位的名称，f、m、a 和 t 是量的符号，g 和 s 是单位的符号。

量和单位在日常生活中是常用的概念，我们用其来描述事物的多少、长短、高低、深浅、远近，甚至是事物变化的速度，等等。

量和单位在我国属于法定标准制定的范畴，量和单位的正确使用是我国实现计量标准化和规范化的具体要求，它既适应我国经济建设的发展，又能促进我国市场经济国际化。

在语言实践中，量和单位的使用存在许多不规范的地方，特别需要编校人员严格把守质量关。

第一节 我国量和单位的发展简史

人类使用量和单位历史悠久，其中的变化，体现了各国的文化和科技发展情况。为了方便国际交流，近代世界各国为统一使用国际单位制而做了巨大的努力。目前，量和单位在我国已经有国家标准，在文字实践中必须规范使用。

一、量和单位的演变

我国古代用于量的单位也是取自自然物。以长度为例，《通志》记载："夏尺十寸，周尺八寸。"意思是说，周朝时期使用的尺子长度，是以夏朝尺为标准制定的，夏以夏尺的十寸为一尺，周以夏尺的八寸为一尺。夏尺是大禹统一九州之后，在夏朝兴起使用的尺子，又叫黍尺。黍是远古时代最重要的粮食之一，以一百粒黍横排，得出的长度定为尺的长度，叫"黍尺"。

从古籍中，我们能看到各种有关度量衡的记载。

以"度"（长度单位）为例，《说苑》曰："度、量、衡，以粟生之。十粟为一分，十分为一寸，十寸为一尺，十尺为一丈。"《孔子家语》曰："夫布指知寸，布手知尺，舒肘知寻，斯不远之则也。"用白话文来讲，就是伸开手指可以知道寸的长短，伸开手可以知道尺的长短，展开肘臂可以知道寻有多长，这是近在我们身边的准则。《孔丛子》曰："跬，一举足也，倍跬谓之步。四尺谓之仞，倍仞谓之寻。寻，舒两肱也。倍寻谓之常。五尺谓之墨，倍墨谓之丈，倍丈谓之端，倍端谓之两，倍两谓之匹，两有五谓之束。"

同样，古时的国外也有使用人的身体各部位来计量长度的例子。传说中的腕尺，是埃及人最初的测量工具，指从肘到中指端的距离。公元10世纪，英国国王把自己拇指关节之间的长度定为一英寸，把自己的脚长定为一英尺，所以至今在英语里"脚"和"英尺"还是同一个词（foot）。

以"量"（容量单位）为例，《汉书》曰："量者，龠、合、升、斗、斛也，所以量多少也……十龠为合，十合为升，十升为斗，十斗为斛，而五量嘉矣。"《孔丛子》曰："一手之盛谓之溢，两手谓之掬。……掬四谓之豆，豆四谓之区，区四谓之釜，釜二有半谓之薮；薮二有半谓之缶，缶二有半谓之钟，钟二有半谓之秉。秉，十六斛也。"

以"衡"（重量单位）为例，《孙子算经》曰："称之所起，起于黍，十黍为一絫，十絫为一铢，二十四铢为一两。"《说苑》曰："十粟重一圭，十圭重一铢。"《说文》曰："锱，六铢也。"《淮南子》高诱注："六两曰锱。"《玉篇》曰："锱，二十两。"《集韵·质韵》曰："二十四两为镒。"

可见，我国古时就使用一些单位来计量了，只是古代的计量单位和现今的计量单位有所不同，而且不是固定的。单单古代各个时期的"里"就和今日的公制"里"相差很大，并不是1里就等于500米。

当然，古代人类对计量单位的探索，不仅限于度量衡。比如，在计量时间方面，人类根据自然界的一些长时间重复变化的现象，形成了日、月、年的概念。

不可否认，古代人类的计量，一是和技术发展有关，二是和当地文化有关。这种技术和文化的差异，造成了各地的计量体系不同，计量结果也不同，这就给不同地域的人的日常交往带来了很大的不便和困难。

到了17世纪，法国有科学家终于开始设想统一计量制度。随后，诞生了世界上第一个长度的基本单位——米。经过多次精确测量，逐渐有了今天意义上的高精度米。这种以米为基本单位的计量制度，就是国际通用的米制（或称公制）。

在米制的基础上，计量单位又发展出国际单位制（SI），并规定了词头、导出单位及辅助单位。目前，国际单位制就是以米、千克、秒、安培、开尔文、摩尔、坎德拉七个单位作为基本单位，这七个基本单位都有严格的理论定义。导出单位则通过选定的方程式用基本单位来定义，使各单位间合理地相互联系起来。

虽然国际单位制是国际通用的计量制度，但在英国和美国，目前大家还是习惯使用英制，只是在有些场合他们也会使用国际单位制。

二、我国量和单位的标准建设

进入 20 世纪后，我国的计量单位有多种。1929 年完成标准化的市制，是政府为了全面改用公制而对中国传统的度量衡进行改造的过渡制度。加上公制、英制，以及其他计量制度，我国使用的计量制度确实有些混乱。

1959 年，国务院发布《关于统一我国计量制度的命令》，确定以公制为我国的基本计量制度，全国推广公制、改革市制、限制英制和废除旧杂制，还公布了《统一公制计量单位中文名称方案》。国际单位制创建以后，国家计量部门积极准备推行工作。

1977 年，国务院颁布了《中华人民共和国计量管理条例（试行）》，把计量单位的规范使用上升到法规层面。该条例明确规定，我国的基本计量制度是公制，逐步采用国际单位制，但在改革的前提下保留市制。

1982 年，国家标准总局颁布《国际单位制及其应用》（GB 3100—82）系列标准。

1984 年，国务院通过了国家计量局《关于在我国统一实行法定计量单位的请示报告》《全面推行我国法定计量单位的意见》和《中华人民共和国法定计量单位》，并发布了《关于在我国统一实行法定计量单位的命令》，要求全国到 20 世纪 80 年代末基本完成向法定计量单位的过渡，允许市制单位使用到 1990 年年底。从 1991 年元旦起，一般不允许再使用非法定计量单位。同年，国家计量局公布了《中华人民共和国法定计量单位使用方法》。

1985 年 9 月 6 日，全国人民代表大会常务委员会第十二次会议通过《中华人民共和国计量法》，从而将规范使用计量单位上升到法律层面。后该法在 2009 年、2013 年和 2015 年 3 次被修订。

1986 年，国家标准局颁布《国际单位制及其应用》（GB 3100—86）系列标准。

1993 年，国家技术监督局颁布《国际单位制及其应用》（GB 3100—93）系列标准，这是目前在使用的最新版本。

第二节 我国量和单位的标准

目前，我国最新的量和单位标准是《国际单位制及其应用》（GB 3100—93）系列标准，这是参照国际相关标准制定的。

一、《国际单位制及其应用》系列标准

《国际单位制及其应用》（GB 3100—93）系列标准总共有 15 个：

GB 3100—93　　国际单位制及其应用

GB 3101—93　　有关量、单位和符号的一般原则

二、我国法定计量单位

《中华人民共和国法定计量单位》明确规定，我国的法定计量单位包括：其一，国际单位制的基本单位（简称 SI 基本单位）。国际单位制的所有单位都是以七个基本单位为基础的，这七个基本单位分别是米、千克、秒、安培、开尔文、摩尔、坎德拉，见表 10.2-1。

表 10.2-1　SI 基本单位

量的名称	单位名称	单位符号
长度	米	m
质量	千克（公斤）	kg
时间	秒	s
电流	安［培］	A
热力学温度	开［尔文］	K
物质的量	摩［尔］	mol
发光强度	坎［德拉］	cd

表里需要说明的是：第一，表内圆括号中的名称是它前面的名称的同义词，如"公斤"是"千克"的同义词。

第二，无方括号的量的名称与单位名称均为全称。

第三，方括号中的字在不引起混淆、误解的情况下可以省略。去掉方括号中的字即为其名称的简称，如"安［培］"的意思是"安"为电流的单位"安培"的简称。同样，"开"为"开尔文"的简称。（本章如无特别说明，加方括号的量的名称、单位名称和词头名称都做以上解释。）

其二，国际单位制的辅助单位（简称 SI 辅助单位）。SI 辅助单位包括平面角和立体角两个，见表 10.2-2。

表 10.2-2 SI 辅助单位

量的名称	单位名称	单位符号
［平面］角	弧度	rad
立体角	球面度	sr

其三，国际单位制中具有专门名称的导出单位（简称 SI 导出单位）。SI 导出单位是用基本单位以代数形式表示的单位，数量很多，其中具有专门名称的国际单位制导出单位总共有 19 个，见表 10.2-3。

表 10.2-3 国际单位制中具有专门名称的导出单位

量的名称	SI 导出单位		
	名称	符号	用 SI 基本单位和 SI 导出单位表示
频率	赫［兹］	Hz	$1\ Hz = 1\ s^{-1}$
力	牛［顿］	N	$1\ N = 1\ kg{\cdot}m/s^2$
压力，压强，应力	帕［斯卡］	Pa	$1\ Pa = 1\ N/m^2$
能［量］，功，热量	焦［耳］	J	$1\ J = 1\ N{\cdot}m$
功率，辐［射能］通量	瓦［特］	W	$1\ W = 1\ J/s$
电荷［量］	库［仑］	C	$1\ C = 1\ A{\cdot}s$
电压，电动势，电位，（电势）	伏［特］	V	$1\ V = 1\ W/A$
电容	法［拉］	F	$1\ F = 1\ C/V$
电阻	欧［姆］	Ω	$1\ \Omega = 1\ V/A$
电导	西［门子］	S	$1\ S = 1\ \Omega^{-1}$
磁通［量］	韦［伯］	Wb	$1\ Wb = 1\ V{\cdot}s$
磁通［量］密度，磁感应强度	特［斯拉］	T	$1\ T = 1\ Wb/m^2$
电感	亨［利］	H	$1\ H = 1\ Wb/A$
摄氏温度	摄氏度	℃	$1\ ℃ = 1\ K$
光通量	流［明］	lm	$1\ lm = 1\ cd{\cdot}sr$
［光］照度	勒［克斯］	lx	$1\ lx = 1\ lm/m^2$
［放射性］活度	贝可［勒尔］	Bq	$1\ Bq = 1\ s^{-1}$
吸收剂量	戈［瑞］	Gy	$1\ Gy = 1\ J/kg$
比授［予］能	戈［瑞］	Gy	$1\ Gy = 1\ J/kg$
比释动能	戈［瑞］	Gy	$1\ Gy = 1\ J/kg$
剂量当量	希［沃特］	Sv	$1\ Sv = 1\ J/kg$

其四，国家选定的非国际单位制单位，见表 10.2-4。

其五，由以上单位构成的组合形式的单位。

其六，由国际单位制的词头（简称 SI 词头，见表 10.2-5）和以上单位所构成的十进倍数和分数单位。

表 10.2-4　国家选定的非国际单位制单位

量的名称	单位名称	单位符号	与 SI 单位的关系
时间	分 [小]时 日，（天）	min h d	1 min = 60 s 1 h = 60 min = 3600 s 1 d = 24 h = 86400 s
[平面]角	度 [角]分 [角]秒	° ′ ″	$1° = 60′ = (\pi/180)$ rad $1′ = 60″ = (\pi/10800)$ rad $1″ = (\pi/64800)$ rad
旋转速度	转每分	r/min	1 r/min = $(1/60)$ s^{-1}
长度	海里	n mile	1 n mile = 1852 m （只用于航行）
速度	节	kn	1 kn = 1 n mile/h = (1852/3600) m/s （只用于航行）
质量	吨 原子质量单位	t u	1 t = 10^3 kg 1 u ≈ $1.660540×10^{-27}$ kg
体积	升	L, (l)	1 L = 1 dm^3 = 10^{-3} m^3
能	电子伏	eV	1 eV ≈ $1.602177×10^{-19}$ J
级差	分贝	dB	
线密度	特[克斯]	tex	1 tex = 10^{-6} kg/m
面积	公顷	hm^2	1 hm^2 = 10^4 m^2

表 10.2-5　SI 词头

因数	词头名称		词头符号	因数	词头名称		词头符号
	英文	中文			英文	中文	
10^{24}	yotta	尧[它]	Y	10^{-1}	deci	分	d
10^{21}	zetta	泽[它]	Z	10^{-2}	centi	厘	c
10^{18}	exa	艾[可萨]	E	10^{-3}	milli	毫	m
10^{15}	peta	拍[它]	P	10^{-6}	micro	微	μ
10^{12}	tera	太[拉]	T	10^{-9}	nano	纳[诺]	n
10^{9}	giga	吉[咖]	G	10^{-12}	pico	皮[可]	p
10^{6}	mega	兆	M	10^{-15}	femto	飞[母托]	f
10^{3}	kilo	千	k	10^{-18}	atto	阿[托]	a
10^{2}	hecto	百	h	10^{-21}	zepto	仄[普托]	z
10^{1}	deca	十	da	10^{-24}	yocto	幺[科托]	y

三、法定计量单位和国际单位制的关系

《国际单位制及其应用》（GB 3100—93）指出，国际单位制是我国法定计量单位

的基础，一切属于国际单位制的单位都是我国的法定计量单位。

除特别说明的以外，该标准中给出的计量单位均为我国法定计量单位。

四、法定计量单位的适用范围

《全面推行我国法定计量单位的意见》中，明确指出了法定计量单位适用于以下场合：

——政府机关、人民团体、军队，以及各企业、事业单位的公文、统计报表；

——教育部门所有新编教材；

——报纸、刊物、图书、广播、电视（国际新闻除外），包括所有再版出版物，但不包括古籍、文学书籍；

——科学研究与工程技术方面，包括新制订、修订的各级技术标准（包括国家标准、专业标准及企业标准）、计量检定规程，新撰写的研究报告、学术论文以及技术情报资料等；

——仪器仪表和检测设备的改制；

——作为计量基准器和计量标准器的仪器设备；

——市场贸易（出口商品除外）。

同时，该意见也表示，农田土地面积单位"亩"的改革，关系到我国土地资源的利用、农业计划的制定、单位面积产量的计算、农作物的征购和科学种田等诸多方面，是涉及几亿农民的大事。因此，应在广泛调查研究的基础上，在适当的时候，再进行统一改革。

第三节 SI 词头的使用规范

SI 词头包括因数、词头名称和符号。因数表示特定的词头所代表的值。词头名称分中文和英文两类，其中中文词头名称又有全称和简称之分，词头的简称又叫词头的中文符号。

词头的使用规则，主要涉及 SI 词头的选用、SI 词头的书写和 SI 词头的应用等三个方面。

一、SI 词头的选用

SI 词头的选用有以下规定：其一，选用 SI 单位的倍数单位或分数单位，一般应使量的数值处于 0.1 ～ 1000 范围内。例如，$1.2×10^4$ N 可以写成 12 kN，0.00394 m 可以写成 3.94 mm，11401 Pa 可以写成 11.401 kPa，$3.1×10^{-8}$ s 可以写成 31 ns。但土地面积计量不受取值必须在 0.1 ～ 1000 范围的约束。

其二，某些场合习惯使用的单位可以不受上述限制。如大部分机械制图使用的长度单位可以是"mm（毫米）"，导线截面积使用的面积单位可以是"mm^2（平方毫米）"。在同一个量的数值表中或叙述同一个量的文章中，为对照方便而使用相同的单位时，数值不受限制。

其三，词头 h, da, d, c（百、十、分、厘），一般用于某些长度、面积和体积的单位中，但根据习惯和为了方便也可用于其他场合。

其四，词头的名称，一般只宜在叙述性文字中使用。词头的符号，在公式、数据表、曲线图、刻度盘和产品铭牌等需要简单明了标示的地方使用，也可用于叙述性文字中。应优先采用符号。

其五，在计算中，建议所有量值都采用 SI 单位表示，词头应以相应的 10 的幂代替（kg 本身是 SI 单位，故不应换成 10^3 g）。比如，SI 单位制中时间都用 s，计算中要把 min 换算成 s。

二、SI 词头的书写

SI 词头的书写有以下规定：其一，SI 词头总共有 20 个，1 个是希腊字母，其他 19 个是英文字母。其中，数值大于等于 10^6 的才用大写，其他均用小写。大小写不同，数值截然不同。

其二，词头必须使用正体。使用斜体或黑体的词头，如 3 *km* 或 5 **pF**，都是错误的。

其三，词头和数值之间应留有空隙，词头与单位之间不得留空隙。如 12mA 和 3 k m，都是错误的。作为例外，海里 n mile 中的 n 不是词头，n 后必须空。

其四，词头符号与紧接的单位符号（不包括组合单位）应作为一个整体对待，它们共同组成一个新单位（十进倍数单位或分数单位）。

三、SI 词头的应用

SI 词头的应用有以下规定：其一，词头只能和单位一起使用，不能单独使用。比如，$R = 20$ k，这种用法在电路图上经常出现，文字中也有类似的表述，其实是错误的。类似的还有 10 μ、5 M 和 7 p。

其二，词头不得重叠使用，如 mμm 应改成 nm，μμF 应改成 pF。词头重叠，因数可以计算，然后选择更合适的词头。例如，n 和 p 重叠应该选用 z，两个 μ 重叠应该选用 p，k 和 G 重叠应该选用 T。

其三，只是通过相乘构成的组合单位在加词头时，词头通常加在组合单位的第一个单位之前。例如，力矩的单位 kN•m，不宜写成 N•km。

其四，只通过相除构成的组合单位，或通过乘和除构成的组合单位，在加词头时，词头一般应加在分子中的第一个单位之前，分母中不用词头。但质量的 SI 单位 kg，不作为有词头的单位对待。例如，kJ/mol 不宜写成 J/mmol。比能单位可以是 J/kg。但当组合单位分母是长度、面积或体积单位时，按习惯与方便性，分母中可以选用词头构成倍数单位或分数单位。例如，密度的单位可以选用 g/cm³。

其五，有些非法定单位可以按习惯用 SI 词头构成倍数单位或分数单位，如 mCi，mGal, mR 等。但法定单位中的摄氏度及非十进制的单位，如［平面］角单位"度""［角］分""［角］秒"与时间单位"分""时""日"等，不得用 SI 词头构成倍数单位或分数单位。一些英制单位，就不是十进制的。

其六，一般不在组合单位的分子、分母中同时采用词头，但质量单位 kg，这里不作为有词头对待。例如，电场强度的单位不宜用 kV/mm，而是 MV/m；质量摩尔浓度的单位可以用 mmol/kg。

其七，倍数单位和分数单位的指数，指包括词头在内的单位的幂，也就是说，词头和单位已是一个整体。例如，$1\,cm^2 = 1\,(10^{-2}\,m)^2 = 1 \times 10^{-4}\,m^2$，而 $1\,cm^2 \neq 10^{-2}\,m^2$；$1\,\mu s^{-1} = 1\,(10^{-6}\,s)^{-1} = 10^6\,s^{-1}$。$A = 1000000\,m^2$ 不等于 $A = 1\,Mm^2$，因为 $1\,Mm^2 = 1\,(10^6\,m)^2 = 10^{12}\,m^2$。

把 $1300\,m^3/d$ 写成 $1.3\,km^3/d$，把 $90000000\,m^{-2}$ 写成 $90\,Mm^{-2}$，都是错误的。正确的表示应分别为 $1.3\,dam^3/d$ 和 $90\,mm^{-2}$。这里，km^3 不是 $10^3\,m^3$，词头和单位是一个整体，km^3 等于 $(km)^3$。

其八，将 SI 词头的部分中文名称置于单位名称的简称之前构成中文符号时，应注意避免与中文数词混淆，必要时应使用圆括号。例如，旋转频率的量值不得写为"3 千秒$^{-1}$"。如表示"三每千秒"，则应写为"3（千秒）$^{-1}$"（此处"千"为词头）；如表示"三千每秒"，则应写为"3 千（秒）$^{-1}$"（此处"千"为数词）。同样，体积的量值不得写为"2 千米^3"。如表示"两立方千米"，则应写为"2（千米）^{3}"（此处"千"为词头）；如表示"两千立方米"，则应写为"两千（米）^{3}"（此处"千"为数词）。

其九，10^4 称为万，10^8 称为亿，10^{12} 称为万亿，这类数词的使用不受词头名称的影响，也没有重叠使用的限制，但不应与词头混淆。

四、计算机领域的二进制倍数词头应用

编校与计算机相关的书稿时，我们经常会遇到一些存储量的二进制单位，如 54 KB，10 MB，500 GB 等。这里，B 是 Byte 的缩写，表示字节；K，M，G 是单位的词头，其中 $1\,K = 2^{10} = 1024$，$1\,M = 2^{20} = 1048576$，$1\,G = 2^{30} = 1073741824$。

2009 年颁布的国际标准 ISO 80000-1：2009（E）规定，计算机存储的二进制计量单位，使用 Ki，Mi，Gi 代替原来的 K，M，G，也就是 54 KB，10 MB，500 GB 是错误的，正确的书写形式是 54 KiB，10 MiB，500 GiB。

第四节 量的使用规范

量的使用规范，主要涉及量的名称和量的符号的使用。

一、量的名称使用规范

使用规范的量的名称，一是要使用法定计量单位（包括国际单位制）中的新名称，不允许使用已经废除的名称；二是要避免使用错误的量的名称；三是要优先选用标准里的正式名称，少用备注栏或括号内列出的名称；四是不生造量的名称；五是谨慎使用多义的量的名称。

（一）常见废弃的量的名称

常见废弃的量的名称有：

废弃的量的名称	标准的量的名称
比热	质量热容，比热容
比重	相对体积质量，相对［质量］密度
比重，容重	体积质量，［质量］密度
电量	电荷［量］
电流强度	电流
放射性强度，放射性	［放射性］活度
分子量	相对分子质量，分子质量
解离分数	解离度
绝对温度，开氏温度	热力学温度
勒	对数能降
粒子剂量	粒子注量
面发光度	光出射度
摩尔浓度，体积摩尔浓度，克分子浓度， 　体积克分子浓度，当量浓度	物质的量浓度，浓度
体积百分数，体积百分浓度	体积分数
原子量	相对原子质量
重量百分数，重量百分比浓度	质量分数

需要说明的是"重量"，我们习惯上使用的是其质量的意义，标准只给出其力的意义。有学者就此认定"重量"的质量意义已经被废弃，并引申开去，"载重量"应改为"载质量"，"干重"应改为"干质量"，"鲜重"应改为"鲜质量"，"体重"应改为"体质量"，因为这里的"重"指的都是质量意义，而不是力的意义。原因在于重量和质量的单位不同，重量的单位是牛，质量的单位是千克。这种看法有其一定的道理，但我国的法定计量单位已经注明，人民生活和贸易中，质量习惯称为重量。也就是说，重量有两种词义：一指重力，二指质量。国家技术监督局李慎安等认为，在正式科技书刊中使用体重、载重、干重、毛重、净重等，也是没有错的。这种说法有一定的官方解释成分。

另外，"容积"一词没有出现在标准中，但实际使用中，"容积"一词对于容器具有特别的意义。国家技术监督局李慎安等认为，简单地认定没有列入标准就不应该使用，这也是不恰当的。事实上，标准也不可能列出全部必要的量。因此，使用"容积"一词，也是没有错的。这一解释，给法定计量单位的理解执行带来一定的困惑，也就是哪些标准中未列出的量的名称也是可以用的，哪些不能用，实践中很难区分。所以，标准里有正式名称的，一定要优先使用。

（二）错误的量的名称

错误的量的名称指的是与标准的量的名称同义，但表示的名称有个别字与标准的量的名称不同。错误的量的名称大多数是外国人名的不同翻译，其次是错别字。遇到用外国人名来表示量的名称时，一定要使用国家标准里的新名称。

常见错误的量的名称表示有：

错误的表示	正确的表示
阿伏伽德罗常数，阿佛加德罗常数	阿伏加德罗常数
泊桑比	泊松比
驰豫时间	弛豫时间
笛卡尔坐标	笛卡儿坐标
费米能	费密能
傅立叶数，付立叶数，付里叶数	傅里叶数
吉卜斯自由能	吉布斯自由能
马修函数	马休函数
坡印亭矢量	坡印廷矢量

现实中，很多人使用"笛卡尔坐标"和"费米能"，而不用"笛卡儿坐标"和"费密能"。

（三）非优先推荐的量的名称

非优先推荐的量的名称指的是标准里在备注栏列出的，前面带有"又称"或"也称为"文字的名称，一般叫作别名，以区别标准里的正式名称。社会上许多资料说备注栏内的名称暂时允许使用但迟早会废除，使用这些量的名称是错误的。国家技术监督局李慎安等专门发文，说明这种说法是不正确的，使用别名也是对的。当然，我们在使用时，最好选用标准里的正式名称。

常见非优先推荐的量的名称有：

非优先推荐的量的名称	正式名称
B 的活度系数	B 的活度因子
半值厚度，半值层	半厚度
电位移	电通［量］密度
电位移通量	电通［量］
反应堆周期	反应堆时间常数
活度系数	活度因子
摩擦系数	摩擦因数
摩尔内能	摩尔热力学能
内能	热力学能
库仑模量	切变模量
平均结合能	比结合能
渗透系数	渗透因子
扬氏模量，杨氏模量	弹性模量
圆频率	角频率
转速	旋转频率
质量内能	质量热力学能
最后一个中子结合能	中子分离能
最后一个质子结合能	质子分离能

要注意的是，这里没有规律可循。比如，不能简单地把"系数"改为"因子"或"因数"，因为有的量的名称就是使用"系数"的。

（四）生造的量的名称

生造的量的名称，大多是通过"单位"加"数"或表示数量的词组成的。显然，这种量的名称不是标准中的正式名称，实际使用中应选用标准中的正式名称。

常见生造的量的名称有：

生造名称	正式名称
摩尔数	物质的量
吨数	质量
瓦数	功率
米数	长度，高度
天数，年数	时间
卡路里摄入量	热量摄入量
红细胞个数	红细胞数

严格地说，量的名称中不能含有单位。这类错误，除了"单位"加"数"这类生造的量的名称外，还有"亩产""时速"等。"亩产"用于统计农产品的面积产量，但"亩"本身是土地面积的单位，而且是一个正在废弃中的单位。实际使用中，最好使用"单位面积产量"（同时给出具体的单位，因为"单位面积产量"简称"单产"，我国一直用于表示"亩产"），而不是"亩产"。同样，"时速"这个量的名称中的"时"就是时间单位，只是"时速"已经成为《现代汉语词典》的词条了。

有的生造名称是较长的量的名称的不规范简写，如"物质的量"简称为"物量"，股市里"堆积在一起的成交量"简称为"堆量"等，这些量的名称不是规范的量的名称，文稿中不能使用。

（五）多义的量的名称

有些量，在国际单位制里会被好几个名称使用到，它们的单位各不相同，使用时千万要小心。比如，浓度这一量在单独使用"浓度"两个字时，是物质的量浓度的简称，其单位为 mol/m^3 或 mol/L。单位为 g/L 的应称质量浓度，单位为 1 的质量（体积）百分比浓度应称质量（体积）分数，单位为 mol/kg 的应称溶质 B 的质量摩尔浓度。实际使用中，只有物质的量浓度可以简称浓度，其他含"浓度"一词的量的名称，都必须说出全称，不然就是错误的。

含量也是个多义的词。商品标志上的含量指质量或体积；科技文献中的含量包括有关混合物组成的各个量，如质量分数、体积分数、质量浓度等。含量可用于定性描述混合物中各组分的多少，类似"大米的淀粉含量高，蛋白质含量低"。我们常用的含氧量，一般是指体积分数，书写时最好能使用标准化的名称，如"空气中 O_2 的含量为 20%"应改为"空气中 O_2 的体积分数为 20%"。

另外，不能把两个量纲不同的量的比值用"%"表示含量，如不能把 15 g/100 mL的葡萄糖水称为"15% 葡萄糖"，正确的表述应该是"质量浓度为 0.15 g/mL 的葡萄糖"。而同一计量单位体系，但等级不同的单位，相互的比值确实可以用来表示含量，如"茶叶含硒量为 3.5 μg/kg"，表示 1 kg 茶叶中含有硒 3.5 μg。

二、量的符号使用规范

量的符号一般有两种类型：其一，标准中有明确规定的量的符号；其二，标准中没有明确规定的量的符号。

规范使用量的符号，必须优先使用标准中规定的量的符号。对于标准中没有明确规定量的符号的情况，要参照标准，按一定的原则使用量的符号。

（一）标准明确规定的量的符号

标准里一般给出单个或多个规定的量的符号，其符号有以下规则：其一，一般用单个拉丁字母或希腊字母表示，如需要可以使用下标或其他说明性标记；其二，有多个符号表示时，各符号使用处于同等的地位；其三，用括号括起来的符号是备用符号，供特定情况下主符号以不同意义使用时使用；其四，特征数的符号由两个字母组成。

实际使用中容易出现的问题是：其一，没有使用标准的量的符号规定的字母，如用 w 来表示宽度 b；其二，没有使用标准的量的符号规定的字母大小写，如用 H 来表示高度 h；其三，没有使用标准的量的符号规定的字母字体，如用 m 来表示质量 m；其四，没有使用标准的量的符号规定的拉丁字母或希腊字母，如 w 用 ω 表示，或 ω 用 w 表示；其五，不同的量混用量的符号，如摄氏温度的量的符号为 t，热力学温度的量的符号为 T，相互之间混用（特别是选用了摄氏温度的单位，用的量的符号却是 T）。

（二）一般量的符号使用原则

标准上没有规定的量的符号，一般使用时，有三个原则：

其一，量的符号使用单字母表示，不要用多字母形式，如用 HFT 表示高频交易量是错误的，正确的形式为 q_{hft}。

其二，同一符号表示不同的量时，可以使用下标做区分。如汽车速度和火车速度可用标准中的速度 v 加下标表示（如 v_a 和 v_t），不要用 av 和 tv 表示。外力和内力可以用 f_o 和 f_i 表示，而不要使用 fo 和 fi 表示。

其三，化学元素符号或物质名称不能作为量的符号使用。例如，氮气和氧气的比值不能用 $N_2 : O_2 = a : b$ 来表示。规范的表达式应为

$$m(N_2) : m(O_2) = a : b \quad （质量比）$$
$$V(N_2) : V(O_2) = a : b \quad （体积比）$$

这里，GB 3102.8—93 规定，抽象的物质符号可以作下标，如 c_B；具体的化学元素符号宜用括号，如 $c(H_2SO_4)$。

其四，量的符号不能当纯数用。如"小球的体积为 $x\ m^3$"，正确的表示应为"小球的体积为 x，单位用 m^3"。

（三）量的符号字体

标准规定，量的符号（包括取一定常量的参数，如 a 和 b），字体应该使用斜体。作为特例，pH 使用正体。

矩阵、矢量和张量的量的符号，用黑斜体表示，如 $\boldsymbol{A}$，$\boldsymbol{a}$ 和 $\boldsymbol{e}$。

其值不变的数学常数，用正体表示，如自然对数的底数 e 和圆周率 π。

（四）下标中量的符号的使用规则

下标用于两种情况：其一，区分不同的量有相同的符号，如质量流量 E_m 和体积流量 E_V；其二，区分同一个量有不同的应用或不同的取值，如电流计算值 I_c、电流实验值 I_e。此时，下标符号不是量，而是英语单词的首字母，故用正体。

下标符号应首先选用标准规定的符号，找不到标准规定的符号时，才可以用英语单词缩写、汉语拼音或汉字名称的缩写作下标。比如辐射能，国标规定的符号为 E_R。目前，ISO 尚没有制定下标使用规则，但可以参考 IEC（International Electrotechnical Commission,国际电工委员会）相关的推荐意见,IEC 对下标的使用问题做了原则性规定。

至于下标的正斜体，凡量的符号和代表变动性数字、坐标轴名称及几何图形中表示点线面体的字母下标采用斜体印刷，其他下标（如表示理论值的 th，实验值的 exp）用正体印刷。

至于作下标的字母的大小写，一般原则为：其一，量的符号和单位的符号作下标，其字母大小写同原符号；其二，来源于人名的缩写作下标用大写体；其三，在某些特定情况下使用汉语拼音字母作下标，用小写体。

对于由两个下标符号组成的复合下标，一般下标符号间加逗号分隔，两个下标的正斜体按各自情况分别处理，如最大静压 $p_{s,max}$ 和最小质量流量 $q_{m,min}$。这里，s 是 static 的首字母，不是量，用正体下标；m 是质量的符号，用斜体下标。

第五节 单位的使用规范

单位的使用规范，主要涉及单位的名称和单位的符号的使用。

一、单位的名称使用规范

规范使用单位的名称，一是要使用法定计量单位（包括国际单位制）中的正式单位，不允许使用已经废除的单位；二是在使用单位名称时要遵守相关的规定。

（一）常见废弃的单位名称

废弃的单位名称主要是一些市制单位、英制单位和旧单位。市制单位，除了在文学书和古籍中可以用外，现在都不能使用。公制单位，已基本废除，"公斤""公里"也尽量不要使用，而应改用"千克""千米"。英制单位是必须废弃的。确有必要出现英制单位，如介绍国外产品时，一般采用括注的形式，如 147.32 厘米（58 英寸）液晶电视。CGS（Centimeter-Gram-Second, 即厘米 - 克 - 秒单位制）导出单位禁止与 SI 单位并用。

常见废弃的单位名称有：

长度

    公尺，公寸，公分，丝［米］，忽米，［市］里，［市］丈，［市］尺，［市］寸，
    码，呎，吋，浬

面积

    公亩，公顷，［市］亩，［市］分，［市］厘

体积
　　加仑，品脱，公升，立升，立方，立米
质量
　　公吨，［市］担，［市］斤，［市］两，［市］钱，公担，公两，公钱，盎司，磅
力
　　千克力，公斤力，吨力
压力
　　毫米汞柱，毫米水柱，千克力每平方厘米，巴，标准大气压，工程大气压
频率
　　周，千周，兆周
温度
　　开氏度，华氏度，度，绝对温度
物理和化学
　　克分子，克原子，克离子，克当量

需要说明的是，国家法定计量单位中，"公斤"是"千克"的同义词，"千克"是基本单位。实际使用中，应优先使用正式名称"千克"。只是在推行"千克"的过程中，困难还是不少。目前我国出版的科技书籍和教材中已广泛使用"千克"，使用"公斤"显然要被认定为是错误的。但是，我国的政府公文、新闻报刊和广播电视仍然在大量使用"公斤"，原因在于 GB 3100—93 中规定，基本单位名称"千克"中含有词头"千"，质量的十进倍数和分数单位由词头加在"克"字之前构成，例如用毫克（mg）而不用微千克（μkg）。这样，1000 kg 不能写成 1 kkg，而必须写成 1 Mg，这不符合使用习惯。中文里，"一千千克"念起来也非常别扭。

长度计量单位"公里"，在国家法定计量单位中，被定义为"千米"的俗称。实际使用中，"公里"和"公斤"的问题相类似。

对于土地计量单位"亩"，1990 年国家技术监督局、国家土地管理局、农业部经国务院批准，联合发出了《关于改革全国土地面积计量单位的通知》，明确规定土地计量单位使用平方公里（这里应该是平方千米）、公顷和平方米，并自 1992 年 1 月 1 日起在统计工作和对外签约中一律使用规定的土地面积计量单位。因此，"市亩""市分""市厘"不再作为土地计量单位。

对于血压计量单位"毫米汞柱"，国家质量技术监督局和卫生部 1998 年联合发出的《关于血压计量单位使用规定的补充通知》规定，血压计量单位恢复使用毫米汞柱（mmHg），但首次使用时应注明 mmHg 与千帕［斯卡］（kPa）的换算系数。

对于时间单位"分"，《中华人民共和国法定计量单位》中国家选定的非国际单位制单位和 GB 3102.1—93 都规定，时间的计量单位用"分""［小］时""日，（天）"。显然，使用"分钟"是不规范的。只是，在 GB/T 7408—2005 中 5.1.1 节又用了"分钟"。

（二）单位名称的使用规定

单位名称在使用时，必须执行以下规定：其一，单位的名称及其简称可用于口述，

也可用于叙述性文字中。

其二，单位名称必须作为一个整体使用，不得拆开。例如，摄氏温度单位"摄氏度"表示的量值应写成并读成"20 摄氏度"，不得写成并读成"摄氏 20 度"。

其三，单位的名称及其简称都已有明确的规定。简称在不致混淆的情况下可等效它的全称使用，习惯上只使用简称的单位可继续使用。在一些十进倍数单位中，如只用"毫安"而不用"毫安培"，但也不排斥使用"毫安培"。

其四，组合单位的中文名称与其符号表示的顺序一致。符号中的乘号没有对应的名称，书写时不加任何符号也不留空隙，如力矩的单位 N•m 的名称写为"牛顿米"（也可简写为"牛米"），但不能写为"牛顿•米""牛•米"或"牛－米"等。除号的对应名称为"每"字。无论分母中有几个单位，"每"字只出现一次。例如，m/s 为"米每秒"，W/(m•K) 为"瓦每米开"，但不能写为"瓦每米每开"。

其五，乘方形式的单位名称，其顺序是指数名称在单位的名称之前，相应指数名称由数字加"次方"两字组成。例如，加速度的单位 m/s^2 称为"米每二次方秒"，而不是"米每秒每秒"或"米每秒平方"。

其六，指数是负 1 的单位，或分子为 1 的单位，其名称是以"每"字开头。例如，$℃^{-1}$ 或 K^{-1}，其名称为"每摄氏度"或"每开尔文"，而不是"负一次方摄氏度"或"负一次方开尔文"等。

其七，如果长度的 2 次和 3 次幂是指面积和体积，则相应的指数名称为"平方"和"立方"，并置于长度单位的名称之前，否则应称为"二次方"和"三次方"。例如，体积的单位符号 m^3 的名称为"立方米"，不能称为"米立方"或"三次方米"；面积的常用单位符号 km^2 的名称为"平方千米"，不能称为"千米平方"或"二次方千米"。但转动惯量的单位 $kg•m^2$ 的名称为"千克二次方米"，不能称为"千克平方米"。

二、单位的符号使用规范

单位符号分中文符号和字母符号两种。非组合单位名称的简称可用作该单位的中文符号。中文符号只在小学、初中教科书和普通书刊中有必要时使用。非普及性书刊和高中以上教科书，在表达量值时都不得使用单位的中文符号。

规范使用单位的符号，主要应做到这几点：其一，要使用法定计量单位（包括国际单位制）中的正式单位符号，不允许使用已经废弃的单位符号，也不要使用 CGS 单位或其他杂类单位；其二，不使用不规范缩写来代替单位符号；其三，在使用单位符号时要遵守相关的规定。

（一）已经废弃的单位符号

废弃的单位符号主要是一些英制单位和旧单位的符号，市制单位大多数没有符号。下面是一些常见的已废弃的单位符号：

长度：yd，ft，in
面积：are
体积：gal，pt，c.c.
质量：q，oz，lb，T

力：kgf，tf

时间：S，sec，'，"

旋转频率：rpm，RPM

频率：C，kC，MC

压力：kgf/cm^2，mmHg，mmH_2O，bar，atm

温度：deg，de，℉

（二）用作单位符号的不规范缩写

这里所说的不规范缩写，指的是经常用作单位符号，但又没有被列入国际标准的缩写，一般用英语表示。

例如，表达溶液浓度时，经常会用到的 ppm、pphm 和 ppb，其意义如下：

缩写	全称	意义
ppm	part per million	百万分之……
pphm	part per hundred million	亿分之……
ppb	part per billion	十亿分之……

有一例句是这样的：已知有 Na_2S 溶液，其质量分数为 98%，要配制 10 ppm 溶液该如何操作？这里，ppm 的用法是错误的。

另外，还有用于表示时间的缩写，如年（y，yr）、月（mo）、周（wk）、天（day）、时（hr）、分（m）等，这些都是不规范的。

（三）单位符号的使用规定

单位符号在使用时，必须执行以下规定：其一，单位符号的字体，无一例外，全用正体。

其二，单位符号可在公式、数据表、曲线图、刻度盘和产品铭牌等需要简单明了标示的地方使用，也可用于叙述性文字中。应优先采用符号。

其三，一般单位符号用小写字母，来源于人名的首字母大写，其余均小写。升的符号例外，l 是备用符号，正式符号为 L，因为数值后用小写字母 l 容易错认为数字 1。

其四，当组合单位是两个或两个以上的单位相乘关系时，其符号可用下列形式之一：

N•m　牛•米（中间加点）

N m　（中间加空或不空）

第二种格式，当单位符号同时又是词头符号时，应尽量将它置于右侧，以免引起混淆。如 mN 表示毫牛顿而非指米牛顿。中文符号形式，两个单位符号之间必须有圆点，所以第二种格式没有中文形式。这里，要注意中文符号与单位名称的区别，单位简称才是中文符号，如电阻率的单位名称是"欧姆米"，不能写成"欧姆－米""欧姆•米"，但其符号可以写成"欧•米"。

其五，当用单位相除的方法构成组合单位时，其符号可采用下列形式之一：

m/s　米/秒（中间加斜线）

$m•s^{-1}$　米•$秒^{-1}$

$\dfrac{m}{s}$　$\dfrac{米}{秒}$

当分母中包含两个以上单位符号时，应整个分母加圆括号。在一个组合单位的符号中，除加圆括号避免混淆外，斜线不得多于一条。在复杂的情况下，可以使用负指数。如 mg/(kg•d) 不能表示为 mg/kg/d，但可表示为 mg•kg^{-1}•d^{-1}，其中文符号是"毫克／（千克·天）"。

其六，单位符号后不得附加任何其他标记或符号，也无复数形式。如把最小电流 $I_{min} = 3$ A 写成 $I = 3$ A$_{min}$，把 Pb 的质量浓度为 0.1 mg/L 的规范表示 ρ(Pb) $= 0.1$ mg/L 写成 0.1 mg(Pb)/L 或 0.1 mg 铅 /L，把施磷肥量 150 kg/hm^2 写成 150 kg(磷肥)/hm^2，在 m^3 和 L 前分别加标准立方米和标准立方升，或在 m^3 和 L 前分别加 N，或在 m^3 和 L 后分别加下标 n，把 2 kg 写成为 2 kgs 等，都是错误的。

其七，不得在物理量组合单位中同时使用单位符号和中文符号，如速度单位应写作 m/s 或米／秒，不得写作 m/ 秒。单位无国际符号时例外，如汽车油漆加工价格单位用"元/m^2"，人均居住面积单位用"m^2/ 人"等。

其八，单位符号应写在全部数值之后，并与数值间留适当的空隙。但［平面］角的符号度、分、秒和前面的数值之间不留空隙，这是例外，如 15'、20° 和 30"。如果所表示的量为量的和或差，则应当加圆括号将数值组合起来，置共同的单位符号于全部数值之后，如 (150.0 ± 0.1) m 不得写成 150.0 ± 0.1 m，1.25 m 不得写成 1m25，10.16 s 不得写成 10s16 等。

其九，摄氏度的符号℃可以作为中文符号使用。摄氏温度量值和摄氏度符号间要留空，如 30 ℃。

其十，［平面］角的符号度、分、秒，在组合单位中应采用（°）、（'）、（"）的形式，如 15'/min 的正确表达形式是 15(')/min。

其十一，公顷的国际通用符号为 ha。

其十二，速度单位"节"的符号为 kn，其中的 k 不是词头。

其十三，分子无量纲而分母有量纲的组合单位，即分子为 1 的组合单位的符号，一般不用分式而用负数幂的形式。如曲率的单位符号是 s^{-1}，不用 1/s。

其十四，在某些地方，用符号 ‰ 表示 0.001，实践中应避免用这一符号，除非用在银行存款月息、人口出生率和人口死亡率等特殊场合。

其十五，百分和千分是纯数字，单位符号后不能加其他信息，如 %(m/m) 和 %(V/V) 都是错误的。

三、数量、单位和量的名称的共同使用规则

数量、单位和量的名称三者需要共同使用时，有式子表示和符号表示等使用的规范要求。

（一）式子表示

式子表示数量、单位和量的名称，有三种形式：

$b = 15$ m

b/m $= 15$

$\{b\}_m = 15$

这里，三种形式的意思是一样的。虽然三种形式都符合标准规定，但是第二种形式和第三种形式不太常见，第一种形式在实际应用中使用最多。

（二）符号表示

符号表示主要用于量和单位的具体化，一般多用于式子或图表。此时，可用"量的名称/单位"的形式表示，比如 l/m，t/s，I/A，V/VA 等。

习惯上经常见到的量的名称后跟圆括号的表示方式，如"塔式起重机的起重臂长 l（m）"是错误的。

专题训练

请指出下面句子中的量和单位的错误。

1. 已知 R_t 是 Pt100 铂电阻，且其测量温度为 $T = 50\ ℃$，试计算出 R_t 的值和 R_a 的值。

2. 生物在摄氏零下 196 度的液氮中都会冻死，但日本科学家最近发现，一种水蛭在液氮中受冻后依然能够生存。

3. 7 月份以来，中国多地出现摄氏 35 度以上持续高温天气，部分城市的气温与持续高温天数更是突破历史纪录。

4. 根据已知条件，试求：（1）$t = 325\ K$ 时气体的压强；（2）$t = 250\ K$ 时气体的体积。

5. 热力学标准状况时，水溶液 PH = 7 呈中性，PH < 7 呈酸性，PH > 7 呈碱性。

6. 用两根长度均为 l cm 的绳子，分别围成一个正方形和一个圆。（1）如果要使正方形的面积不大于 25 cm²，（2）如果要使圆的面积不小于 100 cm²，那么绳长 l 应分别满足什么条件？

7. 电机铭牌上的功率指的是额定输出功率 Po，输入功率 Pi 一定大于铭牌功率。

8. 既然 critical 是临界的意思，high 和 low 分别是高、低的意思，那么我们可以用 CHT 和 CLT 来表示临界高温和临界低温。

9. 大气中二氧化硫浓度在 0.5 ppm 以上时对人体已有潜在影响；在 1 ppm ～ 3 ppm 时，多数人开始感到刺激；在 400 ppm ～ 500 ppm 时，人会出现溃疡和肺水肿直至窒息死亡。

10. 如今的手机做得越来越薄，0.007 m 的机身厚度已成时下主流，且个别机型已进入了 0.005 m 以下的级别，像 vivo X5 Max 的厚度只有 0.00475 m。

11. 根据所给的表，我们可以计算出四种长 1 m、横截面积为 0.000001 m² 的导线在 20℃时的电阻值。

12. 马拉松（Marathon）是国际上非常普及的长跑比赛项目，全程距离约 42.195 km（也有的说是 42.193 km）。

13. 音频线路中都有 33 **pF** 的滤波电容，主要作用就是滤除 900 Mhz 的射频干扰。

14. 某一电路中，电压始终保持不变。当电阻 $R = 5$ 时，电流 $I = 2$，求 I 与 R 之间的函数关系式。

15. 1 千米^3 是一个非常巨大的体积单位，相当于一个每边边长 1 千米的正方体所能容纳的体积。

16. 世界卫生组织推荐，健康成年人盐的摄入量不宜超过 6 g/天，其中包括通过各种途径（酱油、咸菜、味精等调味品）摄入的盐量。

17. 氧气的分子量为 32，氢气的分子量为 2。

18. 假设灯丝电阻与其绝对温度成正比，室温 $T = 300$ K，在正常发光情况下，请利用所给曲线计算灯丝的温度。

19. 已知溶质的质量 m 和溶液的体积 V，假设溶质的摩尔质量为 M，则溶质的摩尔浓度可用 $c = mM^{-1}V^{-1}$ 计算。

20. 阿伏伽德罗常数为热学常量，符号为 N_A。它的数值约为 6.022×10^{23} mol^{-1}。

21. 横向正应变与轴向正应变的绝对值的比值，被称为"泊桑比"，也叫横向变形系数。

22. 吉卜斯自由能的物理含义是在等温等压过程中，除体积变化所做的功以外，从系统所能获得的最大功。

23. 本文应用马修函数理论获得了刚性椭圆形储液罐水平自由振动和强迫振动的解析解，并获得了一些有关计算结果。

24. 研究表明，空间步长一定时，计算结果随傅立叶数变化而波动，且波动幅度因空间步长的增加而加剧。

25. 通过对坡印亭矢量的散度的分析，作者阐明了电机气隙中径向能流和切向能流的变化和传递。

26. 结果表明，无序体系的费米能随无序度的增大而减小，并且非对角无序体系对费米能的影响很大。

27. 配合物的形成改变了溶液离子强度，从而也改变了离子的活度系数。

28. 为什么克服分子间引力作用，需要增大摩尔内能？

29. 摩擦系数是指两表面间的摩擦力和作用在其一表面上的垂直力之比值。它和表面的粗糙度有关，而和接触面积的大小无关。

30. 空气中含量最大的气体是氮气，约占空气的 78%。

31. 量体温时，设 t 为腋下测得的温度，那么计算温度为 $(t + 0.5)$℃。

32. 在相同的温度和压力下，物质 B 的体积 V_B 与溶液的体积 V 之比，称为物质 B 的体积分数，又称体积百分比，符号为 φ_B。

33. 计算时，集装箱尺寸可以用 $W \times H \times L$ 表示，这里 W、H 和 L 分别代表了箱子的宽度、高度和长度。

34. 在半导体物理和电子学领域中，费米能级经常被当作电子或空穴化学势的代名词。

35. 今天立定跳远测试中，马强只跳了 2m12cm。

36. 矿物的化学成分中若含有原子量大的元素，或者矿物的内部结构中原子堆积比较紧密，则比重较大；反之，比重较小。

37. 经过建设者 3yr5mo 的紧张施工，贯通我市的又一条高速公路昨天终于全线通车了。

38. 下课铃声一响，张力就以 15 秒／百米的速度冲向校门。

39. 学院位于杭州市拱墅区，占地 1000 余亩，校舍面积 40 万余平方米。

40. 近日，澳大利亚一渔民在新南威尔士北部一海滩附近海域，捕捉到一条长达 3 公尺、重 200 公斤的公牛鲨。

41. ρ 是反映材料导电性能的物理量，称为电阻率。它和物体的材料、温度有关，单位是欧姆·米。

42. 某氯气系统设置了 350 毫米水柱的正压水封和 100 毫米水柱的负压水封。请问氯气压力超过 100 毫米水柱时，氯气会不会在负压水封中跑掉？

43. 某一马达的说明书标识其转速为 3600 RPM，意思就是该马达每分钟可以转 3600 圈。

44. 质量标准规定，厚度为 1.2 ± 0.1 mm 的光盘是合格品。那就表示，厚度在 $1.1 \sim 1.3$ mm 的光盘都是合格的。

45. 经检测，某地空气中 SO_2 的体积百分比浓度上升到了 0.5%。

46. 在 Ba：Ti ＝ 1∶1，碱浓度 $c_{NaOH} ＝ 7.3$ mol/L，钛液浓度 $w_{Ti} ＝ 32.07\%$ 时，考察反应时间对产物纯度的影响。

47. 经常喝葡萄酒的小伙伴们，你们是否思考过一个问题：为什么市场上大多数葡萄酒都采用 750 ML 瓶装这个规格？

48. 经测定，某 Fe-Cr 合金中 Cr 含量为 $1\% \sim 5\%$。

49. 某田块呈三角形状，假设为 $\triangle ABC$，现测得 $AB ＝ BC ＝ 125$ m，$CA ＝ 145$ m，请计算其面积。

50. 经仪器测量，某电厂除尘器进口处的粉尘质量浓度达 36 g/Nm^3。

第十一章

文献注释规范

　　注释，是对书籍或文章的语汇、内容、背景、引文做介绍、评议的文字。注释有利于读者了解相关内容的背景，以及内容的出处，是内容不可或缺的组成部分。

　　语言实践中，注释使用比较普遍，特别是著作或论文中，经常会遇到使用各种注释的情况。

　　在这里，我们主要讨论引证文献和参考文献的注释格式。

第一节　文献注释的种类

　　注释一般有三种形式：注释内容直接排印于正文中引用内容后面的称为"夹注"；在正文中引用内容后做标记，然后注释内容排印于书本当页地脚的称为"脚注"；注释内容统一排印于文章末尾的称为"文后注"。

　　这里，文献的注释种类也有三种，即夹注、脚注和文后注。注释的文献分引证文献和参考文献。引证文献是写作中局部引用内容的注释，表明所引用内容的出处；参考文献是写作中整体引用或参考的文献，包括引证文献。

一、夹注

　　夹注又叫"文中注""段中注"或"行中注"。夹注是书籍、文章的一种注解形式，见图 11.1-1。

　　中国古籍多用夹注。在古代，刻书采用竖排，夹注大多是双行并夹于正文中间，我们称为"双行夹注"。双行夹注中，夹注的字形要比正文细小。

图 11.1-1　夹注示例

　　随着印刷业的发展，特别是横排印刷的流行，夹注的形式也有了变化。现在，夹注直接使用括号紧跟被注释内容的形式。

对于引证文献的注释，我们不推荐使用夹注这一方式，一方面引证文献注释多使用脚注形式，另一方面没有具体可用于参照的文献夹注规范。当然，根据《中国社会科学》的注释规则，常用经典著作的注释可以使用夹注方式。

二、脚注

脚注，又称为"页下注""面末注"，是为避免在正文中使用注释影响阅读而设计的一种注释格式。

脚注主要分两部分：第一部分是正文中的注释标记序号，也有人称之为"注序"；第二部分是注文。注序一般使用上标，序号多用加圆圈数码（如①②③和❶❷❸），以达到醒目的效果。注序不使用不加圈数字，因为不加圈数字排成上标，看起来很小，在正文中不够醒目，阅读时容易漏过；也不使用［1］、［2］等形式，以免和参考文献的序码相混淆。

注文中的序号格式，目前有两种：一种是使用上标，另一种是使用脚注正文格式。下面给出两种格式的直观形式，以做比较。

使用上标格式：

①赵景深：《文坛忆旧》，上海：北新书局，1948 年，第 43 页。

使用脚注正文格式：

①赵景深：《文坛忆旧》，上海：北新书局，1948 年，第 43 页。

显然，使用脚注正文格式比较美观。从《中国社会科学》所刊载的文章来看，脚注里加圆圈的序号格式采用的是脚注正文格式，而不是上标格式。

脚注里，加圆圈的数码和脚注正文间空不空，以及注文转行用齐肩式还是顶格式，没有特别规定，实际使用时只需全文或全书统一就行。下面给出两种注文转行的例子。

转行齐肩式：

①郑思齐等：《公众诉求与城市环境管理》，《生态环境与保护》2013 年第 9 期。

②高崇明、张爱琴：《生物伦理学十五讲》，北京：北京大学出版社，2004 年，
　第 11—12 页。

转行顶格式：

①郑思齐等：《公众诉求与城市环境管理》，《生态环境与保护》2013 年第 9 期。

②高崇明、张爱琴：《生物伦理学十五讲》，北京：北京大学出版社，2004 年，
第 11—12 页。

引证文献主要采用脚注格式，而且有行业普遍认可的规范，即《中国社会科学》的注释规则。新出的《信息与文献　参考文献著录规则》（GB/T 7714—2015）已经删除原来标准名中的"文后"两字，即该标准也可用于文献的脚注格式，有些书刊的脚注已经采用 GB/T 7714—2015 来规范格式。

三、文后注

文后注，又称为"篇末注""尾注"，用于集中注释相关内容，或给出参考文献。

这里，我们主要介绍参考文献著录格式。

文后参考文献的著录格式有多种，主要分国内格式和国外格式。国内格式有专门的国家标准——《信息与文献　参考文献著录规则》（GB/T 7714—2015）。相对来说，《中国社会科学》的注释规则专用于脚注，且既不是国家标准也不是行业标准，因此建议不要用于文献的文后注。

参考文献的著录格式主要分正文中的引用和文后的著录格式，而且不同的著录格式有不同的规定。

本书将在后面的章节中，分别给出相应的详细格式。

第二节　《中国社会科学》的注释规则

《中国社会科学》的注释规则，是由中国社会科学杂志社制订的，非国家标准，主要用于规范引文注释。虽然该规则是为该杂志社所属《中国社会科学》《历史研究》和《中国社会科学内刊》等期刊制订，但考虑到目前脚注没有相应的国家标准，很多期刊把《中国社会科学》的注释规则当作脚注标准著录格式来用。

当然，也有一些期刊社和出版社在书刊出版时，把《信息与文献　参考文献著录规则》（GB/T 7714—2015）当作脚注的注释规范。脚注究竟应该使用《中国社会科学》的注释规则，还是参照使用参考文献的国家标准，业内没有定论。

这里介绍的注释规则出处是中国社会科学杂志社在网上发布的《关于引文注释的规定》，其网页最后修改日期为 2014 年 10 月 13 日，具体网址为 http://qk.cass.cn/zgshkx/tgxt/ywzs/，有兴趣的可以参考。

为了更好地理解这些注释规则，我们对原来的一些名称做了适当的修改。

一、注释的标注位置

《中国社会科学》的注释规则规定，引文注释放置于当页下，也就是引文注释的形式是面末注，或说脚注。从已发表的文章来看，该杂志社的期刊是不用文后注这一形式的，这和社会上的书刊既用脚注又用文后注是不一样的。

《中国社会科学》的注释规则还规定，注释序号用加圆圈的数码标识，就是用"①②……"的数码体系标识（也叫圈码），每页单独排序。正文中的注释序号统一置于包含引文的句子（有时候也可能是词或词组）或段落标点符号之后。

需要注意的是，目前 Indesign 排版系统的脚注无法使用加圆圈的数码标识，除非加特定的插件。因此，排版时要合理选择排版系统。

二、注释的标注格式

这里，给出常见文献的标注格式。

（一）非连续出版物的标注格式

非连续出版物是相对连续出版物而言的，这里专指图书、文集汇编、会议论文集等文献。

1. 图书的标注格式

标注格式：

> 责任者与责任方式：《图书名》其他版本信息，译者译，出版地点：出版者，
> 出版年份，页码。

说明： 其一，责任方式为著时，"著"可省略，其他责任方式不可省略，如主编、编、编著、整理、口述等，都要标明。

其二，责任者和译者是多人的，虽规则没有给出范例，但相关刊物上的用例是名字间加顿号。至于多少人可以全列出，多少人必须用"等"字结束，"等"字前允许列出几人也没有规定，按行业规范，全书统一即可。建议多人情况下最多列出三名，后用"等"字结束。作者不明，用"佚名"表示。像《马克思恩格斯全集》《列宁全集》等经典著作，可以不署责任者和责任方式。

其三，其他版本信息指上下册或分卷号，以及增补本、修订版等。

其四，出版者如果是多家合作，用顿号并列。

其五，出版年份不详，用"［出版时间不详］"表示。

其六，页码是指引用内容所在的页码，连续页码连接符号网上原规则比较乱，但《中国社会科学》实例使用的是一字线，这里全用一字线。

其七，这里的标点，中文文献用中文标点，英文文献用英文标点。

其八，文献注释格式不受"在一个句子中冒号只能用一个"的规定限制。

只是，《中国社会科学》的注释规则对于其他版本信息的处理方式不是很统一，如：

> 《中国哲学发展史（先秦卷）》
> 《晚清洋务运动事类汇钞五十七种》上册
> 《马克思恩格斯全集》第31卷
> 《傅雷家书》（增补本）

示例：

白先同主编：《德育新观念》，桂林：广西师范大学出版社，2000年，第175页。

高崇明、张爱琴：《生物伦理学十五讲》，北京：北京大学出版社，2004年，第11—12页。

任继愈主编：《中国哲学发展史（先秦卷）》，北京：人民出版社，1983年，第25页。

福斯特：《生态危机与资本主义》，耿建新、宋兴无译，上海：上海译文出版社，2006年，第32—33页。

金冲及主编：《周恩来传》，北京：人民出版社、中央文献出版社，1989年，第9页。

佚名：《晚清洋务运动事类汇钞五十七种》上册，北京：全国图书馆文献缩微复制中心，1998年，第56页。

狄葆贤：《平等阁笔记》，上海：有正书局，［出版时间不详］，第8页。

《马克思恩格斯文集》第1卷，北京：人民出版社，2009年，第209页。

2. 析出文献的标注格式

析出文献是指个人文集或多人论文集中的一个文献著录单元，比如《鲁迅全集》中

的《阿Q正传》，《全球化与后殖民批评》一书中的《走向新世界主义》。

标注格式：

> 责任者：《析出文献题名》，文集责任者与责任方式：《论文集名》其他版本
> 信息，出版地点：出版者，出版时间，页码。

说明： 文集责任者与析出文献责任者相同时，可省去文集责任者。

示例：

马克思：《关于〈工资、价格和利润〉的报告札记》，《马克思恩格斯全集》第44卷，北京：人民出版社，1982年，第505页。

陈晋镳、张惠民、朱士兴等：《蓟县震旦亚界的研究》，中国地质科学院天津地质矿产研究所主编：《中国震旦亚界》，天津：天津科学技术出版社，1980年，第56—114页。

唐振常：《师承与变法》，《识史集》，上海：上海古籍出版社，1997年，第65页。

3. 序言、引论、前言、后记的标注格式

这里，是指图书或论文集中的相关序言、引论、前言、后记的标注格式。序言、引论、前言和后记，在图书中也称为附件，这里我们用附件表示。

标注格式一（附件作者就是图书作者或论文集主编）：

> 责任者：《图书名或论文集名》其他版本信息，出版地点：出版者，出版时间，
> "附件名"，页码。

标注格式二（附件有单独题名）：

> 附件责任者：《附件题名》，图书或论文集责任者与责任方式：《图书名或论
> 文集名》其他版本信息，出版地点：出版者，出版时间，页码。

说明： 标注格式二中，如果附件责任者就是图书或论文集责任者，"图书或论文集责任者与责任方式："可以略去。

需要说明的是，《中国社会科学》的注释规则没有给出附件作者不是图书作者，也不是论文集主编，而且附件没有单独题名的标注格式，而是使用一个具体的例子来说明的，见示例最后一个。

示例：

李鹏程：《当代文化哲学沉思》，北京：人民出版社，1994年，"序言"，第1页。

楼适夷：《读家书，想傅雷（代序）》，傅敏编：《傅雷家书》（增补本），北京：三联书店，1988年，第2页。

黄仁宇：《为什么称为"中国大历史"？——中文版自序》，《中国大历史》，北京：三联书店，1997年，第2页。

责任者层次关系复杂时，可以通过叙述表明对序言的引证。为了表述紧凑和语气连贯，责任者与文献题名之间的冒号可省去，出版信息可括注起来。例如：

见戴逸为北京市宣武区档案馆编、王灿炽纂《北京安徽会馆志稿》（北京：北京燕山出版社，2001年）所作的序，第2页。

4. 古籍的标注格式

古籍种类众多，出版形式也各异，其标注没有统一的格式，这里不一一介绍。

（二）连续出版物的标注格式

1. 期刊

标注格式：

责任者：《文献题名》，《期刊名》（期刊其他信息）年期（或卷期，出版年月）。

说明：其一，期刊其他信息包括不同的版别，比如《浙江大学学报》有理学版、工学版、农业与生命科学版、医学版、人文社会科学版、英文版等版。其人文社会科学版就表示为"《浙江大学学报》（人文社会科学版）"。

其二，刊名与其他期刊相同时，也可括注出版地点，附于刊名后，以示区别，如"《社会科学》（兰州）"。

注意，期刊名和年期之间没有逗号。

示例：

尚勇、梁成华：《农用地征地补偿中的物权处置》，《乡镇经济》2006年第3期。

汪疑今：《江苏的小农及其副业》，《中国经济》第4卷第6期，1936年6月15日。

魏丽英：《论近代西北人口波动的若干主要原因》，《社会科学》（兰州）1990年第6期。

费成康：《葡萄牙人如何进入澳门问题辨证》，《社会科学》（上海）1999年第9期。

董一沙：《回忆父亲董希文》，《传记文学》（北京）2001年第3期。

李济：《创办史语所与支持安阳考古工作的贡献》，《传记文学》（台北）第28卷第1期，1976年1月。

陈菲琼、钟芳芳、陈珧：《中国对外直接投资与技术创新研究》，《浙江大学学报》（人文社会科学版）2013年第4期。

2. 报纸

标注格式：

责任者：《篇名》，《报纸名称》（报纸其他信息）出版年月日，版次。

说明：其一，责任者不明，可以不署责任者。

其二，责任者使用笔名，而且知道其真名，真名可加括号附于责任者后。

其三，同名报纸应标示出版地点以示区别。

其四，报纸无版次时，可标识卷册期、时间或栏目及页码，标识卷册和时间之间加逗号。

示例：

靳万军、付广军：《地方财政收入中税收所占比重不断下降》，《中国税务报》2010年8月25日，第5版。

伤心人（麦孟华）：《说奴隶》，《清议报》第69册，光绪二十六年十一月二十一日，第1页。

《四川会议厅暂行章程》，《广益丛报》第8卷第19期，1910年9月3日，"新章"，第1—2页。

《上海各路商界总联合会致外交部电》，《民国日报》（上海）1925年8月14日，第4版。

《西南中委反对在宁召开五全会》，《民国日报》（广州）1933 年 8 月 11 日，第 1 张第 4 版。

（三）未刊文献的标注格式

1. 学位论文、会议论文

标注格式：

> 责任者：《文献题名》，论文性质，地点或学校，文献形成时间，页码。

说明： 论文性质指是学位论文或是会议论文。

示例：

蓝宇蕴：《都市里的村庄——关于一个"新村社共同体"的实地研究》，博士学位论文，中国社会科学院研究生院，2003 年，第 15 页。

吕靖、刘仁涌：《高等学校主办的学术期刊应在期刊数字出版中有所作为》，中国高等学校自然科学学报研究会第 12 次年会，武夷山，2008 年 11 月，第 79 页。

2. 手稿、档案

标注格式：

> 《文献标题》，文献形成时间，卷宗号或其他编号，收藏机构或单位。

示例：

《傅良佐致国务院电》，1917 年 9 月 15 日，北洋档案 1011—5961，中国第二历史档案馆藏。

《党外人士座谈会记录》，1950 年 7 月，李劼人档案，中共四川省委统战部档案室藏。

（四）转引文献的标注格式

转引在出版业是颇有争议的，因为严谨的科学研究要求研究人员只引用原始文献。但明知存在原始文献，只是无法获得原始文献，还追求研究的严谨作风不注释文献出处，无视原始文献的存在事实，这也不是实事求是的态度。

标注格式：

> 责任者：《原文献题名》原文献其他版本信息，转引自转引文献。

说明： 其一，"原文献其他版本信息"指哪些，原规则没有说明，示例中仅给出原文献发表的时间。

其二，转引文献可以是图书，也可以是期刊或报纸，实际使用中要按具体文献的标注格式表示，如示例中后面部分就是图书的标注格式。

示例：

章太炎：《在长沙晨光学校演说》，1925 年 10 月，转引自汤志钧：《章太炎年谱长编》下册，北京：中华书局，1979 年，第 823 页。

（五）电子文献的标注格式

电子文献包括以数码方式记录的所有文献（含以胶片、磁带等介质记录的电影、录像、录音等音像文献）。原规则只给出网上电子文献的标注格式，非网上电子文献的标注格式并未明确。

标注格式：

> 责任者：《网上电子文献题名》，更新或修改日期，获取和访问路径，引用日期。

说明：其一，如果文献是来自网上电子期刊，"更新或修改日期"用期刊的"期刊名＋年期"标注。这里，原规则没有给出报纸的网上文献版，只能说明报纸的文章还是标注成报纸格式，不允许用网上电子文献的格式。

其二，日期用"年月日"的格式标注。

示例：

王明亮：《关于中国学术期刊标准化数据库系统工程的进展》，1998 年 8 月 16 日，http://www.cajcd.edu.cn/pub/wml.txt/980810-2.html，1998 年 10 月 4 日。

扬之水：《两宋茶诗与茶事》，《文学遗产通讯》（网络版试刊）2006 年第 1 期，http://www.literature.org.cn/Article.asp?ID=199，2007 年 9 月 13 日。

（六）英文文献的标注格式

《中国社会科学》的注释规则里，还规定了引证英文文献的标注格式。引证英文文献，原则上使用该语种通行的引证标注方式。其实，国外英文文献引证标注格式有很多，注释规则没有说明是按哪种标注，但看起来有点像芝加哥注释体系，又不完全像。

1. 英文图书

标注格式：

责任者与责任方式，文献题名，出版地点：出版者，出版时间，页码．

说明：其一，文献题名用斜体表示，即使是数字。

其二，英文标注格式里标点都使用英文标点，不用中文标点，下同。

其三，单个页码用数字前加"p."的格式，多个页码则用"pp."。引证内容涉及多个页码时，如果是连续页码，用"起始页码－终止页码"；如果不是连续页码，要列举所有有引证内容的页码，页码间用逗号分隔。这里，p 用小写，下同。

示例：

Michael Pollan, *The Omnivore's Dilemma*: *A Natural History of Four Meals*, New York: Penguin, 2006, pp.99–100.

Geoffrey C. Ward and Ken Burns, *The War*: *An Intimate History, 1941–1945*, New York: Knopf, 2007, p.52.

2. 译著

标注格式：

责任者，文献题名，trans. 译者，出版地点：出版者，出版时间，页码．

示例：

Gabriel García Márquez, *Love in the Time of Cholera*, trans. Edith Grossman, London: Cape, 1988, pp.242–255.

3. 期刊析出文献

标注格式：

责任者，"析出文献题名，"期刊名，卷册及出版时间，页码．

说明：其一，析出文献题名用英文双引号标记。

其二，期刊名用斜体。

示例：

Joshua I. Weinstein, "The Market in Plato's Republic," *Classical Philology*, vol. 104 (2009), pp.439–458.

4. 文集析出文献

标注格式：

> 责任者，"析出文献题名．" in 编者，责任方式，文集题名，出版地点：出版者，
> 出版时间，页码．

说明：其一，析出文献要用英语双引号标记。

其二，单人主编，责任方式为 ed.；多人合编，责任方式为 eds.。

其三，文集题名用斜体。

示例：

John D. Kelly, "Seeing Red: Mao Fetishism, Pax Americana, and the Moral Economy of War." in John D. Kelly, Beatrice Jauregui, Sean T. Mitchell, and Jeremy Walton, eds., *Anthropology and Global Counterinsurgency*, Chicago: University of Chicago Press, 2010, pp. 67–83.

5. 档案文献

标注格式：

> 文献标题，文献形成时间，卷宗号或其他编号，藏所．

说明：按理，文献标题应该用斜体，但原规则示例用的是正体。

示例：

Nixon to Kissinger, February 1, 1969, Box 1032, NSC Files, Nixon Presidential Material Project (NPMP), National Archives II, College Park, MD.

（七）注释的附加说明

1. 再次引证时的项目简化

同一文献再次引证时，注释格式可以进行简化，出版信息可以省略。

标注格式：

> 责任者：《文献题名》，页码。

说明：原规则是为该杂志社的所属期刊制定的，对于期刊文章，内容之间相距都不会很远，再次引证做简化处理是可以的。

对于图书，前后相距可能较远，如果也这样处理，可能不方便读者。因此，图书中做简化处理最好有自己的使用标准，比如同页注释，前后页注释，或者同章注释，等等。不然，随便简化处理会造成读者阅读的不便。

示例：

徐朝旭：《中国古代科技伦理理想》，第 252 页。

《马克思恩格斯文集》第 1 卷，第 209 页。

2. 间接引文的标注

间接引文通常以"参见"或"详见"等引领词引导，反映出与正文行文的呼应，标注时应注出具体参考引证的起止页码或章节。

间接引文的标注项目、顺序与格式同直接引文。

示例：

参见刘宗贤、谢祥皓：《中国儒学》，成都：四川人民出版社，1998年，第50—52页。

详见张超：《追寻古希腊哲学》，厦门：厦门大学出版社，2009年，第三章。

3. 引用先秦诸子等常用经典古籍的标注

此时，可使用夹注，但夹注应使用不同于正文的字体。不过，没有规定必须使用哪种字体，只要是不同的字体就可以。另外，先秦诸子可以用，其他古籍能不能用，原规则并没有说明。一般理解，只要是常见经典古籍就可以使用夹注。

至于经典古籍的题名格式，规则里没有规定，示例中采用的是"作品名·篇名"。

示例：

孟子认为，人与其他生物没有什么大的差异，"人之所以异于禽兽者几希"（《孟子·离娄下》）。

荀子说："水火有气而无生，草木有生而无知，禽兽有知而无义，人有气、有生、有知，亦且有义，故最为天下贵也。"（《荀子·王制》）

第三节 参考文献著录规则

参考文献分引文参考文献和阅读型参考文献两类。

引文参考文献是指著者为撰写内容而引用的信息资源，这里突出"引用"，表明著者撰写的内容里引用了其他人的内容。阅读型参考文献是指著者为撰写内容而阅读过的信息资源，或者著者提供给读者进一步阅读的信息资源，这里突出"阅读"。

本节所讲参考文献著录规则，参照国家标准《信息与文献　参考文献著录规则》（GB/T 7714—2015）编写而成。

一、文献类型和标识代码

文献类型	标识代码	文献类型	标识代码
普通图书	M	会议录	C
汇编	G	报纸	N
期刊	J	学位论文	D
报告	R	标准	S
专利	P	数据库	DB
计算机程序	CP	电子公告	EB
档案	A	舆图	CM
数据集	DS	其他	Z

二、电子资源载体和标识代码

载体类型	标识代码	载体类型	标识代码
磁带	MT	磁盘	DK
光盘	CD	联机网络	OL

三、著录项的具体规则

（一）著录用文字规则

著录用文字规则有：其一，原则上使用信息资源本身的语言文字，但中文的繁体字要改成简体字；其二，必要时可以使用双语著录，其中原语言著录在前，翻译文著录在后，两者另起行排版。

至于数字，在著录时要保持信息资源的原有形式，但涉及卷期号、页码、出版年、版次等要改用阿拉伯数字，外文书的版次用序数词的缩写形式表示（如 3rd ed.）。

（二）作者著录规则

1. 单个作者

个人著者采用姓在前、名在后的著录形式。欧美著者的姓要全大写。欧美著者的名可以用缩写字母，缩写名后省略缩写点。

欧美著者的中译名只著录其姓；同姓不同名的欧美著者，其中译名不仅要著录其姓，还需著录其名的首字母。外国著者不加国别。用汉语拼音书写的中国著者姓名，姓要全大写，其名可以缩写，也可以不缩写。名缩写时，取每个汉字拼音的首字母。中国著者不加朝代。

示例：

刘东

爱因斯坦

史密斯　P　W

BUSH G

WANG Daming

WANG D M

2. 多个作者

著作方式相同的责任者不超过 3 个时，全部照录。超过 3 个时，只著录前 3 个责任者，其后加"，等"，英语用"，et al"表示。

示例：

李培林, 张翼, 赵延东, 等

ZHAO D, FENG J, HUO Q, et al

3. 作者不明

无责任者或者责任者情况不明的文献，"主要责任者"项应注明"佚名"或与之相应的词，英语用"Anon"表示。采用顺序编码制组织的参考文献可省略作者项，直接著录题名。

4. 机关团体作者

机关团体作者，中文按原文献署名著录；英语由上至下分级著录，分级之间用句点，如：

中国科学院心理研究所

Tulane University. Department of Mathematics

（三）题名著录规则

题名是指文献名，包括书名、刊名、报纸名、专利名、标准名、档案名、学位论文名等。

题名著录规则有：其一，直接著录原文献题名；其二，同一责任者的多个合订题名，只著录前三个，题名间用分号；其三，不同责任者的多个合订题名，可以只著录第一个或处于显要位置的合订题名；其四，像副题名，说明题名文字，多卷书的分卷名、卷次、册次（这里，中文数字要改用阿拉伯数字），专利号，报告号，标准号等其他题名信息，用冒号和题名分隔，多个其他题名信息间用一个汉字空格分隔；其五，外文期刊名的缩写要参照 ISO 4: 1997（Information and Documentation: Rules for the abbreviation of title words and titles of publications）执行，相关内容参见国外文献著录章节；其六，标准没有给出外文题名中的字母大小写规则，一般题名第一个词的首字母要大写，专业名词按规定使用大小写，其他可以统一使用小写。

以下题名著录是符合规则的：

为人民服务；纪念白求恩；愚公移山

中国大百科全书：环境科学

21 世纪小小百科：科技卷

中国科学：A 辑 数学；物理学；天文学

北京师范大学学报（自然科学版）

南怀瑾选集：第 2 卷 老子他说；孟子旁通

信息与文献 参考文献著录规则：GB/T 7714—2015

How tablets are shaping the future of reading: e-only

Natl Cancer Inst Res Rep

Jpn J Ophthalmol

这里，分辑或分卷题名，标准只举了单个题名的例子，没有给出多个题名分隔的例子。显然，分辑与题名间要用空格，而多个题名间我们认为要参照多个合订题名的情况处理，使用分号分隔。让人糊涂的是，原标准中"北京师范大学学报（自然科学版）"用括号，和"中国科学：D 辑　地球科学"用冒号的例子冲突。

（四）版本著录规则

版本著录规则有：其一，第 1 版不著录，其他版要著录；其二，原版版次不管使用汉字数字还是阿拉伯数字表示，著录时都要用阿拉伯数字表示；其三，表示第几版时，"第"字要省略，但第几卷的"第"字不省略（不是版本信息，不受此规则限制）；其四，英语版本用缩写，如 Rev. 表示 Revised，ed. 表示 edition，6th 表示 Sixth 等。

以下的版本著录是符合规则的：

2 版

新 1 版

抄本

6th ed.

Rev. ed.

（五）出版地著录规则

出版地指出版者所在的城市名，其著录规则有：其一，对于同名异地的情况，城市名后要加省名、州名或国家名等限定语；其二，出版地多于一个城市，只著录第一个或处于显要位置的出版地；其三，无出版地或者出版地不明的，中文用"出版地不详"，外文用"S.l."（*Sine loco*，拉丁文，意思是"出版地不详"），并置于方括号内；其四，无出版地的电子资源可以省略此项。

下面的出版地著录是符合规则的：

Oxford, U.K.

Oxford, Ohio

Springer: Berlin

［出版地不详］：三户图书刊行社

[S.l.]: MacMillan

（六）出版者著录规则

出版者的著录规则有：其一，要按著录信息源所载的形式著录，也可以按国际公认的简化形式或缩写形式著录（一般是国外出版者），如 IDG（International Data Group，中文为"美国国际数据集团"）；其二，多个出版者，只著录第一个或处于显要位置的那个；其三，无出版者或出版者不明的，中文用"出版者不详"，外文用"s.n."（*Sine nomine*，拉丁文，意思是"出版者不详"），并置于方括号内；其四，无出版者的电子资源可以省略此项。

下面的出版者著录是符合规则的：

北京：商务印书馆

上海：［出版者不详］

New York: [s.n.]

需要注意的是，出版者的缩略要按国际公认的简化形式或缩写形式著录，没有规定国内出版社也可以缩略，所以国内的出版社不要使用缩写形式，特别是科技（全称是科学技术）、社科（全称是社会科学）、少儿（全称是少年儿童）等出版社，要使用相关出版社的全称。

（七）出版日期著录规则

出版日期的著录规则有：其一，采用公元纪年，并用阿拉伯数字；其二，其他纪年形式置于圆括号内，作为公元纪年阿拉伯数字的夹注，如 1937（民国二十六年）；其三，报纸的出版日期使用 YYYY-MM-DD 格式，参见数字用法相关章节；其四，出版年无法确定的，可依次使用版权年（年份前加 c）、印刷年（年份后加"印刷"，"印刷"前空半个汉字的位置）或估计的出版年（年份放方括号内），如：

版权年：c1990

印刷年：1990 印刷

估计的出版年：［1990］

（八）页码著录规则

页码的著录规则有：其一，文献涉及的页码用阿拉伯数字表示；其二，如果不是引用具体内容，而是参考全书内容，可以省略页码；其三，引自序、引言、前言等不纳入总页码的内容，按实际情况著录，一般是这些名称后直接加页码，如：

序 1

第 3 版序 2-3

第 2 版说明 2

前言 4

扉页

版权页

需要说明的是，对于起讫页码，标准规定使用半字线，这和《出版物上数字用法》（GB/T 15835—2011）有关页码范围的表示不一致。为此，参与标准制定的陈浩元曾经在《编辑学报》发文解释，参考文献著录使用的标志符号移植了我们常用的标点符号，但其功能和使用方法与传统的标点符号不同，不能从标点符号使用的角度去解读。虽然这种解释很牵强，起讫页码间的连接，我们还是按标准规定使用半字线。

（九）数字对象唯一标识符著录规则

有数字对象唯一标识符的文献，如果获取和访问路径中已经含有数字对象唯一标识符，可省略数字对象唯一标识符的著录。不然，可依原文如实著录数字对象唯一标识符。

四、常见文献著录格式

文献著录格式中，有一些共性规则：其一，文献著录格式中虽然没有特别规定标点使用式样，但示例给出的都是半角标点；其二，句末规定需要加句点，虽然标点符号用法里已经取消句点的使用。

下面，按图书、图书中析出文献、期刊文章、报纸文章、学位论文、科技报告、专利文献和电子文献等种类分别介绍著录格式。

（一）图书的著录格式

著录格式：

> 主要责任者.题名：其他题名信息［文献类型标识／文献载体标识］.其他责任者.版本项.出版地：出版者,出版年：引文页码［引用日期］.获取和访问路径.数字对象唯一标识符.

说明：非电子文献，可以省略"引文页码"后的各项（下同）。

示例：

［1］陈相强.西湖之谜［M］.杭州：杭州出版社，2006：153-154.

［2］科恩，伊洛特.让世界为我打工［M］.陈劲，等，译.北京：机械工业出版社，2010.

［3］中华人民共和国国家质量监督检验检疫总局.城市污水再生利用　分类：GB/T 18919—2002［S］.北京：中国标准出版社，2002.

［4］上海市书法家协会.海派书法国际研讨会论文集［C］.上海：上海书画出版社，2008.

［5］李贤军.木材微波真空干燥特性及其热质迁移机理［M］.北京：中国环境科学

出版社，2009.

[6] 王夫之. 宋论 [M]. 刻本. 金陵：湘乡曾国荃，1865（清同治四年）.

[7] STRACHAN T, READ A P. Human Molecular Genetics[M]. 2nd ed. New York: Wiley-Liss, 1999.

[8] MIURA N, ANDO T. Proceedings of the 25th International Conference on the Physics of Semiconductors Part I, Osaka, Japan, September 17-22, 2000[C]. Heidelberg: Springer, 2001.

（二）图书中析出文献的著录格式

图书中析出的文献，指图书中收录的一篇文章。

著录格式：

> 析出文献主要责任者. 析出文献题名［文献类型标识／文献载体标识］. 析出文献其他责任者∥专著主要责任者. 专著题名：其他题名信息. 版本项. 出版地：出版者，出版年：析出文献的页码［引用日期］. 获取和访问路径. 数字对象唯一标识符.

示例：

[1] 陈晋镳，张惠敏，朱士兴，等. 蓟县震旦亚界研究［M］∥中国地质科学院天津地质矿产研究所. 中国震旦亚界. 天津：天津科学技术出版社，1980：56-114.

[2] 马克思. 关于《工资、价格和利润》的报告札记［M］∥马克思，恩格斯. 马克思恩格斯全集：第 44 卷. 北京：人民出版社，1982：505.

[3] 钟文发. 非线性规划在可燃毒物配置中的应用［C］∥赵玮. 运筹学的理论与应用：中国运筹学会第五届大会论文集. 西安：西安电子科技大学出版社，1996：468-471.

[4] WEINSTEIN L, SWERTZ M N. Pathogenic properties of invading microorganism [M]//SODEMAN W A, Jr., SODEMAN W A. Pathologic physiology: mechanisms of disease. Philadelphia: Saunders, 1974:745-772.

（三）期刊文章的著录格式

著录格式：

> 主要责任者. 文献题名［文献类型标识／文献载体标识］. 期刊名：其他题名信息，年，卷（期）：页码［引用日期］. 获取和访问路径. 数字对象唯一标识符.

示例：

[1] 尚勇，梁成华. 农用地征地补偿中的物权处置［J］. 乡镇经济，2006（3）：62-64.

[2] 陈菲琼，钟芳芳，陈珧. 中国对外直接投资与技术创新研究［J］. 浙江大学学报（人文社会科学版），2013，43（4）：170-181.

[3] ZHAO D, FENG J, HUO Q, et al. Triblock Copolymer Syntheses of Mesoporous Silica with Periodic 50 to 300 Angstrom Pores[J]. Science, 1998, 279（5350）：548-552.

需要说明的是，按著录格式，其他题名信息前是用冒号的，旧版标准也是用冒号的。新版标准却不再把大学学报的分刊归为其他题名信息，而是算在题名里了，让人费解。

（四）报纸文章的著录格式

著录格式：

> 主要责任者．文献题名［文献类型标识／文献载体标识］．报纸名：其他题名信
> 息，出版日期（版次）［引用日期］．获取和访问路径．数字对象唯一标识符．

示例：

［1］施世潮，夏晓腊．居无定所 蜗居生活［N］．温州商报，2010-11-17（4）．

［2］靳万军，付广军．地方财政收入中税收所占比重不断下降［N/OL］．中国税务报，2010-08-25（5）［2010-09-12］.http://www.nbzy.com/article.aspx?article_dm=66603&article_id=0000023528.

（五）学位论文的著录格式

著录格式：

> 著者．题名［文献类型标识／文献载体标识］．保存地点：保存单位，年份［引
> 用日期］．获取和访问路径．数字对象唯一标识符．

示例：

［1］陈金梅．氟石膏生产早强快硬水泥的试验研究［D］．西安：西安建筑科技大学，2000.

［2］蓝宇蕴．都市里的村庄——关于一个"新村社共同体"的实地研究［D］．北京：中国社会科学院研究生院，2003.

（六）科技报告的著录格式

著录格式：

> 主要责任者．文献题名［文献类型标识／文献载体标识］．报告地：报告会主
> 办单位，年份［引用日期］．获取和访问路径．数字对象唯一标识符．

示例：

［1］冯西桥．核反应堆压力容器的 LBB 分析［R］．北京：清华大学核能技术设计研究院，1997.

［2］ World Health Organization. Control of Hereditary Diseases: Report of a WHO Scientific Group［R］. Geneva: WHO, 1996.

（七）专利文献的著录格式

著录格式：

> 专利申请者或所有者．专利题名：专利号［文献类型标识／文献载体标识］．公
> 告日期或公开日期［引用日期］．获取和访问路径．数字对象唯一标识符．

说明： 2005 年标准中的专利国别项，2015 年标准中已经删除。

示例：

［1］李学俊，曾中炜，易伟春，等．工程机械以及控制工程机械的机械臂的遥控器：201120248579.5［P］. 2012-04-25.

［2］MILLER D J, SILVER H, FREISTHLER A. Point of law search system and method: US 7689546［P］.2012-03-29.

（八）电子文献的著录格式

著录格式：

　　主要责任者．题名：其他题名信息［文献类型标识／文献载体标识］．出版地：
　　　　出版者，出版年：引文页码（更新或修改日期）［引用日期］．获取和访问
　　　　路径．数字对象唯一标识符．

示例：

［1］周廷军．关于创办《Q·K》杂志的可行性报告［EB/OL］.(2007-04-25)［2013-07-21］.http://home.donews.com/donews/article/1/113397.html.

［2］WOOD F, STONE P. What women want［EB/OL］. (2011-09-23)［2013-07-21］. http://www.thebookseller.com/feature/what-women-want.html.

五、参考文献表的著录规定

参考文献表就是参考文献列表，指参考文献以某种形式集中排列在一起。参考文献表的著录规定，主要分为顺序编码制和著者－出版年制两种。

参考文献表可以按顺序编码制组织，也可以按著者－出版年制组织。引文参考文献既可以集中著录在文后或书末，也可以分散著录在页下；阅读型参考文献集中著录在文后，或书的章节末，或书末。

（一）顺序编码制

所谓顺序编码制，就是按正文中引用的文献出现的先后顺序连续编码，并将序号置于方括号中的参考文献标注方法。显然，这样排列的次序，完全决定于参考文献在正文中引用的先后顺序，因此，这是引文参考文献的组织方式。

下面是一个顺序编码制的参考文献表实例（期刊部分）。

［1］邱仁宗．生命伦理学：一门新学科［J］.求是，2004(3)：42-44.

［2］刘奇葆．树立与科学发展观相适应的正确政绩观［J］.求是，2005(17)：36-38.

［3］王新程．切实解决环境执法难问题［J］.求是，2006(18)：57.

［4］李铁映．发展必须节约 节约才能发展［J］.求是，2007(4)：14-19.

［5］杨明．浅谈如何加强预算外资金支出管理［J］.时代财会，2002(6)：45-46.

［6］李钢．走出"代价—发展—代价"的怪圈［J］.求是，2007(5)：63.

［7］左学金.21世纪中国人口再展望［J］.新华文摘，2013(2)：13-15.

［8］刘娜．袁熙坤：艺术的宠儿，环保的殉道者［J］.新华文摘，2013(9)：103-104.

［9］王谦．重塑敬畏之心［J］.时事资料手册，2013(5)：1.

［10］夏光．进一步加强党对环境保护的政治领导力［J］.环境与可持续发展，2011(4)：1.

［11］夏光．环境保护的第三重使命［J］.环境与可持续发展，2011(5)：1.

需要说明的是，参考文献表中的参考文献编号在标准里没有明确规定格式，但示例中使用的是阿拉伯数字加方括号的编号形式，这与正文引用处的标注格式是一致的。很难想象，正文中是"参阅［1］"（标准中明确规定正文中引用序号使用数字加方括号的形式），而文后参考文献表用的是"1."。所以，参考文献的编号建议使用阿拉伯数字

加方括号的形式。

（二）著者－出版年制

所谓著者－出版年制，就是参考文献先按著者排序，相同著者的文献再按出版年份排序的一种文献组织方式。在这种参考文献组织方式中，没有像顺序编码制那样的编号。为了方便正文中的引用标注，在这种参考文献列表方法中，"出版年"要移到文献题名前。

著者－出版年制中，参考文献是按文种分开排列，同一文种的，按著者的拼音序或字母序排列，也有的是按著者的字顺或者笔画笔顺排列。同一著者的文献，按发表年份先后排序；同一著者同一年份发表的文献，年份后加英语小写字母排序，如2012a，2012b，2012c。

作为示例，这里把前面示例的顺序编码制参考文献表转化为著者－出版年制参考文献表，以方便比较。

李钢，2007. 走出"代价—发展—代价"的怪圈 [J]. 求是 (5)：63.

李铁映，2007. 发展必须节约 节约才能发展 [J]. 求是 (4)：14-19.

刘娜，2013. 袁熙坤：艺术的宠儿，环保的殉道者 [J]. 新华文摘 (9)：103-104.

刘奇葆，2005. 树立与科学发展观相适应的正确政绩观 [J]. 求是 (17)：36-38.

邱仁宗，2004. 生命伦理学：一门新学科 [J]. 求是 (3)：42-44.

王谦，2013. 重塑敬畏之心 [J]. 时事资料手册 (5)：1.

王新程，2006. 切实解决环境执法难问题 [J]. 求是 (18)：57.

夏光，2011a. 进一步加强党对环境保护的政治领导力 [J]. 环境与可持续发展 (4)：1.

夏光，2011b. 环境保护的第三重使命 [J]. 环境与可持续发展 (5)：1.

杨明，2002. 浅谈如何加强预算外资金支出管理 [J]. 时代财会 (6)：45-46.

左学金，2013. 21世纪中国人口再展望 [J]. 新华文摘 (2)：13-15.

转化的要点，就是去掉顺序编码制中的参考文献排序编号，然后把"，出版年"移至文献题名前。

（三）阅读型参考文献的列表方法讨论

阅读型参考文献是指著者为撰写内容而阅读过的信息资源，或者著者提供给读者进一步阅读的信息资源。其与引文参考文献的不同之处，是阅读型参考文献在正文中没有引用标注。

现行参考文献相关标准中，没有给出阅读型参考文献的规定排序方法，这就给实际编辑工作带来困难。显然，顺序编码制不适合阅读型参考文献的列表组织，而著者－出版年制也是为引文参考文献设计的，因为其有意把"出版年"移至文献题名前，以方便正文中引用标记。

事实是，阅读型参考文献的著录，本来就和引文参考文献有所区别。有的学者认为，阅读型参考文献是在学术研究过程中对某一著作或论文的整体的参考或借鉴，引文参考文献是用于注释引用内容的出处，两种文献是不同的，虽然有的引文参考文献也是阅读型参考文献。因此，阅读型参考文献的著录本来就无须考虑正文中的引用标注。

现实中，大多数图书的阅读型参考文献表是参照参考文献的相关标准，以单条文献的标准著录格式著录，然后根据参考文献的多少，来组织参考文献表：如果参考文献比较多，就按文献类型，如图书、期刊、报纸、学位论文、科技报告、专利文献和电子文献等分别排列，同种类型的文献再按著者名排序，相同著者的再按文献题名排序。如果文献较少，则直接按著者名排序，相同著者的再按文献题名排序。排序完，再统一编号。

下面，就是一个图书参考文献表例子，也是图书出版中常见的著录格式。

［1］李维．小学儿童教育心理学［M］．北京：高等教育出版社，1996．

［2］唐淑，孔起英．幼儿园语言和科学教育［M］．南京：南京师范大学出版社，2007．

［3］王晓玉．儿童文学引论［M］．北京：高等教育出版社，2009．

［4］汪潮．试论语文"新课堂"的构建［J］．小学语文教学，2004（12）：18-20．

［5］郑万瑜．小学语文课外活动指导［M］．长春：东北师范大学出版社，1999．

［6］周一贯．研究性阅读教学探索［M］．上海：上海教育出版社，2002．

［7］支玉恒．欣赏与评析［M］．北京：中国文联出版社，1999．

显然，这种参考文献表有编号，出版年也没有前移，这是和著者－出版年制的两点不同。

六、正文中文献引用的标注

正文中文献引用的标注和引文参考文献的著录制有关，有的还要考虑脚注和文后注的不同形式。

（一）顺序编码制的正文引用标注

参考文献使用顺序编码制时，其文献注释可以是脚注形式，也可以是文后注形式。脚注形式时，正文内直接使用"①②③"等圈码的上标形式标注在相关内容的后面，如：

……据某城市统计，噪音投诉占了各类环境投诉总和的80%以上。[①]

圈码最好是本页排序，特别是在文献比较多的情况下，圈码只能是本页排序，因为双位数或三位数的圈码排版是非常困难的。

文后注形式时，正文引用标注采用以下格式，直接用上标的形式标注在相关内容的后面：

……结束[文献编号]页码……

其中，文献编号可以是单篇的，也可以是连续多篇的，或者是分散多篇的。例如：

……据某城市统计，噪音投诉占了各类环境投诉总和的80%以上。[12]

……据某城市统计，噪音投诉占了各类环境投诉总和的80%以上。[3-7]

……据某城市统计，噪音投诉占了各类环境投诉总和的80%以上。[3,6,8]

格式中的页码，如果在正文中只引用一处，就无须标注，因为参考文献所给页码已经明确具体引用位置。如果同一文献引用多处，则要加页码以示所引用内容在原文献中的具体位置。这里，可以是单个页码（如［12］3），也可以是连续页码（如［12］3-4），或是分散页码（如［12］3，16）。

需要说明的是，标准中只给出简单的形式，对于［24］1，［27］84，［30］213-216的多篇文献共同引用，标注时是用逗号分隔还是不用逗号分隔，或采用其他形式，标准没有说明。实际使用时，只能先做全文统一的处理。

前面的脚注用例，在文后注形式中就是：

……据某城市统计，噪音投诉占了各类环境投诉总和的 80% 以上。[1]

如果同一文献引用多处，而且是使用脚注形式，则应著录所有参考文献。只是同一文献第一次标记的脚注要全，后面只需注释第一次出现的文献序号和引用页码。例如：

①黄寅 . 敲开生物学之门 [M]. 北京：中国青年出版社，2003：261-262.

②郑玉歆 . 土壤污染问题边缘化状态亟待改变 [J]. 生态环境与保护，2013(5):73.

③同② 74.

这里，圈码后要不要空格，没有硬性规定，但标准示例是加空格的。

（二）著者 - 出版年制的正文引用标注

参考文献使用著者 - 出版年制时，只能是文后注形式，其正文引用标注采用以下格式直接标注在相关内容的后面：

（责任者 , 出版年）^{页码}

其中，责任者只取第一人的姓，但中国人、日本人和韩国人仅使用姓无法区别人名，此时可以使用姓名。如果责任者是多人，英语在第一人的姓后加 et al.，中文在姓名后加"等"，"et al." 和"等"前都要适当留空。如果需要加标注的相关内容就是所引用文献的责任者，则格式中的"责任者，"必须删去，直接标注出版年，如：

邱仁宗（2004）……

同一责任者的文献出版年相同时，年份后加英语小写字母，如 2012a，2012b，2012c。

格式中的页码，参照顺序编码制处理。

相关内容出自多篇文献时，标准中没有给出规定格式。参照国外著者 - 出版年制的标注，可以使用以下格式：

（责任者 1，出版年；责任者 2，出版年……）

以下引用标注都是符合标准规定或业内规范的：

（左学金，2013）¹⁴

（夏光，2011b）

夏光（2011b）

（程晓红 等，2013）

（Kampschulte et al., 2001）

（Kampschulte et al., 2001; Hurtgen et al., 2002, 2004; Kah et al., 2004）

第四节 国外主要文献著录规则

国外文献注释规范很多，常见的有哈佛注释体系（Harvard Referencing System）、芝加哥注释体系（The Chicago-Style Citation）、温哥华注释体系（Vancouver Citation Style）、APA 注释体系（APA Citation Style）和 MLA 注释体系（MLA Style）等。具体使用时，要视即将发表或出版内容的出版单位的具体要求，正确选择他们规定的格式。

需要说明的是，国外文献注释格式适用于在国外出版且用外语撰写的内容，以及国内的英语版期刊文章和以"走出去"为目的出版的英语版图书。在国内发表的内容，除非该期刊或图书有特殊要求，一般都使用国内的参考文献著录规则。

比较实际的一个问题是，如果向外国期刊投稿的内容中引用了中文文献，又要给出文献注释，怎么办？比较可行的是，将中文文献著录内容（如著者名、文献名、出版社或期刊名等）翻译成英语，然后在文献著录的结尾注上"（in Chinese）"或者"（in Chinese with English abstract）"。

这里，限于篇幅，只介绍哈佛注释体系和芝加哥注释体系。一般国外的大学网站上都有相关的注释体系介绍，有需要者可以上网搜索。

一、哈佛注释体系

哈佛注释体系采用的是著者－出版年制。也就是说，哈佛注释体系没有脚注，只有文后注和正文引用标注。

哈佛注释体系版本很多，彼此间稍有差别，比如有的版本在正文引用标注里是使用页码的，有的没有，本教材选用的是无页码标注版。这里，仅选择介绍常见文献类型的注释格式。

（一）著录项细则

1. 责任者

在参考文献表里，责任者都是姓在前、名在后，用逗号间隔，而且名只用首字母大写的缩写加句点。有多个责任者时，列出所有责任者姓名，责任者与责任者间用逗号间隔，最后两个责任者用 and 分隔。如果责任者有中间名，一般在著录时省略，但有的版本是可以著录的。

比如，责任者是 Thomas W. Hennessy，Craig W. Hedberg，Laurence Slutsker，则单个责任者、两个责任者和三个责任者时分别表示为

Hennessy, T.

Hennessy, T. and Hedberg, C.

Hennessy, T., Hedberg, C. and Slutsker, L.

这里，有的版本 and 是用 & 表示的。

2. 页码

表示单个页码，用"p.4"的格式；表示多个连续页码，用"pp.4-6"的格式。

（二）哈佛文献注释格式

1. 图书注释格式

如果是电子图书，必须注明"［ebook］"或"［pdf］"，并列出具体网址和引用日期。

注释格式：

Desikan, S. and Ramesh, G. (2006). *Software testing*. Bangalore, India: Dorling Kindersley, p.156.

Vermaat, M., Sebok, S., Freund, S., Campbell, J. and Frydenberg, M. (2014). *Discovering computers*. Boston: Cengage Learning, pp.446-448.

Daniels, K., Patterson, G. and Dunston, Y. (2014). *The ultimate student teaching guide.* 2nd ed. Los Angeles: SAGE Publications, pp.145–151.

Zusack, M. (2015). *The Book Thief.* 1st ed. ［ebook］New York: Knopf. Available at: http://ebooks.nypl.org/ ［Accessed 20 Apr. 2015］.

Robin, J. (2014). *A handbook for professional learning*: *research, resources, and strategies for implementation.* 1st ed. ［pdf］New York: NYC Department of Education. Available at http://schools.nyc.gov/ ［Accessed 14 Apr. 2015］.

注意，纸质图书第一版不用著录，电子图书第一版必须著录。另外，加括号的出版年，有的版本不加句点，即文献题名前没有句点；有的连括号也不加，各有区别。

2. 析出文献注释格式

这里，主要介绍论文集里的文章和图书中的前言等的注释格式。

注释格式：

Bressler, L. (2010). My girl, Kylie. In: L. Matheson, ed., *The Dogs That We Love*, 1st ed. Boston: Jacobson Ltd., pp. 78–92.

注意，论文集的第一版也必须著录。

3. 期刊文章注释格式

电子版期刊文章，必须注明"［online］"，并列出具体网址和引用日期。

注释格式：

Ross, N. (2015). On Truth Content and False Consciousness in Adorno's Aesthetic Theory. *Philosophy Today*, 59(2), pp. 269–290.

Dismuke, C. and Egede, L. (2015). The Impact of Cognitive, Social and Physical Limitations on Income in Community Dwelling Adults with Chronic Medical and Mental Disorders. *Global Journal of Health Science*, 7(5), pp. 183–195.

Raina, S. (2015). Establishing Correlation Between Genetics and Nonresponse. *Journal of Postgraduate Medicine*, ［online］61(2), p.148. Available at: http://www.proquest.com/products-services/ProQuest-Research-Library.html ［Accessed 8 Apr. 2015］.

其中，61(2) 表示第 61 卷第 2 期。

4. 报纸文章注释格式

如果报纸文章有网络版，必须注明"［online］"，并列出具体网址和引用日期。

注释格式：

Weisman, J. (2015). Deal Reached on Fast-Track Authority for Obama on Trade Accord. *The New York Times*, 17 April, p.A1.

Baker, J. (2005). No rest for credit cards. *Sydney Morning Herald*, 26 December, p.4.

Weisman, J. (2015). Deal Reached on Fast-Track Authority for Obama on Trade Accord. *The New York Times*, ［online］17 April, p.A1. Available at: http://www.nytimes.com/2015/04/17/business/obama-trade-legislation-fast-track-authority-trans-pacific-partnership.html ［Accessed 18 Jul. 2015］.

5. 网络文献注释格式

如果责任者不明，则用网站名，但要略去"www."。

注释格式：

Messer, L. (2015). *"Fancy Nancy" Optioned by Disney Junior.* ［online］ ABC News. Available at: http://abcnews.go.com/Entertainment/fancy-nancy-optioned-disney-junior-2017/story?id=29942496#.VRWbWJwmbs0.twitter ［Accessed 31 Mar. 2015］.

Mms.com, (2015). *M&M'S Official Website.* ［online］ Available at: http://www.mms.com/ ［Accessed 20 Apr. 2015］.

6. 会议论文集注释格式

如果有网络版，必须注明"［online］"，并列出具体网址和引用日期。

注释格式：

Palmer, L., Gover, E. and Doublet, K. (2013). Advocating for Your Tech Program. In: *National Conference for Technology Teachers.* ［online］ New York: NCTT, pp. 33-34. Available at: http://www.nctt.com/2013conference/advocatingforyourtechprogram/ ［Accessed 11 Jan. 2014］.

Fox, R. (2014). Technological Advances in Banking. In: *American Finance Association Northeast Regional Conference.* Hartford: AFA, p. 24.

7. 学位论文注释格式

注释格式：

Shaver, W. (2013). *Effects of Remediation on High-Stakes Standardized Testing.* PhD. Yeshiva University.

（三）参考文献表排序法

哈佛注释体系的参考文献表是采用字母序排列的，具体操作原则是：首先，按责任者的姓名排序；其次，责任者相同，按出版年排序；最后，责任者相同，出版年又相同，按文献题名排序。

（四）哈佛正文引用标注格式

这种格式中，正文引用的标注是统一使用圆括号直接标注在相关内容后的。例如：

（责任者，出版年）

这里，责任者的注释有以下原则：其一，只使用责任者的姓；其二，多责任者且四个以下，责任者与责任者除最后两个用 and，其他都用逗号间隔；其三，责任者达四个或超过四个，只署第一责任者，后加 et al.。

以下表示都是符合规则的：

(Fitzgerald, 2004)

(Lazzari and Schleiser, 2011)

(Bardes, Shelley and Schmidt, 2011)

(Potter et al., 2013)

需要说明的是，如果注释内容的句子里正好有责任者，不管注释是不是紧跟责任者，都要省去责任者，注释为（出版年）；如果责任者不明，注释则为（文献题名，出版年），这里文献题名不要加双引号；如果不知道具体出版年，则直接略去出版年，注释为（责任者）。

二、芝加哥注释体系

芝加哥注释体系有两种注释格式：其一，注释－参考书目格式；其二，著者－出版年引用格式。

这里，参照第 16 版注释体系介绍常见文献类型的注释格式。

（一）著录项细则

1. 责任者

在参考文献表里，单个责任者，姓在前名在后，用逗号间隔。多个责任者，列出所有人姓名，其中第一责任者姓在前名在后，用逗号间隔。从第二个责任者起，名在前姓在后，每个人间用逗号分隔。注意，只有两个责任者时，用 and 分隔；两个以上（不包括两个，因为两个责任者必须用 and 分隔，无选择）责任者时，既可用逗号也可用 and 分隔。用 and 分隔时，and 前必须加逗号。

比如，责任者是 Thomas W. Hennessy，Craig W. Hedberg，Laurence Slutsker，则单个责任者、两个责任者和三个责任者的表示分别为

Hennessy, Thomas W.

Hennessy, Thomas W., and Craig W. Hedberg

Hennessy, Thomas W., Craig W. Hedberg, Laurence Slutsker

Hennessy, Thomas W., Craig W. Hedberg, and Laurence Slutsker

需要说明的是，脚注里第一责任者还是采用名在前姓在后的格式，参考文献表里非主要责任者（比如析出文献的论文集主编）也采用名在前姓在后的格式。另外，多个责任者使用 and 分隔，脚注里 and 前不加逗号。

2. 出版方式

一般，国外出版责任方式有四种：其一，author 方式，即书中的内容全是由署名人撰写的；其二，editor 方式，国内也叫主编，即书中的内容不是全由署名人撰写的，是很多人合作写成的；其三，translator 方式，即书中的内容是由署名人翻译的；其四，compiler 方式，即书中的内容是由署名人汇编的。

author 方式在注释时不用专门指出，editor 方式、translator 方式和 compiler 方式必须说明。ed. 表示单人署名主编，eds. 表示多人署名主编，trans. 表示只署翻译者，comp. 表示只署汇编者。editor 方式、translator 方式和 compiler 方式紧跟责任者，用逗号间隔。例如：

Lattimore, Richmond, ed.

Lattimore, Richmond, trans.

Lattimore, Richmond, comp.

（二）芝加哥注释－参考书目格式

顾名思义，注释－参考书目格式（notes and bibliography）就是既有脚注，又有文后注（即文后参考文献表）。这里，脚注和文后注的格式是不同的。

1. 图书注释格式

文后注格式：

Pollan, Michael. *The Omnivore's Dilemma*: *A Natural History of Four Meals*. New York: Penguin, 2006.（单责任者）

Ward, Geoffrey C., and Ken Burns. *The War*: *An Intimate History, 1941–1945*. New York: Knopf, 2007.（两个责任者）

Lattimore, Richmond, trans. *The Iliad of Homer*. Chicago: University of Chicago Press, 1951.（只署翻译责任者）

García Márquez, Gabriel. *Love in the Time of Cholera*. Translated by Edith Grossman. London: Cape, 1988.（既署原作责任者，又署翻译责任者，注意 Translated by 的用法）

脚注格式：

Michael Pollan, *The Omnivore's Dilemma*: *A Natural History of Four Meals* (New York: Penguin, 2006), 99–100.

Geoffrey C. Ward and Ken Burns, *The War*: *An Intimate History, 1941–1945* (New York: Knopf, 2007), 52.

Richmond Lattimore, trans., *The Iliad of Homer* (Chicago: University of Chicago Press, 1951), 91–92.

Gabriel García Márquez, *Love in the Time of Cholera*, trans. Edith Grossman (London: Cape, 1988), 242–255.

在脚注中，责任者的姓名著录格式是名在前姓在后，姓和名间也不用逗号分隔。

如果该文献再次被引用，可采用简化形式。此时，只需要责任者的姓、简化书名（只取关键词）和引用页码。例如：

Pollan, *Omnivore's Dilemma*, 3.

Ward and Burns, *War*, 59–61.

Lattimore, *Iliad*, 24.

García Márquez, *Cholera*, 33.

如果该文献再次被引用，且在脚注里紧跟同一文献，则还可以简化，即用"*ibid.*, 52."表示同上条文献的第52页。

2. 析出文献注释格式

这里，主要介绍论文集里的文章和图书中的前言等的注释格式。

文后注格式：

Kelly, John D. "Seeing Red: Mao Fetishism, Pax Americana, and the Moral Economy of War." In *Anthropology and Global Counterinsurgency*, edited by John D. Kelly, Beatrice Jauregui, Sean T. Mitchell, and Jeremy Walton, 67–83. Chicago: University of Chicago Press, 2010.（析出文献名正体加引号，一要注意文献名结尾使用句点，二要注意 edited by 的用法）

Rieger, James. Introduction to *Frankenstein*; *or, The Modern Prometheus*, by Mary Wollstonecraft Shelley, xi–xxxvii. Chicago: University of Chicago Press, 1982.（引用的是 Introduction，xi–xxxvii 是 Introduction 的页码）

脚注格式：

John D. Kelly, "Seeing Red: Mao Fetishism, Pax Americana, and the Moral Economy of War," in *Anthropology and Global Counterinsurgency*, ed. John D. Kelly et al. (Chicago: University of Chicago Press, 2010), 77.（一要注意文献名结尾用逗号，这是和文后注不同的；二要注意 ed. 的用法，后面没有 by，而且原作责任者只署第一责任者）

James Rieger, introduction to *Frankenstein; or, The Modern Prometheus*, by Mary Wollstonecraft Shelley (Chicago: University of Chicago Press, 1982), xx–xxi.

如果该文献再次被引用，可采用简化形式。此时，只需要责任者的姓、简化书名（只取关键词）和引用页码。例如：

Kelly, "Seeing Red," 81–82.（注意析出文献名不用斜体）

Rieger, introduction, xxxiii.

注意，文后注格式中析出文献名后用句点，脚注格式中析出文献名后用逗号。introduction 首字母大写还是小写取决于它前面的标点是句点还是逗号，句点后用大写，逗号后用小写。Preface，Foreword 的处理同 Introduction。

3. 电子图书注释格式

对于电子图书阅读器版（以 Kindle edition 为例），文后注只需在图书注释格式后加". Kindle edition."，脚注只需在图书注释格式后加"，Kindle edition."。

文后注格式：

Austen, Jane. *Pride and Prejudice*. New York: Penguin Classics, 2007. Kindle edition.

脚注格式：

Jane Austen, *Pride and Prejudice* (New York: Penguin Classics, 2007), Kindle edition.

对于网上文献，只需在图书注释格式后加引用日期和网址，文后注加句点，脚注加逗号。

文后注格式：

Kurland, Philip B., and Ralph Lerner, eds. *The Founders' Constitution*. Chicago: University of Chicago Press, 1987. Accessed February 28, 2010. http://press-pubs.uchicago.edu/founders/.

脚注格式：

Philip B. Kurland and Ralph Lerner, eds., *The Founders' Constitution* (Chicago: University of Chicago Press, 1987), accessed February 28, 2010, http://press-pubs.uchicago.edu/founders/.

4. 期刊文章注释格式

在注释里，要求给出引用的具体页码；在参考文献表里，要求给出文章的起讫页码。

文后注格式：

Weinstein, Joshua I. "The Market in Plato's Republic." *Classical Philology* 104 (2009): 439–458.

这里，104 是卷号，如果有具体的期号（比如第 3 期），则用"104, no.3(2009)"的格式。出版年也可以具体到月和季，如"（Spring 2009）""（April 2009）"。

脚注格式：

Joshua I. Weinstein, "The Market in Plato's Republic," *Classical Philology* 104 (2009): 440.（注意文章名后用的是逗号，与文后注不同）

Weinstein, "Plato's Republic," 452–453.（再次引用时脚注简化格式）

5. 电子版期刊文章注释格式

电子版期刊文章，如果有 DOI，必须列出 DOI；如果没有 DOI，列出具体网址；两种情况都需要给出引用日期。

文后注格式：

Kossinets, Gueorgi, and Duncan J. Watts. "Origins of Homophily in an Evolving Social Network." *American Journal of Sociology* 115 (2009): 405–450. Accessed February 28, 2010. doi:10.1086/599247.

脚注格式：

Gueorgi Kossinets and Duncan J. Watts, "Origins of Homophily in an Evolving Social Network," *American Journal of Sociology* 115 (2009): 411, accessed February 28, 2010, doi:10.1086/599247.（注意文章名后用的是逗号，与文后注不同）

Kossinets and Watts, "Origins of Homophily," 439.（再次引用时脚注简化格式）

6. 报纸或大众刊物注释格式

报纸或大众刊物如果责任者不明，可以省略责任者。如果有网络版，著录时后面要加上引用日期和网址。

文后注格式：

Mendelsohn, Daniel. "But Enough about Me." *New Yorker*, January 25, 2010.

Stolberg, Sheryl Gay, and Robert Pear. "Wary Centrists Posing Challenge in Health Care Vote." *New York Times*, February 27, 2010. Accessed February 28, 2010. http://www.nytimes.com/2010/02/28/us/politics/28health.html.

脚注格式：

Daniel Mendelsohn, "But Enough about Me," *New Yorker*, January 25, 2010, 68.（注意文章名后用的是逗号，与文后注不同）

Sheryl Gay Stolberg and Robert Pear, "Wary Centrists Posing Challenge in Health Care Vote," *New York Times*, February 27, 2010, accessed February 28, 2010, http://www.nytimes.com/2010/02/28/us/politics/28health.html.

Mendelsohn, "But Enough about Me," 69.（再次引用时脚注简化格式）

Stolberg and Pear, "Wary Centrists."（再次引用时脚注简化格式）

7. 学位论文注释格式

文后注格式：

Choi, Mihwa. "Contesting Imaginaires in Death Rituals during the Northern Song Dynasty." PhD diss., University of Chicago, 2008.

脚注格式：

Mihwa Choi, "Contesting Imaginaires in Death Rituals during the Northern Song Dynasty" (PhD diss., University of Chicago, 2008).

Choi, "Contesting Imaginaires."（再次引用时脚注简化格式）

8. 会议论文集注释格式

文后注格式：

Adelman, Rachel. "Such Stuff as Dreams Are Made on: God's Footstool in the Aramaic Targumim and Midrashic Tradition." Paper presented at the annual meeting for the Society of Biblical Literature, New Orleans, Louisiana, November 21–24, 2009.

脚注格式：

Rachel Adelman, "Such Stuff as Dreams Are Made on: God's Footstool in the Aramaic Targumim and Midrashic Tradition" (paper presented at the annual meeting for the Society of Biblical Literature, New Orleans, Louisiana, November 21–24, 2009).

Adelman, "Such Stuff as Dreams."（再次引用时脚注简化格式）

9. 网络文献注释格式

网络文献由于经常变化，著录时必须给出引用日期。如果有网页修改日期，最好也给出。

文后注格式：

Google. "Google Privacy Policy." Last modified March 11, 2009. http://www.google.com/intl/en/privacypolicy.html.

McDonald's Corporation. "McDonald's Happy Meal Toy Safety Facts." Accessed July 19, 2008. http://www.mcdonalds.com/corp/about/factsheets.html.

脚注格式：

"Google Privacy Policy," last modified March 11, 2009, http://www.google.com/intl/en/privacypolicy.html.（注意文献名后用的是逗号，与文后注不同）

"McDonald's Happy Meal Toy Safety Facts," McDonald's Corporation, accessed July 19, 2008, http://www.mcdonalds.com/corp/about/factsheets.html.（注意文献名后用的是逗号，与文后注不同）

"Google Privacy Policy."（再次引用时脚注简化格式）

"Toy Safety Facts."（再次引用时脚注简化格式）

（三）芝加哥著者 - 出版年的正文引用标注格式

在这种格式中，没有脚注，只有文后注和正文引用标注。正文引用标注统一使用圆括号直接注在相关内容后。格式为

（责任者 出版年，引用页码）

这里，责任者的注释有以下原则：其一，只使用责任者的姓；其二，两个责任者，责任者与责任者用 "and" 间隔；其三，责任者达三个或超过三个，只署第一责任者，后加 "et al."。

需要说明的是，如果被注释的内容正好是责任者，注释则为（出版年，引用页码）；如果责任者不明，注释则为（"文献题名简称" 出版年，引用页码），这里文献题名简称要加双引号；如果不知道具体页码，注释则为（责任者 出版年）；如果不知道出版年，注释则为（责任者 n.d., 引用页码），这里 "n.d." 表示 no date；如果是 "某某人认为……"

的句式，注释则为

某某人（出版年）认为……（引用页码）。

即注释不要重复使用所有参数。

1．图书注释格式

文后注格式：

Pollan, Michael. 2006. *The Omnivore's Dilemma*: *A Natural History of Four Meals*. New York: Penguin.（单责任者）

注意，这里就是把注释－参考书目格式相关文献著录里的出版年前移到责任者后，图书名前。相应地，出版社后的逗号应改为句点。类似地，其他示例也可进行转化，这里不一一给出。

正文引用标注格式：

对应注释－参考书目格式里的图书著录格式所给的示例，可以得出如下正文引用标注格式：

(Pollan 2006, 99–100)

(Ward and Burns 2007, 52)

(Lattimore 1951, 91–92)

(García Márquez 1988, 242–255)

注意，如果责任者众多，则参考文献表中必须列出所有责任者，正文引用时只列第一责任者，后加"et al."。例如：

(Barnes et al. 2010)

2．析出文献注释格式

文后注格式：

Kelly, John D. 2010. "Seeing Red: Mao Fetishism, Pax Americana, and the Moral Economy of War." In *Anthropology and Global Counterinsurgency*, edited by John D. Kelly, Beatrice Jauregui, Sean T. Mitchell, and Jeremy Walton, 67–83. Chicago: University of Chicago Press.

Rieger, James. 1982. Introduction to *Frankenstein*; *or, The Modern Prometheus*, by Mary Wollstonecraft Shelley, xi–xxxvii. Chicago: University of Chicago Press.

正文引用标注格式：

(Kelly 2010, 77)

(Rieger 1982, xx–xxi)

3．电子图书注释格式

文后注格式：

Austen, Jane. 2007. *Pride and Prejudice*. New York: Penguin Classics. Kindle edition.

Kurland, Philip B., and Ralph Lerner, eds. 1987. *The Founders' Constitution*. Chicago: University of Chicago Press. http://press-pubs.uchicago.edu/founders/.

正文引用标注格式：

(Austen 2007)

(Kurland and Lerner, chap. 10, doc. 19)

这里，如果没有页码，可以注上第几章，如 chap. 10，或者章节名，甚至其他诸如文件名等参数。

4. 期刊文章注释格式

文后注格式：

Weinstein, Joshua I. 2009. "The Market in Plato's Republic." *Classical Philology* 104:439–458.

正文引用标注格式：

(Weinstein 2009, 440)

5. 电子版期刊文章注释格式

文后注格式：

Kossinets, Gueorgi, and Duncan J. Watts. 2009. "Origins of Homophily in an Evolving Social Network." *American Journal of Sociology* 115:405–450. Accessed February 28, 2010. doi:10.1086/599247.

正文引用标注格式：

(Kossinets and Watts 2009, 411)

6. 报纸或大众刊物注释格式

文后注格式：

Mendelsohn, Daniel. 2010. "But Enough about Me." *New Yorker*, January 25.

Stolberg, Sheryl Gay, and Robert Pear. 2010. "Wary Centrists Posing Challenge in Health Care Vote." *New York Times*, February 27. Accessed February 28, 2010. http://www.nytimes.com/2010/02/28/us/politics/28health.html.

正文引用标注格式：

(Mendelsohn 2010, 68)

(Stolberg and Pear 2010)

7. 学位论文注释格式

文后注格式：

Choi, Mihwa. 2008. "Contesting Imaginaires in Death Rituals during the Northern Song Dynasty." PhD diss., University of Chicago.

正文引用标注格式：

(Choi 2008)

8. 会议论文集注释格式

文后注格式：

Adelman, Rachel. 2009. " 'Such Stuff as Dreams Are Made On': God's Footstool in the Aramaic Targumim and Midrashic Tradition." Paper presented at the annual meeting for the Society of Biblical Literature, New Orleans, Louisiana, November 21–24.

正文引用标注格式：

(Adelman 2009)

9. 网络文献注释格式

文后注格式：

Google. 2009. "Google Privacy Policy." Last modified March 11. http://www.google.com/intl/en/privacypolicy.html.

McDonald's Corporation. 2008. "McDonald's Happy Meal Toy Safety Facts." Accessed July 19. http://www.mcdonalds.com/corp/about/factsheets.html.

正文引用标注格式：

(Google 2009)

(McDonald's 2008)

三、英语刊名缩写

根据 ISO 4：1997《信息和文献　出版物标题和标题字缩写的规则》（*Information and documentation - Rules for the abbreviation of title words and titles of publications*），英语刊名在一些用外语撰写的学术论文或图书中应该采用缩写形式。

英语刊名使用缩写，不是在任何注释体系里都有这个要求。目前，有的注释体系没有硬性要求，有的注释体系规定必须使用，因此使用特定的注释体系时要看清该注释体系的具体要求，然后再决定要不要使用英语刊名缩写。

另外，英语刊名缩写的格式目前也没有统一规定，有的缩写词加点，如 *Phys. Rev. Lett.*（全称是 *Physical Review Letters*，中文为《物理学评论通讯》）；有的缩写词不加点，如 *Phys Rev Lett*，使用时要视特定出版物的具体要求而决定加不加点。

（一）英语刊名缩写一般规则

所谓英语刊名缩写，就是英语单词省略一些字母。英语刊名缩写规则，主要解决两个问题：其一，要不要缩写，这里列出一些英语刊名单词不缩写的情况；其二，如何缩写，这里给出英语刊名缩写要点。

1. 单词不用缩写的情况

英语刊名中符合以下规则的单词，不缩写：第一，单个词组成的刊名不得缩写。这就是说，刊名由一个实词组成时，如 *Nature*，*Science* 等，不得缩写。

第二，刊名中单音节词一般不缩写。如 *Heart and Lung* 缩写为 *Heart Lung*，仅略去连词 and。但构成地名的一些单词，如 New，South 等，可缩写成相应首字母 N 和 S。所以，*New England Journal of Medcine* 缩写为 *N Engl J Med*，不缩写为 *New Engl J Med*；*South African Journal of Surgery* 缩写为 *S Afr J Surg*，不缩写为 *South Afr J Surg*。

第三，少于 5 个字母（含 5 个字母）的单词不缩写，如 Acta，Heart，Joint 等。

2. 英语刊名缩写要点

英语刊名如何缩写，可按以下规则操作：第一，单词字母省略应在辅音之后，元音之前。也就是说，英文单词缩写一般以辅音结尾，而不以元音结尾。例如：

American 缩写为 Am（而不缩写为 Ame 或 Amer）

Medicine 或 Medical 缩写为 Med

European 缩写为 Eur

但 Science 缩写为 Sci 是例外。

第二，缩写刊名每个词首字母必须大写，而不可全部都用大写或小写。

第三，个别单词采用压缩字母方式缩写，以免和其他常用词的缩写相重。例如：

Japanese 缩写为 Jpn（而不是 Jan）

National 缩写为 Natl（而不是 Nat）

这里，Jan 是 January 的固定缩写，Nat 是 Nature 和 Natural 的缩写。所以 Japanese 只能缩写成 Jpn，National 只能缩写成 Natl。同样，China 和 Chinese 缩写为 Chin（而不是 CN），因为 CN 是中国的国别代码。

第四，刊名中的虚词一律省略。如 the, of, for, and, on, from, to, in 等，缩写时均省去。所以，*Journal of Chemistry* 缩写为 *J Chem*，*Archives of Medical Research* 缩写为 *Arch Med Res*。

第五，像以 -ogy，-ics，-try 结尾的学科名词，都可以缩去相关后缀。如 Cardiology 缩写为 Cariol，Biology 缩写为 Biol，Physics 缩写为 Phys，Chemistry 缩写为 Chem。

第六，刊名中的常用词和特殊单词，可以缩写成一个字母。如 Journal 缩写为 J，Quarterly 缩写为 Q，Royal 缩写为 R，New 缩写为 N，South 缩写为 S，等等。

第七，一些国际上著名的期刊采用刊名首字母组合。如 *The Journal of American Medical Association* 缩写为 *JAMA*，*British Medical Journal* 缩写为 *BMJ*，等等。

第八，英文刊名中国家名称的缩写分为两种情况：其一，如国家名称为单个词汇，缩写时常略去词尾或词的后面部分若干字母。例如：

American 缩写为 Am

British 缩写为 Br

Chinese 缩写为 Chin

其二，国家名称由多个词组成时，取每个词的首字母，如 United States of America 缩写为 USA 或 US。

（二）英语刊名缩写示例

常见英语刊名缩写，可以上网搜索获取。比如，SCI 国际期刊缩写与全称对照表共收录近 6000 种期刊的缩写，编校需要时可以用来核对查错。

这里给出一些日常所用的例子，缩写词后均不加点：

缩写	全称
Adv Chem Phys	*Advances in Chemical Physics*
Br Ceram Trans	*British Ceramic Transactions*
Chem Phys Lett	*Chemical Physics Letters*
Dent Mater	*Dental Materials*
Eur Polym J	*European Polymer Journal*
Europhys Lett	*Europhysics Letters*
Food Chem	*Food Chemistry*
Gas Sep Purif	*Gas Separation and Purification*

High Energ	*Chem High Energy Chemistry*
Int Mater Rev	*International Materials Reviews*
J Cell Biol	*Journal of Cell Biology*
Jpn J Cancer Res	*Japanese Journal of Cancer Research*
Life Sci	*Life Sciences*
Mater Sci	*Materials Science*
Nucl Technol	*Nuclear Technology*
Opt Lett	*Optics Letters*
Phys Rev Lett	*Physical Review Letters*
Russ Chem Bull	*Russian Chemical Bulletin*
Surf Sci	*Surface Science*
Theor Chem Acc	*Theoretical Chemistry Accounts*
Water Res	*Water Research*

专题训练

请按《中国社会科学》注释体系改正下面文献注释的错误。

1. 李道揆：《美国政府和美国政治》，北京：中国社科出版社，1990 年版，第 72-74 页。

2. 徐民：《抗美援朝的历史回顾》上卷，北京：中国广播出版社 1990 年版，第 5 页。

3. 弗·杰姆逊：《处于跨国资本主义时代中的第三世界文学》，载《新历史主义与文学批评》（张京媛主编），北京：北京大学出版社，1992 年版，第 251 页。

4. 陆全武：《国营企业改革中的几个问题》，1994 年 8 月 20 日《经济日报》第 3 版。

5. 陈宝森著：《美国经济与政府政策——从罗斯福到里根》，北京：世界知识出版社，1988 年版，第 124 页.

6. 郝明明等：《高中语文古典诗词美育研究》，硕士论文，扬州：扬州大学，2011 年 6 月，第 13 页。

7. 无印良品：《无印良品》，朱锷译，南宁：广西师范大学出版社，2010 年，第 13 页。

8. M.Skolink, Radar handbook, New York: McGraw-Hill Press, 1995, pp.26~28.

9. 布兰查德、费希尔：《宏观经济学：高级教程》，刘树成，沈利生，等译，北京：经济科学出版社 1982 年版。

10. 张佐光："多相混杂纤维复合材料拉伸行为分析"，见张为民主编：《第九届全国复合材料学术会议论文集》下册，北京：世界图书出版公司 1996 年版。

11. R Odoni, "The flow management problem in air traffic control," In: Smith Gorge, eds. Flow Control of Congested Networks, Berlin: Springer Publishing House, 1987, p.269.

12. 李旭东，宗光华，毕树生等："海关监察系统的研究"，《北京航空航天大学学报》2002 年第 3 期。

13. 参见高培勇，崔军编著：《公共部门经济学》，北京：中国人民大学出版社 2002 年版，第 43-44 页。

14. Linda S Beltran, "Reverse logistics: Current trends and practices in the commercial world." Logistics Spectrum, 2002, Vol.36 (3): pp4~8.

15. 刘燕：《关于心理健康的概念与辨析》，载于《教育研究与实验》1996 年第 3 期。

请按 GB/T 7714—2015 标准改正下面文献注释的错误。

16. 毛泽东：毛泽东文集：第 3 卷 [M]. 北京：人民出版社，1996.

17. 李康平. 德育发展论 [M]. 北京：中国社科出版社，2004.

18. 李丙寅，朱红，杨建军. 中国古代环境保护 [M]. 郑州：河南大学出版社，2001.

19. 福斯特. 生态危机与资本主义 [M]. 耿建新、宋兴无译. 上海：上海译文出版社，2006.

20. 李虹、王梅红. 生态危机的制度根源 [J]. 求索，2013，(7)：104-106.

21. 丁生军。生态美学视野下的高中地理"人地观"教育 [J]. 教育理论与实践，2013，(23)：62-64

22. 王芳，文明范式转型与人的生态化发展 [J]. 思想理论教育.2011(8 上)：24-27

23. 高继民、任俊杰. 图书数字出版：想说爱你不容易 [J]，出版广角. 2009(4)：14—15.

24. 王丹丹. 数字时代专业图书出版的发展路径研究 [J]. 出版发行研究，2012，(3)：44—46

25. 王延. 传播学视域下的英语教辅图书出版"5W"探析 [N]. 编辑之友，2012(3)：39—41.

26. 李法敏. 浅析外语教材出版在多媒体时代的创新——以视听为方向 [J]. 中国出版，2012(2)：44—47

27. 程红兵. 学校教育：需要更多自然情怀与田园感受 [N].《中国教育报》，2012-10-23：5.

28. 尹耀新，群体性事件处置对策探讨 [N]，丽水日报，2005-10-09：2.

29. 蒲曾亮. 李珣生平及其词研究 [D] 博士论文，湘潭：湘潭大学，2005

年 5 月.

30. 王瑜. 清代女性诗词成就论 [D]. 硕士论文, 苏州: 苏州大学, 2004 年.

请按哈佛注释体系改正下面文献注释的错误。

31. Abramson, N. (1963). *Information Theory and Coding*, McGraw-Hill, New York, NY, USA.

32. Amaral, D.G. (1993). Emerging principles of intrinsic hippocampal organization, *Current Opinion in Neurobiology* 3: 225–229.

33. Douglas, R. and Martin, K. A. C. (1998). Neo cortex, in G.M.Shepherd (ed.), *The Synaptic Organization of the Brain*, fourth edn, Oxford University Press, Oxford, UK, pp.459–509.

34. Eckhorn, R. and Pöpel, B. (1975). Rigorous and extended application of information theory to the afferent visual system of the cat II: Experimental results, *Biol Cybern*. 17(1): 7–17.

35. Gawne, T. J., Kjaer, T. W. and Richmond, B. J. (1996). Latency: another potential code for feature binding in striate cortex, *J Neurophysiol*, 76(2): 1356–1360.

36. Kalette, D. (1986, July 21). California town counts town to big quake. *USA Today*, p. A1.

37. Nicol, A. M., & Pexman, P. M. (1999) *Presenting your findings*: A practical guide for creating tables. American Psychological Association, Washington, DC.

38. Health Canada. (2002, February). *The safety of genetically modified food crops*. [online] Retrieved March 22, 2005, from http://www.hc-sc.gc.ca/english/protection/biologics_genetics/gen_mod_foods/genmodebk.html.

39. Boorstin, D (1992) *The creators*: A history of the heroes of the imagination. Random House, New York.

40. Allen T. (1974). *Vanishing wildlife of North America*. National Geographic Society, Washington, D.C.

第十二章

编排设计规范

编排，在图书出版中就是图书版面的具体排版设计。排版设计的对象有文字、图片、表格和公式等，这些排版对象除了要向读者表达清楚一定的意义，还要满足美学要求，更要符合相关的编排规范。

在图书出版中，编排错误常出现在责任编辑是新编辑的图书中。这类错误具有一定的隐蔽性，不像文字错误那么明显，没有一定的编校经验无法识别。因此，系统地学习相关规范是非常有必要的。

第一节 文字编排规范

文字的编排规范涉及内容较多，这里主要介绍外文、标题、书眉和目录的相关编排规范。

一、外文的使用规范

外文，这里指外文文字和外文符号。

外文的使用规范，这里主要介绍外文的字体规范、外文的编排规范和外文符号的注释规范。

（一）外文的字体规范

不同的外文，使用的字体也有不同的规定。外文常用字体有正体、斜体、黑正体和黑斜体。同是白体，也存在差别。比如，在 InDesign 里设成宋体的英语字母和设成 Times New Roman 的英语字母就不同，一个是"How are you"，另一个是"How are you"。校对时，一定要仔细观察，辨别清楚。

英文字母，商业上习惯使用 Times New Roman，但更专业的是使用 Baskersville，Bodoni，Book Antiqua，Garamond，Minion Pro，Palatino 等，这些字体一般常用软件里都有。其中，Minion Pro 和 Garamond 这两种，国外的出版社使用最多。这里，给出这几种字体（标点也设同样字体）的排版效果，供大家选择。

Times New Roman　Knowledge makes humble, ignorance makes proud.

Baskersville	Knowledge makes humble, ignorance makes proud.
Bodoni	**Knowledge makes humble, ignorance makes proud.**
Book Antiqua	Knowledge makes humble, ignorance makes proud.
Garamond	Knowledge makes humble, ignorance makes proud.
Minion Pro	Knowledge makes humble, ignorance makes proud.
Palatino	Knowledge makes humble, ignorance makes proud.

中国人对中文字体非常敏感，比如宋体和宋三，一看就能辨别出来。外国人对英语字体同样非常敏感，同是白正体，有时你排版好了他总说不好看，希望另选一种，其实真的相差不多，这也可能是大家说的专业到极点了吧。

本教材的外文字体都用 Times New Roman。

1. 使用正体的外文

外文文字，常规下都使用正体。

至于符号，像特殊函数符号（如 Γ 函数、B 函数、sin 等），数学中的算子（如微分 $\mathrm{d}v/\mathrm{d}t$ 中的"d"，变分 δf 中的"δ"，增量 Δx 中的"Δ"），常数（如圆周率 π、虚数 i 和自然对数的底数 e），单位（如 kg），化学元素符号（如 Fe），SI 数字词头（如 k），计算机程序，标准代号，方位，经纬度，文献名称等，也规定使用正体。

外文文字使用正体时，要防止错用数字，这就要有识别外文文字和数字的能力。实践中，可以把一些容易搞混的外文字母和数字用相同字体的较大字号，比如二号或一号，在 Word 文件里键入，仔细研究。例如，1 和 l，0 和 O，这两组后面的是英语字母。

2. 使用斜体的外文

外文文字在下列场合，可使用斜体：其一，用于强调，或表示有特别意义，或是要解释的词，等等。这种情况，有时在出版物里用下划线方式来表示。例如：

The article *the* is often used incorrectly in Chinese writing.

We might also discover he's *not* there.

其二，表示作品名、书名、期刊名、报纸名、电影名、戏剧名等。例如：

The Oxford English Dictionary has long been considered the ultimate reference work in English lexicography.

其三，表示非英语的外来词汇，特别是拉丁文或中文转化词。例如：

Don't worry, we have learnt the *kungfu*.

This might be interpreted as a *de facto* recognition of the republic's independence.

其四，表示船只、飞机、航天器、人造卫星的专名，但不包括普通名称。例如：

His ancestors came to America in the *Mayflower*.

其五，表示生物学中的拉丁学名的属名和种名。例如：

Trollius chinensis

需要说明的是，生物学中拉丁学名的大小写和正斜体比较复杂，使用时最好参考相关的资料。

至于符号，像几何量、物理量、变量、函数、集合、无量纲参数也用斜体。但物理量 pH 使用正体，这是特例。

3. 使用黑体的符号

外文文字做标题时，会用到黑体。根据《物理科学和技术中使用的数学符号》（GB 3102.11—93），一般情况下，集合符号用斜体，但当集合的元素为矢量或矩阵时，集合的符号用黑斜体。特殊的集合符号，要使用空心正体或黑正体，它们是 **N**（自然数集）、**Z**（整数集）、**Q**（有理数集）、**R**（实数集）、**C**（复数集）。

矩阵、矢量和张量的量的符号，用黑斜体表示，如 A，a 和 e。（有的教材中张量使用黑正体，这与国家标准中的规定不一致。）

4. 特殊使用场合的说明

与计算机程序相关的变量，如果内容主要是程序，则可以全用正体，且不使用下标。如果程序只是少量的，非程序部分可以按常规处理。

符号用于上下标，参照一般符号的使用规则。

（二）外文的编排规范

外文的编排规范有许多，这里介绍排版的版式、空格的处理和标点的排版这几个方面的规范，有的规范不是标准规定的，但为业内普遍接受。

1. 排版的版式

外文排版的版式有多种，这里介绍两种：其一，段首顶格排版式样。此时，段与段间要空一行，以示另段。例如：

Font Caches

When fonts are activated they are cached for use. Some of these font caches are handled by the OS and some of these font caches are handled by the applications themselves. In either case it is very easy for individual cache files to become corrupt, causing this common display annoyance.

To delete the font caches, quit all running applications and then use FontNuke, Font Finagler, Cocktail, FontExplorer X Pro, etc. After deleting the font caches, you will have to restart your computer. If the program you use does not automatically force a restart, don't take that to mean it's okay to continue working. Restart your Mac immediately. Under no circumstances should you ever skip restarting after manually removing any type of cache data.

其二，段首空格排版式样。此时，标题下第一个段落的段首必须是顶格的，但段与段间不用再空一行了。例如：

Font Caches

When fonts are activated they are cached for use. Some of these font caches are handled by the OS and some of these font caches are handled by the applications themselves. In either case it is very easy for individual cache files to become corrupt, causing this common display annoyance.

To delete the font caches, quit all running applications and then use FontNuke, Font Finagler, Cocktail, FontExplorer X Pro, etc. After deleting the font caches, you will have to restart your computer. If the program you use does not automatically force a restart, don't take that to mean it's okay to continue working. Restart your Mac immediately. Under no circumstances should you ever skip restarting after manually removing any type of cache data.

需要说明的是，外文段首的空格（paragraph indent）不是两个汉字，国外使用一种 em 长度，这是一种不固定大小的相对长度单位，即：正文使用 10.5 磅（也就是五号字体）时，1 em 的长度就是 10.5 磅；正文使用 12 磅（也就是小四号字体）时，1 em 的长度就是 12 磅。因此，我们可以使用一个汉字字距来代替。

目前我国出版的图书中，英语文章基本是按中文版式处理的，也即段首空两个字。

2. 空格的处理

英语句子中有大量的空格，这是和中文句子不同的。实际校对中，许多英文格式错误就是空格的处理不统一。总的来说，单词与单词间的空格都是正常的，比较复杂的是和标点相关的空格处理。

英语中大部分标点符号是紧跟在前一单词的后面，然后再用空格跟下一个单词分开，这样用的标点符号有：

, . ? ! : ; %

逗号做数字千分位分隔符时，后不空。数字列举时，逗号后空，如"1, 2, 3, ... , 10"。

英语省略号（就是下三点，英语没有中式省略点）就当作一个单词处理，一般要前后空，如：

Let me check my calendar ... okay, I'm free tonight.

省略号如果出现在段落的最后，即省略号之后不再有其他句子时，应该在省略号之后再加上其他的标点。作为特例，就有：

Once upon a time there was a princess.... （即此句有四个句点）

有国外学者认为，省略号后有其他标点时，省略号前后的空格都省去（上面一句就是如此）。所以，下面几种排版都是正确的：

eat … and

cool…, but

steel, … as

lunch…?

afternoon…!

括号前后的空格也有一定规律，全英文时，左括号前空后不空、右括号后空前不空；英文夹注中文时，按注释的要求，注释内容紧跟被注释的内容，左括号前空取消，其他照常。但括号后跟其他标点时，右括号后空也取消。双引号是左引号前空后不空、右引号后空前不空，引号后跟其他标点时，右引号后空也取消。因此，下面的排版是正确的：

He had put a few clothes and his lecture notes in his shoulder bag, but he had put Rupert, the skeleton(人体骨骼) to be used in his lecture, in a large brown suitcase(箱子).

My brother (Tom) is an engineer.

斜杠（/）前后不空。破折号前后空不空，取决于是什么样的破折号：en 破折号前后都要空，em 破折号前后都不空。

3. 标点的排版

英语的标点排版不同于中文排版。中文排版要求使用全角标点（个别情况例外），英语标点必须使用半角字符，也就是要用 ASCII 码输入。需要注意的是，半角的标点和全角的标点是有所不同的。以双引号为例，在下面四个标点中，前面一对是全角的双引号，后面一对是半角的双引号：

“ ” " "

仔细看，全角标点和半角标点在高度和宽度方面都有一些差别，校对时要锻炼辨别的能力。

再看看逗号的区别，"，" 和 "," ，我们把它们放在一起看，即 "，,"。显然，差别还是有的。同样，"；;" 和 "：:" 都有差别。

英语的破折号也与中文的破折号不同，只有中文破折号的一半长，在排版时尤其要注意。减号不能用连接号，而是专用符号 "－"，看看它和连接号的区别：

- — —

第一个是短横线（hyphen），第二个是减号（minus sign），第三个是一字线（dash）。

英语的数字，千分位必须加千分号（即逗号），但年号不用加千分号。

这里，再介绍一下中外文标点的字体规范。严格地说，标点无字体变化，即标点只有一种，就是正体。实际使用中，因为文字使用不同的字体，计算机排版时标点也会有不同的效果。请看下面的例子：

我们小组的成绩是全公司第 1 名，是不是啊？不会吧，我们是第 2 名？！

我们小组的成绩是全公司第 1 名，是不是啊？不会吧，我们是第 2 名？！

我们小组的成绩是全公司第 1 名，是不是啊？不会吧，我们是第 2 名？！

我们小组的成绩是全公司第 1 名，是不是啊？不会吧，我们是第 2 名？！

She asked, "Is that really you?" "Sure!"

I paid 40 German marks (about $25) for dinner.

His record for the mile is 4:06:27.

She asked, "Is that really you?" "Sure!"

I paid 40 German marks (about $25) for dinner.

His record for the mile is 4:06:27.

这种因使用不同字体而产生的标点形体变化，有的是形体倾斜变化（主要是外文使用斜体时），有的是横向尺寸变化（如中文使用楷体时，标点变大），有的是标点笔锋变化。

为了全文统一，有时必须仔细查看，以免使用不同字体引起标点形体变化。

4. 外文的行间距

英语字母书写分上中下三块，大部分落在中间的一块（如 a, c, e, i, m, n, o, r, s, t, u, v, w, x, z），一小部分占用上中两块（如 b, d, h, k, l），一小部分落在中下两块（如 g, j, p, q, y），只有 f 三块都占用。如果行间距按中文那样取字号的一半，则大多数字母没有占足整个字面，实际行间距看起来比中文要大些。因此，英文的行间距肯定比中文的行间距设置得要小。一般，国外出版社设定的行间距是字号的 0.2 ～ 0.25 倍。

我们先来看一下按 0.5 倍行间距（标准中文行间距）排版的效果：

To delete the font caches, quit all running applications and then use FontNuke, Font Finagler, Cocktail, FontExplorer X Pro, etc. After deleting the font caches, you will have to Restart your computer. If the program you use does not automatically force a restart, don't take that to mean it's okay to continue working. Restart your Mac immediately. Under no circumstances should you ever skip restarting after manually removing any type of cache data.

再来看一下按 0.25 倍行间距排版的效果：

To delete the font caches, quit all running applications and then use FontNuke, Font Finagler, Cocktail, FontExplorer X Pro, etc. After deleting the font caches, you will have to Restart your computer. If the program you use does not automatically force a restart, don't take that to mean it's okay to continue working. Restart your Mac immediately. Under no circumstances should you ever skip restarting after manually removing any type of cache data.

从排版效果来看，0.5 倍行间距的空白要大于英语字母，让人略感版面稀松，而按 0.25 倍行间距排版就比较适当。实际使用时，外版书最好使用 0.25 倍的行间距。

（三）外文符号的注释规范

外文符号分规定符号（经权威机构制定颁布的符号）和约定符号（在一本书或一篇文章中约定使用的符号）。规定符号必须遵守规范，约定符号则必须遵守首用注释规则。

所谓首用注释规则，即在第一次使用时，只要不是人所共知的规定符号都要加注释说明。例如：

设 r 为半径，t 为时间，s 为距离。

另外，符号使用时还必须遵守同书单义规则，即同一本书中一个符号只能代表一个意义。

二、标题的编排规范

目前，标题分西式标题、中式标题和非标准标题三大类。

（一）西式标题

根据 ISO 2145（*Numbering of divisions and subdivisions in written documents*，书写文献的章节编号方法）的规定，图书、报纸、期刊和标准的标题，其编号只使用连续的阿拉伯数字，形如：

$n_1.n_2.n_3.n_4...$

其中，n_1, n_2, n_3, n_4 分别代表第一级、第二级、第三级和第四级。因此，下面的标题编号是正确的：

```
0
1    1.1    1.1.1
            1.1.2
     1.2
2    2.1
     2.2
     2.3
```

  3

  4

  标题编号规则有：其一，编号 0 只适用于引言、前言之类的内容，习惯上这些内容必须排在目录之前；其二，在分段编号之间，用句点来分隔，但最后一层的分段编号不需要以句点结尾；其三，理论上标题没有级数限制，但标题编号级数不宜过多，四级为佳。级数确实需要很多时，可考虑使用串文标题。

  如果在正文中要引用相关章节，可以表示为：

in Chapter 4 …

… as Lemma 3.4.27 shows …

… the 3rd paragraph in 2.4.1.7

  中文可直接表示为"第 4 章""3.4.27（节）""在 2.4.1.7 节第 3 段"。

  （二）中式标题

  根据国家标准《标准化工作导则第 1 部分：标准的结构和编写》（GB/T 1.1—2009）的规定，标准编号原则和国际标准一致，只是标题多了"篇"一级，但也可以没有"篇"一级。

  请注意，这里的国家标准是针对标准文献编制而言的，没有规定图书、报纸和期刊必须使用该标准。

  （三）非标准标题

  这里所说的非标准标题是指标准规定以外，在出版业使用比较广泛的标题形式。非标准标题形式多样，这里仅介绍常见的几种。

  1. 中文数字标题编号

  这种标题编号使用中文数字为序，形如：

第一篇（或第一编）　第一章　第一节　一、　（一）（二）

             二、

        第二节　一、　（一）（二）

             二、

     第二章　第一节

        第二节

第二篇（或第二编）　第三章　第一节

        第二节

     第四章　第一节

        第二节

        第三节

  这里，"一、"不得用"一 ."代替。需要说明的是，《标点符号用法》（GB/T 15834—2011）规定，加括号的序次语后面不用任何点号，即"（一）、"是错误的。另外，《标点符号用法》（GB/T 15834—2011）规定，同一数字形式的序次语，带括号的通常位于不带括号的下一级，即"一、"应该是"（一）"的上一级标题，即"（一）"不能是"一、"的上级标题，此规则对于阿拉伯数字也是适用的。

2. 阿拉伯数字标题编号

这种标题编号使用连续的阿拉伯数字，也就是格式同于 ISO 2145 规定的西式标题。

3. 西式变异标题编号

这种标题编号，就是使用阿拉伯数字，以及括号等，形如：

　第 1 章　　第 1 节　　1.　　2)　　（1）　　①

这里，切记"1、""（1）、""①、"和"①."都是错误的。

4. 中西结合标题编号

这种标题编号使用汉字数字、阿拉伯数字和符号的各种组合，形如：

　第一章　　§1　　一、　　（一）　　1.　　1)　　（1）

5. 串文标题

如果标题层次太多，可以使用不同的字体来达到体现多层次的目的。例如：

专业性：术语是表达各个专业的特殊概念的，所以通行范围有限，使用的人较少。

科学性：术语的语义范围准确，它不仅标记一个概念，还与相似的概念相区别。

也可以利用特殊符号或破折号达到同样的目的，如：

◆专业性：术语是表达各个专业的特殊概念的，所以通行范围有限，使用的人较少。

◆科学性：术语的语义范围准确，它不仅标记一个概念，还与相似的概念相区别。

（四）标题设计的规范

1. 标题的字体字号

标题的字体字号应该遵循这样的原则：标题的字号是从大到小，第一级标题字号最大，最后一级标题字号最小；标题的字体是常用的四种字体（宋体、黑体、楷体和仿宋）交替，相邻两级标题不应使用相同字体，第一级标题允许使用常用四种字体以外的字体，以求视觉上的特殊效果。

2. 标题的占行

标题的占行是从大到小，第一级标题占行最多，最后一级标题占行最少。至于具体占行多少，铅排时有具体规定，但不是非常严格。现在，只求同一级标题占行全稿统一。

3. 标题的换页

习惯上，"篇"或"编"是另页起，也就是必须排版在单数页，后空白。"章"是另面起，也就是换页，但单双页均可排版。章以下，都是接排，但要换行。

4. 标题的转行

标题一行排版不下，允许转行。只是，转行时必须以词为单位整体转行，不允许拆分词。如"标题设计的规范"中，"设计"不能拆开转行。

5. 英语标题的大小写

英语标题字母的大小写有三种通行格式：其一，标题字母全部大写。例如：

WETTABILITY AND SURFACE PROPERTIES OF MEMBRANE

其二，每个词的首字母大写，但五个字母以下的冠词、连词和介词全部小写。例如：

Wettability and Surface Properties of Membrane

按规则，像 between，against，without 等介词的首字母在这种格式下要大写。

其三，标题第一个词的首字母大写，其余字母均小写。例如：

Wettability and surface properties of membrane

6. 标题中的标点

《标点符号用法》（GB/T 15834—2011）对标题末尾的使用标点做出了规定：通常不用标点符号，但有时根据需要可用问号、叹号或省略号。因此，标题末尾除了用问号、叹号、省略号这三种外，不得使用其他标点。

实践中，标题末尾使用句号的情况特别多，尤其要注意。

（五）标题编排禁忌

在书刊编排中，对于标题的编排，有些禁忌要注意：其一，不同层次的标题间必须有过渡内容，也就是不能直接出现几级标题连排。外文版图书中，一般不允许三级标题无其他内容过渡而连排。例如：

    1 网络出版

     1.1 网络出版的定义和特点

      1.1.1 网络出版的定义

其二，不允许某节只有一个下级标题，如：

    1 数字出版

     1.1 数字出版的定义和特点

    2 传统出版

这里，只有"1.1"，没有"1.2"，建议删除"1.1"这一级标题，用其他方法表示。或者拆成"1.1 数字出版的定义"和"1.2 数字出版的特点"。

其三，标题不能是一句话，还在末尾加标点，如：

    1 网络出版有多种定义，我们介绍如下：

显然，这个标题是错误的，正确的表述应该是"1 网络出版的定义"。

其四，标题不能带夹注，如：

    1 平均数抽样分布（如图 2.4-1 所示）

正确的处理，应该是把夹注放在标题下正文中第一次出现的相同内容之后。

其五，标题文字不能太长。有本书是关于社会主义法制视域下的"城中村"研究，很多标题都带上了"社会主义法制视域下的"这个长定语，导致排版困难。此时，可以考虑一下，是不是所有地方都必须带这个长定语。

其六，标题不允许背题，即标题不能出现在一页的最后一行。一般，可以通过对某些段落进行增删字处理，以避免标题排在一页的最后一行。

其七，同一级编号不能在有的场合做标题，在有的场合又做普通句子的领起。如在某书第 5 页，有：

    1. 网络出版的特点

在该书第 12 页，又是这样：

    网络出版内容来源主要包括：

    1. 已正式出版的图书、报纸、期刊、音像制品、杂志、电子出版物等出版物内容或者在其他媒体上公开发表的作品；

    2. 经过编辑加工的文学、艺术和自然科学、社会科学、工程技术等方面的作品。

三、书眉的编排规范

书眉是排印在图书版面天头上方，便于读者查阅的本书篇、章、节等提示记录。书眉的设计能提升图书的品位。现代出版的一个趋势，就是书眉设计的流行。

书眉的编排规范比较少，这里主要介绍书眉的单双页和书眉的标题一致性。

（一）书眉的单双页

书眉排印的内容分为双数页码面和单数页码面，一般双数页码面的书眉记录内容和单数页码面的书眉记录内容是不同的，它们可以是以下的组合：

双数页码面的书眉记录内容	单数页码面的书眉记录内容
作者名	书名
书名	章名
章名	节名

总的原则是，双数页为大标题，单数页为小标题。国内常见格式是双数页为书名，单数页为章名。当然，各社规定不同，有的纯粹是按编辑的意愿选择的。

考虑到读者阅读该书时肯定知道书名，在具体页码需要知道的是哪一章和哪一节，有许多编辑喜欢"双数页为章名，单数页为节名"的格式。选用这种格式，关键在于一级标题下有没有二级标题或同页里有没有多个二级标题。如果没有二级标题，双数页和单数页的书眉标题就相同；如果有多个二级标题，则应选排后面那个二级标题。

要注意，每章的第一页，习惯上是不做书眉的。

（二）书眉的标题一致性

原则上，书眉的标题必须与书中的标题文字一致。实际操作中，短标题是容易做到的，长标题就不那么容易做到了。

对于长标题，中文没有具体排版限定，只是规定文字必须一致。因此，遇到长标题，排版时可以转行。只是转行后的版式会与其他章节的书眉不一致。比较可行的处理办法就是请作者缩短标题，或者撰写书稿前就提醒作者不要使用过长的标题，以利于书眉制作。作者不配合，最好的办法是放弃书眉制作的想法，通过其他的设计来美化版面。

在英语中，书眉的长标题允许适当简化。这里，介绍两种处理办法：其一，对于有冒号的长标题，可以去掉冒号后的内容。例如，原标题为

Thermo-Responsive Gating Membranes: Design, Microstructures, and Performances

在书眉里可以简写成

Thermo-Responsive Gating Membranes

其二，长标题可以选用前面主要内容，后面用省略号。例如，原标题为

Formation and Microstructures of Grafted PNIPAM Polymers in Pore-Filling Type Thermo-Responsive Gating Membranes

在书眉里可以简写成

Formation and Microstructures of Grafted PNIPAM Polymers in ...

（三）书眉的字体

书眉的字体原则上无须与正文中的标题字体一致，可另行设计。为区分不同级别的

标题，单双数页码面的书眉标题字体应该有所区别，但也可以相同。

四、目录的编排规范

目录（Table of Contents，简称 TOC），是排印在图书正文前，便于读者查阅的本书篇、章、节等提示记录。目录的设计就是为方便读者快速找到自己需要阅读的内容。

（一）目录的内容

目录所列的是书中的标题和该标题所在的页码，原则上目录只收录目录页以后的内容标题，不包括目录页前的内容标题。考虑到目录总是出现在序和前言后面，目录一般不收录序和前言这些内容，但后记、参考文献和索引是收录在内的。至于后置的版权页，一般不收录在目录内。

目录所列的标题级数没有限制，但要考虑到所列标题级数越多，占用的页面也越多。如果书薄，建议只收录前两级标题；如果书厚，可以考虑收录前三级或前四级标题。

（二）目录的标题一致性

目录里所列的标题，其文字必须与正文中的标题文字一致，目录里标出的该标题所在页码也要和正文中同标题的所在页码一致。

（三）目录的字体

目录中的标题应在字号、字体上区别不同级的标题，原则上字号是从大到小，字体是相邻两级使用不同的字体。常用字体有黑体、仿宋、楷体和宋体。页码的字体和字号一般与目录中所列标题最小一级的字体和字号相同。

（四）目录的编排格式

传统目录是采用缩进格式的，就是标题逐级缩进一字或两字。例如：

如果标题太长无法在页码前编排足够的点线，就需要转行。此时，必须做适当的缩进处理。如果标题有编号，转行时要与编号后的文字对齐。例如：

如果标题没有编号（如直接是文章名），转行时缩进一字。例如：

现代的目录设计，看重艺术效果，和传统的设计大不一样，因此再用传统格式的规范来限制，不太具有现实意义。比如，目录采用图案或图片设计，或者将页码标在标题前，或者章节按色块曲线布置，等等。这里，相关的讨论就不再展开了。

第二节 插图编排规范

插图是为了说明文中的内容或为了加深对内容的理解而插入的图片，民间有说法叫作"有图有真相"，这是对插图之重要性最好的注解。

插图编排的规范主要分插图文字说明的规范和插图设计的规范。

一、插图文字说明的规范

插图文字说明有图中字符、图序、图名和图注。为了方便说明，图 12.2-1 给出了插图文字的样例。

图中，x，y，O，1，2 是图中字符，"图 3.2-1"是图序，"两种不同参数的曲线"是图名，"图 3.2-1　两种不同参数的曲线"是图题，"1　参数为 $t = 1\,s$ 的曲线"和"2　参数为 $t = 2\,s$ 的曲线"是图注。

（一）图中字符

图中字符是指图中用于说明各元素的文字或字符，如坐标图上的 O，x，y 或刻度，地图上的地名或建筑物名称等。图中字符的使用必须遵守文字或字符的使用规范。

图3.2-1　两种不同参数的曲线

图12.2-1　插图文字说明的示例

图中字符必须和正文文字对应，比如正文的"摩擦系数"和图中的"摩擦比例"，正文的"厘米"和图中的"cm"，都是不对应的。

另外，图中字符的字号总体要比正文小一号，比如正文是五号，图中合理的字号是小五号或六号。图中字符字号过大或过小都是不合理的；一会儿小五号，一会儿六号也是不合理的。

（二）图序

图序又称图号或图码，是对插图按顺序编码的一种序号。

书稿中插图不多且图意自明，比如正文中说马路边有家咖啡馆，插图就是咖啡馆的外景照片，可以不编号；插图多，且难以相互区别，而正文中又一定要引用，就必须编号。

图序不建议按全书编号，不然删除一张图会造成图序混乱，甚至造成正文中引用错位（如文中写"见图 3.2.2"，但原图 3.2.2 已经删除）。常见的图序是按章或节编号，按

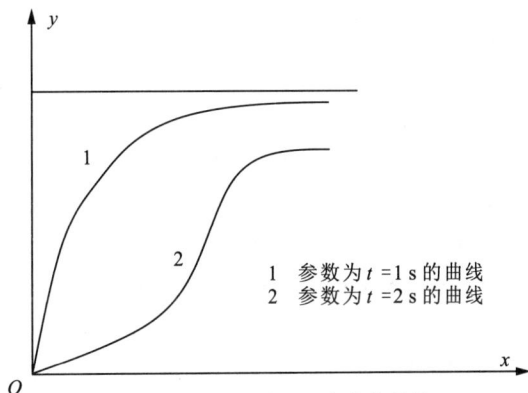

节编号时要注明所在章，比如"图 3.2-2"或"图 3.2.2"都表示第三章第二节第二个插图。

图序一般使用阿拉伯数字，使用中文编号的很少，但分图或子图有用"*a*）""*b*）""*c*）"区别的，或者用"（*a*）""（*b*）""（*c*）"。中文图序由"图"和阿拉伯数字构成，英文图序用"Fig."和阿拉伯数字构成，如"图 1""图 3.1（*a*）""图 3.2-1""图 3.2.1""Fig. 1""Fig.3.1""Fig.3.2-1""Fig.3.2.1（*a*）"。

图序常见错误是编号混乱（编号重复或缺漏）和正文引用错位。

（三）图名

图名即图的名称，以区别其他图或特指该图。书中图不多，而且意思自明，可以没有图名；书中图多，且意思要另说明的，必须给出图名。只是全书或全文有无图名必须统一，即要么都有图名，要么都没有图名，不能有的图有图名而有的图没有图名。

图名要简短，句子后不加标点。

根据《伯尔尼公约》，图表是当作艺术品处理的，每张图表都有其艺术性，是独立的作品，因此使用他人的图必须获取他人的授权，并在图名上说明。未经授权使用他人的图表是侵权行为。

国外在这方面非常规范，下面是我国"走出去"图书中的一个图名例子：

Fig. 8.6 Typical composite membrane proposed by Lehmann. Reprinted from (Lehmann et al., 2002). Copyright (2002), with permission from Elsevier

授权的表达形式也可以是：

Reprinted with permission from (Lehmann et al., 2002). Copyright (2002), Elsevier

From (Lehmann et al., 2002). Reprinted with permission from Elsevier

图序和图名合起来叫图题。中文图序和图名间空一个汉字，英语图序和图名间则加一个空格。图题字号要比正文小一号，常用的字号是小五号。图题一般情况下必须放在图的下面，但在画册里图题有时放在图的边上。

（四）图注

图注不用于说明整个图的属性，和图名有所区别。图注一般是指科技图书插图中的注解说明文字，如图中标注了元件 1、元件 2……，要在图的某个地方集中说明这些标注具体是什么。

图注一方面要符合文字的规范和标准，另一方面要和正文对应。图注可以放图边空白处，或图与图题间，或图题下，这些处理方法在正式出版的图书中都有具体的例子。GB/T 1.1—2020 规定国家标准撰写中的图注必须放在图与图题间，但并未规定图书中也必须按此处理。

从国外出版的图书来看，图注在边上，或在图与图题间，或在图题下，都是可以的，只是图注在同一本书中必须统一处理。图 12.2-1 中的图注是放在图的右边空白处。

二、插图设计的规范

插图制作或排版，要保证插图表达准确、图文清晰、文字得体、版面合理，这就需要进行一些处理。考虑到现在的书刊排版基本都是在计算机上完成的，插图也需要通过数字方法生成，这样就对图片的处理提出了一些要求。

（一）图片处理

图片处理主要是画图和后期制作，前者是为了能准确表达一定的内容思想，后者是为了获得高清晰度、高质量的图片。

图片分线条图和像素图，像函数曲线图和方框图都是线条图，而人像或物景是像素图（也称照片图）。线条图使用 CorelDRAW 制作能获得较清晰的 eps 文件或 tiff 文件，而像素图用 Photoshop 软件处理能获得较好的效果，因此，在画图或后期处理时要选用合适的软件。

为了准确表达内容思想，图片还要进行各种外形处理，比如裁剪、旋转等。

（二）版面处理

版面处理涉及插图位置的安排，有些属于美学范畴。这里，我们只讨论插图的版面处理规范，用于判断插图处理有无错误。这方面的处理有缩放、串文处理等。

1. 缩放

传统的图片在排版时，要进行缩小或放大处理，简称缩尺处理。图片原图太大，或图片中的文字太大，就要缩小图的排版尺寸；反之，要放大。使用时，只要在原稿的图片边上直接标注缩放比例就行了。

图按原始大小缩小或放大的比例，就是缩尺，如 7/10 表示横向和竖向尺寸都为原始大小的 7/10，这是缩小；15/10 表示横向和竖向尺寸都为原始大小的 15/10，这是放大。

现代图书排版，基本上是在计算机上进行图纸尺寸调整，不再用缩尺了。

不管是传统的缩尺处理还是现代的计算机图纸尺寸调整，都必须保证图片处理后的图中文字大小为小五号或六号。

2. 串文

串文，也叫盘文，就是在图的一边排版文字。

什么情况下插图排版应该串文，业内并没有统一规定。但插图比较小时一定要串文，通栏排版是不符合规范的。一般排版公司有规定，插图宽度小于版心宽度的 2/3 就必须串文，也有的是按可串文字数来计算的，比如 32 开的版面能串文 8 个字以上，16 开的版面能串文 12 个字以上就必须串文。

串文时，如果只有单个图，图尽量靠切口排版，就是单数页图排右，双数页图排左。但有的人喜欢图都排右边，业内没有强制要求。多图时，如果能两图一左一右通栏排版是最好的。不能一左一右通栏排版，需要交叉串文时，一般图与图之间最好有几行文字过渡。

3. 侧排

一般情况下，插图都采用横排方式。插图如果横向尺寸太大，超过版心宽度，而且不能再缩小，就要考虑竖排或侧排。

这里，横排图、竖排图和侧排图是这么区分的：横排图就是图的上或下有文字，图题在图的下面，图内的文字是正常朝向；竖排图和横排图的区别就是除了图题，图的上下都没有文字；侧排图就是除了图题在图的右面，图的上下左右没有其他文字，图内的文字是在正常朝向基础上逆时针转 90°。

图 12.2-2 给出了横排图、竖排图和侧排图的样例。

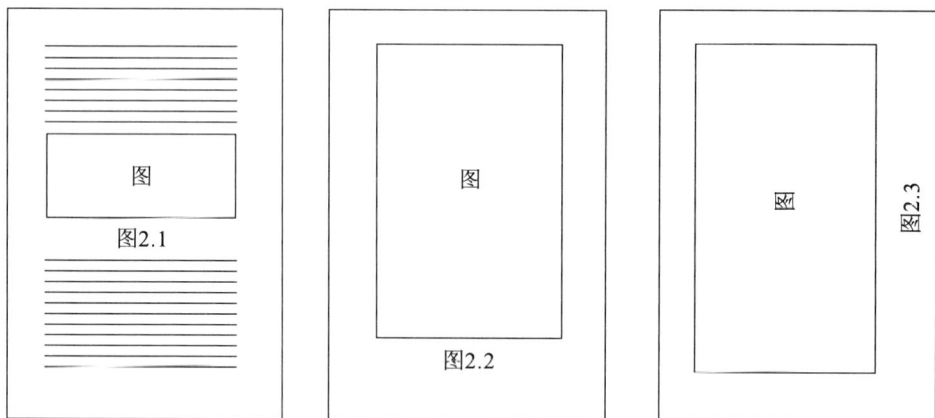

图 12.2-2　横排图、竖排图和侧排图的样例

图中示例，"图 2.1"是横排图，"图 2.2"是竖排图，"图 2.3"是侧排图。

4. 跨页

无法单页排版的组图（就是有多个分图的插图），可以分页排版。

分页排版的组图，比如"图 3.2-1"，第一页的分图图题写"图 3.2-1"，第二页的分图图题写"图 3.2-1（续）"。如果组图要分成三四页，又应该如何标示呢？现实中这种情况不多，但遇到时，建议使用"图 3.2-1（续 1）""图 3.2-1（续 2）"等。最好的处理办法是把各分图改成独立的插图。

三、插图编排禁忌

插图在书刊编排中，有些禁忌要注意：其一，一页能完整排版的几张分图，不要分页排版（也就是不要破图）。如果分图实在太多，无法在一页内排版，有的可以考虑分成几个独立的插图进行编号，有的要跨页处理。其二，一页有几张插图，如果上下排，图的宽度尽量要匀称，不要上面的插图宽，下面的插图窄，也不要三张插图出现腰鼓形（或细腰形），影响视觉美感。其三，插图不要比所引用的正文先出现。其四，插图要清晰，不要模糊，或文字读不出来。其五，插图不要跨节出现，特别是本节内容快结束时，引用了一张较大插图，导致本节正文结束，该页下空许多，而下节内容顺序排了上来。这时，要通过各种技术手段处理文字和插图，以避免出现跨节现象。

书刊实际编排中，可以通过改变插图的大小，以及文字的缩行或串行，甚至强行分段或并段等，来避免不规范的排版结果出现。

第三节　表格编排规范

表格，又称为表，其作用就是突出可视化交流的效果，是图书编写中常用的组织整理数据的手段。

常见的表格有卡线表和无线表。卡线表就是有明栏线和行线的表格，无线表就是用空格来分隔的表格，见图 12.3-1。

表2.1-1　五年级各班人数统计			
班级	男生	女生	合计
5（1）	25	25	50
5（2）	26	24	50
5（3）	24	27	51
5（4）	25	26	51
5（5）	27	24	51

表2.1-2　五年级各班人数统计

班级	男生	女生	合计
5（1）	25	25	50
5（2）	26	24	50
5（3）	24	27	51
5（4）	25	26	51
5（5）	27	24	51

图 12.3-1　卡线表和无线表的示例

图中示例，"表 2.1-1"是卡线表，"表 2.1-2"是无线表。

卡线表里，有一种三线表，许多学术期刊规定文章中使用的表格必须是三线表。所谓的三线表，通常只有三条线，即顶线、底线和栏目线，其中顶线和底线为粗线，栏目线为细线，见图 12.3-2。实际使用时并不一定只能用三条线，必要时可以加辅助线（如图 12.3-2 中的"表 2.1-4"上的短线），只是投稿时，必须确定所投期刊是不是允许加辅助线。

表2.1-3

表2.1-4

图 12.3-2　三线表的示例

图中示例，"表 2.1-3"是标准的三线表，"表 2.1-4"是加辅助线的三线表。

表格编排的规范主要分表格文字说明的规范和表格设计的规范。

一、表格文字说明的规范

表格文字说明有表序、表名、表中文字和表注。

以图 12.3-1 中的表格为例，"表 2.1-1"是表序，"五年级各班人数统计"是表名，"表 2.1-1 五年级各班人数统计"是表题，"班级""男生""女生"和"合计"是栏头（横表头），"5（1）""5（2）""5（3）""5（4）"和"5（5）"是行头（竖表头）。表身则是指表格内横表头下面的内容，不包括表格下面的表注（图 12.3-1 中的表无表注）。

（一）表序

表序又称表号或表码，它是表格的编号次序。表格不多，且正文无引用，可以不编号；表格多，且正文要引用，要编号。

表序不建议按全书编号，不然删除一张表格会造成表序混乱，造成正文中引用错位（如文中写"见表 3.2.2"，但原表 3.2.2 已经删除）。表序可以按章或按节编号，按节编号时要标明位于哪一章，比如"表 3.2-2"或"表 3.2.2"都表示第三章第二节第二个表格。

表序一般使用阿拉伯数字，使用中文编号的很少。中文表序由"表"和阿拉伯数字构成，英文表序由"Table"和阿拉伯数字构成，如"表3.2-2""表3.2.2""Table 2.1-1""Table 2.1.1"。

（二）表名

表名就是表格的名称，排版于表序后，两者间空一格或空一汉字。表名末不得加标点，特别是句号。

表名不是必需的，书中表格不多，而且意思自明，可以没有表名；书中表格多，且意思要另说明的，必须给出表名。只是全书或全文有无表名必须统一，即要么都有表名，要么都没有表名，不能有的表格有表名而有的表格没有表名。

表序和表名，合起来叫表题。表题应排版于表格之上，居中。表题排版宽度不得大于表格宽度，表题太长可以转行居中排版，或转行后与表名对齐，如：

表3.2-2　中国石油天然气股份有限公司黑龙江销售分公司2014年
第一季度财务分析表

表题的字号多用五号或小五号。

（三）表中文字

表中文字是广义的字符，可以是汉字或英文字母，也可以是数字。表中文字的字号要小于正文，一般使用小五号或六号。

数字排版，如果空间允许，为方便阅读应以个位数对齐，或以小数点对齐。例如：

127451.4
76314.21
87.01
532.1

文字排版，表头的文字应居中排版。表身里的文字除了一栏内所有文字字数相同可以居中排版外，一般采用左对齐，但要记得左前空一个汉字或半个汉字。因为字数不同的文字若居中排版，会出现如下形状：

浙江工业大学
浙江大学
中国美术学院
浙江工商大学

此时，最好采用左对齐的排版方式。

（四）表注

表注是对表内容的注释，必须放在表下。表注宽度不得大于表格宽度，表注用小于正文的字号表示。

表注末尾要加句号。

二、表格设计的规范

表格设计涉及的规范很多，这里主要讨论表格的跨页、表格的转排、表格的横竖转换和表格的表线设计规范。

（一）跨页

表格一般不要跨页。表格不大时，可以调整版面文字，使表格排在一页内。表格太大，一页肯定排不下来时，可以考虑转下一页续排。跨页表需决定其第二面开始的表格要不要加表头和标注"续表"。

表格跨页的处理，分双跨单、单跨双、竖排表跨页和侧排表跨页四种情况。双跨单，就是表格从双数页码跨到单数页码，当书摊开时，两面的表格都能看到。单跨双，就是表格从单数页码跨到双数页码，当书摊开时，只能看到一面的表格，另一面的表格要翻页才能看到。竖排表，指的是表内文字按正常朝向从左到右排版的表格。侧排表，指的是表内文字按正常朝向逆时针旋转90°从下到上排版的表格。

单跨双时，不论竖排表还是侧排表，由于两面表格无法同时看到，为了阅读方便，双数页表格要加表头。双跨单时，不论竖排表还是侧排表，由于两面表格能同时看到，为了节省版面，一般单数页表格不加表头。

行业内规定，表题必须加在表格的首页。此外，凡加表头的续表，都要在表格右上部标"续表"或类似"表2.1（续）"的标记，文字以表格最右端向左缩一格排。（侧排表的排版效果，只要将表格按顺时针方向转90°后与竖排表格一致就是正确的。）

有关侧排表的续排，见图12.3-3。

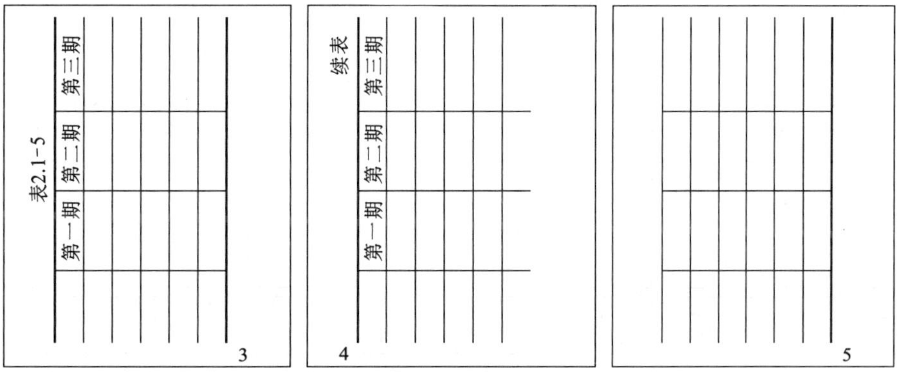

(a) 单-双-单跨页

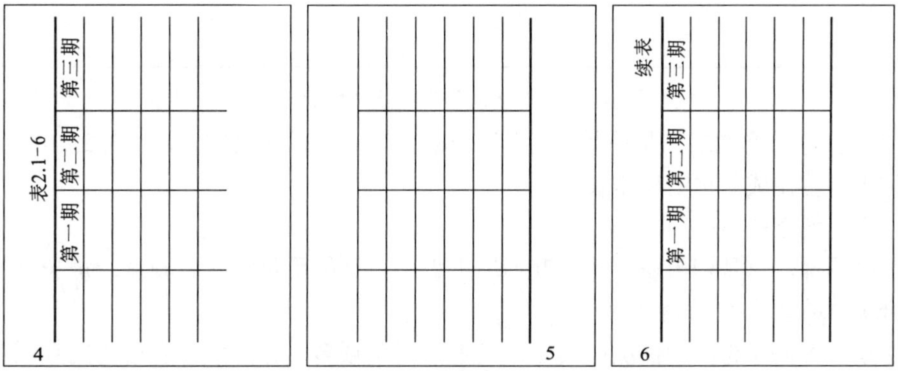

(b) 双-单-双跨页

图12.3-3　侧排表的续排示例

需要说明的是，现实处理中，经多次审校改样后，版面会变动，表格也会在单跨双和双跨单间不断变动，故对于竖排表，很多编辑不管单双页都是加表头的。另外，跨多页的表格"续表"如何标注，目前业内没有统一规定。有的编辑采用"续表 1""续表 2""续表 3"，有的编辑都标注为"续表"。

（二）转排

表格的转排主要用于特殊形状表格的编排处理。所谓特殊形状，是指表格两个方向的尺度严重失衡，导致版面处理非常困难，比如"高瘦型"表格（栏头较少且所占位置不大的竖表，见图 12.3-4），或者"矮胖型"表格（见图 12.3-5）。此时要注意的是，转排表格拼接处要用双线。

表2.1-7

	上半年	下半年		上半年	下半年
1 2 3 4 5 6			7 8 9 10 11 12		

图 12.3-4　"高瘦型"表格转排的示例

表2.1-8

	一月	二月	三月	四月	五月	六月
高一 高二 高三						

	七月	八月	九月	十月	十一月	十二月
高一 高二 高三						

图 12.3-5　"矮胖型"表格转排的示例

图中示例，"表 2.1-7"是"高瘦型"表格转排成匀称的横排表，"表 2.1-8"是"矮胖型"表格转排成匀称的横排表。

（三）横竖转换

表格编排，总是期望表格的宽度不超出版心，又能用足宽度。毕竟，瘦长型的竖表不符合美学的要求。

这里，我们考虑两种情况：其一，当表格栏头项多于行头项，表格内的数据或文字很多时，排版结果就会在宽度方向超出版心。其二，当表格行头项多而栏头项特别少，表格内的数据或文字都很少时，排版结果就会在高度方向表现得细长。虽然这样的表格没有超出版心高度，有时也没有超出版心宽度，但表格通栏排版或串文都不太美观。

此时，可以考虑转换行头和栏头，看看排版效果。

实际操作中，可以先将简单的 Word 表格（或其他数字形式的表格）转换成 Excel 表格，然后利用 Excel 表格的"粘贴"中的"选择性粘贴"，用"转置"功能将表格行列互换。

（四）表线

除了无线表没有线条，其他表格都有线条。表格的线条称为表线，在排版时有一定的使用规范。

表格线，常用的有正线、反线和双线。正线和反线，是原铅排时的术语，其实就是粗细不同的表线。正线较细，用于表内分隔线；反线较粗，用于表格外框。

对于三线表，顶线和底线用反线；对于一般卡线表，除了顶线和底线要用反线外，左墙线和右墙线也要用反线。比较难处理的是续表的外框线，原则上不是顶线、底线和左右墙线，都必须使用正线。但有的编辑为了美观，凡是外框线都用反线。

双线，用于转排表格，区分左右栏和上下表。

目前，我国图书出版中一般不使用表格的左右墙线。在国外，有些出版社或期刊社严禁文稿中使用左右墙线，甚至是竖表线，即文稿中只能使用横表线。

三、表格编排禁忌

表格在书刊编排中，有些禁忌要注意：其一，一页能排版完的表，不要分页排版（这在出版上叫破表）。其二，一页有几张表时，上下排版要宽度匀称，不要上面的表大，下面的表小，或出现腰鼓形，视觉上显得不美观。其三，表格不要比所引用的正文先出现。其四，表格不要跨节出现，特别是当本节内容快结束时，引用一张不可拆分的大表（如表格内有许多公式或图，栏高要占大半页的），导致正文结束，该页下空许多，而下节内容按顺序排了上来。这时，要通过各种技术手段，处理文字和表格。

第四节　式子编排规范

式子，这里是算式、代数式、方程式等的统称，常见于理工类图书或者教材中，是用于表示普遍事实、规律、法则或原理的一组符号。

式子编排的规范主要分式子文字说明的规范和式子设计的规范。

一、式子文字说明的规范

式子文字说明，包括式子编号、备注说明等。

（一）式子编号

式子编号，简称式号，顾名思义，用于式子的编号。

全书式子不多，且引用不多的，可以不编号；式子多，且要引用，就需要编号。编号可以按章或节编序，按节编号时要表明是哪一章的，比如 (3.2-2) 或 (3.2.2) 表示第三章第二节第二个式子。按章编号，万一要增删公式，涉及面就非常大，容易出错。特别是正文引用分布于各章，后面章节会引用前面章节的式子，前面章节的式子编号如果改动了，常常会导致后面章节的引用错误。

式子编号要排版在式子同一行的最右边。例如：

$$f = ma \tag{12.4-1}$$

正文引用格式，出版业内没有统一规范。常见的有"式 (12.4-1)""(12.4-1) 式""(12.4-1)""公式 (12.4-1)"等，甚至有"方程 (12.4-1)"。英语中，多用"Eq. (4.15)""Eqs. (4.15) and (4.16)"等。考虑到式子是算式、代数式、方程式等的统称，建议使用"式 (12.3-1)"和"式 (12.4-1) 和式 (12.4-2)"的表示方式。

有时，一个式子是一组方程，为了指定某个方程，还会使用"式 (12.4-1a)""式 (12.4-1b)"的表述方式。

（二）备注说明

式子的备注说明，用于解释式子中一些不明意义的量。

备注说明用"式中"或"其中"引导，英语里用"where"引导。"式中"或"其中"必须顶格排版，表示式子陈述的继续，后面可以跟冒号或逗号，只需要全书或全文统一。

备注说明的编排格式有两种：其一，用接排方式说明式中变量。例如：

式中，I 是电流，V 是电压。

其二，用破折号说明式中变量。例如：

式中，I——电流；

　　　V——电压。

具体选择时，若要节省篇幅可以使用接排方式，若为美观可以使用破折号格式。

（三）式子前的文字说明

什么是式子前的文字说明，这里用例子说明：

在 $\triangle AEB$ 和 $\triangle AEC$ 中

$$EB = EC$$
$$\angle ABE = \angle ACE$$
$$AE = AE$$

所以　　　　　$\triangle AEB \cong \triangle AEC$

所以　　　　　$\angle BAE = \angle CAE$

例子中的"所以"就是式子前的文字说明，这里式子一般是另行编排的。

式子前的文字说明一般用于公式前，起揭示作用和过渡作用，或表示数学表达式间的逻辑关系。式子前的文字说明，应是简短的，一般以 6 字为限。常用于式子前的文字说明，有单字文字、双字文字和三字及以上文字。

单字文字：例、解、证、设、若、当、但、而、和、或、及、故、则、如、即、有……

双字文字：式中、其中、此处、这里、假设、由于、因为、所以、故此、于是、因而、由此、为此、因之、再者、亦即、代入、便得、可得、求得……

三字及以上文字：其解为、我们有、由此得、因而有、此式变为、由此可得、其结果为、一般说来……

式子前的文字说明，排版有两个原则：其一，带有式子编号的式子，式子前的文字说明必须另行排版，不能与式子和式子编号排在同一行。例如：

其结果为

$$y = 12x + 1 \tag{12.4-2}$$

其二，不带式子编号的式子，其式子前的文字说明可以单独排成一行，也可以为了节省篇幅和式子排在同一行。排在同一行时，式子前的文字说明和式子间必须空几个字。例如：

由此解得　　　　$x = 12$

（四）式子前后的标点

这里，我们所说的式子前后的标点，指的是式子本身要求以外，为了帮助读者清晰、准确地理解式子意思而在式子前，式子和式子间，或式子结束处加的标点。

式子前后的标点，主要有逗号、分号、冒号和句号（科技书稿或论文中较常用的是句点）。式子中的标点使用，必须遵循国家发布的标点符号使用标准，也就是《标点符号用法》（GB/T 15834—2011）。但在实际使用中，式子前后加不加标点，加什么标点，学术界争议很大。

1. 式子前的标点

此时，式子在句子里。式子前使用标点有多种情况：其一，式子在句子中作宾语，此时式子前不要加冒号。例如：

由上式推导，我们可以得 $x = 2$。

根据上述条件，我们有 $y = 3x^2 + 2x + 12$。

当 $x = 2$，方程有解，为 $y = -12$。

这里，出现在"得""有"和"为"后面的式子作句子的宾语，式子前不能加冒号。

其二，式子在句子中作定语，此时式子前不要加冒号。例如：

求 $3x^2 + 2x + 12 = 0$ 的根。

这里，式子是"根"的定语，式子前不能加冒号。

其三，式子在句子中作同位语，此时式子前不要加冒号。例如：

求方程 $3x^2 + 2x + 12 = 0$ 的根。

简化后，得方程 $3x^2 + 2x + 12 = 0$。

考虑方程 $3x^2 + 2x + 12 = 0$ 有两个根。

这里，式子都是"方程"的同位语，式子前不能加冒号。

其四，连词与式子间，不加冒号。像"若……，则……""令……，则……""如果……，那么……""……，故……""……，于是……"等，连词后不加冒号。例如：

在方程 $y = 3x^2 + 2x + 12$ 中，令 $x = 2$，则 $y = 28$。

其五，式子在"当"后，充当状语时，式子前不加标点。例如：

当 $x = 2$，$y = 6$。

其六，式子在"其中""式中""这里"等词后，如果"其中""式中""这里"等词是另起行顶格排版，或者前面无其他句子成分，式子前可以使用冒号或逗号。例如：

这里，$x = 2$。

式中，$x = 2$，$y = 6$。

其中，$x = 2$，$y = 6$。

如果"其中""式中""这里"等词前面有其他句子成分，且由逗号分隔，则式子前不加标点。例如：

通过因式分解，我们可以解得 $(x-2)(y-6)=0$ 这一方程的根，这里 $x=2$，$y=6$。

其七，凡在"下列""下式""下述""如下"等词后的下一行跟有式子，式子前的文字后要加冒号。例如：

摄氏温度 t，可通过下式转换成热力学温度：

$$T = t + T_0$$

其中，$T_0 = 273.15$ K。

2. 式子后的标点

式子排版分两种情况：串文排版和另行排版。对于串文排版的式子，此时式子就是一句话里的一个成分，标点要根据语言表达的需要决定要不要加。在"式子前的标点"一小节，我们已经给出了一些例子。

比较有争议的是，另行排版的式子后要不要加标点。有人认为式子也是一种语言，加标点才能让人更好地理解；也有人认为，另行排版的式子本身就体现了较大停顿的句法功能，不用再另加标点。现实中，式子后不加标点和加标点的现象都存在，在没有规定哪一种为规范的情况下，全书或全文统一是最好的处理方法。这里，如果另行排版的式子后加标点，都是按第一种观点理解的，并不代表出版业公认需要加。

另行排版的式子后如果要加标点，使用的标点主要有逗号、分号和句号。1995 年版的标点符号标准里面有这么一句话：句号还有一种形式，即一个小圆点"．"，一般在科技文献中使用。例如：

若将元件 X，Y，Z 正常工作分别记为事件 A，B，C，则系统 N 正常工作为事件 ABC．根据题意，有

$$P(A) = 0.80, \quad P(B) = 0.90, \quad P(C) = 0.90.$$

这里，为了统一格式，连正文里的句号也用小圆点了。

2011 年版的新标准，取消了句号的小圆点形式可以在科技文献中使用这句话，这究竟是禁止句号小圆点形式的使用，还是不推荐句号小圆点的使用，尚不可知。提出使用句号小圆点形式，一是和国际接轨，二是区分下标 0。目前实际使用中，科技期刊，中小学数学、物理、化学等教材，还在大量使用小圆点形式。

式子后加标点，要考虑多种情况：其一，式子在句子中作主语或主语的同位语，式子后不加标点。例如：

$$x = \frac{-b \pm \sqrt{b^2 - 4ac}}{2a}$$

是一元二次方程的求根公式。

在平面几何里，曲线参数方程

$$\begin{cases} x = a\sin t, \\ y = b\cos t \end{cases}$$

表示的是一个圆。

其二，式子在句子中后接同一句子里的文字，式子后用逗号。例如：

已知流速场 x 方向和 y 方向的流速分别为

$$
\begin{cases}
u_x = \dfrac{Cx}{x^2 + y^2}, \\
u_y = \dfrac{Cy}{x^2 + y^2},
\end{cases}
$$

其中 C 为常数。如果 $u_z = 0$，求流线方程。

其三，式子是一个句子中的结束成分，式子后加句点。例如：

如果直角三角形两直角边分别为 a 和 b，斜边为 c，那么

$$
a^2 + b^2 = c^2.
$$

二、式子设计的规范

式子设计的规范，主要介绍式子中的文字字体和字距，式子的排版，特别是量和单位相关国家标准对式子排版的一些规定。

（一）式子中的文字字体和字距

式子中的文字主要指外文字母，其字体和正文的外文字体一样。

常见的算符（如四则运算等）和缩写字（如 sin，cos，tan，cot，exp 等），必须采用正体。特别要注意，式子中的圆括号不得用斜体，比如 $y = f(x)$ 是错误的。

对于式子中的文字字距，业内规范是式子中的各种运算符号和缩写字，与其前后的字母和数字要有空格。这里，Times New Roman 字体的空格其实只有汉字的四分之一大小。因此，以下的排版是正确的：

$\sin x + \cos x = 1$

$y = kx + b$

相对应地，以下排版是错误的：

$\sin x{+}\cos x{=}1$

$y{=}kx{+}b$

（二）式子的排版

式子的排版有两种形式，即串文排和另行排。式子排版中又会遇到转行、主线对齐等，有时还要改排。

1. 串文排

一般较简单的、叙述性的式子，串排于正文行间，即式子不单独占行。例如：

这一数值可以用式子 $f(x) = \sin x - \cos x$ 计算。式中，用 π，2π，3π，4π 分别代入 x，就可以获得一系列所需数值。

2. 另行排

稿子中没有长公式，且公式比较少时，可以另行居中排版；公式比较长，且公式比较多时，统一前空两字或四字排版，但要全文或全书统一。

3. 转行

公式太长，一行排不下，就要考虑转行。

在 GB 3102.11—93 颁布前，出版业内的式子转行规则有两点：其一，式子只能在

算符（如＋、－、×、÷ 等）、关系符（如＜、＞、＝等）处转行。如果在算符处转行，转行的内容要与等式后的内容对齐；如果在关系符处转行，转行的内容要与等式对齐。例如：

$$f(x) = 3a_1x^2\sin x - 12a_2\cos x + 7a_3x^3\sin x - 9a_4\cos x + 8a_5x^3\sin x - 6a_6\cos x$$
$$+ 21a_7x^2\sin x - 6a_8\cos x + 3a_9x\sin x$$

其二，转行的算符按英美排法在前一行末不重复。以前按苏联排法是要重复的，现在国内基本使用英美排法。

GB 3102.11—93 规定，转行时最好在紧靠符号＝，＋，－，±，∓，×，•或／后断开，而在下一行开头不应重复这一符号。按此规定，上面例子的排版是不正确的，应改为

$$f(x) = 3a_1x^2\sin x - 12a_2\cos x + 7a_3x^3\sin x - 9a_4\cos x + 8a_5x^3\sin x - 6a_6\cos x +$$
$$21a_7x^2\sin x - 6a_8\cos x + 3a_9x\sin x$$

4. 主线对齐

式子排版有个主线位置，标点必须加在主线上。例如：

$$y_1 = \frac{-b+\sqrt{b^2-4ac}}{2a}, \ y_2 = \frac{-b-\sqrt{b^2-4ac}}{2a}.$$

这里，逗号和句点都在式子主线上，也就是在等号和分数线的连线上。像

$$y_1 = \frac{-b+\sqrt{b^2-4ac}}{2a} \ , \ y_2 = \frac{-b-\sqrt{b^2-4ac}}{2a} \ .$$

的逗号和句点都不在式子主线上，是错误的。

5. 改排

对于行列式、矩阵或根式，如果里面的项排版起来比较长，可以用其他变量代替。比如，要计算 0.9127874287456，0.8761257541265 这样的 10 个数据平方和的开方，用具体数据直接排版就无法实现。但用

$$y = \sqrt{a_1^2 + a_2^2 + a_3^2 + a_4^2 + a_5^2 + a_6^2 + a_7^2 + a_8^2 + a_9^2 + a_{10}^2}$$

排版就方便多了，然后再用 $a_1 = 0.9127874287456$，$a_2 = 0.8761257541265$ 等联立式说明一下就可以了。

类似地，矩阵、行列式、分式等，都可以这么处理。

6. 式子编号

式子编号应排在式子后边的顶版口处（也就是右顶格），式子编号和式子间不加点线。例如：

$$(x+a)(x+b) = x^2 + (a+b)x + ab \tag{12.4-3}$$

以下两种式子编排是错误的：

$$(x+a)(x+b) = x^2 + (a+b)x + ab \tag{12.4-3}$$

$$(x+a)(x+b) = x^2 + (a+b)x + ab \quad..(12.4-3)$$

式子比较长，式子和编号间的空格小于自己应占的空间（比如一个汉字）时，式子编号可以转到下行右顶格排。例如：

$$y = 0.12896412x_1 + 0.78654123x_2 + 0.27647443x_3 + 0.25675413x_4 + 0.98113512x_5$$

$$(12.4\text{-}4)$$

7. 式子联立

有时候，需要联立式子。联立式子排版，有两种情形：其一，不加式子编号；其二，加式子编号。

第一种，不加式子编号。如果几个式子比较短，可以在一行内排版。例如：

$x = 1a, \; y = 2a, \; z = 5a.$

如果式子较长，可以分行编排，前面加大括号联立。例如：

求下列三元一次方程组：

$$\begin{cases} x - y - z = 1, \\ 2x + y - 3z = 4, \\ 3x - 2y - z = -1 \end{cases}$$

的解。

第二种，加式子编号。此时，如果几个式子比较短，可以在一行内排版。例如：

$x = 1a, y = 2a, z = 5a.$ $\hspace{3cm}$ $(12.4\text{-}5)$

如果式子较长，可以分行编排，后面加大括号联立，式子编号与大括号的正中指尖对齐。注意，是在式子后面加大括号。例如：

$$\left. \begin{array}{l} x - y - z = 1, \\ 2x + y - 3z = 4, \\ 3x - 2y - z = -1. \end{array} \right\}$$ $\hspace{2cm}$ $(12.4\text{-}6)$

这里，式子必须前对齐。因此，加式子编号的联立式子，如果大括号放在前面，或者大括号放在后面但式子后对齐，都是错误的。

如果联立方程前面有等号，还要加式子编号，则大括号放在等号后，而式子编号和等号并齐。例如：

$$G(x, \zeta) = \begin{cases} \dfrac{x(l - \zeta)}{T_0 l}, & 0 \leqslant x < \zeta, \\[2mm] \dfrac{(l - x)\zeta}{T_0 l}, & \zeta \leqslant x < l. \end{cases}$$ $\hspace{1.5cm}$ $(12.4\text{-}7)$

（三）国家标准有关式子编排的规定

GB 3101—93 和 GB 3102.11—93 中，对式子编排有一些规定，这里整理如下：

1. 自变量

函数的自变量写在函数符号后的圆括号中，函数符号与圆括号之间不留空隙。例如，$f(x)$ 和 $\cos(\omega t + \psi)$。

如果函数符号由两个或更多的字母组成，自变量不含运算符，则圆括号可以省略，但函数符号后必须空一格。例如，$\cos 2A$ 和 $\sin n\pi$。在这种情况下，如果函数是乘方形式，则自变量前不加空格。例如，$\cos^2 \theta$ 和 $\sin^3 \theta$。

为了避免混淆，常采用圆括号。例如，$\cos x + y$ 究竟是 $\cos(x) + y$，还是 $\cos(x + y)$？最好使用后面两种，以明确意思。

2. 乘的表示

变量之间的乘，常用表示方法有

ab $\qquad$ $a \cdot b$ $\qquad$ $a \times b$

需要说明的是，在矢量分析中，$\boldsymbol{a} \cdot \boldsymbol{b}$ 和 $\boldsymbol{a} \times \boldsymbol{b}$ 是不同的。

3. 除的表示

一个量被另一个量除，可以用分数的形式表示，也可以用斜线表示，还可以用负一次幂表示。例如：

$$\frac{ab}{c} = ab/c = abc^{-1}$$

除的表示可以是 $ab^{-1}c^{-1}$，但不能写成 $a/b/c$，也就是说，斜线后不能再出现乘号或除号。

有时，为了不混淆，必须加圆括号。例如，$a + b/c + d$ 容易造成误解，而 $a + (b/c) + d$ 和 $(a + b)/(c + d)$ 的意思就比较明确。

专题训练

请改正下面句子中的编排格式错误。

1. 一到法国戴高乐机场，我就去询问台问转机的地方。我对一位女工作人员说："Excuse me, where can I check in for my connecting flight to Frankfurt?" 她用法语回答了我！

2. USS Lexington (CV-2), nicknamed "Lady Lex", was an early aircraft carrier built for the United States Navy.

3. During the Japanese attack on Pear1 Harbor on 7 December 194l，Arizona was bombed.

4. 0ur teacher 1et us perform 1ike actors in drama class yesterday.

5. I was chosen to be a person who does not meet the status quo, then there will be a subsequent drop classes transfer.

6. Harry Potter and the Sorcerer's Stone is the first film in the Harry Potter series based on the novels by J.K. Rowling.

7. 设向量组 a_1, a_2, a_3 线性无关，向量组 a_1, a_2, a_4 线性相关，则 a_1, a_2 线性相关还是线性无关？

8. The governor said, "It is very important for our children... that the school year be extended... and that they go to school... 360 days a year."

9. The statistics(统计)of urban(城镇)and rural population should be treated with caution because so many people who live in areas classified as rural travel by car to work in a nearby town each day.

10. Kenyans are transacting 72 million dollars a day on mobile money platforms, 3 million dollars per hour or 50000 dollars a minute.

11. Any two objects are attracted to each other, in other words, every body must have/ hold an attraction for every other body.

12. It is clear — is it not?—that we must practise strict economy.

13. Last night, I read Stephenie Meyer's *Eclipse (Twilight)* in bed.

14. *Harvard 4:30 am* is a book written for Chinese students who want to study in USA.

15. 我能放弃么？当然不能！

16. 通过两式合并，再进行推导，我们可以得：$y=12$。

17. 根据上述条件，我们有：$y=12x+5$。

18. 当 $a=2$，方程有解，为：$x=-6$。

19. 已知 $2x^2+3x+1$ 的值是 10，求代数式：$4x^2+6x+1$ 的值。

20. 若 a 是方程 $x^2-x-2=0$ 的一个根，求：a^2-a 的值。

21. 方程两边同乘 $(x+1)$，得：$x^2-4=2(x+1)-3$，整理后得：$x^2-2x-3=0$。

22. 工程预付款起扣点可按下式计算

$$T=P-M/N$$

式中，T 为起扣点，P 为承包工程合同总额，M 为工程预付款数额，N 为主要材料、构件所占比重。

23. 可以把 $a\sin\theta+b\cos\theta=c$ 与 $\sin^2\theta+\cos^2\theta=1$ 联立，求得 $\sin\theta$，$\cos\theta$ 的值。

24. 已知 $a/b=c/d$，试证明 $a+b/c+d=a/b=c/d$。

25. a 先后被 b 和 c 除，用数学式表示就是 $a/b/c$。

第十三章

综合测试和答案

本章共收录五份综合测试卷，以检查前面各章知识点的掌握情况。同时，给出前面各章专题训练的参考答案，以及本章五份综合测试卷的参考答案。

第一节 综合测试

```
综合测试一
```

（一）句子改错

所给句子的错误涉及多方面，其中文献注释按相近的格式改正。

1. 教学目标：通过对维族舞蹈的学习，使学生掌握维族舞蹈的基本动律、基本体态、风格特点，乃至了解民族文化。

2. 18 日，他将回到出发点亦是终点的邯郸涉县老家，自此环行全国行程达到 17000 千米，穿越 19 个省市自治区，涉及全国上百个城市。

3. 陈科长的棋艺在厂里手屈一指，但如今遇到这样一位高人，也只能甘败下风。

4. 立足城市，兼顾农村，幅射沿海，走向世界——这是会议定下的基本方针。

5. 有内含的笑话本身不仅仅是一个笑话，它具有深刻的意义，需要探索挖掘才能看得懂。

6. 入秋以后，工程进度明显加快，如材料能跟上，下月即可峻工。

7. 她泥菩萨似地坐着一动也不动。

8. 她在编造一个故事，摹仿着一个信教的少女对女友说话的口气。

9. 等老王反映过来，我已经跳到他八竿子打不着的地方了。

10. 这个小毛病不足为训，下次改掉就行了，何必大动干戈呢？

11. 这座破旧的博物馆如今修缉一新，看起来古朴庄严、气宇轩昂。

12. 17 日，英国工程师展示研制出的一辆超音速汽车，时速达每小时 1600 千米。

13. 他出身于一个农民家庭。

14. 内蒙古自治区今年遭受了自建国以来最大的一次雪灾，做好生产救灾工作决定于干部作风是否深入。

15. 他这样做的目的是为了挣到更多的钱。

16. 买车、船、飞机、饭票，请到服务台办理。

17. 美国联邦调查局逮捕了职业间谍埃姆，揭开了美国情报史上特大的在职情报人员为外国提供绝密情报的丑闻。

18. 绿色是多么宝贵呀！它是生命、它是希望、它是安慰、它是快乐。

19. 以前可能因为年龄小，不知道珍惜时间，现在我才体会到"一寸光阴一寸金，寸金难买寸光阴。"这句话的真正含义。

20. 记者由此推想：在"五一"这个本属于劳动者的神圣节日里，农民工到底有多少人能够享受到法律赋予他们的休息权？

21. 一方面是旅游线路老化、接待能力不足，另一方面是游客口味不一、经济承受能力不同：这是我国开放欧洲旅游面临的两大难题。

22. 他的年龄大致在五十上下。

23. "九·一八"事变是指 1931 年 9 月 18 日在中国东北爆发的一次军事冲突和政治事件。

24. 从经济总量上看，山东 2014 年实现国内生产总值 5.94 万亿元，位居全国第三；实现经济增速 8.7%，高于全国平均水平 1.3 个百分点。

25. 按标准，铁路货运线、客货共线限制坡度分别为 6% 和 13%。

26. 我们要认真学习国办发第十二号文件。

27. 今天新闻写作课结束前，老师在黑板上用粉笔写道：大作业上传截止日期为 2015.05.12。

28. 新学校位于城西，占地约 3000 亩，分东西两个校区，中间有一条城市主干道穿过。

29. 一般情况下，计重力加速度 9.8 m/s，海水密度 1025 kg/m^3。每下潜 1 米，压强增加 10045 Pa。

30. 水分子的原子量？我还是第一次听说水分子有原子量，你是说水分子的分子量吧？

31. 今天网上有条新闻，题目为"十省人大副主任兼党组书记"。

32. 一堆煤，第一天运走的吨数与总吨数的比是 1∶3，第二天运走 4.5 吨后，两天正好运走了总数的一半，那么这堆煤有多少吨？

33. 11 月 20 日，一阵"太阳雨"过后，广西省北海市的上空出现了"双彩虹"奇观。两道彩虹犹如一座美丽的大桥横跨天空，蔚为壮观。

34. 在物理学上为了衡量电流的强弱，引用了电流强度这个物理量，符号用 I 表示。

35. 洪子诚、刘登翰著：《中国当代新诗史》（修订版），北京：北京大学出版社，2005 年版，第 188 页。

36. 张为民主编：《21 世纪的国际商务》，北京：世界图书出版公司 1999 年版。

37. 刘惊铎、王磊. 生态德育及其跨世纪意义 [J]. 教育评论，1998，(5)：36.

38. 王永康, 好环境就是金饭碗 [N]. 《人民日报》，2014-7-08:05.

39. USS Arizona was a Pennsylvania-class battleship built for and by the United States Navy in the mid-1910s.

40. 设向量组为 a_1, a_2, $\cdots$, $a_n = 0$，则存在不全为 0 的数 0，0，$\cdots$，k $(k \neq 0)$，使得 $0a_1 + 0a_2 + \cdots + ka_n = 0$。

41. 观察可得最简公分母为 $(x+3)$，方程两边同乘 $(x+3)$，得：$x^2 - 4 = 2(x+3) - 3$。

（二）短文改错

短文一

我家屋后有方池塘。池水澄冽，云影徘回，水草丰茂。塘里游鱼穿棱，历历可数。到了夏天，荷叶上伏着一身绿的青蛙，两眼虎视眈眈，还真有点睥睨四方的气概。当荧火虫在窗棂闪烁时，池塘里便会擂起蛙鼓，有时高吭，有时沉郁，有时一蛙高奏，有时群蛙和鸣；声震四野。那时我还背不出："稻花香里说丰年，听取蛙声一片"的词句，更说不清丰收欠收和青蛙之间的生态关系，但一曲庄户人家听的暗熟的"田园交响乐"，已足以把我引入一个浮想联篇的境界。

然而，美丽的池塘并不平安。月光下，往往当我正依偎在妈妈身边听故事时，池塘那边会突然传来，"吱……"的一声，急促，凄厉，霎那间又变得暗哑。或者有扑腾挣扎的声音。尽管我对此早有予感，心头还是按捺不住一陈战粟。妈妈这时总是停下手中的蒲扇，嘴巴里咕哝一句："青蛙又被蛇缠住了"。我的情绪于是在也无法松驰下来，面对着苍茫的夜空，涌起一股莫名的委屈，真想嚎啕大哭。我想像不出那温柔钝厚的小生物在蛇的缠绕下，该是怎样的残不忍睹？

短文二

近日，暌违十余载的老同学 A 君，偕夫人从日本横滨归来。由 B 君发起，昔日同窗相约在绿草如荫的 S 公园相聚，为 A 君夫妇接风洗尘。

改革开放，使我们如沐春风，许多同学开拓进取，事业有成。

就拿 B 君来说吧，上学的时候，他有些愚纯口讷，每当老师提问，他总是吱吱唔唔，答不上来。高中毕业后，他将自家的频街房改成一片店，经营风味小吃，如今已是一家酒店的老板。经历十几年的商海磨厉，昔日口讷的他，竟然口若悬河，一副自信的样子。

C 君是一家公司的经理，他声如宏钟，未见其人而先闻其声。他长年在外招睐生意，深暗商海沉浮之要决，虽几经挫折，仍执著不缀，终于度过难关，创出一蕃事业，成为 S 城颇有实力的私营企业家。

D 女士已是小有名气的作家，他的作品，大多是表现情感缠绵绯侧的，也有针砭时敝、激浊洋清之华章。她虽年逾不惑，却童心不抿，还写了不少充满童情童趣的作品。

当年班上的文体委员 E 君，今天却一反常态，郁郁寡欢。我问他近况，他未曾开言，眼泪竟自涮涮流了下来。原来他妻子因身患绝症，于数月前香消玉陨，撒手人寰。他身为医生，却未能及早察觉妻子的病症，以至遗误了治疗的最佳时机。这使他后侮莫及，遗恨终生。他俩口子一直相濡以沫，亲密有加，妻子的去逝，使他精神上受到沉重地打击，感到生活象一滩死水。听罢 E 君坦露隐衷的一番话，我强忍泪水劝他不要沉溺在往事里。

这时，A 君伉丽在 F 君陪同下来到公园酒家，欢声笑语冲淡了刚才的伤感气氛，我拉着 E 君入席。酒菜上齐了，做东的 B 君端起酒杯说："为昨天的友谊和今天的相聚，为各位的事业和健康，干杯！"大家都举杯一饮而尽。

短文三

一本书脱稿了，大抵要有个序言，提纲系领地说说书的内容，谈谈与本书写作出版相关的话，目的在于邦助读者了解本书的内容，引起读者对本书的兴趣。故而，人们买书、读书大抵都会先流览一下序言，把序言称作读书的响导。然而，不知从何时起，序言的这一职能渐渐起了变化，变成了专由名人说《夸奖话》的一种形式，进而成为一些人互相攀比的"规格"。书写出来了，便费尽心计找名人写序，一时成了时尚。

按说，要为书作序，就得认真阅读书稿。但是，名人大抵都是忙人，厚厚一摞书稿，让他从头到尾认真的读一遍，实在是强人所难。求"序"者为防索序被回绝，大抵都是代似序稿，然后请名人（所谓作序人）签名。

（三）校对实样

三餐分配要合理

一日三餐、定时定量，这看似尽人皆知、简单易行的饮食要求，很多人并没有做到。一日三餐即要注意用餐时间相对固定，也要合理分配每一餐的食用量，这样才能使身体获得及时、适量的能量和营养。

1、一日三餐应定时定量

洽当的饮食行为是保证充足、均衡营养摄入的前提。应根据身体的生理需求，特别是消化系统的活动规律，并考虑日常生活、工作或学习等情况来安排一天的餐次和食物量。每天进餐的次数与间隔时间应根据消化系统的功能和食物从胃内排空的时间来确定。食物的性状和组成不同，排空的速度也不同。一般来讲，稀的流体食物比绸的固体食物排空快；小块食物比大块食物排空快。含碳水化合物多的食物在胃内停留的时间很短，而含蛋白质和脂肪多的食物停留时间较长，混合食物胃排空时间一般为 3～6 小时。因此，一日三餐中的两餐间隔时间以 4～6 小时为宜。

考虑到日常生活习惯和消化系统生理特点，一日三餐的时间应相对固定。早餐一般在 6：30—8：30、午餐在 11：30—13：30、晚餐在 6：00—8：00 之间进行为宜。早餐所用时间以 15—20 分钟，午餐、晚餐以 30 分钟左右为宜，不宜过短，也不宜过长。进餐时间过短，不利于消化液的分泌及销化液与食物的充分混合，影响食物的消化，会带来肠胃不适；进餐时间过长，会不断地摄取食物，引起食物摄取过量。进餐时应细爵漫咽，不宜狼吞虎咽。三餐定时定量，不宜饥一顿饱一顿。

全天的食物应合理分配成一日三餐，通常根据能量分配。一般情况下，早餐提供的能量应占全天总能量的 25%～30%，午餐应占 30%～40%，晚餐应占 30%～40%。应根据个人职业特点、劳动强度和生活习惯进行适当调整。各类食物的食用量可根据能量需要进行调整。典型城市成年人一日三餐的推荐食物摄入量参见表 13.1-2。

表 13.1-1 典型城市成年人一日三餐的推荐食物摄入量（g）

食物种类	女性				男性			
	早餐	中餐	晚餐	全天	早餐	中餐	晚餐	全天
谷 类	75	100	75	50	100	125	125	350
豆 类	—	20	20	40	—	20	20	50
蔬 菜	75	125	100	300	100	150	150	400
水 果	100	50	50	200	100	100	100	300
肉 类	—	25	25	50		50	50	75
乳 类	300	—	—	300	300	—	—	300
蛋 类	25			25	50			50
水产品	—	25	25	50	25	—	25	50
油脂类	5	10	10	25	5	10	10	25

2、早餐营养要充足

早餐作为一天的第一餐，对膳食营养摄入、健康状况和工作或学习效率至关重要。不吃早餐，容易引起能量及其他营养素的不足，降低上午的工作或学习效率。研究表明，不吃早餐导致的能量和营养素摄入的不足很难从午餐和晚餐中得到充分补充。每天都应该吃早餐，并且要吃好早餐，以保证摄入充足的能量和营养素。早餐距离前一天晚餐的时间很长，一般在 12 小时以上，体内储存的糖原已经消耗殆尽，应及时加以补充，以免出现血糖浓度过低的现象。血糖浓度低于正常值会出现饥饿感，大脑的兴奋性随之降低，反应迟顿，注意力不集中，降低工作或学习效率。

食物中的供能营养素维持血糖的水平。蛋白质、脂肪和碳水化合物的供能比例接近 1：0.7：5 的早餐，能很好地发挥碳水化合物在餐后快速升高血糖的作用，同时又利用了蛋白质和脂肪维持进餐 2 小时后血糖水平的功能，不同食物相互补充，使整个上午的血糖维持在稳定的水平，来满足大脑对血糖供给的要求，对保证上午的工作或学习效率具有重要意义。

综合测试二

（一）句子改错

所给句子的错误涉及多方面，其中文献注释按相近的格式改正。

1. 面对近期我国大范围遭受雾霾侵袭的现象，我们炎黄子孙必须行动起来。

2. 本文提出了包括网络与指挥装备硬件支撑平台、分布式数据库管理系统、统一处置指挥平台、应急指挥应用系统等六个组成部分在内的新疆维吾尔族自治区突发公共事件应急指挥平台框架体系。

3. 文坛浮躁成风，他曾写过一篇长文，对此做了尖锐的针贬。

4. 改革开放后，这个城市发生了天翻地复的变化。

5. 圣诞节，小刘送小王九支玫瑰花，小王送小刘一枝派克笔，作为给对方的节日礼物。

6. 那年诗人复出，犹如一块积蓄了巨大能量的煤熊熊燃烧，写出了一批烩炙人口的作品。

7. 今天晚上饭吃多了，我肚子发涨。

8. 这首小令语言极为凝炼却容量巨大，寥寥数笔就勾画出一幅悲绪四溢的"游子思归图"，淋漓尽致地传达出了漂泊羁旅的游子之心。

9. 老板很生气，说要对我炒鱿鱼。

10. 我们应该向先进企业学习，起初可能是邯郸学步，但终究会走出自己的路来。

11. 启动园丁康居工程的消息一经传出，广大教师奔走相告，弹冠相庆，称赞政府为他们办了实事。

12. 经过十余年的不懈努力，由我国科学家自主研制的高分辨率测深侧扫声纳技术取得重大突破。

13. 赵家坡这个小山庄，靠自己的力量建起了一座蓄水近十万多立方米的水库。

14. 2003 年公司克服了原料供应不足的困难，超额完成了第一季度的计划，比去年同期增长 10%。

15. 以往学术界对丝绸之路的研究，一般侧重于丝路贸易兴盛的汉唐时期，而蒙元时期丝路贸易领域很少有人涉足。

16. 今年暑假，我市将举办第 12 届中学生运动会，我校参加这届运动会的 20 名男运动员和 16 名女运动员，均是由班级和年级层层选拔出来的优秀选手组成。

17. 搜集史料比较容易，鉴定和应用史料更不容易，中国过去的大部分文学家主要力量就用在这方面。

18. 漫步桃园，那一排排、一行行、一树树的桃林让人流连忘返；中餐后还可去自费采摘，那果肉松软多汁的大桃更让你想要大快朵颐。

19. 今年我们公司的新年联欢晚会有以下节目——大合唱、男女声独唱、诗歌朗诵、舞蹈和杂技。

20. 亚太经合组织是亚洲与环太平洋地区经济合作组织的简称，共有 21 个成员国：中国、中国香港、新加坡、中国台北、泰国、日本、韩国、澳大利亚、文莱、加拿大、智利、印度尼西亚、马来西亚、墨西哥、新西兰、巴布亚新几内亚、秘鲁、菲律宾、俄罗斯、美国和越南。

21. "真不是和你说着玩儿。"洪民一本正经地说，"如果你能出山，咱们一起想办法，这事准能完成"。

22. 老人拿到医疗救助金后感动地说："有这么好的政策，有这么好的医疗条件，虽然得了重病，并不可怕，我呀！还得活一阵子呢。"

23. 最近多名省部级高官因贪污受贿被判处死刑，人民群众无不拍手称快，但人们还在关注着检察机关对那些行贿者将如何处置？

24. 他几乎每天都要用六七个小时以上进行烟斗设计，他的一个烟斗在市场上的零售价超过 300 元。

25. 前 506 年，孙武带领吴军对楚国实施千里战略奇袭，被史家称为柏举之战。

26. 1920 年 8 月，苏俄在全国征购到二亿两千万普特的粮食，比前年翻了一倍。

27. 王院长，既然你来参加我们的读书会，就请你给我们的学生说二句吧！

28. 需用 15% 的多效唑配制成 300 ppm 的药液喷洒水稻秧苗，请问 1 克农药需加多少克水？

29. 键盘某一键被按下时，会引起键下的电容器电容改变。只要电容变化达 0.25 μμF，电子线路就能发出相应的信号，从而识别出哪个键被按动了。

30. 在统计力学和热力学中，驰豫时间表示系统由不稳定态趋于某稳定态所需要的时间。

31. 事件：日本表示将会在 2 月 20 日联合国组织改革讨论时，再次提出加入联合国常任理事国的请求。

32. 一般来说，二十平方米的客厅应该配多大瓦数的灯？

33. 据统计，1949 年到 2012 年期间，我国人口在 5.62 ～ 13.54 亿范围内变化，而且逐年增加。

34. 马克思：《哥达纲领批判》，载《马克思恩格斯选集》第三卷，北京：人民出版社，1972 年版，第 21 页。

35. 张培：《城中村改造基本法律问题研究》，《哈尔滨工业大学学报：社会科学版》，2005 年第 6 期，第 60-63 页。

36. 虞晓贞 , 在历史教学中落实"情感态度价值观"目标的实践与反思 [J], 思想理论教育 .2011(10 下):11.

37. Harlow, H.F. (1983). Fundamentals for preparing psychology journal articles, *Journal of Comparative and Physiological Psychology*, 55, 893–896.

38. Reliance interest is designed by the legislature under the principle of bona fide to ensure the security of transactions.

39. But I thought we were meeting on Tuesday ...?

40. 若方程 x^2+px+q 的两个根是－ 2 和 3，求：p，q 的值。

41. "双 11"来了，单身妹怎么办 ?10 招教你如何过好每 1 天！

（二）短文改错

提起食品安全，很多人的神精都会为之牵动。"二战"后，欧美等国在工业现代化的基础上，先后实现了农业现代化，农业技术水平迅速发展。这一方面极大的增加了这些国家的食品供应，另一方面，随着农药、化肥和禽蓄饲料添加剂使用越来越广泛，有害化学物质在生物体内富集，导致食物污染，损害人体健康。这种危害具有隐敝性和长期累积性。一些不法分子在食品生产过程中不顾安全要求，为了偷工减料，或者为了制造虚假的食品感官，在食品中添加法律禁止的食用物质，或者超范围、超量使用食品添加剂，造成更严厉的安全隐患。相信大家对三聚氰胺婴幼儿奶粉事件记忆尤新。

我国在 90 年代初着手开发绿色食品。经过几十年的发展，现已形成有机食品、绿色食品和无公害食品三种形势的安全食品管理规范。有机食品是食品的最高标准，但通常渴望而不可及。绿色食品实行一从农田到餐卓全程质量跟踪检测管理体系，允许限量使用合成化学品。通过精心安排，在减少合成化学品用量 2～5 倍的情况下，完全可以实现农业稳产，并获得优质绿色农产品。无公害食品通过实施产地认定、产品认证、市场准入等措施，提高食品的安全性。无公害食品是食品应当达到的基本要求，是为保证人民群众饮食健康的一道最高安全线。

有机食品是目前国际上对无污染天然食品的公认提法，译自英文 Organic foot，有的国家称之为生态食品。有机不是强调化学概念，而是指采取天然耕作和加工方式生产的，符合特定要求和标准，通过国家认证机构认证的各种农产品及其加工品。有机食品包括粮食、蔬菜、水果、茶叶、禽畜产品、水产品、蜂密和调料等，在种植、加工、贮运和销售过程中要建立严格的质量管理体系，禁止使用合成化学品，禁止使用基因工程技术及其产物，既注重生产过程与环境的控制，也重视产成品的质量。从普通食品生产到有机食品生产一般需要 2～3 年的转换期，有机食品认证一次有效期限为一年。一年期满后可申请保持认证。企业在认证有效期限内按规定要求生产的食品方可使用有机食品标志。有机食品的认证要求"定地块、定产量。可见，有机食品要比普通食品难的多。截止 2006 年底，经中绿华夏有机食品认证中心认证的有机食品生产企业已达 601 家，产品实物总吨数为 211t，国内销售额 60～70 亿元、出口额约 1.6 亿美元。

虽然人们普遍认同有机食品的安全性，并且认为由于有机食品生产过程中注重产品的天然成分，可保持食物本来的味道，但有机食品的营养价值并不优于其他食品。因此，宣传有机食品的营养价值是故意误导消费者。最近也有报道，有机香蕉和水果中抗氧化剂的含量比普通水果高 40%，可以降低预防患癌症和心脏病的风险。

据对上海市场的调查，有机食品的价格比普通食品一般高出 30%～80%，有些品种的价格甚至高出超过 3 倍以上。以 1Kg 包装大米为例，普通大米价格在 2～3 元，有机大米价格在 5～6 元。在利益驱动之下，有的企业打起擦边球，超过有效期继续使用有机食品认证标志的现象时有发生，有的企业为了节省成本没有申请保持认证，也有的是因为产品已经通过保持认证。由于公众对有机食品的认知已然十分有限，有关部门加强监管十分重要。消费者购买食品时应注意包装上必须带有有机食品标志。

食品安全既要靠健全的法律体系和完善的技术标准，也要仰仗生产经营者的道德和诚信。越来越多的企业自愿申请有机、绿色或无公害食品认证，将从根本上杜绝食品安全隐患。

（三）校对实样

这里，前面是学生用书的听力测试，后面是教师用书的听力原文。请对照校对。

学生用书

第一部分　听力选择题（共 15 小题，计 15 分）

I. 录音中有五个句子，每个句子听一遍，然后从每小题 A，B，C 中选出适合每个句子的正确答语。

1. A. Try them on   B. Put them on, please.   C. You'd better buy a new one.

2. A. I've made a mistake.   B. I'm much better now.   C. I felt sick, my heart hurt.

3. A. It's my pleasure.   B. It doesn't matter.   C. What a pity

4. A. Yes, of course.   B. That's very kind of you.   C. I like the house very much.

5. A. It was rainy.   B. It was November 13th.   C. It was Wedensday.

II. 录音中有五组对话和五个问题，听对话和问题一遍，然后从每小题 A，B，C 中选出能回答每个问题的正确答案。

6. A. On a bus.   B. In the cinema（电影院）.   C. In a car.

6. A. A Chinese book.   B. A history book.   C. A English book.

8. A. He asked her to work at once.

    B. He wants to send her away from the office.

    C. She doesn't want to work here any more.

9. A. 7:30.   B. 7:35.   C. 7:45.

10. A. He doesn't like the film.   B. He likes the film alot.

    C. He agrees with the woman.

III. 录音中有一段对话和五个问题，听对话和问题两遍，然后从每小题 A，B，C 中选出能回答每个问题的正确答案。

11. A. On TV.   B. On the Intermet.   C. Over the phone.

12. A. Jack.   B. Larry.   C. The woman.

13. A. Have a party.   B. Dance together.   C. Sing songs.

14. A. 3887512.   B. 8770112.   C. 2881875.

15. A. Tonight.   B. This afternoon.   C. We don't know.

教师用书

第一部分 听力选择题（共 15 小题，计 20 分）

I. 录音中有五个句子，每个句子听两遍。然后从每小题 A，B，C 中选出适合每个句子的答语。

1. My shoes are worn out.

2. You didn't come to school yesterday, what was wrong.

3. I'm sorry to have kept you waiting so long.

4. Can I go in and have a look at your new house?

5. What was the date the day before yesterday?

II. 录音中有五组对话和五个问题，听对话和问题各一遍。然后从每个题 A，B，C 中选出能回答每个问题的答案。

6. M: Don't you think you should slow down, John? You're always driving to fast.

W: I know, but if I do so, we'll be late for the movie.

Q: Where are the speakers?

7. W: Sue, have you seen my history book?

M: No, I haven't. But I saw an Eglish book on Jim's desk. Is it your, Tom?

W: No, it isn't.

Q: What book has Tom lost?

8. W: Sorry, I'm late.

M: You're always late. Form today on you needn't come to work anymore.

Q: What does the man mean?

9. W: Does the play start at 7:30 of 7:45?

M: It begins at 7:45. We still have ten minutes left.

Q: What time is it now?

10. M: What do you think of the film?

W: Wonderful. The music sounds nice and the story is interesting.

M: But it lasts too long.

Q: What does the man mean?

III. 录音中有一段对话和五个问题，听对话和问题两遍。然后从各小题 A，B，C 中选出能回答每个问题的答案。

M: Hello, May I speak to Larry?

W: Sorry, he is out. Can I take a message?

M: Yes, This is his friend Bob calling. Would you pleased ask Larry to bring a videotape of popular songs to teh evening party tonight? He knows it's at Jack's house.

W: I can't remember all these. Hold on, please. I'll get a pen to write it down. Bob called. You should bring a videotape of popular songs to the evening party tonight. Right?

M: Yes, you are right. You may also tell him to call me back if he has a chance.

W: All right. What's your telephone number?

M: Its 2818875.

OK. I think he will see the message when he comes back.

M: Thanks a lot. Bye!

W: Bye!

Q: 11. How do they talk to each other?

12. Who does Bob call?

13. What are Bob and his friend going to do tonight?

14. What's Bob's phone number?

15. When will Larry come back?

综合测试三

（一）句子改错

所给句子的错误涉及多方面，其中文献注释按相近的格式改正。

1. 由好莱坞导演拍的纪录片《尖阁诸岛真相》，于 2014 年 3 月 12 日在洛杉矶首映。

2. 据悉，在藏区百姓的心中，宁晓曦就像是雪山一样重要，她走访藏区，为那里的每一个孩子检查身体，为孩子们带去曙光。

3. 来人不过五十多岁，但一脸的沧桑感，连眼角也已明显松驰下来。

4. 他身上有一股气慨，一点不为眼前的利益所动。

5. 时间只剩下十天了，但既使前面是刀山火海，我们也要保证完成任务。

6. 遇到这种死皮癞脸的人，你千万不要和他过多地纠缠。

7. 天暗下去了，鱼船满载着鱼驶向鱼村。

8. 傍晚，夕阳的余辉洒落在河面上，河水一半红一半绿，很美。

9. 你不要好了伤疤忘了疼，他给你些甜头就为他说话了？

10. 今年，全国有 19 个省市自治区加入同步招考。

11. 教育学生要讲究方式方法，不能总是耳提面命，摆家长威风。

12. 天网恢恢，疏而不漏，这伙横行乡里鱼肉百姓的地痞流氓终于身陷囹圄。

13. 维他命是维持人体生命活动必需的一类有机物质，也是保持人体健康的重要活性物质。

14. 今年考题难度相对降低了，但涉及的知识面很广，像"满清政府能不能听到广播"，考的就是历史综合分析能力。

15. 他在工作中犯了这么大的错误不是偶尔的。

16. "哥伦比亚号"机毁人亡令人痛惜，但这没有影响到美国民众对航天飞机的热情，约七成以上美国人认为应该继续航天飞机计划。

17. 去年入冬以来，少数目无法纪的人，任意偷窃、哄抢电线电缆厂大量物资，损失在百万元以上，目前警方已经立案侦查。

18. 该市应试教育盛行，不少学校为了抢生源，竟把老师编成分队，派到各个小学组织学生考试，考得好的学生就通知家长去登记报名。

19. 当汽车徐徐开进终点站时，车上的乘客都下车了。

20. 去年由县人大常委会交给县政府及有关部门办理的 175 件人大代表议案和建议、批评、意见，目前已全部办理完毕并答复代表。

21. 我不知道这件事情怎么会变成这个样子？但是，无论如何我们都应该竭尽全力把这件事情处理好。

22. 茫茫宇宙到底有没有外星人，生命能不能合成，人果真由命运主宰？这一切引人深思。

23. 目前大学毕业生就业存在一种奇怪现象：一方面很多学生毕业后找不到工作，另一方面很多民营企业以及西部边远地区招不到需要的工作人员，出现这种现象的原因之一在于大学毕业生没有树立正确的择业观。

24. On July 3 1997 the company will accept orders for calculators software and mouse pads.

25. 眼下时装销售大战正酣，一件流行上装将近 300 元左右。

26. 日本厚生劳动省 6 月 5 日公布的 2012 年合计特殊出生率为 1.41%，低于维持人口所需要的 2.07%。

27. 7 月 21 日 22 时 40 分，房山大石河出现历史最大流量——1110 m³/ 秒！

28. 现在已经十一月了，今年余下时间不多，只能再办二期培训班了。

29. 一元两次方程和一元一次方程都是整式方程，它是初中数学的一个重点内容，也是学生今后学习数学的基础。

30. 阿斯匹林肠溶片，每片 100 mg。成人服用量，100 ～ 200 mg/日。

31. 在某段电路中，一定值电阻的阻值为 $R = 2$，通过它的电流为 $I = 1$。求电阻的热功率 P。

32. 相交于原点的两条数轴,构成了平面放射坐标系。如两条数轴上的度量单位相等，则称此放射坐标系为笛卡尔坐标系。

33. 研究显示，卡路里摄入量少于这个标准的女性，自身的新陈代谢水平会降低 45%。

34. 如果一个圆的直径是 d cm，那么它的周长和面积分别是多少？

35. 吴展：《试论核裁军的几个问题》，载《美国研究》1994 年第 3 期，第 43 页。

36. 马克思、恩格斯 . 马克思恩格斯文集：第 7 卷 [M]. 北京：人民出版社，2009.

37. 李林 . 哲学咨询的实质及其在中国发展的障碍 [N]. 浙江工商大学学报，2015-1-15(41).

38. Trillin, C. (1993, February 15). Culture shopping. *New Yorker*, pp.48–51.

39. Has the tofu stewed long enough?

40. Then they make a map of where the treasure（财富）is or write down other clues（线索）that will help them or someone else to find it again.

41. 预应力筋张拉的实际伸长值 ΔL 可按下式计算

$$\Delta L = \Delta L_1 + \Delta L_2$$

式中，ΔL_1 表示从初应力至最大张拉力间的实测伸长值，ΔL_2 表示初应力以下的推算伸长值。

（二）短文改错

西山抒清

傍晚时侯，到达昆明。天正下着蒙蒙细雨，山环海抱的春城，尤如披上了一袭轻纱，在矜恃中显得格外妩媚。热情的主人驱车送我们到下塌的宾馆，几句寒喧之后，便情不自禁地谈起了西山。那不无自得的神情，激起了我们强烈的向望。

据说，在宾馆便能远眺西山。可惜这时已是万籁俱寂的深夜。待主人告别以后，我推开了临街的窗，只见远处街灯璀灿，树影婆娑，山石重迭，月光如银，四周龙罩着一片温磬。呵，多么令人沉醉的春城之夜！这时，我不禁想起了杨州的瘦西湖，灵壁的禹王宫，蒲田的古谯楼，济南的灼突泉……西山呵，你又该呈现出怎样一番风彩呢？

第二天在市区的大观楼上，我终于见到了西山清淅的轮廓。传说中的西山象个"睡美人"，你看，那秀美的长发，正披散在滇池中呢！我却觉得林木掩映下的山峰，更似一群奔马，振鬣长厮，腾欢跳跃，向着胜利的日标，在撒蹄驰聘呢！苏东坡《题西林壁》诗曰："不识庐山真面目，只缘身在此山中。"其实，"欲识庐山真面目，还需身在此山中。"只有置身于西山道上，才更能看清西山粗旷险竣的雄姿和飘逸秀美的风光。

会议结束那天，主人宣布明天游揽西山。会场里暴发出一阵掌声。说心里话，我们还真担心会取消这一节目呢。次日零晨，主人自任响导，车子一路颠波，由市区直驶郊区。极目望去，处处幅射着春的气息：清沏的池塘，嘻戏的白鹅，修茸一新的小学校舍，金壁辉煌的影剧院，随着道路的廷伸，一一仆入眼帘。不到半个小时，车子己低山前。这时，游人正锋涌而至，熙来嚷往，一片欢腾。

大名顶顶的西山，简直是世外桃园。且不说那缠婠动人的民间传说"哮牛泉"，单看这西山脚下：奇花异卉竞相开放，山泉汩汩而出；烟囱高耸的厂区里，隐隐传出机器的欢鸣；还有那挺拨大叶榆丛中的招侍所、疗养院……这一切都揉进了那湖光山色之中。西山的最高处是龙门，站在那峰顶上，尘世的噪杂嘎然而止，仿佛已在九宵云中，只觉得悬岩凌空，天风浩荡。我的脉膊顿时激烈起来。有时，一抹云霞从峰顶缓缓游过，旭日倾刻间把云霞染得徘红，成了"睡美人"化装台上的一根采带。龙门上有一幅对联："仰笑宛离天尺五，凭临恰在水中央。"既景生情，对仗工整，俯仰之间，别有天地，没有丝毫娇揉造作之态，堪称传神之笔。

西山上的三清阁、达天阁，在人文古迹中，是品味很高的的艺术品。无论是宏观还是细部，都可看而又耐看。你看，连从三清阁到达天阁的回旋屈折的石径，都是从悬崖诮壁上直接凋出来的。达天阁正面是"魁星点斗"的塑象，神采弈弈；背景是八仙过海的浮雕，八仙有的脚踏详云，有的手柱铁拐，有的金钢怒目，有的雍荣大度，神态炯然不同。魁星前面还有焚香炉、腊烛台。我们进去时，正燃着一柱清香，室里香烟撩绕。整个作品层次清楚，构思严紧，造型生动，笔触精细。某些粗制烂造的城市雕塑是不能忘其项背的。有二个年轻的小伙子，大概是步行上山的，风尘扑扑，汗流夹背。他们对视了一下，特意搬了搬香炉，想惦量一下这炉的重量，结果岿然不动。原来它是和西山紧紧连在一起的。观尝的人们不由发出了"啧啧"的赞叹。

据说，这些珍贵的艺术遗产，出自清代一位戆厚的老石工之手。为了使自己的作品不落巢臼，他在山上渡过了自己一生的整整七十年时间。可惜的是，当他最后修改魁星手中的毛笔时，一不小心碰断了笔尖。老石工潜然泪下。仅管这并未破坏整个作品的神韵，他却觉得自己槽塌了艺术而不能原谅自己。一向精神镂烁的老人变得木纳迟炖起来，终于在一个秋风肖瑟的夜晚，报撼从龙门跳进了滇池。我一面诅嚼着这则民间传说，一面注视着魁星奇异而深邃的眼睛，不能不为老石工精堪的艺术造脂和执着的艺术追求所震憾。我觉得，他是一位真正的艺术家。

从西山下来，在晚霞和幕蔼之中，我们晋竭了聂耳墓。真的是一杯黄土！有人曾说这里是"衣冠冢"，后来我们访问过聂耳的哥哥聂叙伦，老人说是他亲自把聂耳的骨灰接到西山安葬的。我们缓缓停住脚步，把一束黄兰相杂的山花献在墓前，气氛庄严肃穆。墓碑上有郭沫若的题词，郭老称聂耳是"中国革命之号角，人民解放之鼙鼓"，对聂耳的革命音乐创作做出了高度的评价。

是的，在那魔鬼蹁跹的黑暗之日，在那靡靡之音弥蔓之时，聂耳却在党的领导下，怀着对革命前途的希翼，热情地呕歌革命。他的歌如火把一样，在人们的心头熊熊燃烧。在聂耳的歌曲中，人们听到了那响彻环宇的时代的声音，人民的声音。难怪当年"四人帮"会对"聂耳、洗星海音乐会"百般阻挠。然而人民是不会忘记自己的音乐家的。今天，聂耳创作的国歌的战斗弦律，不正在鼓午着中国人民前进的步伐吗？

站在聂耳的墓旁，我想，这位人民的音乐家，虽然只活了短短的二十三年，但他的歌曲将永远和滇池的波光相映，和西山的松涛长鸣。

（三）校对实样

这里分别是两本书的版权页和目录页各一页码的校样，请对此进行校对。

1. 版权页校样

图书在版编目（cip）数据

落叶无情人有情 / 云舒开著 . 一北京：蓝天白云出版社，2009.4

ISBN 978-7-83787-0289-4

I. ①落⋯ II. ①云⋯ III. ①长篇小说－中国－当代 IV. I247.5

中国版本图书馆 cip 数据核字 (2019) 第 17130 号

书　　名	落叶无情人有请
著　　者	云舒开
责任编缉	刘　奇
出版发行	蓝天白云出版社
社　　址	北京市东城区东交民巷 1 号（邮编　1000730
经　　销	新华书店总店北京发行所
印　　刷	北京蓝天印刷厂印刷
开　　本	710 mm × 1000 mm 1/16
印　　张	19.5
字　　数	33.9 万
版　　次	2009 年 6 月第 1 版　2009 年 6 月第 1 次印刷
标准书号	ISBN 978-7-8378-7289-5
定　　价	45.00

2. 目录页校样

目录

┌─────────────────────────────┐
│　　　　综合测试四　　　　　　　│
└─────────────────────────────┘

（一）句子改错

所给句子的错误涉及多方面，其中文献注释按相近的格式改正。

1.【新华网北京 4 月 28 日电】国家统计局局长马建堂 28 日说，第六次人口普查登记的全国总人口为 1339724852 人，与 2000 年第五次人口普查相比，年均增长 0.57％，处于低生育水平阶段。

2. 一向以请不动著称的周杰伦终于要在今年暑假坐镇内地王牌真人秀节目《中国好声音4》。另外有确切消息称，台湾一线巨星吴奇隆、苏有朋也已经确认加盟江苏卫视《壮志凌云》。

3. 随着警报响起，空气顿时紧张起来，卫兵穿流不息地在院子里进进出出。

4. 没有笨鸟先飞的自觉，没有悬梁刺骨的决心，还谈什么攀登科学的险峰？

5. 作为一个人民法院的法官，怎么能够草管人命呢？

6. 辩证论治就是运用中医理论来观察分析诊断疾病、治疗处理疾病的原则和方法，又称辩证施治。

7. 四川全省由于幅员辽阔，土地租佃习惯和形式各地不尽相同。

8. 城市发展综合症是我国城镇化进程中遗留的系列问题，这些问题的存在将影响到我国经济的发展，也影响到城镇化进程的实际效果。

9. 索斯比拍卖行为期五天的香港拍卖会已在昨日落下帷幕，此次活动中拍卖最成功的藏品是一颗3080万美元的白钻。

10. 对于列车上的遗物，铁路部门想尽了一切办法，但有的还是无法找到失主。

11. 本刊将洗心革面，决心继续提高稿件的编辑质量，向文学刊物的高层次、高水平攀登。

12. 会议决定，市公安局成立打办，负责调查研究，掌握情况，协调各区、县和业务处打击经济犯罪的工作。

13. 阿斯匹林，也叫乙酰水杨酸，是一种历史悠久的解热镇痛药，诞生于1899年3月6日。

14. 广东农村正在掀起了科学种田的新高潮。

15. 发达国家校园内无障碍通道很普遍，乘坐轮椅的残疾人在其中活动没有什么不便，但是学校就做不到这一点，因此需要坐轮椅的考生就被认为是生活不能自理了。

16. 三妹拉着葛姐的手说,她老家在偏远的山区，因为和家里赌气才跑到北京打工的，接着她又哭泣起自己的遭遇来。

17. 在那个时候，报纸与我接触的机会是很少的。

18. 当她离开杭州时，她和大家一一告别。

19. 5月4日上午，市委组织部在市司法局召开全局干部大会，宣布市委关于市司法局局长的任命决定。

20. 老师勉励我说："你要学习鲁迅先生：'横眉冷对千夫指，俯首甘为孺子牛'的革命精神，全心全意为人民服务"。

21. 有关专家指出，白开水是最符合人体需要的"天然饮料"。它既洁净，又能使硬度过大的水变得适中——（因为过多的矿物质煮沸后会沉淀），还含有多种微量元素。

22. 中国跳水队领队在出征雅典世界杯赛前表示，"这次奥运会前的热身赛预定完成三项任务，感受场馆，观察对手，摸清自身。"

23. 克木族于2006年从哈尼族中独立出来，单列为一族，现约有3000人。

24. Each of the machines needs to have it's annual check-up.

25. 晚上六点 30 分少儿节目开始播放。

26. 公司今年业务大增，员工也从去年的 24 名增加到今年的 54 名，增加了 2.25 倍。

27. 师傅，开快点！我赶时间，要去机场接 15:30 分的飞机。

28. 报关单上的金额确实是一百九十点〇七万元，我没有看错。

29. 一般，晚上 22:30 的航班提前一个半小时到达机场就没有问题了。

30. 被污染河水的 PH 为 1 ～ 4，远远超过了国家环保部门对地表水的 PH 的规定。

31. 金子的比重是 19.3，水银的比重是 13.55。

32. 反应堆主控制室内装有反应堆周期测量的仪器仪表，反应堆周期超过此限值，仪器会发出警报。

33. 气象部门通告，今明两日气温将达到本地最高点，摄氏 40 度。

34. 850×1168 mm 的开本，就是图书印刷中常见的大 32 开。

35. 卡尔·波普尔，舒炜光等译：《客观知识——一个进化论的研究》，上海：上海译文出版社，1987 年，第 114—162 页。

36. 舒国治. 门外汉的京都 [M]. 南宁：广西师范大学出版社，2012.

37. 高慎涛. 论温庭筠词 [D]. 硕士论文，咸阳：陕西师范大学，2004 年.

38. Tenenbaum, D. J. (2015). How a fruit fly flies. [online] Available at:http://whyfiles.org/2015/fruit-fly-flight/ Dec. 10, 2015.

39. The Lord of the Rings is an epic high-fantasy novel written by English author J.R.R. Tolkien.

40. The authorized capital of the Company is USD50000 divided into 50000 registered shares with a par value of USD1.00 each.

41. 数学上 $x/y/z$ 就是 $xy^{-1}z^{-1}$。

（二）短文改错

短文一

爱看好莱坞影片的人，大概都看过《宾虚》一片。它是根据一部同名小说改编的。作者路易斯. 华莱士，原是美国内战时期的一名南军的将军。这部片子所描写的，是纪元初一个古罗马的故事，其中车战的弘大场面，最扣人心弦。哪些驾车的战马，也颇为了得，只是作者用来称呼他们的名字，却犯了个"时代的错误"：如一匹马名"天狼星"，还有一匹名"参宿2"等……因为这些星宿的名字，是公元 1000 年才由阿拉伯人命名的，《宾虚》的故事却发生在公元初。这就好比李逵的腰里别的不是两把板斧，而是一把左轮手枪一样。

除《宾虚》之外，华莱士还有一本很不错的小说，那就是"印度王子"，一般供我国学生阅读的英语简宜读物里都会收有这一本书。但一涉及天上的事，华莱士开口即错。这故事里说一个天文学家，半夜站在印度一户人家的屋顶上看星星，居然看见了金星。要知道在印度，也如我国一样，人在半夜是看不见金星的。这时侯，它还躲在西方的地平线下，只有到了天要破晓时，它才露头于西方。《诗经》《大东》里有句说："东有启明，西有长庚"，这启明与长庚，说的都是金星，既晨见于东方者叫"启明"，夕见于西方者叫"长庚"。印度与我国均是东方的国家，能看见金星的时间，相差不会很大。华莱士生于西方，又不懂天文的常识，就"以此推彼，想当然耳。"

短文二

'生活垃圾'一般可分为4大类。可回收垃圾、厨房垃圾、有害垃圾和其他垃圾。目前常用的垃圾处理方法主要有综合利用、卫生填埋、焚烧和堆肥。

可回收垃圾包括纸类、金属、塑料、玻璃等，通过综合处理回收利用，可以减少污染，节省资源。比如每回收一吨废纸可造纸 850 kg，可节省木材三百 kg，比等量生产减少污染百分之七十四；每回收一吨塑料饮料瓶，可获得 0.7 吨二级原料，每回收一吨废钢铁可炼好钢 0.9 吨，比用矿石冶炼节约成本 47％，减少空气污染 75％，减少 97％的水污染和固体废物。

厨房垃圾包括剩菜剩饭，骨头，菜根菜叶等食品类废物；利用生物技术就地堆肥处理，每吨可生产 0.3 吨有机肥料。

有害垃圾包括废电池、废日光灯管；废水银温度计、过期药品等，这些垃圾需要作特殊安全处理。

其他垃圾包括——除上述几类垃圾之外的砖瓦陶瓷、渣土、卫生间废纸等，难以回收的废弃物。采取卫生填埋可有效减少对地下水、地表水、土壤、及空气的污染。

（三）校对实样

关于三角形不等式的逆向

刘健先生在文《100 个待解决的三角形不等式问题》[1] 中提出了一个关于三角形中线的猜想不等式：（问题 shc15(g)）

在锐角 $\triangle ABC$ 中，有

$$\sum \frac{m_b m_c}{bc} \geqslant \frac{3}{2} \sum \frac{a}{b+c}, \tag{13.1-1}$$

其中 a, b, c; m_a, m_b, m_c 分别是 $\triangle ABC$ 的三内角 A, B, C 所对边长和所对边上的中线长，$\sum$ 为循环和.

杨学枝先生在文 [2] 中证明了较不等式 (13.1-1) 更强的不等式：

在锐角 $\triangle ABC$ 中，有

$$\sum \frac{m_b m_c}{bc} \geqslant \frac{1}{4} \sum a \sum \frac{1}{a}. \tag{13.1-2}$$

本文考虑不等式 (13.1-1) 的逆向，得到

命题 在锐角 $\triangle ABC$ 中，有

$$\sum \frac{m_b m_c}{bc} \leqslant \frac{4R+r}{4r}, \tag{13.1-3}$$

其中 R，r 是 $\triangle ABC$ 的外接圆半径、内切圆半径.

证明 $\triangle ABC$ 的外心为 O，点 O 到 $\triangle ABC$ 的三边 BC，CA，AB 的距离分别为 p_a，p_b，p_c，根据三角形的两边之和大于第三边，得

$$m_a \leqslant R + p_a,$$
$$m_b \leqslant R + p_b,$$
$$m_c \leqslant R + p_c.$$

$\because ap_a = R^2\sin 2A,$

$\quad bp_b = R^2\sin 2B,$

$\quad cp_c = R^2\sin 2C.$

$\therefore p_a = R\cos A,$

$\quad p_b = R\cos B,$

$\quad p_c = R\sin C.$

$$\sum \frac{m_b m_c}{bc} \leqslant \sum \frac{(R+p_b)(R+p_c)}{bc} = R^2\sum\frac{1}{bc} + R\sum\frac{p_b+p_c}{bc} + \sum\frac{p_b p_c}{bc} \tag{13.1-4}$$

应用 $2s = a + b + c$，$abc = 4Rrs$，有

$$\sum\frac{1}{bc} = \frac{a+b+c}{abc} = \frac{2s}{4Rrs} = \frac{1}{2Rr} \tag{13.1-5}$$

$$\sum\frac{p_b+p_c}{bc} = \frac{1}{4R}\sum\frac{\cos B + \cos C}{\sin B \sin C} = \frac{1}{4R\sin A\sin B\sin C}\sum(\cos B + \cos C)\sin A$$

$$= \frac{1}{4R\sin A\sin B\sin C}\sum\sin(A+B) = \frac{\sin A + \sin B + \sin C}{4\sin A\sin B\sin C}$$

$$= R\frac{a+b+c}{abc} = \frac{1}{2r} \tag{13.1-6}$$

$$\sum\frac{p_b p_c}{bc} = \frac{1}{4}\sum\frac{\cos B\cos C}{\sin B\sin C} = \frac{1}{4\sin A\sin B\sin C}\sum\cos B\cos C\sin A$$

而 $\quad \cos B\cos C\sin A + \cos C\cos A\sin B + \cos A\cos B\sin C$

$= \cos C(\cos B\sin A + \cos A\sin B) + \cos A\cos B\sin C$

$= \cos C\sin(B+A) + \cos A\cos B\sin C$

$= [-\cos(A+B) + \cos A\cos B]\sin C$

$= \sin A\sin B\sin C,$

$$\therefore \sum\frac{p_b p_c}{bc} = \frac{1}{4} \tag{13.1-7}$$

将 (13.1-5)、(13.1-6)、(13.1-7) 代入 (13.1-4) 式，得 (13.1-3)，所以 (13.1-3) 式成立. 由上述证明过程可知，(13.1-3) 式当且仅当 $\triangle ABC$ 为正三角形时等式成立.

参考文献

[1] 单墫主编 . 几何不等式在中国 . 江苏教育出版社 .1996.9.P142.

[2] 杨学枝主编 . 不等式研究 . 西藏人民出版社 .2000.6.P456.

```
综合测试五
```

（一）句子改错

所给句子的错误涉及多方面，其中文献注释按相近的格式改正。

1. 香港发展局支援四川重建小组组长麦齐光 5 月 18 日在接受香港商业电台的访问时证实，由香港政府拨款和教育界募捐所得重建的绵阳一所中学，已经遭到拆毁，以便腾出地方作为建造一个豪华式商住综合工程之用。香港政府目前正考虑向当地追索有关的拨款。

2. 那么，大陆消费者正在抛弃香港移情其它国家和地区进行消费吗？

3. 渡假村门口，两排挺拔的白杨迎风站立，仿佛在夹道欢迎来宾似的。

4. 在你爱的人面前，你会语无伦次、词不达义。这不是因为你缺乏词汇，或者不了解词意用错场合，而是过于紧张影响了你的语言能力。

5. 在《中国好声音》上倍受瞩目的女歌手吴莫愁也没能走到最后，这就是比赛的残酷之处。

6. 中国排球协会的领导今天亲临观战，希望女排姑娘乘胜追击，再接再励，拿下最后一仗。

7. 《送我一支玫瑰花》是由王范地于 1961 年根据同名新疆民歌改编而成的琵琶曲，热情奔放的旋律以及强烈多变的舞蹈节奏，表达了热恋中的男女青年激情、欢快的情绪。

8. 在这里，我们来看看春秋时期管仲和齐恒公的一段故事。

9. 自从中国颁布实施外商投资法规以来，不少外商蠢蠢欲动，纷纷来中国投资。

10. 地方性法律法规文件和中央法律法规文件相冲突时，地方性法律法规要服从中央法律法规。

11. 他退休后，除了做家务、上老年大学外，还能抽空写字作画、跳迪斯科，生活得真是游刃有余。

12. 他本来就喜欢舞文弄墨，再加上这两年的苦练，如今成了全县闻名的笔杆子。

13. 土豆，属茄科多年生草本植物，块茎可供食用，是全球第四大重要的粮食作物，仅次于小麦、稻谷和玉米。

14. 为了写好老师前几天布置的论文，在图书馆阅览室里许多同学近几天如饥似渴地阅读着。

15. 我的家父今年 87 岁了，身体尚健康。

16. 这个人好说话。

17. 4 月 30 日，市十七届人大常委会第二十二次会议召开。会议选举并决定任命陈飞为德州市人民政府代市长。

18. 学生、领导、老师都参加了开学典礼。

19. 坐在剧院里的座位上，他想出来了。

20. 她认真地看过这些信后，郑重地转给了有关部门，不知道有关部门收到这些信后做何感想？能不能像影片中那位女法官那样秉公断案，尽快解决问题？

21. "到底去不去呀？我的小祖宗！"妈妈"咚咚咚"地敲着我的房门，"人家来电话催好几趟了，你倒是给人家一个回话呀！"

22. 以《健康秩序、健康生活》为主题的中央电视台 2004 年"3.15"电视宣传活动将由央视经济频道的 11 个栏目共同组织完成。

23. 本文主要研究云南撒尼族乳饼的加工工艺，并分析其营养成分。

24. "I always cite a good grammar book to prove my points. " the author said.

25. 这个厂的工人年收入已达到 1 万 8 千元。

26. 农行这几天推出一款理财产品，年息 3.36%，月息 2.82%，购买的人很多。

27. 上海到日本，约莫要飞一个多小时。

28. 请问：下午 16 点 27 分到昆明火车站，要坐晚上 21 点 10 分的飞机，如何从火车站到长水国际机场？

29. 农历七月七是中国传统的七夕节。

30. 摄氏 30 度等于热力学温度多少度，华氏温度多少度？

31. 从摄氏温度和开氏温度间的换算关系，我们可知零下 273.15 摄氏度为 0 开氏度。

32. 做圆周运动的物体单位时间内沿圆周绕圆心转过的圈数，叫作转速。

33. 小明的爷爷想用 12 m 长的篱笆在房屋后面的空地上围一个长和宽都是整米数的长方形或者正方形菜地。如果你是小明，你会帮爷爷怎样围呢？

34. 这次学校体测 800 米跑，刘芳跑出了 3m50s 的好成绩。

35. S.P.Huntington, "The Clash of Civilizations", Foreign Affairs, 1993(3), pp.23-24.

36. 梭罗 . 瓦尔登湖〔M〕. 徐迟译 . 上海：上海译文出版社，1993.

37. Searles, B., & Last, M. (1979). *A reader's guide to science fiction*. Facts on File, Inc., New York.

38. Tulving, E. (1972). Episodic and semantic memory, in E. Tulving and W. Donaldson (eds), *Organization of memory*, Academic Press, New York, pp.382-403.

39. Tom and Carlos were camping in the woods, asleep in their tent, when they heard it – the sound ...

40. In a word, the spirit of the whole country may be described as —— self-relianceand arduous struggle.

41. 分析：利用已知结合诱导公式求出 $\cos\theta$ 和 $\sin\theta$，把所给三角函数式利用诱导公式和三角函数关系式化简，即可求得结果。

（二）短文改错

短文一

煤炭、石油等化石能源的开发和利用对环境污染造成的危害日益突出，同时，全球还有 20 亿人得不到正常的能源供应。人们希望可再生能源可以改变人类的能源结构，维持可持续持续发展。这当中太阳能以其独有的优势成为人们关注的交点。丰富的太阳能取之不尽、用之不竭。

太阳能发电有两种基本方式：一种是光热发电方式；另一种是光电直接转换方式，也就是我们通常所说的太阳能光伏发电。

太阳能光伏发电的基本装置是太阳能电池。多个电池串连或并连起来，可以组成较大攻率的太阳能电池组。硅太阳能电池目前发展最成熟，分为单晶硅太阳能池电、多晶硅薄膜太阳能电池和非晶硅薄膜太阳能电池四种。单晶硅太阳能电池转换效率最高，技术也最为成熟，在实验室里获得的最高光电转换效率达 24.7%，工业品的转换效率约为15%。多品硅薄膜太阳能电池成本相对低廉，实验室最高光电转换效率为百分之十八，工业品转换效率可达 16%，近几年获得快速发展。目前，非晶硅薄膜太阳能电池由于稳定性差、技术不成熟，尚待进一步推广。

太阳能光伏发电系统产生的电能可以存储在蓄电池中。通过逆变器可以将蓄电池中储存的直流电转化为 220V 的直流电，为各种家用电气供电。

全球太阳能光伏发电产业在 1993—2007 年的 14 年里增长了 17 倍。2007 年全球太阳能电池产量达 3300mW。予计到 2030 年，太阳能光伏发电占世界总电力供应的比例将达 10%。

中国的太阳能资源是非常丰富的。在大多数地区，全年的平均每日辐射量大于4KW•h/m，日照时间大于 2000 h/a，开发利用的潜力十分巨大。

中国太阳能电池产业大多用于出口。为了扶持太阳能光伏发电产业发展，国家制定了一系列优惠政策。预计未来十几年，中国太阳能光伏发电装机容量的年增长率将高达25%。

尽管太阳能光伏发电产业已经实现快速发展，但技术尚末完善，在硅材料生产过程中要消耗大量电力，并且潜在的环境污染十分严重。有关各方要对这些问题高度重视。

短文二

1、石油

石油是一种用途极为广泛的宝贵矿藏。提起石油，每个人都会知道它在国民经济中处于何等重要的地位？在公路上奔弛的汽车，在天上飞翔的飞机，在水里航行的轮船，它们都是使用石油产品来做燃料的。假如没有了石油，我们的生产、生活都要受到限制，交通将会瘫涣，工厂将会停产。

石油是由沉积岩中的有机物变成的，世界上的油田 95% 都分布在沉积岩区。人们还发现现代的海底、湖底的近代沉积物中的有机物，正在向石油慢慢的变化。目前世界上有中东、拉丁美洲、俄罗斯、非洲、北美洲、西欧、中国和东南亚等七大产油区，其石油储量占世界石油总储量的 95%。

石油是一种粘稠的液体。由于成份不同，石油的颜色也不同。石油中含有石腊，石腊含量高低决定了石油的粘度大小。另外，含硫量对石油加工和产品性能的影响也很大。

石油同煤碳相比有很多优点。首先，它燃烧释放的热量比煤大的多，其发热量大约是煤的二、三倍。从石油中提炼的汽油、柴油等油品使用方便，易燃且不留下灰烬，是理想的清洁燃料。

2、天然气

天然气是地下岩层中以碳氢化合物为主要成份的气体混和物的总称。它是一种重要能源，燃烧时有很高的发热值，对环境的污染也较小，可直接用作燃料。天然气还是一种重要的化工原料，以它为原料，可以生产合成氨、甲醇、乙烯和其他有机化合物。

天然气的形成过程与石油类似。天然气的堪探、开采也与石油类似，但收采率较高，可达 60 ～ 95%。大型稳定的气源常用管道输送至消费地区，每隔 80 ～ 160 m 需设一增压站，故长距离管道输送投资很大。

（三）校对实样

三年级数学思维训练题

一. 填空题

1. 一个两位数，个位与十位上的数字之和为 8，如果把这个两位数的个位数字与十位数字对调，得到的新两位数比原来的两位数大 18，求原来的两位数。答：_____。

2. 在表 13.1-2 格的每个空格内，填入一个整数，使它恰好表示它上面的那个数字在第二行中出现的次数，那么第二行中的五个数字依次是 _____.

表 13.1-2 填数字

0	1	2	3	4

3. 填空题

（1）★−▲ =24　★=▲+▲+▲+▲　▲=　　　★=

（2）■+● =42　■=●+●+●+●　■=　　　●=

4. 李老师为学生去买书，他带的钱正好可买 15 本语文书或 24 本数学书。如果李老师买了 10 本语文书后，剩下的钱全部用来买数学书，可以买 _____ 本数学书。

5. 如图 13.2-1，"好、伙、伴、助、手、参、谋"这 7 个汉字代表 1 ～ 7 这 7 个数字。已知 3 条直线上的 3 个数相加、2 个圆圈上 3 个数相加所得的 5 个和都相等。图中间的"好"代表 _____。

6. 某楼住着 4 个女孩和两个男孩，他们的年龄各不相同，最大的 10 岁，最小的 4 岁，最大的女孩比最小的男孩大 4 岁，最大的男孩比最小的女孩大 4 岁，最大的男孩的岁数是 _____。

7. 把长 2 厘米宽 1 厘米的长方形一层、两层、三层地摆下去，摆完第十五层，这个图形的周长是多少厘米？答：_____.

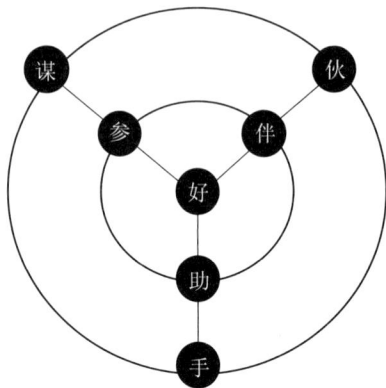

图13.1-1 数字游戏

8. 有一个老妈妈，她有三个男孩，每个男孩又都有一个妹妹，那么这个家一共有_____口人。

9. 被减数、减数与差相加得 536，已知减数是差的 3 倍，那么减数是_____。

10. 一个长方形，如果宽不变，长增加 8 米，面积增加 72 平方米，如长不变，宽减少 4 米，面积减少 48 平方米。原长方形面积是_____.

二．简答题

1. 甲、乙两个仓库存放一批化肥，甲仓库比乙仓库多 120 袋。如果从乙仓库搬出 40 袋放进甲仓库，此时，甲仓库的袋数为乙仓库的 6 倍，问甲、乙两仓库原来各有化肥多少袋？

2. 20 名乒乓球运动员参加单打比赛，两两配对进行淘汰赛，要决出冠军，一共要比赛多少场？

3. 甲、乙两人从相距 1100 米的两地相向而行，甲每分钟走 65 米，乙每分钟走 75 米，甲出发 4 分钟后，乙才出发。乙带了一只狗和乙同时出发，狗以每分钟 150 米的速度向甲奔去，遇到甲后立即回头向乙奔去，遇到乙后又回头向甲奔去，直到甲、乙两人相遇时狗才停止。这只狗共奔跑了多少路程？

4. 某商品的编号是一个三位数，现有 5 个三位数 874，765，123，364，925。其中每一个数与商品编号，恰好在同一位上有一个相同的数字。求商品的编号。

5. 某人的电话号码是五位数。下面有 10 个五位数：

| 17560 | 44356 | 41892 | 25731 | 78697 |
| 22171 | 90389 | 79500 | 53970 | 86075 |

其中每一个数与电话号码恰好在同一位上有一个相同数字，求出这个电话号码。

6. 一个三位数，个位数字是 3，如果把个位数字移作百位数字，原百位数字移作十位数字；原十位数字移作个位数字，那么所成的新数比原数少 171，求原数。

7. 某个电话号码是一个七位数，把它的前四位组成的数和后三位组成的数相加得 9063，把它的前三位组成的数和后四位组成的数相加得 2529，求该电话号码.

8. 如果在计算除法时，把除数 54 看成是 45，结果得到的是 201，余数是 27，那么，正确的商是几？

9. 一次乒乓球比赛，共有 512 名乒乓球运动员参加。比赛采用淘汰制赛法，两个人赛一场，失败者被淘汰，将不再参加比赛；获胜者进入下轮比赛，如此进行下去，直到决赛出第一名为止。问这次乒乓球比赛一共要比赛多少场？

10. 小伟做一道减法题，把被减数十位上的 6 当作 9，把减数个位上的 3 当作 5，结果是 217，正确答案是多少？

第二节 专题训练答案

第四章

1. 中港→粤港 **2.** 福摩萨的→台湾 **3.** "、台湾、香港等"改为"等国家，台湾、香港等地区" 4. 捷克斯洛伐克→捷克和斯洛伐克两个国家 5. 藏民→藏族群众的 6. 列宁格勒→圣彼得堡，斯大林格勒→伏尔加格勒 7. 宪法规定→有关规定，行政院要加双引号，院长要加双引号，总统→台湾地区领导人，立法院→法规制定主管部门 8. 中台→沪台 9. "九三学社"排名在"致公党"后 10. 幅员辽阔→地域辽阔，国土面积→面积 11. 新当选的→新一届 12. 人大副委员长→人大常委会副委员长 13. 具有中国特色的→中国特色 14. 左倾机会主义→"左"倾机会主义 15. 删除"、港澳台同胞" 16. 国小→小学 17. 南巡讲话→南方谈话 18. 成员国→成员 19. 纽西兰→新西兰 20. 村长→村委会主任 21. 民族英雄→抗元将领 22. 小小民族→人口极少的民族，小民族→人口较少的民族 23. 黑社会→黑社会性质组织 24. 删除"国内" 25. 人大委员→人大代表，议案和提案→建议和意见 26. 人大副主任→人大常委会副主任 27. 通报→报告 28. 市政府经研究→市人大常委会表决，免去其→同时市政府决定免去其 29. 删除"国土" 30. 全国31个省→全国31个省区市（不包括港澳台） 31. 6省市区→6省区市 32. 联合国常任理事国→联合国安理会常任理事国 33. 炎黄子孙→中华儿女 34. 维族→维吾尔族 35. 蒙元→元朝 36. 满清→清朝 37. 满清→清朝 38. 摩梭族→摩梭人 39. 苦聪族→拉祜族 40. 穿青族→穿青人

第五章

1. 按装→安装 2. 撕打→扭打 3. 自抱自弃→自暴自弃 4. 记行→纪行，游纪→游记 5. 泊来品→舶来品 6. 脉膊→脉搏 7. 一愁莫展→一筹莫展 8. 慌慌→惶惶 9. 精萃→精粹 10. 重迭→重叠 11. 曼延→漫延 12. 防碍→妨碍 13. 一幅对联→一副对联 14. 作出→做出，做陪→作陪 15. 言简意骇→言简意赅 16. 惟我→唯我 17. 份内→分内，份外→分外 18. 一股作气→一鼓作气 19. 林阴道→林荫道 20. 粗旷→粗犷 21. 食不裹腹→食不果腹 22. 震憾→震撼 23. 凑和→凑合 24. 侯车室→候车室 25. 迫不急待→迫不及待 26. 亮的→亮得，见的→见得，高高的→高高地 27. 一如继往→一如既往 28. 常年累月→长年累月 29. 挖墙角→挖墙脚 30. 娇揉造作→矫揉造作 31. 一诺千斤→一诺千金 32. 不径而走→不胫而走 33. 决无→绝无 34. 不落巢臼→不落窠臼 35. 即是→既是 36. 打腊→打蜡 37. 综合症→综合征 38. 兰天→蓝天，思絮→思绪 39. 鼎立相助→鼎力相助 40. 渔汛→鱼汛，鱼船→渔船 41. 老俩口→老两口 42. 终生→终身 43. 了望→瞭望 44. 必需→必须 45. 帐→账 46. 水笼头→水龙头 47. 杀戳→杀戮 48. 一滩血→一摊血 49. 痉孪→痉挛 50. 美仑美奂→美轮美奂 51. 罗唆→啰唆 52. 蛛丝蚂迹→蛛丝马迹 53. 坐位→座位，座不上→坐不上 54. 句子中"图象"和"图像"互换位置 55. 精炼→精练 56. 幹不符→干不符 57. 繫→係，系哲學→係哲學 58. 發際→髮際，赤發鬼→赤髮鬼 59. 萬俟卨→万俟卨，嶽飛→岳飛 60. 一般兄弟取名，其中一个字会用同样的字，由此推断全句"曆"都应改为"歷"

第六章

1. 惟其→唯其 2. 案语→按语 3. 笔划→笔画 4. 压韵→押韵 5. 五采缤纷→五彩缤

纷 6. 磨拳擦掌→摩拳擦掌 7. 鸿图→宏图 8. 麻萨诸塞州→马萨诸塞州 9. 黄埔江→黄浦江 10. 貂婵→貂蝉 11. 那个门外汉→门外那个汉子 12. 吃小灶→自己烧点东西吃 13. 打小报告→写报告 14. 东道主→地主 15. 挤牙膏→挤牙缝 16. "红脸"和"白脸"位置互换 17. 像只老狐狸→像个万能博士（此题答案不唯一） 18. 遇难→遇到困难 19. 女花→女子花样游泳 20. "资"是"工资"还是"资金"，要明确 21. 芒果→杧果 22. 首当其冲→首要 23. 火中取栗→从中获益 24. 天荒地老→荒芜 25. 危言危行→言行 26. 轩然大波→强烈反响 27. 管窥蠡测→闭门造车 28. 汗牛充栋→不胜其数 29. 油麦菜→莜麦菜 30. 豆蔻年华→青春年华 31. 络绎不绝→缤纷绚丽 32. 删除"，名落孙山" 33. 处心积虑→费尽心血 34. 令人叹为观止→令人发指 35. 始作俑者→第一人 36. 嚎啕→号啕 37. 置之度外→置之不理 38. 独脚戏→独角戏 39. 如雨后春笋般→源源不断 40. 翻云覆雨→入木三分 41. 萍水相逢→重逢 42. 删除"的苦衷" 43. 删除"显得" 44. 执著→执着 45. 删除"扑哧一声笑起来" 46. 删除"被人" 47. 删除"万千""人民" 48. 删除"口若悬河地" 49. 芸芸众生→人 50. 删除"万没想到" 51. "独自"和"孑然一身"只留一个 52. 删除"地了解一点表象" 53. 鼎足之势→对峙之势 54. 删除"，计划周密，不假思索" 55. "半途而废"和"功败垂成"矛盾，删除一个 56. 删除"漠不关心"中的"漠" 57. 删除"的生活" 58. 一劳永逸→安定 59. 龟裂→皲裂 60. 无可非议→无可厚非 61. 有口皆碑→交口称赞 62. 授权→受权 63. 其间→期间，心仪的爱车→心仪的车 64. 期间→其间 65. "权利"和"权力"互换位置 66. 看望→探望 67. 搜集→收集 68. 报社的通信员→报社的通讯员 69. 关于→对 70. 抚养→扶养 71. 当做→当作 72. 灯心→灯芯 73. 蜚语→飞语 74. 惟一→唯一，打颤→打战 75. 宵夜→夜宵 76. 漩涡→旋涡 77. 成规陋习→陈规陋习 78. 淤血→瘀血 79. 贺辞→贺词 80. 富裕→富余

第七章

1. 感动→令人感动 2. 使用→意义 3. "二个馒头和一碗粥"改成"两个馒头，喝了一碗粥" 4. 一倍→一半 5. 删除"平均" 6. 增加了→增加到 7. 删除"更" 8. 关于→对 9. 在看问题的方法上→看问题的方法 10. 对自己→对我 11. 他→张青 12. 删除"了" 13. 和→等 14. 或者→还是 15. "北京大学中文系"和"优秀"互换位置 16. "循循善诱的教导，又重新出现在我面前"改成"又重新浮现在我面前，他那循循善诱的教导，又在我耳边响起" 17. 完成了→取得了 18. 先进单位和后勤保障模范单位→先进个人和后勤保障模范 19. 删除"能否" 20. "经过学习，"改成"学习" 21. 删除"对于" 22. 删除"在" 23. 沿着→运动员沿着 24. 具有→这枚珍珠具有 25. 在"兴趣"后加"的做法"或"的行为"或"的情况" 26. 注册→注册制度 27. 参与→承担 28. 《孔乙己》中→《孔乙己》中塑造 29. 损失→损失的目的 30. 不合理→不合理的现象 31. 喂猪→喂猪的做法 32. 孩子们→孩子们"睡不醒" 33. 代表→只能代表 34. 适应→更好地适应 35. 您的令尊→令尊 36. "大约"和"左右"只留一个 37. 删除"以下" 38. 删除"至少" 39. 删除"浑身" 40. 删除"不透明的" 41. 删除"随便" 42. 删除"要是" 43. 能够替代→来替代 44. 删除"所取得的" 45. 删除"取得的" 46. 删除"的发生" 47. 删除

"比较合适" **48**. 删除"显示看" **49**. 删除"造成的" **50**. 投诉《人间指南》编辑部→向《人间指南》编辑部投诉 **51**. "很高兴"的主语是"祁爱群"还是"援藏干部"不明，"祁爱群看见组织部新来的援藏干部"可改成"看见组织部新来的援藏干部，祁爱群" **52**. 假设是一中胜的，则"终于把他们"改成"一中终于把二中" **53**. "他"指谁不明，这里假设是小王，把"他"改成"小王" **54**. 文字有歧义，是"想起事来"还是"想爬起来了"，明确就行 **55**. 如果以色列是进攻发起者，"准备"改"防备"；如果巴勒斯坦是进攻发起者，"准备"改"预谋" **56**. "两个"修饰的是学校还是老师不明，如果只有两个老师，则"两个"移至"老师"前 **57**. "一部分"修饰的是老师和学生，还是只有学生不明，如果只是修饰学生，改成"老师和一部分学生"，如果修饰的是老师和学生，"一部分"移至"老师"前 **58**. 谁的手里提着包不明，假设是张远，"手里"前加"张远" **59**. 单位同意什么，秘书组负责解决什么不明，按明确的情况改 **60**. 肯定的→否定的 **61**. "到底怎么样"是没有定性的，后面是转折的，因此"据他的科任老师"前必须加"但"，再把"到底怎么样"改为"不怎么好"或"还好"或"很好" **62**. "晚上来的人"是"夜晚来的人"还是"迟上来的人"不明，可分别按不同的情况用前面的词明确 **63**. 到底受批评的是部门领导还是其他人不明，谁对批评是有准备的也不明，可能的句子是"部门领导对自己受到他的批评是有充分准备的"，或"受部门领导批评，他是有充分准备的" **64**. "几个"修饰的是学校还是领导不明，修饰学校时"几个"改为"几所"，修饰"领导"时"几个"移至"领导"前 **65**. 红旗只有一种颜色，"红旗"改为"旗帜"是一种结果 **66**. "好像"和"已经"矛盾，删除一个 **67**. "断定"和"大概"矛盾，要么删除"大概"，要么"断定"改"猜测" **68**. "近年来"和"将"时间冲突，要么删除"近年来"，要么删除"将"并在"开发"和"推出"后分别加"了" **69**. "报刊"包括"杂志"，"报刊"改"报纸"，"增强使用语言文字的规范意识"与"杜绝用字不规范的现象"互换 **70**. 不正当竞争行为就是违法行为，删除"和不正当竞争行为" **71**. 武器物资包括枪支弹药，删除"枪支弹药和" **72**. 表述次序不对，"成都的休闲文化对我"改成"对成都的休闲文化" **73**. 删除"不" **74**. 防止→使 **75**. "听取"移至"研究"前 **76**. "不吃国家救济了"和"向国家交售了六万斤公粮"互换位置 **77**. "规定"和"说明"互换位置，以对应"理论"和"政策"，以及相应的形容词 **78**. 正确次序是"发现""讨论""解决" **79**. "多次"移至"主动"前 **80**. "中华民族的艺术瑰宝"与"人类艺术宝库中的珍品"位置互换 **81**. "他"移至"不但"前 **82**. "棉布"和"出口"互换位置 **83**. 不只是→不是 **84**. "注视着"和"发言"不搭配，改为"注视着这位残疾人作家，倾听着他的发言" **85**. "生活"搭配"改善"，"水平"搭配"提高"，可将"改善"改为"提高"，或删除"水平" **86**. 精神→形象 **87**. "浪声"不搭配"好看"，"多么好看"改为"多么动听又好看" **88**. 删除"生产" **89**. 山花烂漫→烂漫山花 **90**. "2000 多年前新出土的文物"改为"新出土的 2000 多年前的文物"

第八章

1. 书名号改引号 **2**. 顿号都改逗号，前一个问号改逗号，后一个问号改句号 **3**. 删除冒号 **4**. 分号改句号 **5**. 删除冒号 **6**. 书名号改引号 **7**. 问号和分号都改逗号 **8**. 最后一个逗号改冒号　9. "年结算制度"后的顿号改逗号　10. 问号改句号　11. 冒号改逗号　12. 第一个问号改逗号　13. 引号中的句号移到引号外面　14. 省略号和"等"不能连用，删除省略号　15. "技巧"后逗号改冒号，"不起来"后逗号改分号，"用力匀称"前逗号改分号　16. 两个问号改句号，"四书"加单引号　17. 括号及括号里的内容位置不当，第一个移至"蔬菜"后，第二个移至"作物"后　18. 冒号改逗号　19. 问号改句号　20. 删除第一个顿号　21. 删除顿号　22. 删除顿号　23. 问号改逗号　24. 句号放在引号外　25. "天下"应在引号内　26. 句号应在引号内　27. "说"后应为逗号　28. 问号改句号　29. 冒号改逗号　30. 删除第二对和第三对书名号　31. 冒号改逗号　32. "办公费用"之后应为逗号　33. "威力"之后用逗号　34. 前两个顿号改逗号　35. 问号改句号　36. 冒号改逗号　37. 问号都改逗号　38. 第一个分号改句号，最后一个分号改冒号　39. 前两个顿号改逗号　40. "（陈垣《史讳举例•序》）"应在句号前，紧跟被注释内容　41. 删除冒号　42. 删除破折号　43. "是秀"后加问号　44. 引号改书名号　45. "非正式联谊会"应加引号　46. 第二个分号改逗号　47. 第一个书名号改引号，破折号改"中的"　48. 第一、二、五个顿号改逗号　49. 问号改句号　50. 括号部分内容放在"很小"前　51. "还是左拐"后的逗号应为分号　52. 第二个冒号改逗号　53. "飞"前的逗号改句号或叹号　54. 引号改书名号　55. 删除第一个破折号前的逗号　56. 第三个逗号改句号　57. 分号都改逗号　58. 省略号与"等等"只保留一个　59. "怎么了？你。"改为"怎么了，你？"　60. 句号应在引号内　61. 删除冒号　62. 删除省略号后的逗号　63. "如果"引出的是非完整句子，分号改逗号　64. "班妈妈"要加引号　65. 迷字→"迷"字　66. 书名号全改引号　67. "模型"移至引号外　68. "科技下乡活动"后的顿号改逗号　69. 删除引号，前加破折号　70. 第二、三个逗号改顿号　71. 删除冒号　72. "and"前加逗号　73. 分号改逗号　74. 冒号改逗号　75. "June 10"前后加逗号　76. 删除冒号　77. 删除冒号　78. 冒号改逗号　79. 1980's → 1980s　80. 句末加句点

第九章

1. 130% → 30%　2. "近"和"多"只留一个　3. 超过→有　4. "1、2"改成"一两"　5. 1.5 倍→ 60%　6. 删除"大约"和"以上"　7. "近"和"多"只留一个　8. "约"和"左右"只留一个　9. 前二百二十一年→公元前 221 年　10. 8 月 15 →八月十五　11. 三点三十分→ 3:30　12. 星期 6 →星期六　13. 2010.3.10 → 2010 年 3 月 10 日　14. 95 年→ 1995 年　15. 14: 28: 3 → 14: 28: 03　16. ".55 千米"改为"0.55 千米"或"550 米"　17. 10 → 10%　18. 某 1 个→某一个　19. "1 换"改为"一换"　20. 过二天→过两天　21. 八万两千→八万二千　22. 5 千万→ 5000 万　23. O →〇　24. 八四三六一→ 84361　25. 98 年→ 1998 年　26. 13 届 4 中→十三届四中　27. 10 月→十月　28. "5•4 运动"→五四运动　29. "整整"和"多"只留一个　30. 20 几→二十几　31. "第 112 条"改为"第一百一十二条"，"3"改为"三"，"10"改为"十"　32. 绥和 2 年→绥和二年　33. 浪纹线改为一字线　34. "3%"改为"20%"或"3 个百分点"　35. "不到"和"左右"冲突，只留一个　36. 两成→八成　37. 判 3 缓 4 →判处有期徒刑三年缓刑四年 38. "%"改"‰"　39. 晚上 20 点到 22 点→晚上 8 点到 10 点　40. 3.2% → 3.2‰　41. 删除"约"　42. 8 时→ 8 小时　43. % →‰　44. 03 月→ 3 月　45. 3

方合作→三方合作 **46**. 二万两千元→两万二千元 **47**. 翻九番→增长 8 倍 **48**. 两万玖千→贰万玖仟 **49**. 俩个→俩 **50**. "12 届 2 次" 改为 "十二届二 次", "03 月 03 日" 改为 "3 月 3 日", "03 月 12 日" 改为 "3 月 12 日"

第十章

1. $T \to t$ **2**. 摄氏零下 196 度→零下 196 摄氏度 **3**. 摄氏 35 度→ 35 摄氏度 **4**. $t \to T$ **5**. PH → pH **6**. l cm → l(单位：cm) **7**. $Po \to P_o$，$Pi \to P_i$ **8**. $CHT \to T_{ch}$，$CLT \to T_{cl}$ **9**. 浓度→体积分数，ppm 已经废弃，ppm → $\times 10^{-6}$ **10**. 0.007 m → 7 mm，0.005 m → 5 mm，0.00475 m → 4.75 mm **11**. 0.000001 m^2 → 1 mm^2 **12**. km → km **13**. **pF** → pF，Mhz → MHz **14**. "5" 改为 "5 Ω"，"2" 改为 "2 A" **15**. 千米^3 → (千米)^3 **16**. 6 g/天→ 6 g/d **17**. 分子量→相对分子质量 **18**. 绝对温度→热力学温度 **19**. 摩尔浓度→物质的量浓度 **20**. 阿伏伽德罗→阿伏加德罗 **21**. 泊桑比→泊松比 **22**. 吉卜斯自由能→吉布斯自由能 **23**. 马修函数→马休函数 **24**. 傅立叶数→傅里叶数 **25**. 坡印亭→坡印廷 **26**. 费米能→费密能 **27**. 活度系数→活度因子 **28**. 摩尔内能→摩尔热力学能 **29**. 摩擦系数→摩擦因数 **30**. 含量→体积分数 **31**. $(t + 0.5)$ ℃ → $t + 0.5$ ℃ **32**. "体积百分比" 已经废弃，删除 "，又称体积百分比" **33**. 宽度、高度和长度分别为 b, h, l，而且都是小写字母 **34**. 费米能→费密能 **35**. 2m12cm → 2.12 m **36**. 比重→相对密度 **37**. 3yr5mo → 3 年 5 个月 **38**. 速度的定义中时间是分母，所以 "15 秒 / 百米" 要改为 "每秒 6.67 米" **39**. 亩折算成公顷 **40**. "公尺" 改为 "米"，"公斤" 改为 "千克" **41**. 欧姆·米→欧·米 **42**. "毫米水柱" 已经废弃，要换算成 "帕" **43**. RPM → r/min **44**. "1.2 ± 0.1 mm" 改为 "1.2 mm ± 0.1 mm" 或 "(1.2 ± 0.1) mm" **45**. 体积百分比浓度→体积分数 **46**. "Ba∶Ti = 1∶1" 是质量比还是体积比不明，对应的就是 "m(Ba)∶m(Ti) = 1∶1" 和 "V(Ba)∶V(Ti) = 1∶1"，$c_{NaOH} \to c$(NaOH)，$w_{Ti} \to w$(Ti) **47**. ML → mL **48**. 含量→质量分数 **49**. "$AB = BC$" 改为 "$l_{AB} = l_{BC}$"，"CA" 改为 "l_{CA}" **50**. 36 g/Nm^3 → 36 g/m^3

第十一章

1. 社科→社会科学，1990 年版→ 1990 年，- →— **2**. "出版社" 后加逗号，1990 年版→ 1990 年 **3**. "载《新历史主义与文学批评》(张京媛主编)" 改为 "张京媛主编：《新历史主义与文学批评》"，1992 年版→ 1992 年 **4**. "1994 年 8 月 20 日《经济日报》" 改为 "《经济日报》1994 年 8 月 20 日，" **5**. 删除 "著"，1988 年版→ 1988 年，句末句点改句号 **6**. 郝明明等→郝明明 **7**. 南宁→桂林 **8**. Radar handbook → *Radar handbook*，浪纹线改一字线 **9**. "刘树成，沈利生，等译" 改为 "刘树成、沈利生等译"，"出版社" 后加逗号，1982 年版→ 1982 年 **10**. 引号改书名号，删除 "见"，"1996 年版" 改为 "，1996 年" **11**. Flow Control of Congested Networks → *Flow Control of Congested Networks* **12**. 作者间用顿号，引号改书名号 **13**. 作者间用顿号，"2002 年版" 改为 "，2002 年"，表示页码范围的短横改一字线 **14**. "world." 改为 "world,"，Logistics Spectrum → *Logistics Spectrum*，浪纹线改一字线 **15**. 删除 "载于" **16**. "毛

泽东："不用写，即便写上，作者后用的须是句点　**17**. 社科→社会科学　**18**. 郑州→开封　**19**. "耿建新、宋兴无译"改为"耿建新，宋兴无，译"　**20**. 作者间顿号改逗号，出版年份后的逗号要删除　**21**. 作者后的句号改句点，出版年份后的逗号要删除，句末加句点　**22**. 作者后的逗号改句点，出版年份前的句点改逗号，句末加句点　**23**. 作者间顿号改逗号，"出版广角"前后的标点互换位置，页码范围一字线改半字线　**24**. 出版年份后的逗号要删除，页码范围一字线改半字线，句末加句点　**25**. "N"改为"J"，表页码范围一字线改半字线　**26**. 页码范围一字线改半字线，句末加句点　**27**. 删除书名号，"：5"改为"(5)"　**28**. 作者后的逗号改句点，"丽水日报"前的逗号改句点，"：2"改为"(2)"　**29**. "博士论文，"改为"."，删除"年5月"　**30**. 删除"硕士论文，"，删除"年"　**31**. "Coding,"改为"Coding."，"McGraw-Hill, New York, NY, USA"改为"New York: McGraw-Hill"　**32**. "organization"后的逗号改句点，"3: 225-229"改为", 3, pp. 225-229"　**33**. "(ed.),"改为", ed.,"，"fourth edn,"改为"4th ed."，"Oxford University Press, Oxford, UK,"改为"Oxford: Oxford University Press,"　**34**. "results,"改为"results."，". 17(1):"改为", 17(1), pp."　**35**. "cortex,"改为"cortex."，"76(2):"改为"76(2), pp."　**36**. ", July 21"移至"Today"后　**37**. "(1999)"后加句点，"American Psychological Association, Washington, DC."改为"Washington, DC.: American Psychological Association."　**38**. 删除", February"，"Retrieved March 22, 2005, from http://www.hc-sc.gc.ca/english/protection/biologics_genetics/gen_mod_foods/genmodebk.html."改为"Available at: http://www.hc-sc.gc.ca/english/protection/biologics_genetics/gen_mod_foods/genmodebk.html. ［Accessed 22 Mar. 2005］."　**39**. "D (1992)"改为"D. (1992)."，"Random House, New York."改为"New York: Random House."　**40**. "Allen T."改为"Allen, T."，"National Geographic Society, Washington, D.C."改为"Washington, D.C.: National Geographic Society."

第十二章

1. 英语字体改用 Times New Roman　**2**. Lexington → *Lexington*　**3**. Arizona → *Arizona*　**4**. 0ur → Our，1et → let，1ike → like （原句子中的 0 和 1 不是字母，是数字）　**5**. status quo → *status quo*　**6**. Harry Potter and the Sorcerer's Stone → *Harry Potter and the Sorcerer's Stone*　**7**. $a_1 → a_1$，$a_2 → a_2$，$a_3 → a_3$，$a_4 → a_4$　**8**. 三处省略号前都要空　**9**. 右圆括号后要空　**10**. 50000 → 50,000　**11**. 斜杠后不要空　**12**. em 长度破折号前后不要空　**13**. 圆括号不用斜体　**14**. 冒号不用斜体　**15**. 标点用宋体　**16**. 删除冒号，等号用全角　**17**. 删除冒号，等号和加号用全角　**18**. 删除冒号，等号用全角　**19**. 删除冒号，加号用全角　**20**. 删除冒号，等号用全角　**21**. 删除两个冒号，等号和加号都用全角　**22**. "计算"后加冒号，等号用全角　**23**. θ 前没有平方要加空，θ 前有平方不要加空，等号和加号用全角　**24**. $a+b/c+d → (a+b)/(c+d)$，等号用全角　**25**. $a/b/c → (a/b)/c$

第三节 综合测试答案

综合测试一

（一）句子改错

1. 维族→维吾尔族 2. 省市自治区→省区市 3. 手屈一指→首屈一指，甘败下风→甘拜下风 4. 幅射→辐射 5. 内含→内涵 6. 峻工→竣工 7. 似地→似的 8. 摹仿→模仿 9. 反映→反应，"八竿子打不着"形容二者之间关系疏远或毫无关联，"八竿子打不着"改为"够不着" 10. "不足为训"意为不值得作为效法的准则或榜样，"不足为训"改为"用不着教训" 11. 修缉→修葺，"气宇轩昂"特指人气度不凡，而不能用于建筑物，故"气宇轩昂"改为"富丽堂皇" 12. 超音速→超声速，删除"每小时" 13. 出身于→出生于 14. 建国→新中国成立，"做好"改为"能否做好"，删除"作风" 15. 删除"的目的"或"为了" 16. "车""船""飞机"后都要加"票" 17. "揭开了"改为"这是"，"特大的"删除"的"后移至"丑闻"前 18. 顿号全改逗号 19. 删除引号内的句号 20. 句末问号改句号 21. "另一方面"前的逗号改分号 22. 删除"大致" 23. 删除间隔号 24. 国内生产总值→生产总值 25. "%"改"‰" 26. 十二→ 12 27. "2015.05.12"改为"2015-05-12" 28. 3000 亩→ 200 公顷 29. 10045 Pa → 10.045 kPa 30. 原子量→相对原子质量，分子量→相对分子质量 31. 人大副主任→人大常委会副主任 32. 吨数→质量 33. 广西省→广西 34. 电流强度→电流，I → I 35. 删除"著"，"2005 年版"的"版"删除 36. "1999 年版"改为"，1999 年" 37. "刘惊铎、王磊"改为"刘惊铎，王磊"，删除"1998"后的逗号 38. "王永康"后的逗号改句点，删除书名号，"2014-7-08:05"改为"2014-07-08（5）" 39. Arizona → $Arizona$ 40. $a_1 → \boldsymbol{a}_1$，$a_2 → \boldsymbol{a}_2$，$a_n → \boldsymbol{a}_n$ 41. 加号和等号用全角符号，删除冒号

（二）短文改错

短文一：澄沏→澄澈，徘回→徘徊，穿棱→穿梭，荧火虫→萤火虫，高吭→高亢，"群蛙和鸣；"改为"群蛙和鸣，""背不出："改为"背不出"，欠收→歉收，听的暗熟→听得谙熟，浮想联篇→浮想联翩，"传来，"改为"传来"，"吱……"改为"吱"，霎那间→霎时间，予感→预感，一陈战粟→一阵战栗，"青蛙又被蛇缠住了"后的句号放在引号内，在也→再也，松驰→松弛，"涌起"前加"我"，嚎啕→号啕，想像→想象，钝厚→敦厚，残不忍睹→惨不忍睹，文章末的问号改叹号

短文二：绿草如荫→绿草如茵，愚纯→愚钝，吱吱唔唔→支支吾吾，频街→濒街，一片店→一爿店，如今己是→如今已是，磨厉→磨砺，竞然→竟然，宏钟→洪钟，长年→常年，招睐→招徕，深暗→深谙，要决→要诀，执著不缀→执着不辍，度过难关→渡过难关，一蕃事业→一番事业，他的作品→她的作品，缠绵绯侧→缠绵悱恻，针砭时敝→针砭时弊，激浊洋清→激浊扬清，童心不抿→童心不泯，竟自涮涮→径自唰唰，香消玉陨→香消玉殒，以至遗误→以致贻误，后侮→后悔，俩口子→两口子，相濡以沐→相濡以沫，去逝→去世，沉重地→沉重的，象一滩死水→像一潭死水，优丽→优俪

短文三：提纲系领→提纲挈领，邦助→帮助，流览→浏览，响导→向导，《夸奖话》

→"夸奖话"，费尽心计→费尽心机，一撮→一撮，认真的→认真地，代似→代拟

（三）校对实样

即要注意→既要注意，也要→又要，"1、"改为"1."，洽当→恰当，绸的→稠的，早餐一般→一般早餐，"晚餐在6：00—8：00"改为"晚餐在18：00—20：00"，"15—20分钟"改为"15～20分钟为宜"，销化液→消化液，细爵漫咽→细嚼慢咽，参见表13.1-2→见表13.1-1，"典型城市"前空一字，乳类→乳制品，"女性"和"男性"居中，女性全天谷类摄入量应为250，男性全天豆类摄入量应为40，男性全天肉类摄入量应为100，男性早餐水产品摄入量25应为中餐摄入量，表中双表线改单表线，表底线改粗线，所有阿拉伯数字应个位数对齐，"2、"改为"2."，學習→学习，己经→已经，出现血糖→血糖，兴奋性→兴奋度，迟顿→迟钝，血糠→血糖

综合测试二

（一）句子改错

1. 炎黄子孙→中华儿女 **2.** 新疆维吾尔族自治区→新疆维吾尔自治区 **3.** 针贬→针砭 **4.** 天翻地复→天翻地覆 **5.** 九支→九枝，一枝→一支 **6.** 烩炙人口→脍炙人口 **7.** 发涨→发胀 **8.** 凝炼→凝练 **9.** 对我炒→炒我 **10.** "邯郸学步"比喻一味地模仿别人，不仅学不到本事，反而把原来的本事也丢了，"邯郸学步"改为"模仿" **11.** "弹冠相庆"比喻一个人做了官，其他人互相庆贺将有官可做，贬义，"弹冠相庆"改为"笑逐颜开" **12.** 声纳→声呐 **13.** "近"和"多"只留一个 **14.** "比去年"前加"生产"或"销售" **15.** 蒙元→元朝 **16.** 删除"组成" **17.** 比较→不，用→集中 **18.** 桃林→桃树 **19.** 破折号改冒号 **20.** 成员国→成员 **21.** 句末句号放引号内 **22.** 叹号改逗号 **23.** 问号应改为句号 **24.** "六七个小时"和"以上"冲突，删除"以上" **25.** 前→公元前 **26.** 二亿两千万→两亿二千万 **27.** 二句→两句 **28.** 300 ppm →浓度为300×10^{-6} **29.** μμF → pF **30.** 驰豫时间→弛豫时间 **31.** 联合国→联合国安理会 **32.** 瓦数→功率 **33.** 5.62 → 5.62 亿 **34.** 删除"载"，第三卷→第3卷，年版→年 **35.** "《哈尔滨工业大学学报：社会科学版》"改为"《哈尔滨工业大学学报》（社会科学版）"，删除"，第60-63页" **36.** 作者名后逗号改句点，"，思想理论教育."改为"．思想理论教育，" **37.** 斜体英语前的逗号改句点，"893-896"改为"pp. 893-896" **38.** bona fide → *bona fide* **39.** 删除省略号前空 **40.** 加号改全角符号，删除冒号 **41.** 每1天→每一天

（二）短文改错

神精→神经，等国→发达国家，水平迅速发展→水平迅速提高，极大的→极大地，"另一方面"前的逗号改分号，禽蓄→禽畜，隐敝→隐蔽，"感官"改成"外观、气味和口感"，禁止的食用物质→禁止添加的非食用物质，严厉的→严重的，记忆尤新→记忆犹新，90年代→20世纪90年代，几十年→十几年，三种形势→三种形式，渴望而不可及→可望而不可即，实行一从→实行从，餐桌→餐桌，检测→监测，2～5倍→2～5成，无公害食品是→无公害是，是为保证→是保证，最高安全线→基本安全线，Organic foot → organic food，有机→有机食品，蜂密→蜂蜜，在种植→在种植（或养殖），

"有机食品认证"前的逗号改句号，"定产量"后加后引号，有机食品要比普通食品难的多→有机食品的生产要比普通食品难得多，"截止"前空两字，截止→截至，吨数→重量，211 t → 211 万吨，60 → 60 亿，"70 亿元"后的顿号改逗号，宣传→夸大宣传，有机香蕉和水果→有机香蕉等水果，降低预防患癌症→降低患癌症，高出超过 3 倍以上→高出 3 倍以上，1 Kg → 1 kg，已经通过→已经无法通过，认知已然→认知依然，购买食品时→购买有机食品时，也要仰仗生产→也需要生产，将从根本上杜绝食品安全隐患→食品安全隐患将逐渐减少

（三）校对实样

学生用书

听一遍→听两遍，"Try them on"后加句点，"What a pity"后加句点，13th → 13th，Wedensday → Wednesday，"6. A. A Chinese book." 改 为 "7. A. A Chinese book."，A English book → An English book，alot → a lot，On the Intermet → On the Internet，2881875 → 2818875

教师用书

计 20 分→计 15 分，"听两遍。"改句号为逗号，"答语"前加"正确"，"what was wrong"后句点改问号，"各一遍。"改为"一遍，"，"每个题"改为"每小题"，"答案"前加"正确"，第 6 小题说话人"W"和"M"互换，driving to fast → driving too fast，第 7 小题说话人依次改为 M、W、M，Eglish → English，your → yours，Form → From，of 7:45 → or 7:45，"Ⅲ."前少空一字，"两遍。"改句号为逗号，"各小题"改为"每小题"，"答案"前加"正确"，"Hello,"改为"Hello."，"Yes,"改为"Yes."，pleased → please，teh → the，"OK."前加"W:"

综合测试三

（一）句子改错

1. 尖阁诸岛→钓鱼岛 2. 藏区→藏族聚居区 3. "不过"和"多"只留一个，松驰→松弛 4. 气慨→气概 5. 既使→即使 6. 死皮癞脸→死皮赖脸 7. 鱼船→渔船，鱼村→渔村 8. 余辉→余晖 9. "好了伤疤忘了疼"比喻过上了舒心的日子就忘了过去的苦日子，"好了伤疤忘了疼"改为"忘记以前他对你的伤害" 10. 省市自治区→省区市 11. "耳提面命"指长辈对晚辈、上级对下级恳切地教导，显然与"摆家长威风"不符合，"耳提面命"改为"训斥" 12. "身陷囹圄"指蒙冤被关进监狱，"身陷囹圄"改为"被关进监牢" 13. 维他命→维生素 14. 满清→清朝 15. 偶尔→偶然 16. "约"和"以上"保留一个，继续→继续执行 17. 损失的不是偷盗人，"损失"前要加"导致工厂" 18. "考得好的学生就通知家长去登记报名"谁去通知不明，改为"对于考得好的学生，学校就通知其家长去学校登记报名" 19. 都下车了→都准备下车 20. 删除"议案和" 21. 问号改逗号 22. 两个逗号都改问号 23. "工作人员"后的逗号改句号 24. "1997"前后加逗号，"software"前后加逗号 25. 删除"左右" 26. "%"改"‰" 27. 1110 m^3/秒 → 1110 m^3/s 28. 二期→两期 29. 一元两次→一元二次 30. 阿斯匹林→阿司匹林 31. 2 → 2 Ω，1 → 1 A 32. 笛卡尔坐标→笛卡儿坐标 33. 卡路里摄入量→热量摄入量 34. d cm → d（单

位：cm）　**35**. 删除"载"，删除"，第 43 页"　**36**."马克思、恩格斯"中的顿号改逗号　**37**. N → J，"2015-1-15(41)"改为"2015(1):41"　**38**."1993, February 15"改成"1993"，"pp."前加"15 February,"　**39**. tofu → *tofu*　**40**. 右圆括号后空　**41**."计算"后加冒号，"式中"前不空格，正楷字体的"表"改宋体

（二）短文改错

西山抒清→西山抒情，傍晚时侯→傍晚时候，尤如→犹如，矜恃→矜持，下塌→下榻，寒喧→寒暄，向望→向往，万簌俱寂→万籁俱寂，璀灿→璀璨，重迭→重叠，茏罩→笼罩，温磬→温馨，杨州→扬州，灵壁→灵璧，蒲田→莆田，灼突泉→趵突泉，风彩→风采，清淅→清晰，轮廓→轮廓，象个"睡美人"→像个"睡美人"，振鬣长斯→振鬣长嘶，驰聘→驰骋，还需→还须，"还需身在此山中"后的句号放到引号外，粗旷→粗犷，险竣→险峻，游揽→游览，暴发→爆发，零晨→凌晨，响导→向导，颠波→颠簸，幅射→辐射，清沏→清澈，嘻戏→嬉戏，修茸→修葺，金壁辉煌→金碧辉煌，廷伸→延伸，仆入→扑入，己低→已抵，锋涌→蜂拥，熙来嚷往→熙来攘往，大名顶顶→大名鼎鼎，世外桃园→世外桃源，缠婂→缠绵，兢相→竞相，汩汩→汩汩，烟囟→烟囱，欢呜→欢鸣，挺拨→挺拔，招侍所→招待所，揉进→糅进，噪杂→嘈杂，嘎然→戛然，九宵→九霄，凌空→凌空，脉膊→脉搏，倾刻→顷刻，徘红→绯红，化装→化妆，采带→彩带，一幅对联→一副对联，既景生情→即景生情，娇揉造作→矫揉造作，品味→品位，很高的的→很高的，屈折→曲折，诮壁→峭壁，凋出来→雕出来，塑象→塑像，神采弈弈→神采奕奕，详云→祥云，手柱铁拐→手拄铁拐，金钢→金刚，雍荣大度→雍容大度，炯然→迥然，腊烛台→蜡烛台，一柱清香→一炷清香，撩绕→缭绕，严紧→严谨，烂造→滥造，忘其项背→望其项背，二个→两个，风尘扑扑→风尘仆仆，汗流夹背→汗流浃背，惦量→掂量，观尝→观赏，戆厚→憨厚，不落巢臼→不落窠臼，渡过了→度过了，仅管→尽管，槽塌→糟蹋，精神镬烁→精神矍铄，木纳迟炖→木讷迟钝，肖瑟→萧瑟，报撼→抱憾，诅嚼→咀嚼，深邃→深邃，精堪→精湛，造脂→造诣，震憾→震撼，幕蔼→暮霭，晋竭→晋谒，一杯黄土→一抔黄土，黄兰相杂→黄蓝相杂，靡靡之音→靡靡之音，弥蔓→弥漫，希翼→希冀，呕歌→讴歌，环宇→寰宇，冼星海→冼星海，弦律→旋律，鼓午→鼓舞，前进的步伐→前进

（三）校对实样

1. 版权页校样

cip → CIP，"图书在版编目"和"数据"用黑体，0289 → 289，（2019）→（2009），第 17130 号→第 017130 号，人有请→人有情，编缉→编辑，1000730 → 100730），蓝天印刷厂印刷→蓝天印刷厂，33.9 万→ 339 千，6 月→ 4 月，8378-7289-5 → 83787-289-4，45.00 → 45.00 元

2. 目录页校样

"目录"中间空 2 字，"序""前言""第一章""参考文献"用第一级字号和字体顶格排版，"第一节""第二节""第三节""第四节"用第二级字号和字体缩进一字排版，其他用第三级字号和字体缩进两字排版

页码个位数对齐，"第一章"从第 1 页计数（后面顺改），"三、主题法"的页码和"四、时序法"的页码对调，"六、图录"改为"七、图录"，"第三节"后空一字，"工具"后破折号中间断开改相连

说明：前言和序编排在目录前，一般目录里不收录。

综合测试四

（一）句子改错

1. 全国总人口→全国总人口（不包括港澳台人口）　**2.** 内地→大陆　**3.** 穿流不息→川流不息　**4.** 悬梁刺骨→悬梁刺股　**5.** 草管人命→草菅人命　**6.** 辩证→辨证　**7.** 幅员辽阔→地域辽阔　**8.** 综合症→综合征　**9.** 索斯比→苏富比　**10.** 遗物→遗留物品　**11.** "洗心革面"是说一个人犯了错误，改过自新，"洗心革面"改成"改头换面"　**12.** 打办→打击经济犯罪办公室　**13.** 阿斯匹林→阿司匹林　**14.** "正在"和"了"时间冲突，删除一个　**15.** 但是学校→但是我们的学校　**16.** 她老家→自己老家，才跑→她才跑，哭泣→哭诉　**17.** 报纸与我接触→我接触报纸　**18.** 当她离开杭州时→在她快要离开杭州时　**19.** 市委关于→市人大常委会关于　**20.** "先生"后冒号删除，句末的句号移到引号内　**21.** 删除破折号　**22.** "赛前表示，"改为"赛前表示："　**23.** 克木族→克木人　**24.** it's → its　**25.** "六点 30 分"改成"6 时 30 分"或"6:30"　**26.** 2.25 → 1.25　**27.** 15:30 分→ 15:30　**28.** 一百九十点〇七万元→一百九十点零七万元　**29.** 晚上 22:30 →晚上 10:30　**30.** PH → pH　**31.** 比重→体积质量　**32.** 反应堆周期→反应堆时间常数　**33.** 摄氏 40 度→ 40 摄氏度　**34.** 850×1168 mm → 850 mm×1168 mm　**35.** "，舒炜光等译"移至书名号后　**36.** 南宁→桂林　**37.** 删除"硕士论文，"，咸阳→西安，2004 年→ 2004　**38.** How a fruit fly flies → *How a fruit fly flies*，"Dec. 10, 2015." 改为"［Accessed 10 Dec. 2015］."　**39.** The Lord of the Rings → *The Lord of the Rings*　**40.** 50000 → 50,000　**41.** *x/y/z* →（*x/y*）*/z*

（二）短文改错

短文一：大慨→大概，路易斯. 华莱士→路易斯·华莱士，弘大→宏大，哪些→那些，他们→它们，"：如"改为"，如："，"参宿2"等……→"参宿2"等，"印度王子"引号改书名号，简宜读物→简易读物，这时侯→这时候，《诗经》《大东》→《诗经·大东》，"西有长庚"后的逗号改句号并放在引号内，既晨见→即晨见，"想当然耳"后的句号移至引号外

短文二：'生活垃圾'→"生活垃圾"，"4 大类"后句号改冒号，三百 kg → 300 kg，百分之七十四→ 74%，删除"每回收一吨塑料饮料瓶"后的逗号，"0.7 吨二级原料"后的逗号改分号，0．9 吨→ 0.9 吨，"骨头"前后逗号改顿号，"食品类废物"后分号改逗号，0．3 吨→ 0.3 吨，"废日光灯管"后分号改顿号，作特殊→做特殊，删除断开的破折号，删除"卫生间废纸等"后的逗号，"采取卫生"前的句号改逗号，删除"及空气的污染"前的顿号

（三）校对实样

刘健先生在文→刘健先生在，猜想不等式→不等式猜想，"其中 *a, b, c*；*m_a*，

m_b，m_c 分别是 △*ABC* 的三内角 *A*，*B*，*C* 所对边长和所对边上的中线长"改为"其中，*a*，*b*，*c* 分别是 △*ABC* 的三内角 *A*，*B*，*C* 所对边长，m_a，m_b，m_c 分别是 △*ABC* 的三内角 *A*，*B*，*C* 所对边上的中线长"，"其中 *R*，*r* 是"改为"其中 *R*，*r* 分别是"，"**证明**△"中"证明"和"△"间要空一字，$\sin2A \rightarrow \sin 2A$，$\sin2B \rightarrow \sin 2B$，$\sin2C \rightarrow \sin 2C$，"$p_c = R \sin C$"改为"$p_c = R \cos C$"，单墫主编→单墫，在中国→在中国 [M]，江苏教育→南京：江苏教育，".1996.9.P142"改为"，1996：142"，杨学枝主编→杨学枝，不等式研究→不等式研究 [M]，西藏→拉萨：西藏，".2000.6.P456"改为"，2000：456"

说明：有的公式没有使用标点，如 (13.1-4)、(13.1-5)、(13.1-6)、(13.1-7)，和前面使用标点的公式不统一。

综合测试五
（一）句子改错

1. 香港政府→香港特区政府 **2**. 大陆→内地，其它→其他 **3**. 渡假村→度假村 **4**. 词不达义→词不达意 **5**. 倍受瞩目→备受瞩目 **6**. 再接再励→再接再厉 **7**. 一支→一枝 **8**. 齐恒公→齐桓公 **9**. "蠢蠢欲动"是贬义词，可改为"跃跃欲试" **10**. 地方性法律法规→地方性法规 **11**. "游刃有余"比喻工作熟练，有实际经验，解决问题毫不费事，可改为"有滋有味" **12**. "舞文弄墨"形容玩弄文字技巧，是贬义词，改为"写文章" **13**. 土豆→马铃薯 **14**. "在图书馆阅览室里许多同学近几天"改为"许多同学近几天在图书馆阅览室里" **15**. 删除"我的" **16**. 这个人是容易被人说服，还是这个人很喜欢说话，不明 **17**. 选举并决定任命→表决任命 **18**. 正确顺序是领导、老师和学生 **19**. 是想走出剧院还是问题想出答案，不明 **20**. 前一个问号改为逗号，后一个问号改为句号 **21**. "去不去呀"后的问号改为逗号，"小祖宗"后的叹号改为问号 **22**. 书名号改引号，"3.15"改"3·15" **23**. 撒尼族→撒尼人 **24**. "points"后的句点改逗号，双引号改英语标点 **25**. 1 万 8 千元→1.8 万元 **26**. 月息 2.82%→月息 2.82‰ **27**. "约莫"和"多"冲突，只留一个 **28**. 下午 16 点 27 分→下午 4 时 27 分，晚上 21 点 10 分→晚上 9 时 10 分 **29**. 农历七月七→农历七月初七 **30**. 摄氏 30 度→30 摄氏度 **31**. 开氏温度→热力学温度，开氏度→开尔文 **32**. 转速→旋转频率 **33**. 整米数→整数长度 **34**. 3m50s → 3 分 50 秒 **35**. "Civilizations"后的逗号放到引号内，Foreign Affairs → *Foreign Affairs*，"，1993(3), pp.23-24"改为"3(1993):23–24" **36**. "徐迟译"改为"徐迟，译" **37**. "&"前的逗号换成空格，"Facts on File, Inc., New York."改为"New York: Facts on File, Inc." **38**. "semantic memory"后的逗号改为句点，"*Organization of memory*"后的逗号改为句点，"Academic Press, New York"改为"New York: Academic Press" **39**. "sound ..."改为"sound...." **40**. 破折号改为一字线 **41**. $\cos\theta \rightarrow \cos \theta$，$\sin\theta \rightarrow \sin \theta$

（二）短文改错

短文一：环境污染→环境，持续持续→持续，交点→焦点，串连→串联，并连→并联，攻率→功率，太阳能池电→太阳能电池，四种→三种，多品硅薄膜→多晶硅薄膜，百分之十八→ 18%，非晶硅簿膜→非晶硅薄膜，进一步推广→进一步开发，220V 的直流电→ 220 V 的交流电，家用电气→家用电器，1993—2007 → 1994—2007，

3300mW → 3300 MW，予计到→预计到，4KW•h/m → 4 kW•h/m²，电池产业→电池产品，尚末→尚未

短文二："1、"改为"1."，"重要的地位"后的问号改句号，奔弛→奔驰，瘫涣→瘫痪，慢慢的→慢慢地，七大产油区→八大产油区，粘稠→黏稠，成份→成分，石腊→石蜡，石腊→石蜡，粘度→黏度，煤碳→煤炭，大的多→大得多，大约是→是，二、三倍→两三倍，"从石油"前加"其次，"，"2、"改为"2."，成份→成分，混和物→混合物，堪探→勘探，60 → 60%，"80～160 m"改为"80～160 km"

（三）校对实样

"一．"改为"一、"，表 13.1-2 格→表 13.1-2，第 2 小题末的句点改句号，"3. 填空题"后加冒号，=24 → ＝ 24，=42 → ＝ 42，图 13.2-1 →图 13.1-1，图 13.1-1 中"伙"和"伴"位置互换，"好、伙、伴、助、手、参、谋"→"好""伙""伴""助""手""参""谋"，两个男孩→ 2 个男孩，长 2 厘米宽 1 厘米→长 2 厘米、宽 1 厘米，第 7 小题末的句点改句号，"72 平方米"后逗号改分号，第 10 小题末的句点改句号，"二．"改为"二、"，"6 倍"后逗号改句号，甲、乙两仓库→甲、乙两个仓库，"淘汰赛"后逗号改句号，"是一个三位数"后逗号改句号，"925"后句号改逗号，删除"商品编号"后的逗号，"求商品的编号"前的句号改逗号，"原十位数字"前的分号改逗号，第 7 小题末的句点改句号，是几→是多少，比赛采用淘汰制赛法→比赛采用淘汰制

参考文献

一、图书

[1] 陈垣．校勘学释例 [M].北京：中华书局，2004.

[2] 黎洪波，利来友，陈勇辉．图书编辑校对实用手册 [M].3 版．桂林：广西师范大学出版社，2014.

[3] 刘月华，潘文娱，故韡．实用现代汉语语法 [M].增订本．北京：商务印书馆，2001.

[4] 江建名．著编译审校指南 [M].合肥：中国科学技术大学出版社，1988.

[5] 沈浚成，刘复芸．校对工作 [M].北京：人民交通出版社，1986.

[6] 谈维．校对业务教程 [M].2 版．沈阳：辽海出版社，2010.

[7] 新闻出版总署图书出版管理司．图书出版管理手册 [M].杭州：浙江教育出版社，2001.

[8] 于光宗．排版与校对规范 [M].2 版．北京：印刷工业出版社，2011.

[9] 周麒．出版校对培训教程 [M].北京：商务印书馆，2012.

[10] 周奇，杜维东．现代书刊校对技能手册 [M].北京：中国标准出版社，2011.

[11] ELLIOT R. Painless Grammar [M]. 3rd Ed. New York: Barron's Educational Series Inc., 1997.

二、期刊

[12] 安华林．普通话标准质疑 [J].信阳师范学院学报（哲学社会科学版），1997，17(3)：88-91.

[13] 鞭及碌．法定计量单位使用中常见的错误 [J].河北轻化工学院学报，1990(3)：14，17，30.

[14] 卞义．正确书写计算机系统内部使用的二进制倍数词头符号 [J].编辑学报，2014，26(2)：146.

[15] 蔡俊．病句识别八大要点 [J].考试：新语文，2005(4)：4-6.

[16] 柴舟．词语误用例析 [J].语文知识，2006(10)：35-36.

[17] 陈浩元．《现汉》"附录计量单位表"中错误的辨析 [J].科技与出版，

1998（6）：20-21.

[18] 陈浩元 . GB 3100～3102—1993《量和单位》中若干差错的辨析 [J]. 编辑学报，2014，26（4）：369.

[19] 陈浩元，颜帅，郑进保，等 . 关于文后参考文献著录若干问题的释疑 [J]. 编辑学报，2011，23（2）：109-113.

[20] 陈欣 . 量和单位使用中的常见误区及分析 [J]. 辽宁师范大学学报自然科学版，2008，31（2）：166-168.

[21] 邓卫 . 科技书刊中数字用法常见错误举隅 [J]. 今传媒，2011（10）：108-111.

[22] 丁冲 . 从《大学语文》看新时期校对方法 [J]. 现代出版，2013（5）：46-50.

[23] 方志荣 . 数字用法的正误比对 [J]. 黑龙江科技信息，2008（6）：135.

[24] 费良华 . 歌词中的词类误用现象浅析 [J]. 黑龙江教育学院学报，2002，21（1）：134-135.

[25] 顾泉佩，郑美莺 . 量和单位使用中常见错误分析 [J]. 福州大学学报（自然科学版），1996，24（6）：124-128.

[26] 郭建顺，李文红，张学东，等 . 英文摘要误用中文标点符号的调查与分析 [J]. 编辑学报，2010，22（2）：135-136.

[27] 韩纪富，闫晓枫，张晨钰 . 关于科技论文编辑加工的几个标准问题 [J]. 天津科技，2013（6）：88-90.

[28] 何通 . 一秒钟看穿统计陷阱 [J]. 中国科技教育，2011（11）：62-63.

[29] 黄玉荣，吴楠 . 中外网络流行语的对比研究 [J]. 四川教育学院学报，2011，27（7）：44-46.

[30] 金奉民 . 语法规范的对象与标准 [J]. 阜阳师范学院学报（社会科学版），2005（1）：109-110.

[31] 金锡谟 . 略说主语暗换 [J]. 新闻与写作，1985（9）：29，36.

[32] 雷鸿昌，张仁 . 对 GB/T 15834 和 GB/T 15835 一些条款在编辑加工中的理解 [J]. 出版发行研究，2014（3）：105-107.

[33] 李家彬 . 词语误用例析 [J]. 语文知识，2001（9）：72.

[34] 李立 . 土地面积计量单位的表达方式及运用 [J]. 辽宁林业科技，1995（5）：240-243.

[35] 李丽娟，陈春晓 . 关于数理公式中规范使用点号的建议 [J]. 编辑学报，2013，25（5）：429-430.

[36] 李若冰 . 数学语言中点号的使用亟待规范 [J]. 编辑学报，2002，14（2）：149-150.

[37] 李慎安 . 我国法定计量单位使用方法中易被忽略的问题 [J]. 中国计量，2013（1）：27-28.

[38] 李慎安，戴润生 . 国标《量和单位》宣贯中有关量的几个问题的说明 [J]. 中国计量，1996（8）：38-39.

[39] 李慎安. 我国法定计量单位的新内容 [J]. 中国计量，2015(3)：40-41.

[40] 李士金. 从引文错误看编辑责任的失落 [J]. 编辑学刊，2007(3)：63-66.

[41] 李寿星，李泽良. 对量和单位几个有争议的问题之己见 [J]. 中国科技期刊研究，2001，12(1)：64-65.

[42] 李寿星. 《现代汉语词典（修订本）》应补量和单位课 [J]. 编辑学报，2002，14(1)：39-41.

[43] 李寿星，李松. 新版《辞海》在量和单位基本概念方面存在的问题 [J]. 编辑学报，2006，18(3)：185-187.

[44] 李松岩. 关于浪纹号和一字线适用于不同场合的界定 [J]. 科技与出版，2008(1)：36.

[45] 李文峻. 使用量和单位常见错误浅析 [J]. 北方环境，2011，23(1/2)：111，126.

[46] 李兴昌，陈浩元. 给科技书刊编辑关于 GB/T 15834—2011《标点符号用法》学习重点的建议 [J]. 编辑学报，2013，25(3)：226-230.

[47] 李宇明. 语言文字标准 60 年 [J]. 语言文字应用，2009(3)：7-11.

[48] 李正光. 对文后参考文献顺序编码制和"著者－出版年"制的评价 [J]. 编辑学报，1992，4(3)：172-175.

[49] 李志伟，黄仲一. 几个量和单位符号的使用探讨 [J]. 泉州师范学院学报（自然科学），2008，26(4)：127-129，136.

[50] 林穗芳. 冒号和比号的体式及其应用问题 [J]. 出版科学，2008，16(4)：28-35，46.

[51] 刘海频. 高考中熟语使用错误举偶 [J]. 甘肃教育，2005(9)：39.

[52] 刘天和. 第一讲　量的基本概念及量和单位的关系 [J]. 化学通报，1983(9)：56-61.

[53] 刘炜，侯民吉，徐兴胜. 汉语标点符号发展史述略 [J]. 语文学刊，2010(12)：16-18.

[54] 刘燕君. "增加"与"增长"的语义辨析及认知解释 [J]. 现代语文，2010(6)：73-76.

[55] 刘云，邢建民. 一种网络化稿件编辑校对方法 [J]. 今传媒，2013(8)：119-120.

[56] 陆艾五. 表格编制规范及常见病例 [J]. 安徽农学通报，2005，11(7)：19，57，67，87，105，112.

[57] 路甬祥. 我国科技名词的规范和统一任重而道远 [J]. 编辑学报，2006，18(4)：241-242.

[58] 吕建军. 回顾与思考建国以来的汉语语法规范研究 [J]. 成都师范学院学报，2014，30(4)：19-23.

[59] 栾照钧. 公文中定语多余和残缺实例评改 [J]. 秘书，2014，327(3)：26-29.

[60] 罗季重．常用量和单位使用错误解析 [J]．合肥学院学报（自然科学版），2006，16(1)：77-79.

[61] 马智成，夏继军．科技期刊中图表的校对方法 [J]．编辑学报，2012，24(S1)：S24-S25.

[62] 明经平．居中排数学公式的引出和公式后标点符号处理 [J]．中国科技期刊研究，2007，18(1)：163-164.

[63] 缪爱明．有关并列成分的语病 [J]．中学语文教学，1997(6)：38-39.

[64] 秦和平，周佩琴，邢宝妹，等．科技期刊量与单位使用的误区及澄清 [J]．编辑学报，2005，17(6)：420-421.

[65] 任楚威．出版物中量和单位的标准化 [J]．湖南师范大学自然科学学报，1999，22(1)：91-96.

[66] 沈凤英．科技期刊中数理公式的编排规范探析 [J]．南通职业大学学报，2011，25(3)：60-62.

[67] 唐汉民．量和单位的正确使用 [J]．广西大学学报（自然科学版），1999，24(2)：167-170.

[68] 田美娥．科技期刊中数理公式编排规范探讨 [J]．中国科技期刊研究，2000，11(2)：119-120.

[69] 王奉安．数理公式和外文字母的编排 [J]．辽宁气象，1996(3)：54-56.

[70] 王贵州，马永祥，邝文国．农业科技论文中常见误用专业术语辨析 [J]．中国科技期刊研究，2010，21(6)：880-883.

[71] 王欢．从引经据典看东西方思维差异 [J]．攀枝花学院学报，2006，23(6)：34-35.

[72] 王晖．现代汉语语法规范标准质疑 [J]．东方论坛：青岛大学学报，2002(2)：58-61.

[73] 王俊和．社会科学论文中常见的政治性问题及其分析 [J]．北京印刷学院学报，2013(5)：22-24.

[74] 王丽恩，王继红，邓群．学术期刊中5种不规范、不自明表格的实证研究 [J]．科技与出版，2015(2)：58-60.

[75] 王喜荣．科技期刊表格编排规范及常见问题分析 [J]．化学推进剂与高分子材料，2007，5(6)：66-68.

[76] 王渝生，周厚永，张桂祯，等．医学论文常见量和单位使用不规范情况分析 [J]．西南军医，2004，6(4)：87-88.

[77] 吴术燕．试论现代汉语缩略语的规范问题 [J]．玉林师范学院学报，2006，27(2)：58-60.

[78] 伍超生，丁晓卫．"并列成分"语病分析 [J]．现代语文：语言研究，2006(2)：83.

[79] 夏明生．科技期刊数学表达式应正确使用标点符号 [J]．编辑学报，1999，11(1)：17-19.

[80] 向阳洁．数理公式中括号表示运算顺序时的使用建议 [J]．衡阳师范学院学报，2010，31(6)：158-159.

[81] 肖贵朝．标点符号漫谈 [J]．广西教育，2003(11)：44.

[82] 萧世民．校对符号源流考略 [J]．南昌大学学报（社会科学版），1996，27(2)：114-118.

[83] 徐宏．编纂志书应注意的思想政治性问题 [J]．黑龙江史志，2012(12)：7-9，46.

[84] 余晓捷．当前书稿中政治性问题的高发地段 [J]．科技与出版，2012(12)：45-47.

[85] 薛荣．量和单位使用中若干问题的再探讨 [J]．杭州电子工业学院学报，2003，23(2)：63-65.

[86] 邢福义．谈谈语法规范化的问题 [J]．文字改革，1985(6)：34-35.

[87] 杨家宽．科技术语的规范和统一刍议 [J]．编辑学报，2001，13(1)：12-15.

[88] 尹良香．新式标点符号百年演变史述评 [J]．科教文汇，2010(12)：61，98.

[89] 杨然．出版物中与港澳台相关的政治性问题 [J]．新闻传播，2015(9)：105-106.

[90] 杨日红．考场上如何快速识别病句 [J]．考试：新语文，2005(10)：6-8.

[91] 虞沪生，张瑞清，阎为民．计算机领域中量和单位的规范表示 [J]．北京机械工业学院学报，2005，20(3)：83-84.

[92] 云志学．量和单位应用中易混淆的问题 [J]．编辑之友，1997(1)：27-28.

[93] 曾志红，方月婵．数理公式前后标点符号使用的探讨 [J]．东莞理工学院学报，2004，11(4)：41-44.

[94] 曾志红．数理公式及其符号解释过程中正确使用标点符号之再探讨 [J]．科学咨询，2007(6)：57.

[95] 詹志洪．科技文献中量和单位的使用 [J]．工程设计与研究，2009(6)：37-43.

[96] 张俊英，郭昆，王秀清．科技论文中量和单位使用的常见错误解析 [J]．内蒙古电力技术，2010，28(S2)：109-110，120.

[97] 张美琼，卢怡，陈鹏．水产科技期刊中量和单位表达的常见错误解析 [J]．浙江海洋学院学报（自然科学版），2006，25(2)：224-227.

[98] 郑国政．利用 AcroBat 审阅 PDF 文件时的常用校对符号和方法 [J]．济南职业学院学报，2007(1)：68-71.

[99] 周建成．名词误用例析 [J]．语文知识，2004(8)：31.

[100] 邹明松．日常生活中量和单位常见错误 [J]．中国计量，2014(4)：30

[101] 邹韶华．试论语法规范的依据问题 [J]．语言文字应用，1996(4)：38-41.

[102] 朱兴红．科技论文的表格及其规范要求 [J]．西北民族大学学报（自然科学版），2007，28(2)：92-94.

[103] 左林霞.成语语义的发展演变[J].武汉科技大学学报（社会科学版），2004，6（3）：78-81.

三、报纸

[104] 江枫."去中国化"是很悲哀的：我国文字改革的走向与反思[N].中国艺术报，2015-02-04（8）.

[105] 王琪，时爽，张义冉.现代汉语怎样筛选网络语言[N].光明日报，2006-04-10（5）.

四、学位论文

[106] 林艳新.现代汉语无标志被动句研究[D].上海：上海师范大学，2013.

[107] 王欣.成语运用及规范研究[D].哈尔滨：黑龙江大学，2009.

[108] 肖晶晶.现代汉语中"和""与"并列结构的多视角研究[D].武汉：华中师范大学，2014.

五、标准

[109] 全国信息与文献标准化技术委员会.信息与文献 参考文献著录规则：GB/T 7714—2015[S].北京：中国标准出版社，2015.

[110] 教育部语言文字信息管理司.标点符号用法：GB/T 15834—2011[S].北京：中国标准出版社，2011.

[111] 教育部语言文字信息管理司.出版物上数字用法：GB/T 15835—2011[S].北京：中国标准出版社，2011.

[112] 全国量和单位标准化技术委员会.国际单位制及其应用：GB 3100—93[S].北京：中国标准出版社，1993.

六、电子文献

[113] 边少初.谈词语赘余七种现象的成因及对策[EB/OL].（2004-04-05）[2015-12-31].http://edu.sina.com.cn/l/2004-04-05/64048.html.

[114] 贾贺.繁简转换易错字浅析[EB/OL].（2011-12-12）[2015-12-31].http://blog.sina.com.cn/s/blog_72d099480100v87s.html.

[115] 李树德.Word"中文简繁转换"存在的问题与解决对策[EB/OL].（2014-12-20）[2015-12-31].http://www.qqxiuzi.cn/wz/jiantizi-fantizi/1638.htm.

[116] 佚名.浅论缩略语的规范化问题[EB/OL].（2012-10-19）[2015-12-31].http://www.docin.com/p-502448314.html.